现代基础教育研究

第四十六卷

RESEARCH ON MODERN BASIC EDUCATION

Vol. 46 JUNE 2022

学术指导委员会

现代基础教育研究

2022年6月25日出版

第46卷, 2022年6月

教育理论研究

课程教材改革

学科教学策略

执行编辑:张雪梅,孙　珏,王中男

Research on Modern Basic Education

Vol.46 June 2022

CONTENTS

(Main Articles)

中小学教师减负政策的地方响应及其执行反思

李 祥，刘 莉

（宜宾学院 教育学部，四川 宜宾 644000）

摘 要：基于地方教师减负政策文本研究发现，中小学教师减负政策的地方响应体现在四个方面：政策目标响应的双重性、政策执行主体响应的模糊性、政策内容响应的创新性、政策工具响应的不平衡性。而地方对中小学教师减负政策执行的选择动因：一是政府治理转型影响政策执行过程效率，二是政府与学校的关系制约政策执行主体行为，三是政府与社会的关系催新政策执行内容调适。我们应从转变政府教育治理职能、理顺政府与学校关系、推进教育评价改革三个方面进一步破解中小学教师减负的机制难题。

关键词：中小学教师；教师减负；地方响应；政策执行

一、问题的提出

新时代教育背景下，中小学教师如何“减负提质”已经成为全社会必须正视的议题。为教师减负的社会呼声随着教师“内卷热”不断高涨，“教师减负”一词多次出现在不同政策文件或者场合中。2019年是基层减负年，针对中小学教师负担过重问题，2019年12月，中共中央办公厅、国务院办公厅印发了《关于减轻中小学教师负担进一步营造教育教学良好环境的若干意见》（以下简称中央《意见》）。该政策引起社会强烈反响，全国各地纷纷制定地方性中小学教师减负政策，“以政策贯彻政策”作为地方执行和传导中央政策的典型响应措施，为我们检验中央《意见》落实成效提供了不同视角。

学界关于中小学教师减负的研究，多集中在对教师负担的定义、原因的阐述以及相关对策建议的研究上。在“负担”的定义上，多数学者从教师职业负担与非职业负担两个方面进行，认为其有广义与狭义之分。广义上认为，教师负担即教师应履行的责任、担当的任务和承受的压力[①]，包括“家庭负担、学校负担与社会负担，又包括职业负担与非职业负担”。[②] 狭义上认为，中小学教师负担主要指学校负担、职业负担。[③] 在产生的原因上，教师负担主要来源于他人和自身两个方面，而他人又包括社会和学校。给中小学教师带来沉重负担的源头既有教学性事务，也有超出了本职工作外的非教学事务，[④] 还包括教师个

基金项目：本文系2019年度国家社会科学基金项目“新生代乡村教师的乡村社会融入问题研究”（课题批准号：19BSH052）的研究成果。

作者简介：李祥，宜宾学院教育学部教授，博士，主要从事教育政策与法律研究；刘莉，宜宾学院教育学部讲师，硕士，主要从事教育政策与法律研究。

① 柳士彬，胡振京：《论“减负”背景下教师负担的减轻及其素质的提高》，《继续教育研究》2002年第1期，第64-66页。

② 王毓珣，王颖：《关于中小学教师减负的理性思索》，《湖南师范大学教育科学学报》2013年第4期，第56-62页。

③ 王毓珣，王颖：《关于中小学教师减负的理性思索》，《湖南师范大学教育科学学报》2013年第4期，第56-62页。

④ 熊建辉，姜蓓佳：《中小学教师工作负担现状调查与减负对策》，《中国教师》2019年第9期，第72-75页。

人对自身发展和对职业的追求。在减负对策的建议上，相关研究主要从教师内部和外部提出建议，表现为：在教师内部角度上，促使教师群体主动作为，教师要意识到自身在教育系统中的主体地位和价值，发挥教师工会作用[①]；在教师外部角度上，建立基于大数据的中小学教师负担监测系统，实现精准减负，加快《教师法》等相关法律修订及实施监督[②]，明晰中小学教师的工作时间[③]，确立教师主体地位，提升教师权力地位，提高部门管理水平[④]，形成全过程共同体联动格局，自上而下地细化减负政策。[⑤]

综上而言，已有相关研究成果为本研究提供了可资借鉴的理论支撑，但是多为经验研究和理论推导，缺乏对全国大范围政策文本的分析。分析全国各地中小学教师减负政策文本对中央政策文本的响应程度，有利于弥补学界研究的空缺，更可为政策执行者提供理论思考。这是因为中央政府政策的落实情况主要还要看地方的执行力度。有学者认为，随着时代的发展，中央与地方的关系从“命令、服从”关系演变为“讨价还价”的博弈关系[⑥]，即出现了“上有政策、下有对策”的博弈活动[⑦]，这一观点虽然片面，但不可否认，地方政府在执行、响应中央政策的过程中会表现出不同的样态。可以说，地方政府对中央政策的响应程度决定了公共政策得以落实的程度，是我们检验中小学教师减负成效的重要切入点。本研究从地方的中小学教师减负政策文本出发，关注地方政府对中央中小学教师减负政策的响应差异，审视地方政府对中小学教师减负政策的执行力路径，旨在为中小学教师减负政策执行的理论和实践研究提供参考。

二、研究设计

1. 数据采集

本文研究对象为中央《意见》和地方中小学教师减负政策文本，运用内容分析法将中央文件与地方文件进行比较，以剖析地方政策文本在政策目标、政策主体、政策内容、政策工具上的响应情况。截至2021年8月，本研究通过教育部及地方政府网站，收集到全国各省、自治区、直辖市关于中小学教师减负政策文本共计30份(见表1)。湖北省虽已发布减负政策，但并未在官网发布，为保证数据的权威性与规范性，以下分析将其排除在外。

表1 各地中小学教师减负政策(部分)

地区	政策名称	政策发布时间	政策发布机构
黑龙江省	《黑龙江省中小学教师减负工作清单》	2020-11-4	中共黑龙江省委办公厅 黑龙江省人民政府办公厅
江西省	《江西省减轻中小学教师负担十八条措施》	2020-6-3	中共江西省委办公厅 江西省人民政府办公厅
云南省	《关于减轻中小学教师负担进一步营造教育教学良好环境的实施意见》	2020-11-9	中共云南省委办公厅 云南省人民政府办公厅
内蒙古自治区	《内蒙古自治区中小学教师减负清单》	2020-10-22	内蒙古自治区党委办公厅 自治区人民政府办公厅

① 迟明阳，李祥：《中小学教师减负问题的形成与破解路径》，《教学与管理》2020年第3期，第27-31页。

② 付睿：《论中小学教师减负》，《河北师范大学学报(教育科学版)》2019年第2期，第13-16页。

③ 王毓珣，王颖：《关于中小学教师减负的理性思索》，《湖南师范大学教育科学学报》2013年第4期，第56-62页。

④ 迟明阳，李祥：《中小学教师减负问题的形成与破解路径》，《教学与管理》2020年第3期，第27-31页。

⑤ 葛新斌，叶繁：《教师减负的博弈困境及其破解之道》，《教育发展研究》2020年第20期，第46-52页。

⑥ 陈晨：《中央政府与地方政府的和谐行政关系构建》，《商业时代》2012年第27期，第101-102页。

⑦ 丁煌，定明捷：《“上有政策、下有对策”——案例分析与博弈启示》，《武汉大学学报(哲学社会科学版)》2004年第6期，第804-809页。

2. 分析框架

通过对中央中小学教师减负政策和30份地方中小学减负政策文本进行初步分析，构建了本研究的分析框架，主要围绕政策目标、政策执行主体、政策内容和政策工具四个方面，探析地方中小学教师减负政策对中央政策的响应情况。

三、研究发现

结合30份各地中小学教师减负政策的详细内容，我们进一步探讨了各地中小学教师减负政策在政策目标、政策执行主体、政策内容和政策工具方面对中央政策的响应程度。

1. 政策目标响应：表现为显性响应和隐性响应的双重性

中央《意见》开篇即指明了中小学教师减负政策出台的直接目的是“营造全社会尊师重教的浓厚氛围，为教师安心、静心、舒心从教创造更加良好环境”，而其根本目的是减轻中小学教师的非教育教学负担，促进教师队伍建设和教师专业发展。①

地方中小学教师减负政策是在贯彻落实中央政策的基础上，结合当地的实际需要制定的。我们将地方政府的政策目标响应情况分为三类：一是政策目标响应基本一致。从地方政策文本表征上看，地方政策目标响应一致的地方较少，仅有新疆维吾尔自治区、云南省、贵州省、吉林省、西藏自治区、广东省、四川省7地（占比23.33%）积极响应了中央《意见》中的直接目的和根本目的，但其在表述的完整性上远不及中央《意见》。二是政策目标简化。“简化”主要指的是地方减负政策仅响应了中央《意见》的直接目的。而政策目的简化的地方较多，共计12个省市区，占比为36.67%。三是政策目标未表述。政策文本中未提及政策目标而是直接表述政策内容的地方占比40%。这可能是因为多数地方的减负政策多以清单的形式出现，所以直奔主题，并未先论述政策目标。但从政策内容上也可看到，这些地方实质上也都响应了中央政策目标。总之，从政策文本形式上看，地方政策目标的响应存在以上三种显性响应类型；从政策内容实质上看，地方减负政策无一例外都响应了中央政策目标，在政策目标的响应上可以说并无差异。因此，各地在政策目标的响应上是一致的，但表现形式存在差异。

2. 政策执行主体响应：边界界定不清导致模糊性

从宏观上看，政策主体包括政策制定主体和政策执行主体。对政策制定主体而言，中央的政策制定主体为中共中央办公厅、国务院办公厅，地方的政策制定主体为各地的党委和政府部门，如云南省的中小学教师减负政策由中共云南省委办公厅、云南省人民政府办公厅等颁布。对政策执行主体而言，中央《意见》涉及的政策执行主体为各级党委和政府、教育部门、社会力量、学校、街道社区等，且党委和政府部门被提及的次数较多，特别是党委和政府被提及达12次；而在各地的政策文本中，党委和政府作为执行主体被提及的频次也最多，如贵州省提及党委和政府这一主体的次数多达16次。通过对30份地方中小学教师减负政策进行分析发现，地方中小学教师减负政策中对中央政策执行主体的响应情况可分为三类：政策执行主体增加、细化（响应积极），政策执行主体缩减（响应一般），政策执行主体未提及（响应消极）。

一是政策执行主体增加、细化，代表省市是海南省、重庆市。海南省的政策主体增加较多，明确增加细化的执行主体有省交通局、省地震局、团省委、省妇联等25家。重庆市的政策执行主体在数据上虽然没有中央多，但是，在政策细化上，每条措施后都直接列举其执行主体，如市文明办、市委宣传部等13家。二是政策执行主体缩减，包括青海省、云南省、陕西省、浙江省等27地。这些省市多是在中央提及的政策主体上进行缩减，未发现有增加的主体。三是政策执行主体未提及，如河北省的减负政策，虽未提及执行主体，但其直接列举减负清单。总之，地方对中央政策执行主体规定的响应不够积极，这可能

① 李祥，周芳，蔡孝露：《中小学教师减负政策的价值分析：权利保障的视角》，《现代教育管理》2021年第7期，第62-69页。

是因为地方减负政策多以减负清单的形式出现，因而直接简明概述清单内容。

3. 政策内容响应：积极创新减负条目凸显创新性

中央《意见》中提及的政策内容涉及“督查检查评比考核事项”“社会事务”“报表填写”“抽调借用”四个方面，我们对照这四个方面进行地方政策内容响应分析，情况如下(见图1)。

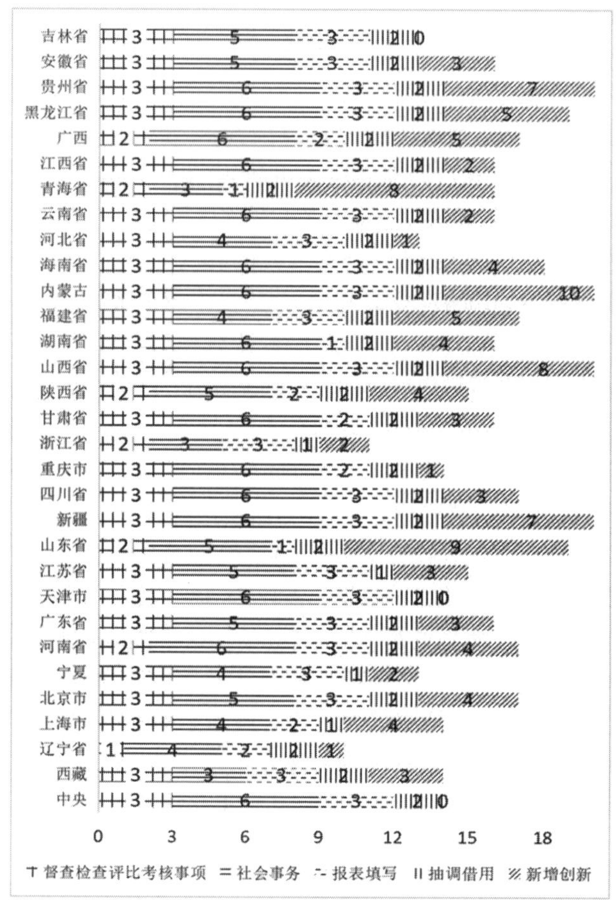

图1　政策内容响应情况

地方减负政策在对中央减负政策内容的响应上，主要表现出以下三个明显特征：一是在督查检查评比考核事项、社会事务、报表填写、抽调借用中小学教师内容上基本与中央《意见》一致，也就是说，中央的政策内容在地方政策上基本得以体现。但鉴于地方实际的需要，也出现政策内容淡化、弱化的现象，如在社会事务进校园内容上，中央提及要规范教育扶贫任务，但是上海市、广东省未明确提及该内容。由图1也可知，在这四个方面政策内容的响应上，各地对“督查检查评比考核事项”的政策内容响应最为积极，仅有辽宁省、河南省、浙江省等7个地方未全部响应中央政策内容。二是在新增创新减负条目内容上，绝大部分地方都有新增的创新减负条目，这是地方基于实际制定政策的需要。30个地方中，仅有吉林省、天津市未新增。这说明有的地方的政策内容虽然在响应中央政策时存在弱化或者淡化的现象，但是其更多的是基于当地教师减负实际需要进行了新增，从另一个角度看，新增的内容更是该地减负的重要内容，值得关注。如青海省无论在督查检查评比考核事项、社会事务，还是在报表填写内容上，响应差距较大，但是其新增的减负内容条目较多，如新增了控辍保学、义务教育阶段送教、健康体检活动等。在新增的减负内容上，除了有非教育教学性负担外，西藏、上海市、海南省、北京市、山西省、黑龙江省明确提及减轻教育教学负担。三是完全响应且无新增创新减负条目的地方较少，仅有天津市、吉林省完全响应了中央政策内容，且无新增内容。

总体来看，地方政策在表述时出现同一减负内容表述过细而导致减负条目众多，或者不同减负内容出现在同一减负条数上等情况，即政策在传递过程中并非一成不变，而是具有一定的模糊性，并不会与中央《意见》完全保持一致，这可以解释为“地方政府的政策再生产（即对政策原型的细化和更新）是对国家政策的反应方式”①，客观地说，也是地方发挥自身主观能动性的结果。

4. 政策工具响应：偏好权威工具呈现不平衡性

本文基于麦克唐奈（McDonnell）和埃尔莫尔（Elmore）② 以及施耐德（Schneider）和英格拉姆（Ingram）③ 的政策工具理论，将中小学教师减负政策工具划分为权威、激励、能力建设、象征劝诫和系统变革五种类型。通过对中央和各地中小学教师减负政策工具响应情况关键词进行分析梳理，结果如表 2 所示。

表 2 政策工具响应情况

省份	政策工具				
	权威工具	激励工具	能力建设工具	象征或劝诫工具	系统变革工具
中央	39	4	3	11	1
西藏	26	3	5	2	1
辽宁省	9	0	0	0	0
上海市	9	0	2	0	2
北京市	14	10	4	8	2
宁夏	28	1	2	2	0
河南省	29	0	1	0	0
广东省	27	1	3	4	0
天津市	28	0	1	1	0
江苏省	17	1	2	0	1
山东省	40	0	0	0	0
新疆	59	1	1	0	0
四川省	37	0	2	6	3
重庆市	23	0	0	0	0
浙江省	11	0	0	0	0
甘肃省	27	0	0	0	0
陕西省	22	0	1	0	0
山西省	54	0	0	0	0
湖南省	33	0	0	0	0
福建省	23	0	1	0	0
内蒙古	59	0	0	0	0
海南省	30	1	3	2	1
河北省	15	0	1	3	0
云南省	40	10	2	5	0
青海省	19	0	0	0	0
江西省	34	5	2	2	4
广西	36	0	0	0	0
黑龙江省	52	0	0	0	0
贵州省	45	10	2	12	4
安徽省	32	3	0	2	0
吉林省	29	1	2	2	0

① 刘河庆，梁玉成：《政策内容再生产的影响机制——基于涉农政策文本的研究》，《社会学研究》2021 年第 1 期，第 115-136 页，第 228-229 页。

② McDonnell, L. M, Elmore, R. F, “Getting the Job Done: Alternative Policy Instruments”, *Educational Evaluation and Policy Analysis*, no. 2, 1987, pp. 133-152.

③ Ingram, S. H, “Behavioral Assumptions of Policy Tools”, *The Journal of Politics*, no. 2, 1990, pp. 510-529.

在政策工具的使用上,中央使用权威工具的次数最多,其次是象征劝诫工具,系统变革工具使用得最少。地方政策文本在响应中央政策工具的过程中,表现出以下特征:一是权威工具响应十分积极,甚至有的地方减负政策文本中通篇都使用权威工具。从横向上看,各地权威工具的使用次数最多,频繁使用的关键词为“不得、严禁、禁止、杜绝”等较为强制性权威性的词语;从纵向上看,有的地方在权威工具的关键词使用上已经远远超过中央的关键词的频次(39 次),如内蒙古自治区(59 次)、山西省(54 次)、黑龙江省(52 次)、新疆维吾尔自治区(59 次)、贵州省(45 次),可见其响应的积极性之高。更有黑龙江省、广西壮族自治区、青海省、内蒙古自治区、湖南省、山西省、甘肃省、浙江省、重庆市、山东省、辽宁省 11 地政策全文仅使用了权威工具,可以说这 11 地积极响应了中央的权威工具,甚而在响应中央其他政策工具时,也全部以单一的权威工具取而代之。二是激励工具、能力建设工具、象征或劝诫工具等响应程度普遍不高。除了贵州省、北京市、云南省的关键词接近或者高于中央的关键词外,其他地方的关键词词频较低,0 频次更是大量出现。结合前文分析可知,在激励工具、能力工具、象征或劝诫工具的响应上,绝大多数地方使用权威工具代替。三是系统变革工具响应最不积极。仅有海南省、江西省、北京市、贵州省、江苏省、四川省、上海市、西藏自治区积极响应了中央的系统变革工具,其他地方并未提及系统变革工具。结合前文分析也可知,地方多以权威工具进行了替代。

总之,在政策工具响应上,地方对权威工具的响应最为积极,且多以权威工具进行响应。这也可以看出,地方在中小学教师减负政策工具的使用上较为单一,倚重于权威工具,政策工具选择具有不平衡性。

四、中小学教师地方减负政策执行选择的动因分析

通过上述对地方中小学教师减负政策的分析发现,地方在执行中央《意见》的过程中,并不是完全按照中央的政策执行的,地方政府在执行中央政策过程中出现了政策目标、内容、主体分配、政策工具使用偏差。我们主要从政府间、地方政府与学校、地方政府与社会的三重关系出发,阐释地方政策执行选择的根本动因。

1. 政府治理转型影响政策执行过程效率

政策执行过程是指把有关利益分配的方案由观念形态转化为现实的过程,是政策制定过程的延伸。① 改革开放以后,我国的行政分权改革使得中央与地方政府关系发生了转变,单向的“行政命令—服从”执行关系得以打破,政府治理转型优化了治理机制,但也催生了中央与地方政府的利益博弈关系,也可以说是“转变成为复杂的‘谈判—讨价还价’模式”。② 随着政府治理转型后地方权力的增加,中小学教师减负地方政策的执行行为也发生了变化,地方政府在执行中小学教师减负政策时,基于地方利益需求,政策执行的效率呈现差异,即“行政执行行为的变异现象,使执行结果出现不同程度的差异”。③ 在中小学教师减负政策文本中,“效率问题”体现为政策再生产和政策执行力行为的变异现象,具体体现在政策内容、政策主体、政策工具上。根据前文分析结果,在政策内容响应上,30 份地方减负政策文本中,仅有吉林省、天津市完全响应中央政策内容且未有新增的减负内容,其他地方更多地体现在对政策内容的再生产和缩减上。无论政策内容的增加还是缩减,都可解释为地方利益需要,如缩减的内容是由于自身行动难度大,增加的内容是基于地方利益实际,迫切进行减负等。在政策主体与政策工具的响应上,响应差异较大,这可以从地方政府部门间的利益博弈中寻求答案,绝大部分地方并未明确政策执行主体,但使用的多是权威性工具,即进行了强制性的规定,却没有明确的执行主体,可能会导致减负效果

① 丁煌,定明捷:《“上有政策、下有对策”——案例分析与博弈启示》,《武汉大学学报(哲学社会科学版)》2004 年第 6 期,第 804-809 页。

② 殷华方,潘镇,鲁明泓:《中央—地方政府关系和政策执行力:以外资产业政策为例》,《管理世界》2007 年第 7 期,第 22-36 页。

③ 陈晨:《中央政府与地方政府的和谐行政关系构建》,《商业时代》2012 年第 27 期,第 101-102 页。

差或无果，这也是影响政策执行效率的原因。

可以见得，在中央实行简政放权后，地方政府作为政策利益主体，在执行中小学教师减负政策时，更偏向于自身利益需要，而不是简单复制中央政策。当然，中央是宏观调控的主体，对地方政府具有方向引领作用，因此，在政策目标上，地方与中央是趋于一致的，即使地方减负政策中并未提及，但实际目标差异不大。且从公共利益的角度看，中央的政策目标执行结果并不会影响到地方政府的利益。因而，地方政府在政策目标响应方面，实质上与中央一致。

2. 政府与学校的关系制约政策执行主体行为

我国地方政府与学校关系的改变跟政府的职能转变有关。在计划经济体制向社会主义市场经济体制的转型下，政府职能由管制型、全能型向服务型、有限型转变。[①] 在这一过程中，政府进行了简政放权，即政府将适当的权力下放给了学校，学校拥有了一定的办学自主权。但无论如何，政府与学校的关系实质上是一种行政法律关系，双方地位是不对等的。[②] 即无论学校的办学自主权多大，在行政关系上，政府对学校依然保有领导权。在政策执行的过程中，政府与学校必然存在利益博弈的问题。从政策工具响应上看，虽然绝大多数地方使用较多的政策工具是权威性工具，但在"社会事务进校园""报表填写工作"和"抽调借用中小学教师"政策内容上，"合理安排" "规范精简"等较为中性的减负词语也频繁出现，如在云南省、贵州省等地的政策文本中可得以循证。这类词换句话说，也就是政府部门的某些相关事项仍然需要学校承担，以保障政府主体利益。但不得不承认的是，地方政策不可能对学校进行详尽管理与安排，因而依法保障学校的办学自主权，提升学校的利益博弈和自主选择能力尤为重要。

3. 政府与社会的关系催进政策执行内容调适

在推进国家治理体系与治理能力现代化背景下，原有的"强政府、弱社会"[③] 的政府与社会的关系模式已经不能适应社会的发展。由此出现了政府与社会关系的转型，主要表现为：从管理走向服务的角色转型，从全能走向专能的职能转型，从政社合一逐步走向政社分开。[④] 可以说，社会有了自己的话语权，政府管理也转变为政府治理，治理意味着政府简政放权，服务社会发展，体现出对社会主体的尊重。而政府与社会关系的转变在政策内容上也有所体现，主要表现在政策内容的渐进调适上，即政府制定的政策内容不再单一地从自身的利益出发，而是将社会的发展需求等考虑在内，双方趋向于合作发展，内容上逐渐进行调适。在地方中小学教师减负政策文本中，详读"社会事务进校园"维度内容，发现有的地方政府对这一维度下的中央政策内容表现出了语言强化或者弱化。如中央关于"社会事务进校园"维度的内容使用的政策方式词多为"规范精简""合理安排"，但内蒙古自治区使用的政策方式词多为"严禁、不得"这样权威工具的词语，而安徽省在"宣传活动"进校园上存在语言弱化，以及前文提到的政策内容缩减的行为。这些举措都是地方政府在一定程度上对社会发展需求的切实反应。另外，政策内容中增加了社会关注度较高的内容，也是内容渐进调适的表现形式。如河南省的减负清单第十三条中"坚持师德师风作为教师评价的第一标准"这一内容，即是地方政府为响应社会对中小学教师师德师风诉求进行的内容调适；云南省、广西壮族自治区提及"校园安全工作"，山东省、河南省、北京市、广西壮族自治区阐述的"五唯"评价内容，也都体现出政策对社会强烈诉求的关注和内容调适。

五、破解中小学教师减负难题的路径

如前所述，"以政策贯彻政策"是地方执行和传导中央政策的典型响应措施，但因中小学教师减负问题的复杂性，其所能发挥的作用有限，需要与其他机制协同发挥作用，方能从根本上破解中小学教师减

① 凡勇昆，邬志辉：《政府与学校变革关系的三个理论问题》，《现代教育管理》2013 年第 3 期，第 1-6 页。

② 褚宏启：《政府与学校的关系重构》，《教育科学研究》2005 年第 1 期，第 41-45 页。

③ 颜如春：《当代中国的政府与社会关系模式探析》，《探索》2006 年第 3 期，第 65-68 页。

④ 曹鹏飞：《我国政府与社会关系转型及其趋势》，《天津社会科学》2010 年第 5 期，第 17-21 页。

负难题。具体而言,关键应抓好以下三点:

1. 转变政府教育治理职能,理顺政府主体间的教育治理关系

理顺政府主体教育治理关系是教育治理现代化在治理法治化层面的具体要求。当前,随着我国社会经济等的高速发展,传统的政府职能已经不能适应社会发展的需求。在教育系统上,体现为教育管理职能向教育治理职能转变,即由“人治”向“法治”转变。教育治理是指不同利益相关者基于共同利益的共同治理,或者称多边治理、多元治理、综合治理①,这需要教育法治建设理顺不同政府主体的责、权、利关系。长期以来,我国教育管理由中央政府的高度集权主导,使得中央对地方政府的管理经常出现“越位、错位、缺位”等不合理的行为。因而,从教育法治角度破解中小学教师减负难题,必须理顺中央和地方的教育治理的责、权、利。在法理学层面上,中央对于地方的管理依然具有权威性和主导性,这是无可厚非的,但是二者在教育治理关系上,中央应该将治理的宏观调控转变为统筹调控,也就是说,要简政放权,转变利益高位的思维,建设服务型、发展型的中央政府。此外,政府对教育治理现状的认识与理解等将直接影响治理模式的构建及最终形态。② 因此,中央政府在厘清中央与地方的教育治理权责界限、治理职能范围分配等问题上,应基于对教育治理现状的深刻认识,而无论是治理的权责界限还是职能范围,归根结底依然是中央与地方权力关系的问题。因此,中央对地方简单的简政放权并不能突破中小学教师减负难题,中央可进行教育治理权力清单管理,坚持“法治”的教育治理导向,从而理顺中央与地方的教育治理关系,为破解中小学教师减负难题奠定坚实基础。

2. 明确中小学办学自主权,理顺政府与学校的关系

理顺政府与学校主体教育法律关系是教育治理现代化在治理民主化层面的具体要求。明确和扩大学校办学自主权,是促进学校参与教师减负治理的能力和动力保障。我国自改革开放以来,中小学教师是减负的主体对象,学校是减负的主要场域,因此,必须明确、扩大中小学办学自主权,使学校在减负过程中拥有话语权。所谓办学自主权,是指“学校作为独立的社会组织所享有的,为实现其办学宗旨,利用各种教育资源,独立自主地进行教育教学管理,实现教育教学活动的资格和能力”。③ 2020 年 9 月,教育部等八部门联合印发的《关于进一步激发中小学办学活力的若干意见》明确指出,要保障学校办学自主权。④ 而长期以来,学校在办学过程中处于被动局面,办学的自主性不高,这直接影响教育治理民主化目标的实现。明确中小学办学自主权,价值在实现治理民主化,只有学校积极参与,才能抵挡住教师非教学性负担的最后一道关卡,而这关键在于明确政府与学校之间的权责边界,尤其是明确政府不能干涉学校的正常办学行为。因此,政府要转变观念,改变以往的主导管理模式,运用宏观管理手段,把办学权力下放给学校,通过向学校赋权实现治理民主化,以扩大、落实和保障学校的办学自主权,恢复学校的办学自主性和教师管理的相对独立性,从而激发中小学校的办学活力。此外,明确中小学办学自主权,还需要中小学以章程形式完善内部治理结构,避免因放权导致的“权力制衡真空”,确保学校办学的正确方向。

3. 推进教育评价改革,形成第三方科学化评价机制

推进教育评价改革是教育治理现代化在治理科学化层面的具体要求。从教育内部机制看,中小学教师负担也与教育发展要求的逐渐提高有关,这主要体现在教师教学性负担上。有学者指出,“新一代信息技术推动社会快速进入‘后工业化’时代,释放了全面发展的人才素养需求,亟待个性化教学的支

① 范国睿:《教育管办评分离改革:理论假设与实践路径》,《教育科学研究》2017 年第 5 期,第 5–21 页。

② 孙霄兵:《推进管办评分离 构建教育公共治理新格局》,《中国高等教育》2015 年第 20 期,第 7–11 页。

③ 周光礼,刘献君:《政府、市场与学校:中国教育法律关系的变革》,《华中师范大学学报(人文社会科学版)》2006 年第 5 期,第 131–136 页。

④ 教育部等八部门:《关于进一步激发中小学办学活力的若干意见》,载中华人民共和国教育部官网:http://www.moe.gov.cn/srcsite/A06/s3321/202009/t20200923_490107.html? xxgkhide=1,最后登录日期:2021 年 10 月 17 日。

持"[①]，而支持的关键在于科学的教育评价，特别是教师评价。《深化新时代教育评价改革总体方案》明确提出："教育评价事关教育发展方向，有什么样的评价指挥棒，就有什么样的办学导向"。[②] 中小学和教师无法拒绝诸多非教学性负担，根源还在于其可能对学校和教师评价产生影响，有一些评价甚至以"一票否决"形式出现，这制约了学校和教师的行为选择。因此，中小学教师减负政策在实施的过程中，教育评价制度改革非常关键，这涉及两个层面的评价改革：一是注重中小学教师教育教学实绩评价的探索和改革，强化教育教学在评价学校和教师中的重要地位，将非教育教学事项排除在学校和教师评价的指标之外。二是注重学校在抵制各项事务进校园方面的责任与担当，将其作为重要的评价指标。要实现以上评价改革诉求，则需要建立新型的政府—学校—社会关系，加强第三方的评价与监督，也就是要形成社会、民众的评价监督机制，实现学校、政府、社会三个评价主体之间良好互动的评价闭环系统。[③]第三方教育评价机制因其中立性、专业性等特点，对政府和学校形成一定的监督，可以提升治理的科学性，从一定程度上制约政府与学校在政策执行中可能的失范行为，这样可以提高中小学教师减负政策的效果。

The Local Government Response to the Burden Reduction Policy for Primary and Secondary School Teachers and the Reflection on Its Implementation

LI Xiang, LIU Li

(Department of Education, Yibin University, Yibin Sichuan, 644000)

Abstract: Based on the text of local teachers' burden reduction policy, this research has found that the local government response to the burden reduction policy for primary and secondary school teachers is reflected in four aspects: the duality of the response to policy objective, the vagueness of the response to policy implementation subjects, the innovation of the response to policy content and the imbalance of the response to policy tools. The local government's motivation to opt for the implementation of this policy lies in three parts: 1) the transformation of government governance affects the efficiency of the policy implementation process, 2) the relationship between the government and schools can restrict the behavior of the subject of policy implementation, and 3) the relationship between the government and society urges the adjustment of the content of policy implementation. We should further solve the mechanism problem of reducing the burden of primary and secondary school teachers from three aspects: changing the government governance function of education, straightening out the relationship between the government and schools, and promoting the reform of educational evaluation.

Key words: primary and secondary school teachers, teachers' burden reduction, local government response, policy implementation

① 吴南中，邢西深：《大数据支持大规模个性化教学的发生逻辑》，《终身教育研究》2021 年第 2 期，第 20-28 页，第 39 页。

② 中共中央、国务院：《深化新时代教育评价改革总体方案》，载中华人民共和国教育部官网：http://www.moe.gov.cn/jyb_xxgk/moe_1777/moe_1778/202010/t20201013_494381.html，最后登录日期：2021 年 10 月 17 日。

③ 孙霄兵：《推进管办评分离 构建教育公共治理新格局》，《中国高等教育》2015 年第 20 期，第 7-11 页。

疫情危机下家长养育压力的透视

郁琴芳[1,2]，张晓峰[1]

（1. 上海师范大学 教育学院，上海 200234；2. 上海市教育科学研究院，上海 200032）

摘　要：疫情危机期间，家长的养育压力显著大于常态时期。疫情危机是家长养育压力的催化剂，让家庭成为多重焦虑叠加的承载地。它给家庭带来较大的生活压力，导致家庭经济压力抬升，让低学历、低收入家庭更受困于养育压力与养育方式的交互影响。为疏解家长养育压力，学校要全面加强家庭教育“关怀”、主动沟通回应家长诉求、引导社会正向舆论，全社会积极建构家校社协同的育儿支持体系。

关键词：疫情；危机；家长养育压力；社会支持

家庭是社会的细胞，是学生成长的家园。近年来，家长养育压力成为舆情关注的热点。家长养育压力居高不下，会阻碍推进家庭、学校和社会协同育人，影响学生健康成长，也会影响育龄夫妻的生育意愿。新冠疫情的暴发和防控常态化明显影响家庭教育的生态。学生居家学习，长时间的疫情恐惧和全天候的家庭“陪伴”，令很多父母出现了不同程度的焦虑情绪。因此，在当前新冠疫情防控常态化背景下，探讨家长养育压力具有十分特殊的重要意义。

一、问题提出

始自2020年的新冠疫情给全球许多国家和地区带来巨大冲击。在我国，虽然疫情总体上得到了有效控制，但仍时有反复。疫情不仅冲击了学校教育，也给家庭的生活和教育带来了较大的困扰。这也意味着，它将家长养育压力置于聚光灯之下。在疫情暴发期，为防控疫情的蔓延，很多地方采取“停课不停学”的举措，教师线上教学、学生居家线上学习，家长养育压力问题也因此更加凸显。可以说，疫情危机扮演着放大镜的角色，清晰呈现出家长养育压力在寻常状态时“冰山下的部分”。疫情危机终会过去，但社会在前进过程中难免会再次遭遇类似的突发公共事件，考察疫情危机背景下的家长养育压力，其意义并不限于当下。

基金项目：本文系2020年度上海市哲学社会科学规划教育学一般项目“教育现代化背景下提升校长家校合作领导力的实证研究”（项目编号：A2005）、2021年度上海市哲学社会科学规划教育学一般项目“上海市‘强校工程’学校变革与改进的发生学机制研究”（项目编号：A2021013）的部分成果。

作者简介：郁琴芳，上海师范大学教育学院博士研究生，上海市教育科学研究院副研究员，主要从事家庭教育与家校合作研究；张晓峰，上海师范大学教育学院教授，博士生导师，博士，主要从事教育领导与管理研究。

家长养育压力，或称育儿压力（parenting stress），可理解为父母在亲子系统内所感受到的压力，即父母在育儿过程中受到个体、子女、互动关系等因素的影响而感受到的压力，包括不安、恐惧、忧虑、焦急和自我丧失感、疲劳感等消极情绪体验和状态。① 家长在履行父母角色的过程中，当获得的社会支持资源满足不了育儿需求时，会产生一种消极的自我评估，这便是养育压力。② 一般来说，家长养育压力的来源主要有两类：其一，来自生活事件和日常困扰等环境方面的压力；其二，与履行父母角色和完成养育任务直接相关的压力，通常与父母角色限制、社会孤立、亲子关系和儿童特质等有关。③

文献梳理发现，国内外对于家长养育压力的研究，对象主要集中于学龄前儿童和特殊儿童的父母，针对学龄阶段儿童与智力正常儿童的父母的研究较少，聚焦一个区域全学段父母养育压力的整体推断性研究更少。从研究内容来看，现有研究多从婚姻质量、社会支持和经济收入等方面考察育儿压力④，而关注生活事件等环境方面的影响因素的研究并不多见。本研究以上海市为样本，不仅因为上海作为超大型城市，家长面临的养育压力更为凸显，而且上海作为国家教育综合改革试验区，其政策和举措具有先行和示范意义。本研究旨在考察：疫情危机下家长养育压力的状况如何？影响家长养育压力的因素有哪些？

二、研究方法

本次调查研究以上海市“十三五”家庭教育现状调查中养育压力的部分题目为基础，增加了新冠疫情背景下的相关问题，最终形成调查问卷。问卷通过网络随机调查的方式于 2020 年 4 月 20 日至 28 日完成，共回收覆盖上海全市各区的有效问卷 51678 份。基于抽样的代表性，按照 2019 年上海市教育工作年报中上海市幼儿园、小学、初中和高中的总体人数比例（3. 58∶5. 18∶2. 83∶1），以本次调查中幼儿园 6282 份数据为基数，遵循比例概率抽样（PPS）原则，随机选取小学 9090 份，初中 4966 份，高中 1755 份，共计 22093 份，作为推定总体的有效样本。所有问卷均为在读学生的父亲或母亲填写，样本情况如表 1 所示。

表 1 样本人口统计学变量描述统计

N=22093		所占百分比			所占百分比
家长身份	父亲	27.20%	家长户籍所在地	城镇	65.30%
	母亲	72.80%		农村	34.70%
学段	幼儿园	28.40%	独生情况	独生家庭	65.40%
	小学	41.20%		二孩家庭	32.10%
	初中	22.50%		三孩家庭	2.30%
	高中	7.90%		其他	0.20%
家长年龄	21-30 岁	8.20%	婚姻情况	初婚家庭	90.90%
	31-40 岁	68.40%		再婚家庭	4.50%
	41-50 岁	22.20%		单亲家庭	4.00%

① Abidin RR, *Parenting Stress Index-professional Manual*, Lut zFL: Psychological Assessment Resource, 1995, p. 10.

② 李敏谊，七木田敦，张倩，王路曦，管亚男：《低生育率时代中日两国父母育儿压力与社会支持的比较分析》，《学前教育研究》2017 年第 3 期，第 46-54 页。

③ 刘亚鹏，邓慧华，张光珍，梁宗保，陆祖宏：《父母养育压力对儿童问题行为的影响：养育方式的中介作用》，《心理发展与教育》2015 年第 3 期，第 319-326 页。

④ 李妍，鞠佳雯，边玉芳：《父母养育压力、正念教养与亲子关系的关系：基于主客体互倚模型》，《第二十二届全国心理学学术会议摘要集》，2019 年，第 150-151 页。

(续表)

N=22093		所占百分比			所占百分比
	50岁以上	1.20%		其他	0.60%
家长学历	初中及以下	11.80%	配偶学历	初中及以下	12.70%
	中专	11.60%		中专	12.40%
	高中	10.30%		高中	11.20%
	大专	29.50%		大专	28.50%
	本科	33.60%		本科	30.90%
	研究生	3.20%		研究生	4.30%

为便于对非常态的疫情期间上海家长养育压力水平做出客观判断,本研究还以2016年上海市“十三五”期间家庭教育现状调查中养育压力数据作为参照,进行对比分析。2016年调查同样采取比例概率抽样法,有效问卷20789份,亦均由学生的父亲或母亲填写,幼儿园、小学、初中、高中分别为5181份(占比24.90%)、8556份(占比41.20%)、4729份(占比22.70%)、2319份(占比11.20%)。

三、研究结果

1. 新冠疫情危机加重了各个学段的家长养育压力

(1)疫情下相当部分家长感知养育压力大,所获社会支持低

整体而言,5.70%的家长认为养育压力非常大,13.00%的家长认为养育压力比较大,42.30%的家长认为养育压力中等。相比之下,分别只有23.60%和15.40%(合计近四成)的家长认为养育压力比较小和非常小。过大的养育压力给一部分家长的心理造成了困扰,分别有4.00%和1.20%的家长认为自己的心理状况较差和很差。

同时,不少家长自认为获得的社会支持较低。“社会支持”在本文中特指家长获得的来自亲朋好友或其他人的精神或物质帮助。调查表明,养育压力大与家长得到的社会支持低有一定的关联。在调查样本中,12.00%的家长认为自己获得的社会支持较低;20.30%的家长认为自己获得的社会支持很低。合计有三成多的家长自认为获得的社会支持低,这在一定程度上促成了家长养育压力过大的状况。

调查结果表明,疫情期间家长养育压力显著大于常态期间。将此次疫情与常态情况下的家长整体养育压力数值进行对比,独立样本t检验结果表明:疫情期间家长感知到的养育压力(M=2.70,SD=1.058)显著高于常态情况下家长感知到的养育压力(M=2.01,SD=0.863),两者存在显著差异(t=−74.024,p<0.001),且养育压力差距较大(见表2)。

表2 养育压力的比较(2016年与2020年)

	数据年份	N	均值	标准差	均值的标准误	P值
养育压力	2016年	20789	2.01	0.863	0.006	0.000
	2020年	22093	2.70	1.058	0.007	

同时,将疫情期间和常态期间家长养育压力在共同因素上的均值做独立样本t检验,结果发现,疫情期间的养育压力在8个因素上均显著大于常态期间(见表3)。显然,疫情放大了这些数值,尽管这其中还隐藏着其他的原因。换句话说,疫情带来的变化使得家长感受到更大的养育压力,比如家长收入缩减,孩子在家学习表现欠佳等。

表 3 养育压力影响因素的描述统计量与独立样本 t 检验(2016 年与 2020 年)

	数据年份	N	均值	标准差	均值的标准误	P 值
经济收入有限	2016 年	20789	1.55	0.764	0.005	0.000
	2020 年	22093	2.12	1.080	0.007	
照顾时间不够	2016 年	20789	1.92	0.931	0.006	0.000
	2020 年	22093	2.48	1.153	0.008	
欠缺养育方法	2016 年	20789	2.05	0.888	0.006	0.000
	2020 年	22093	2.44	1.078	0.007	
和其他家长比较	2016 年	20789	1.63	0.782	0.005	0.000
	2020 年	22093	2.04	1.013	0.007	
家人养育观念不一致	2016 年	20789	1.78	0.841	0.006	0.000
	2020 年	22093	1.97	0.941	0.006	
孩子不听话或不省心	2016 年	20789	1.85	0.832	0.006	0.000
	2020 年	22093	2.43	1.042	0.007	
学校要求高	2016 年	20789	1.45	0.701	0.005	0.000
	2020 年	22093	1.87	0.931	0.006	
重大生活事件	2016 年	20789	1.74	0.640	0.004	0.000
	2020 年	22093	2.00	0.858	0.006	

(2)疫情给家庭养育带来较大的生活压力

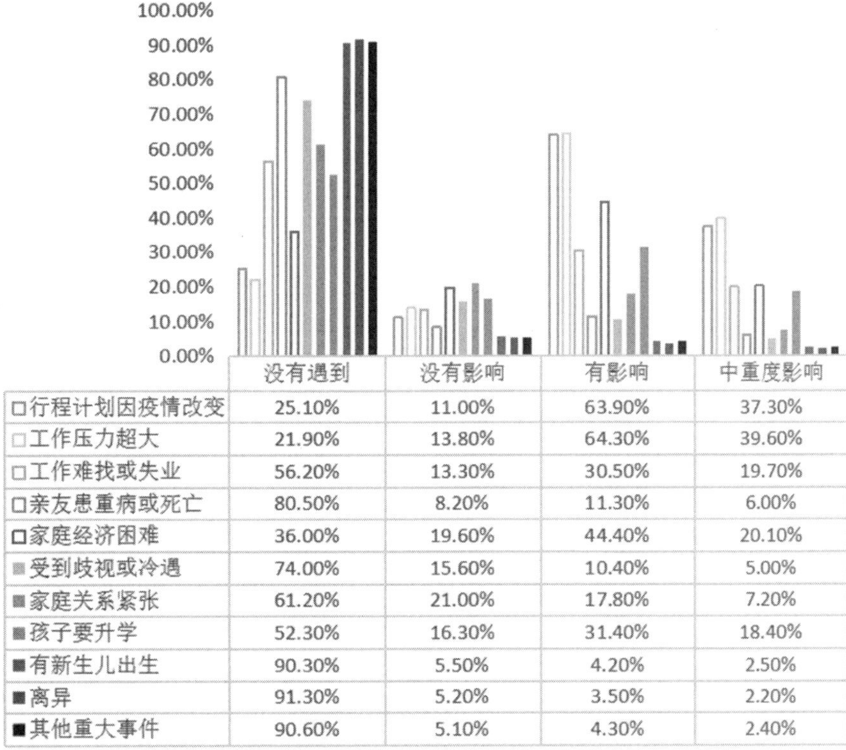

	没有遇到	没有影响	有影响	中重度影响
行程计划因疫情改变	25.10%	11.00%	63.90%	37.30%
工作压力超大	21.90%	13.80%	64.30%	39.60%
工作难找或失业	56.20%	13.30%	30.50%	19.70%
亲友患重病或死亡	80.50%	8.20%	11.30%	6.00%
家庭经济困难	36.00%	19.60%	44.40%	20.10%
受到歧视或冷遇	74.00%	15.60%	10.40%	5.00%
家庭关系紧张	61.20%	21.00%	17.80%	7.20%
孩子要升学	52.30%	16.30%	31.40%	18.40%
有新生儿出生	90.30%	5.50%	4.20%	2.50%
离异	91.30%	5.20%	3.50%	2.20%
其他重大事件	90.60%	5.10%	4.30%	2.40%

图 1 疫情期间家长受各种生活事件的影响

一般而言，各类突发事件会给家庭生活带来一定的影响。本次调查表明，“工作压力超大”“行程计划因疫情改变”“家庭经济困难”是排在前三位的对家长带来重大影响的生活事件。可见，新冠疫情突如其来，家家户户开启封闭隔离的居家生活后，正常生活秩序突然被打乱，给家庭生活带来诸多直接的负面影响。最显而易见的是，疫情会让许多企业停工停产，家庭经济收入锐减，或者原本安排好的行程计划全部打乱，等等(见图 1)。

具体如图 2 所示，64. 30% 的家长表示“工作压力超大”，其中，中重度影响占比 39. 60%；63. 90% 的家长表示“行程计划因疫情改变”，中重度影响占比 37. 30%；44. 40% 的家长表示“家庭经济困难”，中重度影响占比 20. 10%。

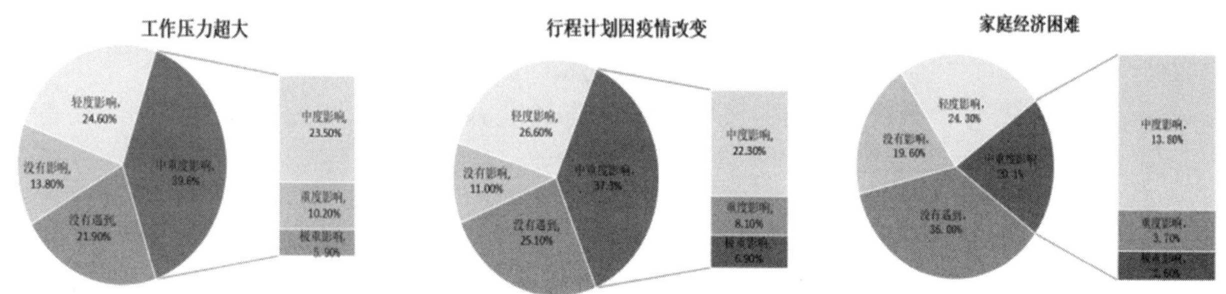

图 2 疫情给家庭带来重大影响的三大生活事件

(3)疫情危机下的“返校复学”对家长造成一定困扰

如图 3 所示，面对复学，幼儿园和小学学段的家长主要担心“孩子感染新型冠状病毒肺炎”(幼儿园占比 44. 30%，小学占比 37. 10%)，初中家长主要焦虑的是“宅家生活和复学生活的转换与适应”(占比 35. 20%)和“孩子的学习跟不上”(占比 33. 30%)，高中家长最担心的是孩子“宅家生活和复学生活的转换与适应”(占比 42. 70%)。

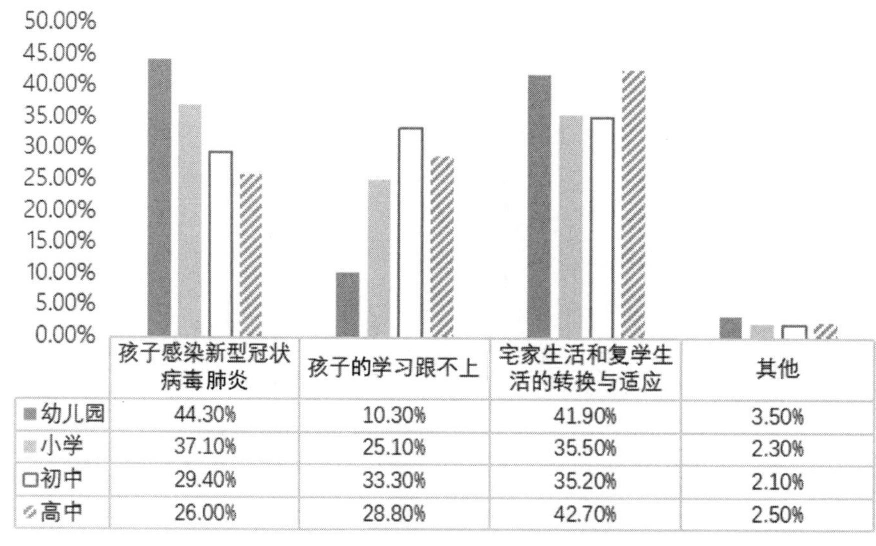

	孩子感染新型冠状病毒肺炎	孩子的学习跟不上	宅家生活和复学生活的转换与适应	其他
■幼儿园	44.30%	10.30%	41.90%	3.50%
■小学	37.10%	25.10%	35.50%	2.30%
□初中	29.40%	33.30%	35.20%	2.10%
高中	26.00%	28.80%	42.70%	2.50%

图 3 不同学段家长对复学的担心

而学校复学后，不同学段的家长对学校工作的期待也有所不同。图 4 显示，对于学校卫生防疫工作，孩子所在的学段越低，家长越关心；对于学生的学习与迎考工作，孩子所在的学段越高，家长越关心；每个学段均有约 20% 的家长关心“学生的身心健康”，而对于复学后“学校提供的家庭教育指导”，不同学段对此关心的家长均低于 3%。这表明，一方面，家长的养育关注点和焦虑点大多围绕孩子的健康安全、学业发展，这与疫情本身的发展息息相关；另一方面，家长对学校的家庭教育指导服务需求并不大。这与家长大多以“问题导向”为需求的优先选择依据有关，同时也表明学校以“集体讲授”为主要形式的指导对家长的吸引力及实际帮助并不大。这需要引起学校的高度重视，根据家长的需求来及时改变学校家庭教育指导的服务形式。

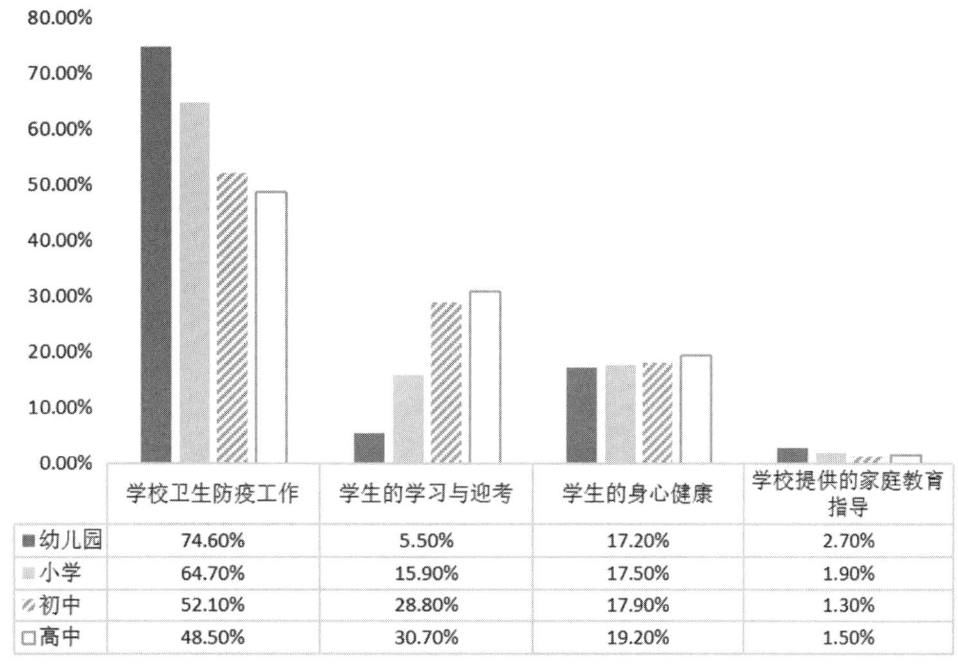

图 4 不同学段家长对复学后对学校工作的期待

(4)疫情下多重因素的交叠，导致家长养育压力过大

为了解疫情期间影响家长养育压力的因素，本研究将影响因素作为自变量，以家长的整体养育压力作为因变量，进行多变量逐步回归分析，筛选出的自变量影响效应从大到小依次为：受疫情影响生活压力增大，经济收入有限，孩子在线学习效果不好，重大生活事件，工作和照顾孩子相冲突，欠缺养育方法，亲子关系紧张，对孩子升学感到压力（见表 4）。

表 4 家长整体养育压力模型 8 个因素的多元回归统计量

选出的变量顺序	R	R^2	调整 R^2	F 值	B	β	T	Sig
受疫情影响生活压力增大	0.535	0.286	0.286	8847.865	0.212	0.213	25.074	0.000
经济收入有限	0.566	0.320	0.034	5204.491	0.189	0.193	25.491	0.000
孩子在线学习效果不好	0.586	0.343	0.023	3848.357	0.082	0.088	11.788	0.000
重大生活事件（离婚/新生儿等）	0.593	0.351	0.008	2989.113	0.148	0.096	13.008	0.000
工作和照顾孩子相冲突	0.596	0.355	0.004	2434.731	0.059	0.066	9.477	0.000
欠缺养育方法	0.598	0.358	0.003	2053.514	0.057	0.058	8.244	0.000
亲子关系紧张	0.600	0.360	0.001	1771.001	0.051	0.044	6.343	0.000
对孩子升学感到压力	0.600	0.360	0.000	1552.524	0.024	0.026	3.900	0.000

建立的回归方程模型：$Y_{\text{家长整体养育压力}}=0.213X_{\text{受疫情影响生活压力增大}}+0.193X_{\text{经济收入有限}}+0.088X_{\text{孩子在线学习效果不好}}+0.096X_{\text{重大生活事件}}+0.066X_{\text{工作和照顾孩子相冲突}}+0.058X_{\text{欠缺养育方法}}+0.044X_{\text{亲子关系紧张}}+0.026X_{\text{对孩子升学感到压力}}$

家长整体养育压力模型 8 个因素联合发挥作用时，共可有效解释 36% 的变异量（R^2=0. 36，F=

1552. 524,p=0. 000<0. 01)。这说明回归方程整体显著,建立的回归方程模型具有较好的解释力。从每个变量预测力的高低来看,对养育压力最具预测力的为“受疫情影响生活压力增大”自变量,其解释变异量为 28. 60%。从标准化回归系数来看,回归模型中 8 个预测量的 β 值均为正数,表示其对养育压力的影响均为正向。

该回归方程与问卷调查的其他数据相一致。调查进行时正值疫情防控居家学习期间。调查结果显示,家长常常因为孩子的不良表现而感到焦虑,其中居前三的分别是“做作业磨蹭”(占比 30. 50%)、“孩子自制力差”(占比 29. 80%)以及“孩子注意力不集中”(占比 25. 90%)。其次,家长反映“孩子学习没有动力”“学习习惯不好”“学习没有计划,有计划也不落实”“孩子不听家长的话”等问题也较多,均为 24%左右。为“孩子沉迷于电子设备”“孩子作息规律打乱了”而焦虑的家长分别占比 20. 10% 和 14. 20%。其他令家长焦虑的事情还包括“孩子不理解父母”(占比 9. 30%)、“辅导孩子花费时间太多太累”(占比 8. 30%),以及“孩子不与家长沟通”(占比 7. 20%)等(见图 5)。这其中所提及的问题大多可归结于回归方程所总结出的因素,如“孩子在线学习效果不好”“家长养育方法欠缺”以及“亲子关系紧张”等。

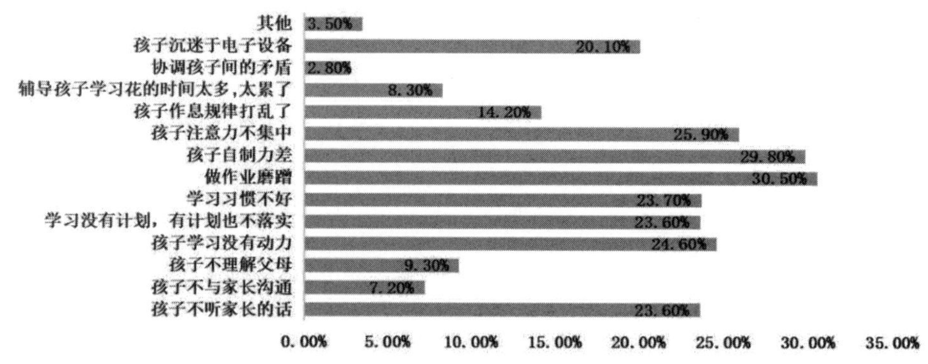

图 5 居家学习期间家长感到焦虑的事

2. 不同学段家长感知的养育压力差异显著,小学阶段家长养育压力最大

将学段作为自变量,整体养育压力作为因变量,进行单因素方差分析。结果表明:不同学段的主效应显著,在不同学段之间家长的整体养育压力差异显著[$F_{(3,22089)}$=27. 406, p<0. 001,η^2=0. 004],事后比较(Bonferroni 校正)表明:小学阶段的养育压力最大(M=2. 765,SD=0. 011),显著高于幼儿园(M=2. 652,SD=0. 013,p<0. 001)、初中(M=2. 686,SD=0. 015,p<0. 001)和高中阶段(M=2. 554,SD=0. 025,p<0. 001);幼儿园阶段的养育压力显著高于高中阶段(p<0. 001);初中阶段的养育压力显著高于高中阶段(p<0. 01);在幼儿园与初中阶段,家长的养育压力差异不显著(见表 5)。

表 5 不同学段家长养育压力的比较

	N=22093	不同学段	整体养育压力	差异比较
学段	6282	1 幼儿园	2.652±0.013	1>4**
	9090	2 小学	2.765±0.011	2>1***
	4966	3 初中	2.686±0.015	2>3>4***
	1755	4 高中	2.554±0.025	
		F	27.406***	
		η^2	0.004	

注:*:p<0. 05; **:p<0. 01; ***:p<0. 001

同时，单因素方差分析结果还显示，不同学段的家长获得的社会支持差异显著[$F_{(3,22089)}=17.799$，$p<0.001$，$\eta^2=0.002$]，事后比较（Bonferroni 校正）表明：子女处于幼儿园阶段的家长（M=3.014，SD=0.016）获得的社会支持最大，显著高于小学（M=2.881，SD=0.016，p<0.001）、初中（M=2.863，SD=0.018，p<0.001）和高中（M=2.880，SD=0.031，p<0.001）阶段的家长；小学、初中和高中三个学段的家长获得的社会支持没有显著差异（p>0.05）。

3. 不同学历家长感知的养育压力存在差异，低学历家长的养育压力大

本研究将高中（含中专、中职）及以下的学历定义为低学历，大专、本科为中等学历，硕士及以上定义为高学历。将受访家长学历作为自变量，养育压力作为因变量进行单因素方差分析，结果表明：不同学历水平的家长感知到的养育压力差异显著[$F_{(2,22090)}=98.040$，$p<0.001$，$\eta2=0.009$]。其中，低学历家长（M=2.838，SD=0.012）感知的养育压力显著高于中等学历的家长（M=2.627，SD=0.009，p<0.001）和高学历的家长（M=2.649，SD=0.039，p<0.001），中等学历的家长和高学历的家长感知到的养育压力无显著差异（p>0.05）（见表 6）。

表 6 不同学历的家长养育压力的比较

	N=22093	学历水平	整体养育压力	差异比较
家长学历	7435	1 低学历	2.838±0.012	1>2***
	13943	2 中等学历	2.627±0.009	1>3***
	715	3 高学历	2.649±0.039	
		F	98.040***	
		η^2	0.009	

注：*：p<0.05； **：p<0.01； ***：p<0.001

单因素方差分析结果显示，不同学历水平的家长获得的社会支持差异显著（$F_{(2,22090)}=45.271$，$p<0.001$，$\eta^2=0.004$）。事后比较（Bonferroni 校正）表明：低学历水平的家长（M=2.801，SD=0.015）获得的社会支持显著低于中等学历水平（M=2.970，SD=0.011，p<0.001）和高学历水平的家长（M=3.029，SD=0.048，p<0.001），中等学历水平与高学历水平的家长获得的社会支持差异不显著（p>0.05）。

4. 不同收入家庭感知的养育压力差异显著，低收入家庭养育压力最大

将家庭年收入水平作为自变量，养育压力作为因变量进行因素方差分析，结果表明：家庭年收入水平的主效应显著[$F_{(2,22090)}=551.025$，$p<0.001$，$\eta^2=0.048$]。其中，低收入水平家庭的养育压力最大（M=3.120，SD=0.015），显著高于中等收入水平家庭（M=2.596，SD=0.008，p<0.001）和高收入水平家庭（M=2.377，SD=0.028，p<0.001）；高收入家庭的养育压力最小，显著低于中等收入的家庭（M=2.377，SD=0.028，p<0.001）（见表 7）。

表 7 家庭年收入水平不同的家长养育压力的比较

	N=22093	家庭年收入水平	整体养育压力	差异比较
家庭年收入水平	4888	1 低收入	3.120±0.015	1>2>3***
	15854	2 中等收入	2.596±0.008	
	1351	3 高收入	2.377±0.028	
		F	551.025***	
		η^2	0.048	

注：*：p<0.05； **：p<0.01； ***：p<0.001

家长给孩子报辅导班的费用是家庭教育支出的重要组成部分。从辅导班费用给家庭带来的负担程

度来看,5.10%的家长认为负担非常大,14.00%的家长认为负担比较大,45.50%的家长表示负担中等程度,认为负担比较小或非常小的比例分别是19.20%和16.10%。调查结果还显示,养育压力与辅导班费用负担程度呈显著正相关(r=0.385**),说明辅导班费用越高,家长感知的养育压力越大。

单因素方差分析结果显示,不同年收入水平的家庭获得的社会支持存在显著差异[$F_{(2,22090)}$=165.583,p<0.001,η^2=0.015]。事后比较(Bonferroni 校正)表明:低收入水平的家庭(M=2.667,SD=0.018)获得社会支持最低,显著低于中等收入水平(M=2.958,SD=0.010,p<0.001)和高收入水平的家庭(M=3.307,SD=0.035,p<0.001),中等收入水平的家庭获得的社会支持显著低于高收入水平的家庭(p<0.001),即不同收入水平的家庭获得的社会支持从大到小依次为:高收入>中等收入>低收入。

四、研究讨论

1. 疫情危机是家长养育压力的催化剂

比较2016年和2020年上海家长养育压力的两次调查数据发现,疫情危机明显加重了家长的养育压力。本次调查多变量逐步回归分析方程也显示,在影响家长养育压力的因素中,首当其冲的便是"受疫情影响生活压力增大"。疫情危机对家庭中的成人和孩子产生明显的消极影响,会引发个体的担忧、广泛性焦虑、回避、反复重现创伤性体验、睡眠紊乱和行为困难等。[①] 家长既要努力调适自我,以应对危机事件的冲击,也要照顾好孩子的学习和成长。

疫情危机改变了学校教育的常态,尤其是居家在线学习前所未有地把家长推到了直接参与孩子课程学习管理和个性发展指导的位置上。家长需要辅助教师承担起助教的角色:为孩子营造良好的学习环境;配合教师密切跟进孩子的学习进度;关注孩子的身体健康,控制孩子用眼时间;关心孩子的情绪状态,与孩子积极互动等。这样的角色转变对家长来说是巨大的挑战,家长养育压力明显增加也就不足为奇了。但疫情危机中暴露出来的一些问题,如家长养育方法欠缺、孩子学习习惯欠佳等,却并非因疫情而滋生的,而是本来就存在的教育中的薄弱之处,疫情只是作为一面"放大镜"将这些问题放大了。

2. 养育压力存在明显的阶层差异

研究表明,家庭的社会经济地位对儿童成长和家长参与都有较大的影响。[②][③]家庭的社会经济地位由家庭的经济收入、家长学历、家长职业等特征来综合表现。本次调查发现,低学历家长感受到的养育压力更大;家庭年收入水平越低,家长的养育压力越大。可见,在疫情背景下,家长的养育压力存在明显的阶层差异。以家长学历为参照可发现,一方面,低学历家长帮助孩子提升学业的能力普遍较差,尤其是在疫情期间普遍采用居家在线教学的情况下,低学历家长的这一劣势尤为突出。一般而言,高学历家长具有更高的对子女学业进行检查、评估、辅导的能力,以及与教师在共同的语境下进行有效沟通的能力,而这些通常是低学历的家长所欠缺的。[④] 另一方面,低学历家长获得的社会支持也较少,从同事、亲友、专门机构等处获得专业性建议的机会不足,而这又反过来进一步增加家长自身的养育压力。相对来说,中上阶层的家长通常会建立更加广泛、更加高级的社交网络,并从中获得各种支持。[⑤]

家长养育压力除了受家庭社会经济条件影响之外,也与孩子行为表现有直接的关系。本次调查表

① Davis, L., & Siegel, L. J. "Posttraumatic Stress Disorder in Children and Adolescents: A Review and Analysis", *Clinical Child and Family Psychology Review*, Vol. 3, no. 3(2000), pp. 135-154.

② 吴重涵,张俊,王梅雾:《是什么阻碍了家长对子女教育的参与——阶层差异、学校选择性抑制与家长参与》,《教育研究》2017年第1期,第85-94页。

③ 姚岩:《家长教育参与的阶层差异》,《中国教育学刊》2019年第4期,第39-43页。

④ 安妮特·拉鲁:《家庭优势:社会阶层与家长参与》,吴重涵,熊苏春,张俊译,江西教育出版社2014年版,第4-5页。

⑤ 安妮特·拉鲁:《家庭优势:社会阶层与家长参与》,吴重涵,熊苏春,张俊译,江西教育出版社2014年版,第4-5页。

明，家长养育压力过高明显与“孩子不听话或不省心”“孩子不良行为表现”等关联度大。通常来说，养育压力会通过家长养育方式传导给子女，并影响子女的行为表现，而错误的养育方式甚至会导致子女产生问题行为；[①] 而养育方式不当又与家长欠缺养育方法密切相关。因此，子女问题行为的产生与家长养育方式密切相关。而家长的养育方式与家长的社会经济地位有十分密切的关系：社会经济地位较高的家庭倾向于选择权威型或宽容型教养方式，社会经济地位较低的家庭倾向于选择专制型或忽视型教养方式。[②] 疫情之下，低学历、低收入的家长一方面由于受自身知识和能力的限制，获取的育儿支持资源不多，掌握的育儿方法不够，面对孩子的教育问题经常束手无策而导致养育压力剧增；另一方面，他们也会因养育压力过大而异化教养方式。养育压力与养育方式交互影响，从而形成“双重”育儿陷阱，使育儿的“马太效应”愈加明显。

3. 经济压力是家长养育的敏感器

上海作为超大型城市，生活成本较高，子女养育成本也相应较高，这给低收入家庭造成一定的经济压力。“支出型贫困”[③] 是低收入群体的典型特点，这其中就包括各类教育项目的支出。有调查发现，教育支出占中国家庭年收入的 20% 以上，30% 的家长甚至表示愿意支付超出家庭能力的教育消费。[④] 一项对上海市小学生家庭的调查表明，家庭教育支出的增速明显快于家庭收入的增速，而在家庭教育支出中，以课外辅导培训为代表的扩展性教育支出占多数。[⑤] 这表明，无论家庭经济状况如何，家长普遍愿意为孩子的教育投资。

而在疫情危机中，由于长时间未复工，小微企业面临入不敷出的经济危机，这对家庭收入和财富影响都很大，近二成家庭的财富锐减，尤其对低收入群体和自由职业群体的影响更大。[⑥] 本次调查显示，疫情期间课外辅导费用给部分家庭尤其是低收入家庭带来了沉重的负担。因为家长普遍对子女的成长和教育抱有较高的期望，经济上的投入以及时间、精力上的付出相应也较多，从而自我加压。而过多的校外培训也加大了孩子的学业负担。在学习压力过重的情况下，孩子很容易表现出不理想的学习状态，而这又会导致家长养育压力倍增。由此可见，疫情导致家庭经济状况不佳，由经济压力叠加于家长的养育压力，再传导至孩子的学习压力，从而形成压力链条的循环往复。

4. 养育压力具有明显的分水岭

本次调查显示，疫情危机下家长养育压力具有明显的学段差异：小学生的家长感知养育压力最大，显著高于幼儿园、初中和高中学段；中考是家长养育压力的分水岭，幼儿园、小学、初中学段的家长养育压力（均值分别是 2.652、2.765 和 2.686）明显高于高中学段（均值 2.544）。

新冠疫情对孩子身心健康造成的负面影响是家长压力剧增的主要来源。长时间关停学校、居家学习会对孩子身心健康产生不利影响。证据显示，孩子不上学时，身体活动减少，而屏幕暴露时间更长，睡眠更不规律，饮食也更不健康，导致体重增加、心肺适能下降等健康问题。[⑦]显然，孩子年龄越小，父母对孩子健康方面的担忧越重。另外，受应试教育模式影响，家长习惯以长线备战来应对升学压力。考虑到

① 刘亚鹏，邓慧华，张光珍，梁宗保，陆祖宏：《父母养育压力对儿童问题行为的影响：养育方式的中介作用》，《心理发展与教育》2015 年 3 期，第 319-326 页。

② 黄超：《家长教养方式的阶层差异及其对子女非认知能力的影响》，《社会》2018 年第 6 期，第 216-240 页。

③ 杜琳，韩明友：《新型贫困——支出型贫困理论内涵与解决策略研究》，《财讯》2018 年第 25 期，第 149 页。

④ 新浪教育：《2017 中国家庭教育消费白皮书》，载新浪教育网：http://edu.sina.com.cn/tujie/2017-12-20/doc-ifypvuqe2438219.shtml. 最后登录日期：2022 年 2 月 25 日。

⑤ 赵霞：《上海小学生家庭扩展性教育支出及挤占效应研究》，上海师范大学硕士学位论文，2019 年，第 14-17 页。

⑥ 甘犁，路晓蒙，王香，周瑞轩，李振华，王芳，林晨，程志云，吴雅玲，张韵，冯程程：《疫情下中国家庭财富变动趋势》，《中国经济报告》2020 年第 4 期，第 110-123 页。

⑦ 王广海，张云婷，赵瑾，张军，江帆：《降低疫情期间居家限制对儿童健康的影响》，《上海交通大学学报（医学版）》2020 年第 3 期，第 279-281 页。

各学段的优质教育资源具有累加优势效应，为了抢占初中优质教育资源，以便子女在中考中胜出，多数家庭将竞争前移到小学甚至幼儿园阶段。同时，由于教育政策在落地执行的过程中也易出现偏差，以至于形成“政策给学生松绑，家长给学生施压”的家庭教育怪圈。

五、社会支持视角下缓解家长养育压力的对策建议

目前全球疫情还在不断蔓延中，疫情危机依然会使学生面临“居家学习”和“返校复学”的问题。研究表明，突发危机事件对社会、个体的影响不仅仅是一时的，更是长期的。①在将来疫情防控常态化期间，家庭外部的组织需要给予家庭养育更多的支持，以缓解家长养育压力。

1. 学生居家学习期间，学校要全面加强家庭教育关怀

一般来说，社会支持可以缓冲和调节个体心理压力，从而缓解压力对身心的损害。而学校教师对家长的支持和帮助是社会支持极为重要的部分。在居家学习期间，学校要采取多种形式开展线上家庭教育指导，比如围绕如何有效管理孩子在线学习、如何促进孩子居家劳动、如何避免亲子冲突等主题内容，帮助家长做好居家陪伴，调适亲子关系。

更为重要的是，教师在学生居家学习期间，要与学生建立良好的沟通习惯，借助“每日一见面”“每日一寒暄”“每日一关心”“每日一交谈”等方式，对学生及其家庭给予情感关怀和情绪疏导。关怀是一种良性关系，当教师与学生及其家长建立互动关系时，教师要从传统的指导者角色转向关怀者角色，达到“关心者全身心地专注于他者，倾听他并感受他所遇到的快乐和痛苦。不论他为被关心者做什么都深植于充满了专注和让被关心者感到温暖和束缚的关系之中”。②如此，教师方能以耐心倾听、悉心了解和情感交流等方式给予家长实质性帮助。

2. 在返校复学关键期，学校要主动沟通并回应家长诉求

返校复学阶段是疫情期间易引发家长情绪波动的关键期。学校应结合校情，高度重视卫生防疫工作，同时要主动与家长沟通，增强家庭对学生重新回到学校的安全感和信心。复学前，教师要主动与家长沟通，增进对学生家庭情况和居家学习情况的了解，结合不同学生的家庭特点及个性特征，开展有针对性的家庭教育指导，引导家长树立合理的教育观念和复学预期。同时，教师要鼓励家长及时发现孩子存在的复学困难并与学校共享信息，为学生复学创设良好的支持性家庭环境。复学后，学校要定期公开家长关心的学校卫生防疫及教育教学的各类信息，做好由居家在线教学向在校课堂教学的稳步过渡。在此期间，教师与家长点对点的沟通交流也能为家长提供必要的复学后的学习反馈和问题指导。

3. 疫情下学校要积极主动发声，引导社会正向舆论

公共危机事件的应对和恢复期间，信息流的管理至关重要。在新媒体时代，发达的自媒体成为信息传播的重要媒介，也成为推动家长学习与借鉴他人成功经验的利器，更易成为家长“自我加压”和“盲目盲从”的助推器。缓解家长养育压力，学校要有效借助媒体，主动介绍防疫工作、宣传教育政策，这样既能避免家长受自媒体虚假信息误导，又能缓解家长因教育政策不断变化而产生无所适从的焦虑感。教师往往代表学校直接与家庭沟通，因此，学校要加强班主任和学科教师的专题培训，强化教师对防疫政策、教育教学安排的宣讲和解释能力，提升教师和家长沟通的技巧能力，避免不必要的家校矛盾产生。

4. 建构家校社协同的育儿支持体系，疏解家长养育压力

疫情危机终会过去。无论线上还是线下学习，我们都需要从推进家庭、学校和社会协同育人的高

① Carol Mutch, “Leadership in Times of Crisis: Dispositional, Relational and Contextual Factors Influencing School Principals' Actions”, *International Journal of Disaster Risk Reduction*, no. 14(2015), pp. 186-194.

② 内尔·诺丁斯:《关心——伦理和道德教育的女性》，北京大学出版社 2014 年版，第 147 页。

度，疏解家长的养育压力。家长养育压力源于家长育儿需求与家长可获得的社会支持资源之间的不匹配，仅靠家庭自身的投入和内部成员的相互支持并不能有效疏解。随着《中华人民共和国家庭教育促进法》的颁布，政府要通过政策推动、理念引导、资源整合等多种途径，联合教育、卫生、民政、妇联、街道、社会服务组织等多部门力量来协同构建"服务"与"指导"并重的育儿支持体系，发挥社区治理精细、学校指导专业等优势，为家庭养育提供切实可行的支持和帮助。

Parenting Stress Under the Impact of Pandemic Crisis

YU Qinfang[1,2], ZHANG Xiaofeng[1]

(1. Shool of Education, Shanghai Normal University, Shanghai, 200234;

2. Shanghai Academy of Educational Sciences, Shanghai, 200032)

Abstract: The parenting pressure during the epidemic crisis was significantly higher than in normal period. The epidemic crisis is a catalyst for parenting pressure, making the family a carrier of multiple superimposed anxiety. It brings greater life pressure and economic pressure to family, which makes low-income and low-education families more vulnerable to the interaction of parenting pressure and parenting style. To ease the pressure of parents, schools should fully take "more care" of family education, offer active communication to respond to parents' demands and guide a positive public opinion. The whole society should take initiative to construct a child-rearing support system that coordinate with home, school and community.

Key words: pandemic, crisis, parenting stress, social support

教育学术论文写作的四种转化

宁彦锋

（上海市师资培训中心，上海 200234）

摘　要：由于缺少专门的学术写作训练，教师学术论文常会出现问题综合征、概念综合征、论证综合征、表达综合征四种典型问题。文章从期刊编辑的角度，结合这四种问题产生的原因，提出教师学术写作过程中必须经历的四种转化：一是问题化，锚定研究的方向，确定研究的起点；二是概念化，以概念为钥，开启学术对话之门；三是验证化，用定性和定量的方法，实现有理有据；四是结构化，对观点和材料进行二次建构，形成学术作品。与四种转化相对应，建议教师在日常生活中形成四种意识：问题意识、理论意识、研究意识和作品意识，加强写作修炼。

关键词：教育学术论文；问题化；概念化；验证化；结构化

教师在教育实践中不断解决教育问题，精进教育技艺，积累教育经验。倘若教师能以学术期刊为平台，以论文为主要工具，建构多样态的学术共同体，无疑会对教育的高质量发展形成巨大推力。因此，本文试从编辑的视角，梳理教师学术论文存在的常见问题，并分析问题产生的主要原因，为作者提供一些建议。

一、什么是教育学术论文

在国内，关于教育学术论文的定义，尚未见比较权威的解释。有两种较为常见的理解：一是指在教育学术期刊上发表的论文；二是指以教育问题为研究和讨论对象的学理性文章。它面向教育领域，以系统的、专门的知识讨论教育问题，提出观点，并以逻辑和科学的方法加以证明。笔者更赞同后一种解释，并认为教育学术论文应具有如下特点：第一，教育性。论文要研究教育问题，研究教育规律。教师身处教育实践场，拥有丰富的教育教学经验，自然成为教育学术论文写作的重要力量。第二，学术性。论文要依从理性的指引，重点关注理论与方法，而非实践和技术。这要求作者尽力挣脱经验的束缚，用学术的语言和思维参与学术对话和讨论。第三，思辨性。论文要凸显“论”的特点，观点明确，论证有力，有理有据，发人深思。这要求作者立论要准确，用严密的逻辑推理和科学的研究方法，得出具有说服力的结论。第四，创新性。论文要以已有的研究为基础，并力求有新的学术发现。这要求作者站在学术前辈的肩膀上，对某一具体的研究领域实现新突破。

作者简介：宁彦锋，上海市师资培训中心编审，博士，主要从事教师教育、职业教育与课程教材研究。

二、教育学术论文写作常见的四种问题

教育学术论文写作是一种专门的技艺。在写作的过程中，作者需要经历提出问题、文献研究、形成观点、确定方法、充分论证、展开讨论、论文撰写等阶段。依循作者写作的时间线索，对照教育学术论文的定义与特点，并结合日常审稿工作的实践，笔者总结了教育学术论文写作中常见的四种问题。

1. 问题综合征

提问是论文写作的第一步。问题综合征是指文章中存在的与“研究问题”相关的种种问题。有关“问题”的问题，有学者做过专门的总结：一是不是问题的问题，二是杂乱无章的问题，三是表层问题，四是空洞的问题，五是模糊问题。[①]笔者总结为四种类型：一是“无”问题，表现为工作总结式的论文，作者只说“我做了某事，举措很多，好评如云”，却未提及“为何做”“意义何在”。二是“多”问题，表现为文章中充斥问题，却缺乏一个贯穿始终的核心问题。核心问题是文章的主题，该问题一般应在文章的“引言”部分首先言明，在主体部分时时观照，在结论部分总结回答。三是“大”问题，表现为“力不从心”，相对于作者的研究能力和资源而言，所选择的研究问题太大。四是“假”问题，表现为问题失“真”，或只见表面，未见本质，作者主观上缺少对问题研究的真诚与热情，客观上也缺少对实践的洞察和扎实的调查。

2. 概念综合征

概念是学术论文的立论之基。概念综合征是指文章中存在的与“概念”相关的种种问题。概念综合征通常表现为五种类型：一是无概念。表现为从经验到经验，未上升到理论层面。一篇论文如果缺少概念，就无法开启学术之“门”，研究也就无从谈及。二是概念过大。表现为虽然有核心概念，但概念的外延过大，如某文以“教师学习”为核心概念，太过宽泛，需要加以限定，如前加“任务导向”。在文中，还要具体界定研究对象是一般教师还是特指哪类教师，是职初期教师还是成熟期教师，是基础教育阶段的教师还是学前教育阶段的教师。三是生搬硬造。表现为从国外的文献或者跨学科的文献中复制概念，或者造出一堆“新概念”，完全不考虑该概念背后的理论以及该理论成立的前提条件。概念的寻找是一个反复寻找（理论）和比对（实践）的过程，一定要在读懂的基础上使用概念。四是多概念。多概念是指在一篇论文的标题或论题中出现了 3 个以上不同的概念，从而使文章显得概念重重，难以驾驭。如某文题目“论智能时代语文教师任务驱动的深度学习与精准教学”，其中包含多个概念。虽然都是时下流行的“好词”，但要在一篇论文中厘清这些概念及其关联，挑战极大。五是模糊概念。同一个问题领域的研究者对同一概念可能会有不同的表述，甚至在内涵界定上也会有细微的差异，我们要明辨之，不可混用。

3. 论证综合征

论证是论文的主体部分。论证综合征是指文章中存在与“论证”相关的种种问题。论证部分通常包括四要素：论点、论据、方法、论证。一要有明确的观点，且需用概念化的学术语言界定清晰。二要有论据。论据是证明观点的材料。一般有质性论据、量化论据、历史论据、地理论据、文本论据、艺术论据等。[②]三要有方法。选择用什么方法，就会得出什么样的论据。因此，一定要根据论据的类型选择正确的研究方法。四要有论证。要根据所得论据，运用逻辑的方法对论点进行证明（或证伪）。相应地，论证综合征的问题也集中反映为四个方面：一是观点不明，表现为立场不明或表述不清。二是论据不真，表现为未能按照方法规定的规范与要求得出有效的数据或令人信服的材料。三是方法不当，表现为因错用方法而不能产生有效的论据，也不能证明观点的真伪。四是逻辑不通，表现为在利用论据证明观点时，论证过程逻辑混乱，论证不充分。

4. 表达综合征

表达是形成作品的过程，也是在前期研究的基础上对材料的重构。表达综合征是指论文中存在与表达相关的种种问题，通常包括以下类型：一是材料繁杂，详略失当。作者事无巨细地呈现自己的观点、

① 李润洲：《教师论文写作的运思之道》，《中小学教师培训》2017 年第 7 期，第 34 页。

② 温迪·劳拉·贝尔彻：《学术期刊论文写作必修课》，孙众，温治顺，等译，教育科学出版社 2014 年版，第 246-247 页。

证据与相关资料,但没能聚焦核心问题和观点。二是结构混乱,内容零散,作者未能按照合理的顺序组织材料。三是逻辑不顺,说理不清,缺少贯穿文章的逻辑主线,作者未能做到言之有理,言之有据,且理与据互相印证,相得益彰。四是语言问题,典型的表现是词不达意,语无伦次,单调乏味。五是规范问题,即不符合学术研究和论文写作的规范。

三、教育学术论文写作的四种转化

对多数教师而言,学术论文写作的过程是由教育的实践场向理论场迁移的过程,在此过程中,实现从经验到理论的四种关键转化:一是问题化,从碎片化的经验中归纳总结出一个研究问题;二是概念化,从理论世界发现能够解释实践的概念;三是验证化,用定性或定量的科学研究方法证明论点;四是结构化,用结构化的语言形成学术作品。笔者认为,为避免教育学术论文的四种常见问题,作者须认真细致地完成具有关键意义的四种转化(见图1)。

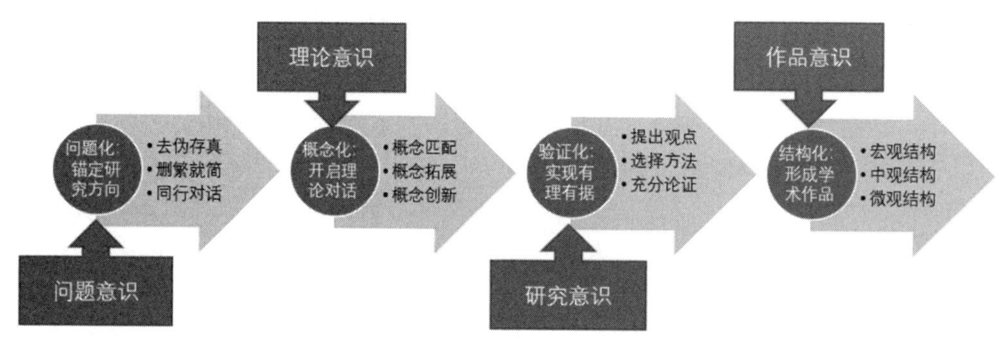

图1 教育学术论文写作过程中的四种关键转化

1. 问题化:锚定研究的方向

提出问题是论文写作的起点。而问题化,就是发现这些矛盾和疑难并将其明确为一个学术问题的过程。问题化的过程通常包括以下三个环节:

其一,去伪存真。判断问题真假,可以从和主观和客观两个维度。从主观维度求真,作者要态度真诚。一个真问题必须从内心深处出发,作者有一种探究的强烈冲动,或者对某一个问题持久思考而未得。从主观角度求真,还要尽量回避功利主义的影响,如科研考核压力下的投机取巧行为,什么“流行”就研究什么,什么“高级”就研究什么。从客观角度求真,作者必须怀揣对实践的无比敬畏。作者需要返回三个实践场,评估其真实性:这个问题会真实发生吗?具有典型性吗?研究的结果有助于改进教育实践吗?如果以上三个问题都得到了肯定的回答,就可以进入下一步。

其二,化繁为简。化繁为简的目的是让问题更聚焦。路径有以下三种:第一,寻根法。任何问题现象背后都有更深层次的原因,可以通过层层追问,挖掘现象背后的本质,找到问题之“根”。作者可以通过观察与访谈,也可以通过思考与推理“寻根”。第二,分层分类。教师常被许多问题“包围”,无从下手,分层分类有助于突出重围。从分层看,这些问题又可以分为“主问题”“子问题”。从分类看,这些问题可分为宏观、中观和微观;也可以分为理论类和实践类。经过分层分类,作者会形成一张问题地图,找到地图中的某一地点深入研究即可。第三,时空法。任何问题都被时空所形塑。如作业设计是一个老问题,但在双减背景下变成新热点。这就要求作者始终保持对时代发展的敏感性,在教育发展中具备大格局观。

其三,同行对话。论文写作一定要有对象感,动笔之前,作者一定要重新审视自己为什么写作,写给谁看。学术论文一般是写给业内同行看的,所以,在写作的过程中,作者要始终站在“读者立场”,仿佛在跟同行对话。初稿完成,作者更要站在学术共同体的角度进行评估:这篇论文的价值在哪里,这也是审稿人经常强调的"理论贡献"与"实践启发"。根据驾驭论文的能力强弱,"对话"有三种境界:一是告知结论,二是推广观点,三是引发思考。同行对话,可以在身边的学术共同体中进行,可以在学术会议上对话专家,还可以在文献阅读时寻找相关研究者。

问题化的过程是作者对实践场的问题进行筛选的过程。第一步,去伪存真,剔除问题群中的"假大空"问题;第二步,化繁为简,初步实现"问题聚焦";第三步,同行对话,找到论文研究的实践起点。经过筛选,作者明确了研究的核心问题,也确定了论文的基本方向。核心问题,既是开启写作之旅的动力源,也是写作过程中的指南针,更是论文结论的目的地。作为期刊审稿人,笔者通常也会根据问题来判断论文的价值。一旦选对问题,就锚定了论文的方向。

2. 概念化:凝练核心概念

概念是思维的基本形式之一,反映客观事物一般的、本质的特征。[①]在认识教育规律的过程中,把实践中遇到的教育问题以及解决问题产生的教育经验加以概括和总结,形成教育概念,这一过程就是概念化。笔者认为,学术论文中的概念化可以有三种类型:一是概念匹配,二是概念拓展,三是概念创新。三种类型由易至难,不同程度地体现出研究者的实践智慧与理论勇气。

其一,概念匹配。概念匹配是一个反复寻找与比照的过程,目的是找到一个对自己所关注的经验问题具有高解释力的概念。寻找概念的过程,是作者将自己的经验与已有的研究建立联系的过程。可以采用以下方式:去某学术平台输入关键词进行搜索;去查相关主题的博士论文;也可以咨询相关领域的专家,或阅读他写的学术著作;订阅相关主题的专业期刊,持续关注该领域的新进展。

其二,概念拓展。任何概念都有时空的局限性,无时无刻不被我们所处的时空所形塑。概念拓展就是根据时空的变化以及人们认识水平的不断提升,对原概念进行重新界定和解释,使其内涵更加丰富,指向更加聚焦,重新焕发出概念的生命力。如教育科学,传统上,我们仅从教育学和心理学的角度加以解释,如今随着脑科学、人工智能等领域的快速发展,我们对该概念的认识也必须有新的发展。

其三,概念创新。概念创新是指建构一个新概念。这要求作者所关注的主题,前人未曾涉及或研究不深;作者所观察的角度,前人未曾发现;作者所持有的观点或发现,没有现成的概念可以解释。作者要对某领域的所有概念进行梳理,并对自己的观点和实践进行抽象概括。

概念化的过程通常也是阅读文献的过程。通过概念,作者找到了打开理论之门的钥匙;通过概念化,作者可以将实践场中的问题和理论场中的概念关联起来。这时,作者就掌握了学术语言,了解了同行提出的理论,知晓了他们研究的最新进展。接下来,作者就可以用相应的概念表明观点,提出假设,开始学术对话。

3. 验证化:基于逻辑或经验的证明

在概念化的基础上形成观点或假设,接下来的工作就是验证化。验证化是证明观点和辨明真伪的过程,是知识生产最重要的工序。通过验证化,作者可以知晓自己的观点是否可靠,是否值得同行信赖。验证化的过程,是综合运用定量和定性两种方法,去验证理论或者结论的过程。

第一,提出观点。作者必须旗帜鲜明地表述自己的观点或假设。这时,作者要走出理论之屋,重新返回实践场,去审视经验,概括规律,形成观点。例如,如何提高学生的作文能力是某位作者关心的问题,作者要形成假设,就要按照如下步骤进行:(1)确定目标变量:明晰想解决的问题或实现的目标是什么,如"提高三年级学生的作文能力"。(2)确定措施变量:研究什么措施能解决这个问题,如"随堂练笔600秒(十分钟作文)"。(3)形成研究假设:措施变量+目标变量,如"'随堂练笔600秒'促进小学三年级作文水平提升"。这种假设是否成立,要用具体的方法来证明。

第二,选择方法。任何观点都需要证据作为支持。研究的科学性首先体现在研究者的方法论立场和研究的方法,教育研究也是如此。方法的选择决定了如何验证。一般而言,方法分为两类:定量研究与定性研究,两种方法具有互补性与交融性,可以综合运用。

① 中国社会科学院语言研究所词典编辑室:《现代汉语词典》(第6版),商务印书馆2014年版,第418页。

第三，充分论证。通过定量研究和定性研究，可以获取第一手资料。这些资料仅使观点“有据”，接下来作者还要做到“有理”(科学论证)。论证的方法有三种：一是明辨事实。对通过定性与定量研究取得的资料进行事实性审查，数据是否可靠，资料是否可信，有没有受到无关变量的影响。二是成因分析。例如，资料表明，随堂作文导致学生作文水平提高，而我们需要思考：是否还有其他因素也有助于学生作文水平提高；如果没有随堂作文的举措，学生的作文水平是否也会提高。三是价值检查。观点的背后隐藏着立场和价值。所有的研究建议都应基于学生立场，以是否支持学生发展为价值标尺。

验证化的过程是“立说”的过程。作者要借助概念，清晰地表明自己的观点和立场；运用方法，充分地占有真实的资料和数据；通过批判，辩证地评判观点的条件和价值。三个步骤都很重要：无观点，数据就会苍白无力；无数据，观点就会强词夺理；无批判，结论就会人云亦云。

4. 结构化：完成学术作品

结构化是论文最主要的表达特征。[①] 结构化的过程，要求作者将各种观点和材料系统分析，厘清其内部的逻辑和关系，然后按照一定的顺序组织起来，建构一个有机的整体。读者最想先看到的，就是文章最有价值的部分。[②] 论文的结构不同于研究的结构，需要作者对观点和材料进行二次建构。

首先，要建构宏观结构。在宏观结构上，论文在传统上要求具备题目、主题、论据和结论四要素。具体到不同的论文类型，结构又略有不同。以量化研究为例，论文的正文结构一般要求有四个部分：前言、方法、结果、讨论。[③] 其中，前言部分包括研究概述、文献综述、研究假设(立论)等；方法部分包括方法、步骤、材料与工具、实验、背景与环境、实验群体等；结果部分说明研究结果；讨论部分检查研究方法和研究结果的有效性，以及本研究在该领域中的价值和意义；最后是参考文献。

其次，要建构中观结构。中观结构是指论文在具体表述时呈现的思维结构。通常可以按照以下结构安排内容：(1)顺序结构，即按照时间的先后顺序；(2)空间结构，即按照空间顺序；(3)总分结构，先是论点，再论述分论点，分论点支撑总论点；(4)事理结构，按照事理逻辑展开；(5)问答结构，按照问与答的顺序展开；(6)对比结构，对不同事物进行对比分析，对同一事物进行正反分析；(7)因果结构，即按照因果关系展开；(8)问答结构，在诊断现状的基础上找问题，根据问题提建议。

最后，要建构微观结构。微观结构即具体的文字结构，由具体的字、词、句构成。完成论文的宏观结构和中观结构之后，论文初具规模，但还要反复修改，使细节更加合理。作者通常要做以下工作：(1)强化论点。用简洁准确的语言清晰表达观点。(2)夯实论据。对论据进行数据核对和逻辑验证。(3)深化结论。以批判性思维得出有洞见的结论。(4)突出主干。删除与主题无关的部分，使文章主线更突出，详略得当。(5)修改摘要和关键词。(6)修改标题。标题要尽可能简短且吸引读者。(7)修改开头与结尾。开头要引人入胜，结尾要发人深思。(8)润色文字，避免错别字和错句。(9)检查规范。要符合目标期刊的学术规范和格式要求。

撰写论文的过程如同建一座房子。宏观结构建构论文的梁与柱，中观结构展现各部分的运思骨架，微观结构的文字加工与润色修改则呈现语言的材质与文章的细节。其中，问题、观点、验证与结论始终是论文结构之基，在任何论文的结构中都是重中之重，且缺一不可。

四、教师学术写作的四种修炼

一线教师要加强四种意识的修炼(见图 1)，在日常反复锤炼中提高学术写作能力。

1. 问题意识

“问题化”要求作者不断修炼问题意识。教师可以尝试用“三问法”修炼“问题意识”，对问题原料进一步加工：我是谁(确定研究立场、资源与能力)，我在研究什么问题(确定论题与论域)，我的研究是否领

① 颜莹：《教育写作：教师教育生活的专业表达》，江苏凤凰教育出版社 2020 年版，第 109 页。

② 温迪·劳拉·贝尔彻：《学术期刊论文写作必修课》，孙众，温治顺等译，教育科学出版社 2014 年版，第 236 页。

③ 温迪·劳拉·贝尔彻：《学术期刊论文写作必修课》，孙众，温治顺等译，教育科学出版社 2014 年版，第 224-234 页。

先(确定问题的价值与意义)。这样,就能敏锐地瞄准问题,站在理论的高点上与同行对话。如此反复,经常修炼,"问题意识"就会不断产出真问题。

2. 理论意识

"概念化"要求作者不断修炼理论意识。修炼"理论意识",一方面,要多阅读,熟悉前人搭建的概念体系;另一方面,要多总结,完成自己的概念拓展与创新。教师修炼"理论意识",要在理论与实践之间建起一座旋转门,在"实践之屋"与"理论之屋"之间不断往返。当然,也可以适当"串门",在比较中发展和完善自己的学术概念与理论体系。

3. 研究意识

"验证化"要求作者不断修炼研究意识。研究是大胆假设和小心求证的过程。研究意识可以从三个维度进行细分:认知维度包括研究的洞察力、研究的想象力和研究的反思力,情感维度包括研究的热情、研究的激情和研究的同情,社会维度包括研究的合作和研究的协调。[①] 修炼"研究意识",一方面要"大胆假设",不走寻常路,面对实践问题给出有创意的对策;另一方面要"科学证明",通过理论的和实证的方法,努力使自己提出的对策有理有据。

4. 作品意识

"结构化"要求作者不断修炼作品意识。第一,要有读者立场。文章是写给读者看的,学术论文同样要亲近读者。第二,要善用对话语言。在写作的过程中,你要设想读者就坐在你的对面。你要时刻提醒自己:读者是否明白你的叙述;读者能否信服你的论证;你的结论对读者是否有启发。第三,要有建模能力。作者要将自己的思路用可视化的工具搭建框架,用逻辑思维反复审视和修改,最后用清晰的图示固定下来,形成理论的模型。第四,要有规范意识。学术论文的规范性要求比较高,有统一的国家标准,但具体到每一本学术期刊,又会有细微的差别。这需要作者十分了解自己关注的学术期刊规范,并能够按照规范来修炼自己的作品。

Four Transformations in the Writing Process of Research Papers in Education

NING Yanfeng

(Shanghai Teacher Training Center, Shanghai ,200233)

Abstract: Due to the lack of training in specialized academic writing, there are four typical problems that teachers often encounter in paper writing, which are the four syndromes of problems, concepts, verification and expression. From the perspective of a journal editor, this paper attempts to analyze causes of the problems and four transformations that teachers must undergo in the process of writing: the first is problematization, which anchors the direction of research and determines its starting point; the second is conceptualization, which commences with theories and launches academic dialogue; the third is verification, which uses qualitative and quantitative methods to achieve well-founded rationality; the fourth is structuring, which completes the secondary construction of viewpoints and materials to form academic works. Corresponding to the four transformations, this paper suggests that teachers should cultivate four kinds of consciousness: consciousness of problem, of theory, of research and of work, to improve writing practice.

Key words: educational papers, problematization, conceptualization, verification, structuring

① 吴刚平,余闻婧:《论教师的研究意识》,《中国教育学刊》2010 年第 12 期,第 60-63 页。

《教育杂志》对当代教育期刊出版与发展的启示

张雪梅[1,2]

(1. 上海师范大学 期刊社，上海 200234；2. 上海师范大学 知识与价值科学研究所，上海 200234)

摘 要：《教育杂志》刊行近40年，为我国近代教育事业的发展做出了巨大贡献。其创刊于教育改革、学校和学生人数激增的背景之下，强大的人才队伍与商务印书馆的物质基础是其发展的源泉，尊重读者需求、与时俱进求发展、栏目和内容丰富且可读性强、注重宣传与发行等亦是其得以长足发展的重要因素。当代教育期刊可以借鉴《教育杂志》的经验，结合时代与新媒体发展的新要求，栏目内容须适应教育改革与学校、学生发展需要；注重编辑人员素质，维护好作者群体；满足读者的多样化需求；实现教育期刊与教科书、教育类著作协同出版与发展；融合使用传统手段与新媒体技术，加强宣传与传播力度，从而使教育期刊实现高品质、持续性发展。

关键词：《教育杂志》；教育期刊；出版；办刊经验；启示

教育期刊，是一种以服务教育、服务青少年健康成长为主要使命的教育专业传媒①，其立足于时代对教育的诉求，探讨教育领域的突出问题，服务于教育实践、教育决策与教育学科建设，具有不同于其他报刊的特殊责任与价值。当前，我国的教育事业得到了前所未有的发展，随之而来的是教育期刊的繁荣，呈现出综合性与专门性期刊多元并存，出版社、高校与其他科研机构办刊百花齐放的格局。但与此同时，教育期刊亦面临同类期刊之间竞争激烈、新媒体的发展使纸质阅读被严重挤压、读者群缩小、宣传与营销手段单一且缺乏有竞争力的商业模式等诸多问题。②

《教育杂志》刊行近40年，在我国近代教育期刊中首屈一指，其为我国近代教育事业的发展做出了巨大贡献，见证了我国近代教育的发展与变迁，是我国教育史上一座熠熠闪光的丰碑，是研究我国近代教育状况必须关注的史料，具有重要的价值。因此，回顾、总结并汲取《教育杂志》的成功经验，对当代教育期刊的出版与发展具有重要的参考价值与启示意义。

一、《教育杂志》的主要成就与历史地位

《教育杂志》由商务印书馆创刊于1909年，止于1948年，其间因故停刊两次，共计出刊33卷382期。

《教育杂志》创刊于科举制度刚刚废除、新式学堂大量涌现、学生人数激增的历史背景下，以"研究教育，改良学务"为宗旨，反映了教育改革与

作者简介：张雪梅，上海师范大学期刊社编辑，上海师范大学知识与价值科学研究所特聘副研究员，博士，主要从事语言学与语文教学、编辑出版研究。

① 高静波：《教育期刊的战略发展分析——以〈今日教育〉为个案》，《新闻界》2008年第6期，第119-120页。

② 余华：《综合性教育期刊的发展现状与策略——以〈教师博览〉为例》，《新闻世界》2020年第10期，第81-84页。

发展的迫切需要。其主要成就为:第一,以积极、开放、学习的心态关注外国的教育动态,广泛介绍外国教育思潮和各国教育制度,吸收国外的先进教育思想与理念,对扩大教育界的视野、建立适合中国国情的教育制度和方法起了积极的促进作用。第二,广泛关注各类教育问题,对心理学、中小学技能课、职业教育、成人教育、幼儿教育、性教育等教育相关问题进行讨论。第三,刊物记录了民国时期的教育法令、章程、会议等,对宣传当时的教育政策及教育动态起到了积极的作用。第四,刊物凝聚了一大批有志于教育改革与发展的人才,陆费逵、朱元善、李石岑、唐钺、周予同、何炳松、黄觉民、赵廷为、李季开等先后担任主编,梁启超、黎锦熙、叶圣陶、黄炎培、包天笑、夏丏尊、朱自清、钱玄同、朱光潜、蔡元培、丰子恺、廖世承等学者均在《教育杂志》发文。第五,刊物始终保持着开放性与包容性,与时俱进,紧跟社会现实。这不仅体现在对外国教育思想的吸收上,而且体现在内容栏目的丰富性、稿件来源的广泛性以及作者群体的多元性上。

《教育杂志》作为近代中国刊行时间最长的教育类期刊,为国人学习教育理论、探讨教育实践、传播与交流教育思想提供了平台,同时它经历了中国近代以来新旧教育的转型和每一次的教育变革,是中国教育近代化的历史见证者和记录者,为中国教育的发展做出了卓越的贡献。《教育杂志》因其刊期之长、发行之广、影响之深远,在教育期刊史和教育史上占有重要地位,历来被学者视为研究近代中国教育以及教育期刊发展的必备史料。

二、《教育杂志》的主要办刊经验

1. 创刊于教育改革之际,且栏目和内容与时俱进

20 世纪初,中国的民族危机加重,社会对人才的需求十分迫切,废除科举制、实行教育改革成为时代的需要,1905 年 8 月,清廷颁布《清帝谕立停科举以广学校》,“著即自丙午科始,所有乡会试一律停止。各省岁科考试亦即停止”。[①] 1904 年 1 月公布《奏定学堂章程》,即“癸卯学制”,对学校体系、课程设置、管理通则等做了具体规定;废科举、改学制以及新的教育行政体制的建立和教育结构的整体规划;兴办各级各类新式学堂与学校,学生人数激增。[②] 顺应教育改革与发展的时代洪流,一批教育期刊应运而生。1901 年罗振玉创办《教育世界》,它是我国近代最早的教育专业刊物,1908 年 1 月停刊。1909 年 2 月上海商务印书馆创办《教育杂志》,第一任主编为中国近代著名教育家、出版家陆费逵。

《教育杂志》栏目多元,内容丰富,可读性强,且注重紧跟时代潮流。创刊之初,主要栏目有 20 门:图画、主张、社说、学术、教授管理、教授资料、史传、教育人物、教育法令、章程文牍、纪事、调查、评论、文艺、谈话、杂纂、质疑答问、绍介批评、名家著述、附录[③],后来有所调整。如此丰富的门类从不同的角度、以不同的形式关注教育问题,增强了刊物的可读性,满足了不同读者的需求。例如,叶圣陶的《倪焕之》和包天笑的《馨儿就学记》《苦儿流浪记》《埋石弃石记》等教育小说,对读者起到了潜移默化的思想引导作用。处在近代教育的变革期,《教育杂志》一直顺应社会的发展与教育改革的需要,例如,五四运动后,起用新编辑,改用白话文,并于 1919 年 9 月号上发表了用白话写的评论。

2. 强大的人才队伍支持

当时的商务印书馆人才济济,各领域精英齐聚,他们或亲自撰文,或利用人脉关系进行组稿,并为《教育杂志》的组稿审稿、选题策划、栏目设置、专号设计以及编辑校对等工作提供人才保障,可谓是《教育杂志》的灵魂。同时,拥有一批深具学术功底与研究能力的高水平的作者队伍,亦是刊物得以生存并持续高质量发展的关键。

首先,主编皆为知名且开明的学者。《教育杂志》的历任主编有:陆费逵、朱元善、李石岑、唐钺、周予同、何炳松、黄觉民、赵廷为和李季开等。[④] 他们当时多数来自非教育学界,例如,李石岑的专

① 舒新城:《中国近代教育史资料》(上),人民教育出版社 1979 年版,第 361 页。

② 陈学恂:《中国近代教育史教学参考资料》,人民教育出版社 1987 年版,第 295 页。

③ 李本友:《〈教育杂志〉与〈中华教育界〉——教育媒体与教育发展的个案研究》,《集美大学教育学报》2000 年第 4 期,第 9-13 页。

④ 张珊珊:《〈教育杂志〉:见证中国近代教育的艰难与曲折》,《中国社会科学报》2014 年 11 月 7 日。

长为哲学,唐钺为心理学家,周予同以研究中国经学史闻名,何炳松为历史学家。仅黄觉民、赵廷为是教育学专业出身。李石岑、唐钺、何炳松、黄觉民四位主编有留学国外的经历。他们在各自的领域颇有建树,且视野开阔、思想开明、思维活跃、兼容并包。在他们的主持下,《教育杂志》吸引了众多非教育学界学者的投稿。五四运动前后,由年仅30岁的李石岑任主编,他曾留学日本,并曾在德国与法国游学,且主持知名学术刊物《民铎》和《时事新报》的副刊《学灯》,当时已颇具知名度。他学贯中西,融通古今,且交际甚广,主张"学术救国",因此,任《教育杂志》主编时,一方面,他积极向一些著名学者约稿,另一方面,刊发反映教育领域新思潮的青年学者文章。这些文章对教育问题进行深入研究,顺应了当时的社会思潮和教育改革与发展的趋势,深受教育界和读者的欢迎。

其次,拥有多元的作者群体。《教育杂志》的作者群体学科背景多元,且顺应时代发展而更新。第一,作者群体的学科背景多元。《教育杂志》的作者除了教育学科的教师和学生外,有相当一部分为其他学科背景的专家学者。陶孟和、舒新城、杨贤江、任白涛、俞子夷、杜佐周、常道直、潘公展、陈鹤琴、廖世承、朱自清、梁启超、黎锦熙、夏丏尊、朱光潜、蔡元培、卢于道、丰子恺、张宗麟、沈百英、叶圣陶等知名人士都曾在《教育杂志》发表作品。① 第二,《教育杂志》的作者群体在五四运动前后发生了重要变化。五四运动前,主要以商务印书馆的编辑为主,因为当时的商务印书馆以出版新式学堂所需要的教科书为主业,拥有一批负责教科书编写的编辑人员;此外,还有各领域的专家、学者,他们往往从不同的角度对教育发表看法。1922年后,《教育杂志》的作者群体发生了较大变化,据统计,"当时的高级知识分子在《教育杂志》作者群中并不是最多数,居最多数的是本国高等院校的在校生和毕业生"。② 这一方面反映了本国高校教育科卓越的办学质量,另一方面也显示出主编与编辑人员的学术眼光与不拘一格、质量为上的刊文标准。

3. 重视与读者的交流,尊重读者需求

《教育杂志》重视与读者的交流与互动,例如:有一类征文是根据教育发展的具体情况,将学校在办学过程中所遇到的具有普遍意义或示范意义的问题提出来广泛征求解决办法③,悬赏征集,择优刊登;设"编后余谈"栏目,加强与读者的交流;开展读者调查,以了解读者的基本情况与意见,并在以后的工作中改进。

《教育杂志》尊重读者,采用多种方式以使读者获益最大化。例如,在版面的革新与内容的扩充方面:第一,通过增加篇幅,给读者以实际的优惠。如第二十四卷以后常常出版春季特大号、新年特大号来吸引读者。第二,聘请特约撰述。《教育杂志》的编辑和撰稿人,多是学有专长、著作丰富的教育学者,尤其是七十多位特约撰述在教育界久负盛名,个个都是专家,都曾做过大学教授。《教育杂志》曾宣称:"读者每年仅交一元八角的定费,就无异加入一所函授教育学院,每月接受全国教育专家的自修讲义一册,约15万言,全年并特大号共12册,都200余万言。"第三,开辟"世界著名教育杂志摘要"专栏。订购了七个语种的一百多种外文杂志,还聘请了二十余位专家担任摘要摘译,以实现"读者读过本杂志一份能够等于读世界上全部著名的教育杂志"。④ 此外,还有向学校和读者赠送杂志或礼券、特价优惠等。

4. 依托出版社的力量,并促进出版社的发展

商务印书馆充足的资金是《教育杂志》出版发行的坚强后盾。⑤ 在清政府实施"新政"及一系列教育改革措施的推动下,学堂数与学生人数得到了前所未有的发展,据统计,1907年,全国学堂及教育场所共37672所,学生1013571人。⑥ 而到1909年,学堂及教育场所增至58896所,学生增

① 张珊珊:《〈教育杂志〉:见证中国近代教育的艰难与曲折》,《中国社会科学报》2014年11月7日。

② 肖朗,黄国庭:《五四新文化运动前后教育杂志作者群体的转变——基于量化的分析》,《大学教育科学》2010年第3期,第79-85页。

③ 王有亮:《〈教育杂志〉的经营策略》,《中国教师》2009年第6期,第58-60页。

④ 王有亮:《〈教育杂志〉的经营策略》,《中国教师》2009年第6期,第58-60页。

⑤ 喻永庆:《近代教育期刊的双子星座——〈教育杂志〉与〈中华教育界〉》,《山西师大学报(社会科学版)》2014年第2期,第148-152页。

⑥ 陈学恂:《中国近代教育史教学参考资料》,人民教育出版社1987年版,第295页。

至1626720人。两年间，学堂净增21224所，学生净增613149人。[①] 在此背景下，商务印书馆看到了“新政”以来新式学堂的发展对教科书的巨大需求，抓住时机出版学校用书，收获了优厚的利润，积累了雄厚的资金。据统计，商务印书馆的销售额1912年为182万，1916年315万，1921年为686万，而到了1930年则为1200万。[②] 同时，为了更好地编写与出版教科书，商务印书馆于1909年2月创办教育专业期刊《教育杂志》。

商务印书馆在近代出版业中的地位与影响力，使其聚集了一大批教育领域与其他相关领域的业界精英，这为《教育杂志》提供了强大的人才保障；商务印书馆充足的资金支持为《教育杂志》的持续出版提供了有力的物质保障。同时，《教育杂志》对于教育、教学、教科书等的关注与深入探讨以及对教科书的宣传，也促进了教科书的编写与发行，并因此扩大了出版社的知名度。

5. 注重宣传与发行，扩大社会影响

《教育杂志》注重通过一定的方式来聚焦教育热点问题，扩大稿源与社会影响，征文是其最常采用的有效方式之一。征文的种类主要有一般性征文、调查类征文、问题求解式征文、专题式征文。[③] 征文的内容或者是就办学或教学中出现的普遍性问题征询解决问题的办法，或者是以专题的形式即以教育领域受普遍关注的某一重大问题为论题，例如“体育研究专号”“小学教育参考书专号”“儿童心理专号”“家庭教育专号”等，面向社会公开征集稿件，而且通常会给予入选者一定的酬金。这样做，一方面，引领当时的教育界乃至社会各界对某一重要问题展开广泛、深入的讨论，促进教育改革与发展；另一方面，为刊物征集到来自不同领域的优秀稿件，同时，扩大了刊物的知名度与社会影响力。

“发行是出版活动中至关重要的环节，说它是出版的命根子也并不夸大，没有健全的发行，再好的书也行之不远。”[④] 商务印书馆十分重视发行工作，在全国各地设立分馆、支馆与支店，先后设立分支馆86处。[⑤] 广泛的销售网络[⑥]、强有力的发行与销售工作，使得《教育杂志》能及时送达全国各地的读者手中，满足了读者的需要，受到了他们的欢迎与好评，同时，还向读者馈赠杂志或礼券，进行特价优惠，这也是一种无形的宣传。

三、对当代教育期刊出版与发展的启示

1. 教育期刊应适应教育改革与学生发展需要

《教育杂志》的创办背景是，20世纪初的中国民族危机加重，社会对人才的需求迫切，由此清政府实行了教育改革并兴办了大批学校。可见，正是社会需求与教育改革、学校兴办的需要，促成了教育期刊的创办；教育期刊要能够与时俱进，反映教育领域的重大问题与热点问题，以及教育改革需求，栏目一方面要反映国内外最新研究成果，另一方面要对教育实践有一定的指导作用。

例如，义务教育的均衡发展多年来一直是我国教育改革发展的重点，《国家中长期教育改革与发展规划纲要（2010—2020年）》指出，“均衡发展是义务教育的战略性任务”，2019年7月，政府把“实现义务教育的优质均衡”纳入《中国教育现代化2035》的发展目标之中。鉴于此，《现代基础教育研究》2020年第1期第37卷推出了“教育公平”专栏；再如，2020年10月，中共中央、国务院印发的《深化新时代教育评价改革总体方案》指出，“教育评价事关教育发展方向，有什么样的评价指挥棒，就有什么样的办学导向。要扭转不科学的教育评价导向，坚决克服唯分数、唯升学、唯文凭、唯论文、唯帽子的顽瘴痼疾，提高教育治理能力和水平”。[⑦] 于是，《现代基础教育研究》2020年第4期第40卷推出了“教育评价专题”栏目，该

---

① 陈学恂：《中国近代教育史教学参考资料》，人民教育出版社1987年版，第330页。

② 庄俞：《三十五年来之商务印书馆》，载《商务印书馆九十五年》，商务印书馆1992年版，第751页。

③ 王有亮：《〈教育杂志〉征文活动述略》，《内蒙古师范大学学报（教育科学版）》2007年第11期，第51-55页。

④ 汪家熔：《商务印书馆史及其他——汪家熔出版史研究文集》，中国书籍出版社1998年版，第117页。

⑤ 史春风：《商务印书馆与中国近代文化》，北京大学出版社2006年版，第30-32页。

⑥ 喻永庆：《近代教育期刊的双子星座——〈教育杂志〉与〈中华教育界〉》，《山西师大学报（社会科学版）》2014年第2期，第148-152页。

⑦ 中共中央、国务院：《深化新时代教育评价改革总体方案》，载中华人民共和国中央人民政府官网：http://www.gov.cn/zhengce/2020-10/13/content_5551032.htm，最后登录日期：2021年6月1日。

栏目紧跟此教育评价改革热点,及时回应了人们普遍关注的教师的课堂评价素养和学生的相关素养评价问题,引起了很高的关注度。

2. 注重编辑人员素质,维护好作者群体

《教育杂志》之所以有长达近40年的刊行历史与如此大的影响力,离不开高水平的作者队伍。当代教育期刊要想获得长足发展,也应该注重作者队伍建设:第一,与教育领域的专家建立长期的联系,约取高质量的稿件;第二,要注重对年轻作者的培养与引领,不拘一格,发现他们的闪光点;第三,要善于跟作者沟通,尊重作者的劳动和权益,或可给予一定的稿酬。

《教育杂志》任期较长且影响较大的主编为陆费逵、朱元善、李石岑、周予同等,他们虽教育背景不同,但在自己的专业领域皆具有一定的知名度,视野开阔,交际面广。当前,随着刊物的专门化与现代化,对编辑队伍的要求不可与《教育杂志》同日而语,但仍需要对编辑人员素质提出较高的要求。笔者认为,第一,编辑人员要具备教育学的学科背景与专业知识。王中男提出,教育类期刊编辑需要扎根于教育学领域四大方向的专业知识中,这四大方向特指:教育学原理、课程与教学论、教育史、比较教育学。[①] 只有这样,编辑才能以学术前沿的眼光发现高质量的稿件,组织反映学术领域热点的文章,提出建设性的修改意见等。第二,编辑人员要熟练编辑出版相关业务,这样一方面可以在编校的过程中发现作者存在的问题,并加以纠正,另一方面也可以在文章结构、语言表达等方面进行调整或修改润色,从而提高文章的质量。第三,编辑人员要加强政治学习与业务培训,富有政治敏锐性,这样一方面可以在工作中善于抓住突出时代特点的重大问题,另一方面也可以避免文章在政治导向上出现失误。第四,编辑人员需要具备良好的交际能力,这样才能更好地跟教育专家约取高质量的稿件,同时在编校过程中也需要就文章中的问题跟作者沟通交流。

3. 满足读者的多元需求

《教育杂志》尊重读者,重视与读者的交流与互动,采取征文、读者调查等方式了解读者在教育方面的需求;并通过开辟新专栏、革新版面、扩充内容以及赠送杂志、特价优惠等方式吸引读者。

在新媒体时代,人们的阅读方式发生了重大变革,读者对期刊的需求也出现了新的变化。例如,读者参与互动的需求提升,信息阅读的渠道更为广泛,对期刊的要求更丰富。[②] 有调查表明,对于文献查阅,有90.74%的读者选择期刊网络数据库,仅有5.56%的人选择订阅传统纸质期刊。[③] 因此,教育期刊的内容与传播形式都应该与时俱进,以满足读者的多元需求。首先,在期刊的内容与质量上,内容要紧跟当前的教育形势与热点,理论性与实践性并重,符合教育工作者和学生的实际需要;“质量是教育期刊的生命线”,[④] 高质量的文章才能吸引更多的读者。其次,在呈现方式上,宜同时采用传统纸媒与数字出版两种形式。由此看来,教育期刊应该积极加强数字出版,以满足新时代下读者的数字阅读需求。最后,教育期刊要有服务意识与公益精神。例如,可以借助大数据分析技术,了解读者的阅读偏好与兴趣,加强与读者的互动,以更好地提供更有针对性的服务;深入到中小学校对教师进行教学科研的培训与指导,给予贫困地区学校以帮扶,赠送书刊或给予优惠等。

4. 教育期刊与教科书、教育类著作的出版相互助益、协同发展

《教育杂志》由商务印书馆创办,其发展得益于出版社雄厚的物质基础与广泛的、高层次的人才资源;同时,《教育杂志》聚集的主编与编辑人员、优秀作者队伍,以及深入的广告宣传,这有力地促进了教科书的编写与发展,使得期刊发展与教科书出版二者相得益彰。

当代教育期刊的出版与发展亦需要教育部门、出版社等相关部门的大力支持,形成合力。很多教育期刊是由教育出版社主办的,例如人民教育出版社主办的《课程·教材·教法》《教育史研究》《中国教育科学》,由上海教育出版社与上海师范大学联合主办的《教育参考》等。即使有些刊物并

① 王中男:《价值引领:教育类期刊出版的框架与路径》,《现代基础教育研究》2021年第1期第41卷,第85-89页。

② 江晶珺:《新媒体时代的新闻学期刊读者维护》,《西部广播电视》2014年第1期,第57-58页。

③ 权菊香,单爱莲:《对北京部分医药人员查阅文献方式的调查与分析》,《中国科技期刊研究》2008年第2期,第216-218页。

④ 董泽芳,谭颖芳:《教育期刊面临的困境与出路——关于全国第二届教育期刊改革与发展高峰论坛的思考》,《教育研究与实验》2013年第6期,第62-67页。

非由出版社主办,例如《全球教育展望》《教育研究》等,这些刊物也会在插页或者封底等处推介新出版的教材、教育类著作。这一方面是对这些书籍的宣传,另一方面也可以使读者从中了解相关的教育信息。这样既可以方便读者更全面获取信息与知识,亦可以实现"书刊相长",二者相互助益、协同发展。

5. 融合使用传统手段与新媒体技术,加强宣传与传播力度

《教育杂志》注重宣传与发行工作,不过在当时的社会历史条件下,主要采用征文等传统方式,这使刊物内容更能反映当时教育学界的热点问题与教育实践中存在的问题,扩大了影响力。在新媒体高速发展的今天,信息的传播渠道和速度都是空前的,这也为教育期刊宣传与传播提供了更多便利。通过多元化、现代化的媒介技术,例如微信读者群、公众号甚至个人微信朋友圈等及时发布新刊目录等信息和优秀论文的推介;利用电子商务平台进行销售以扩大知名度;甚至可以开发独立的 APP,方便读者的个性化需求。当然,由于教育期刊的学术性,各类电子文本的阅读对一部分人来说并非最佳的获取信息方式,他们仍然选择纸质期刊,因此,传统的征文、广告等宣传手段依然是必要的。

此外,编辑人员还要通过参加学术会议和各项教育活动,主动去约稿、组稿,宣传刊物;还可以深入到各级各类学校,一方面为作者撰写科研论文提供指导,另一方面亦可以通过赠送刊物等方式加强推广与宣传,增强刊物的知名度与影响力。

《教育杂志》创办于 20 世纪初,商务印书馆为其提供了强大的物质基础与资金支持,同时也为其聚集了强大的人才队伍,知名的主编与多元的作者群体更是其发展的源泉,而对读者需求的尊重、与时俱进的栏目、内容的丰富性、刊物的开放性与包容性、注重宣传与发行等亦是其得以长足发展的重要因素。

在从历史中汲取经验的同时,教育期刊的内容、形式、宣传方式、与读者的交流互动方式等方面要加强创新。只有这样,才能在激烈的竞争中得以生存,并实现高品质、持续性发展。

The Enlightenment of *The Education Magazine* to the Publishing and Development of Contemporary Educational Journals

ZHANG Xuemei[1,2]

(1. Journal Office of Shanghai Normal University, Shanghai, 200234; 2. Institute of Knowledge and Value Science, Shanghai Normal University, Shanghai, 200234)

Abstract: *The Education Magazine* had been published for nearly 40 years and made great contributions to the development of modern education in China. It was founded under the background of educational reform and with a surge in the number of schools and students; it had a strong talent team and the material foundation of the Commercial Press for its publishing, which became the source of its development; and its long-time development also lay in such important factors as its respect for the needs of readers, its drive for its own development to keep pace with the times, rich content in its columns with strong readability, and its emphasis on publicity and distribution. Contemporary educational journals can learn from the experience of *The Education Magazine*, and take the following suggestions to achieve the high-quality and sustainable development: to follow the new requirements of the times and the development of new media, to adapt the content of the columns for the needs of education reform and the development of schools and students, to focus on the quality of editing staff and protect the interests of authors, to meet the various needs of readers, to have the collaborative publication and development with other educational journals, textbooks, and educational works, and to combine traditional means and new media technologies to strengthen publicity and distribution.

Key words: *The Education Magazine*, educational journals, publication, experience in running a journal, enlightenment

论基础教育类学术论文的逻辑建构

王中男

（上海师范大学 知识与价值科学研究所，上海 200234）

摘　要： 围绕论文审核过程中的逻辑问题，文章探讨了逻辑问题的分析与处理，并以人文社科领域中的教育类论文为例，探讨了基础教育类论文的逻辑建构。“逻辑审核”是保证论文质量的核心环节。基于此，文章阐述了“前后逻辑、并列逻辑、递进逻辑、‘3W’逻辑”四大逻辑类型，指出和分析了当前教育类论文普遍存在的逻辑问题，建议教育类论文遵循“3W”经典逻辑来建构结构框架，并以“核心素养”论题为例，探讨了基础教育类论文的逻辑建构。

关键词： 教育类学术论文；逻辑审核；逻辑建构；逻辑类型；逻辑问题

一、为什么要进行逻辑审核：价值与意义

在期刊运作过程中，为何要对学术论文进行逻辑审核？这是因为，从“政策”角度来看，逻辑审核能够保证论文的内容质量；从“理论”角度来看，逻辑审核能够清晰呈现人文社科领域的学术研究成果；从“实践”角度来看，逻辑审核能够协助研究者厘清研究逻辑并优化呈现结构。

1. “内容质量”是保证期刊质量的首要基础

论文质量是体现期刊学术水平的重要指标，亦是期刊后续发展的坚实基础。2020 年 5 月 28 日，国家新闻出版广电总局印发《报纸期刊质量管理规定》①（以下简称《规定》），指出将从“内容质量、编校质量、出版形式质量、印制质量”四项来评价报纸和期刊的质量。无论从外在的形式还是内在的质量来看，“内容质量”皆是“编校质量、出版形式质量、印制质量”后续三项的基础。故而，保证学术论文的“内容质量”是各类期刊审核的重中之重。

2. “逻辑审核”是保证论文质量的核心环节

那么，如何保证期刊论文的“内容质量”？在人文社科领域，笔者认为，可以从“思想、逻辑、结构、论述、语言”五个维度来审视论文的学术质量。在这五个维度中，“逻辑”是清晰呈现研究者思想观点的重要基础，是构建论文结构框架的核心依据，亦是彰显研究者学术素养的重要表征。然而，在审核人文社科领域中的教育类论文时，笔者发现诸多基础教育类论文存在逻辑问题。为了更好地在“实践”角度解决学术论文的逻辑问题，在“理论”维度描绘学术论文的应然逻辑，在“政策”维度践行《报纸期刊质量管理规定》，笔者试析“论文审核过程中的逻辑问题”这一论题，以求教于期刊出版界诸位专家。

作者简介： 王中男，上海师范大学知识与价值科学研究所副研究员，上海师范大学期刊社副编审，教育学博士后，主要从事课程与教学、学习评价研究。

① 国家新闻出版广电总局：《国家新闻出版广电总局关于印发〈报纸期刊质量管理规定〉的通知》，载国家新闻出版广电总局官网：http://www.nppa.gov.cn/nppa/contents/279/74416.shtml，最后登录日期：2022 年 5 月 16 日。

二、论文的基本逻辑：逻辑类型呈现

如上所述，“内容质量”是保证期刊质量的首要基础，“逻辑审核”是保证论文质量的核心环节。那么，在对学术论文进行逻辑审核之前，期刊编辑工作者首先要知道人文社科领域之研究成果的基本逻辑类型，其次对审核学术论文的逻辑类型要有清晰的把握。

1. 理论层面：基本的逻辑类型

人文社科领域研究成果的逻辑类型主要有四类：前后逻辑、并列逻辑、递进逻辑、“3W”逻辑，这四种逻辑类型相对应的逻辑结构亦主要有四类，分别是：流程式结构、并列式结构、递进式结构、“3W”结构。

（1）前后逻辑

前后逻辑采用“流程式”的结构方式，呈现研究内容。即依据操作的步骤或时间进展顺序，来组织研究内容。

（2）并列逻辑

并列逻辑采用“并列”的结构方式，呈现研究内容。即遵循某一维度，把研究内容拆分为若干模块，这些模块之间不存在先后和包含等关系，可以打乱顺序，随意组合。

（3）递进逻辑

递进逻辑采用“递进”的结构方式，呈现研究内容。即各部分研究内容在广度抑或深度上是不一致的，而是层层递进，逐渐递增或者逐渐递减。

（4）“3W”逻辑

“3W”逻辑即遵循“为什么（WHY）、是什么（WHAT）、怎么办（HOW）”的逻辑结构，抑或“是什么、为什么、怎么办”的逻辑结构，来组织和呈现研究内容。

2. 实践层面：教育类研究成果的逻辑类型

就逻辑类型而言，当前基础教育阶段的研究成果（以论文为例）较多呈现出“前后、并列、递进”这三种逻辑类型，“3W”逻辑类型的研究成果亦不乏，但尚未成为主流。以下篇幅以“中国学生发展核心素养”这一教育领域的焦点论题为例，做以说明。

（1）前后逻辑类型的基础教育研究成果

就“核心素养”这一论题而言，秉持前后逻辑类型的研究成果呈现的结构一般是：其一，先综述国际上关于核心素养的研究成果，再概括国内关于核心素养的研究成果。其二，先阐述“中国学生发展核心素养”（征求意见稿），再介绍“中国学生发展核心素养”（正式框架）。

（2）并列逻辑类型的基础教育研究成果

就“中国学生发展核心素养（正式框架）”这一论题而言，秉持并列逻辑类型的研究成果呈现的结构一般是：六大核心素养的并列呈现。中国学生发展核心素养，以科学性、时代性和民族性为基本原则，以培养“全面发展的人”为核心，分为“文化基础、自主发展、社会参与”三个方面。综合表现为“人文底蕴、科学精神、学会学习、健康生活、责任担当、实践创新”六大素养，具体细化为“国家认同”等十八个基本要点。这其中的六大核心素养之间的逻辑关系，就属于并列逻辑。

（3）递进逻辑类型的基础教育研究成果

就“学科核心素养”这一论题而言，秉持并列逻辑类型的研究成果呈现的结构一般是：语文学科核心素养、数学学科核心素养、英语学科核心素养，等等。就其递进关系而言，其一，语文学科核心素养又可以进一步细化为：语言建构和运用、思维发展和提升、审美鉴赏和创造、文化理解和传承。其二，数学学科核心素养又可以进一步细化为：数学抽象、逻辑推理、数学建模、数学运算、直观想象、数据分析。其三，英语学科核心素养又可以进一步细化为：语言能力、思维品质、文化品格、学习能力。综上所述，从“核心素养”到“学科核心素养”，再到各学科核心素养的划分（即一级指标），这其中呈现的逻辑关系，即递进逻辑。

（4）当前基础教育类研究成果的逻辑类型：问题及分析

综上所述，应该看到，当前基础教育阶段的研究成果较多秉持“前后、并列、递进”这三种逻辑类型，这本无可厚非，因为前后逻辑、并列逻辑、递进逻辑本就是研究成果呈现的三种逻辑类型。然而，当我们把基础教育类的研究成果进一步聚焦为“论文”这一研究成果的呈现形式时，就不宜以“前后、并列、递进”这三种逻辑类型作为统整意义上的逻辑类型。这是因为：其一，学术论文以“问题研究”为轴心，其展开的逻辑顺序应该是“提出问题—分析问题—解决问题”；其二，学术论文不是资料梳理抑或堆积,故而其呈现的逻辑顺序,就主要逻辑关系和整体框架而言,不应该是前后、并列、递进顺序。那么,就学术论文而言,究竟该如何描绘逻辑关系,建构框架结构呢?笔者建议,采用“3W”逻辑类型。

三、如何呈现逻辑:基础教育类论文的逻辑处理与建构

就基础教育类学术论文而言,其该如何以“问题研究”为轴心,且以“3W”逻辑关系统整全文呢?

1. 遵循“WHAT/WHY/HOW”的经典逻辑

“WHAT/WHY/HOW”是人文社科领域研究成果之建构的经典逻辑,亦可以将其表述为“问题、原因、策略”这一分析框架。那么,基础教育类研究成果的呈现该如何遵循“问题、原因、策略”这一分析框架呢?笔者依然以“学科核心素养”这一论题加以具化之。

就整体意义上的学科核心素养而言,以语文学科为例,可以探讨“当前的语文课堂教学在培育学生语文核心素养方面存在什么问题,为什么存在这些问题,应该如何解决这些问题”。以此类推,数学学科与英语学科亦可以探讨学科核心素养方面的三个问题。

就学科核心素养的一级指标而言,语文学科可以探讨“指向‘语言建构和运用/思维发展和提升/审美鉴赏和创造/文化理解和传承’素养培育的语文课堂教学存在什么问题,为什么存在这些问题,应该如何解决这些问题”;数学学科可以探讨“指向‘数学抽象/逻辑推理/数学建模/数学运算/直观想象/数据分析’素养培育的数学课堂教学存在什么问题,为什么存在这些问题,应该如何解决这些问题”;英语学科可以探讨“指向‘语言能力/思维品质/文化品格/学习能力’素养培育的英语课堂教学存在什么问题,为什么存在这些问题,应该如何解决这些问题”等。

2. 遵循“WHY/WHAT/HOW”的经典逻辑

“WHY/WHAT/HOW”可以表述为“价值论证、本体厘定、策略探究”这一分析框架。那么,基础教育类研究成果的呈现该如何遵循“价值论证、本体厘定、策略探究”这一分析框架呢?笔者依然以“核心素养”这一论题加以具体化。

(1)国际视野:核心素养的中国建构

从宏观层面的国际视野来看,假如拟探讨的论题是“核心素养的中国建构”,那么在逻辑思路上,我们可以追问——为什么中国需要建构核心素养,中国要建构的核心素养是什么,中国将如何建构核心素养。将这三个问题的疑问表征方式,转变为学术语言的呈现方式,即可形成该论题研究成果的框架结构,即核心素养的中国建构:价值论证,本土厘定,方法路径。

其一,在“核心素养的中国建构:价值论证”部分,可以遵循“国外—国内”的分析框架来完成“核心素养的价值论证”。在“国外”层面,可以依次呈现核心素养构建的国际经验,如美国构建了“思维教育”的核心素养框架——知识、技能、品格、语言学习(即反思性学习);新加坡构建了指向培养“四有新人”的核心素养框架,其核心是价值观;加拿大BC省构建了基于课程模式的核心素养培育框架——知道、理解、会做;日本构建了基于“三大能力”的核心素养框架——基本能力、思维能力、实践能力;澳大利亚构建了指向“七大关键能力”的核心素养框架——读写、算术、信息与交流技术、批判和创意思考、个人和社会能力、跨文化理解、符合道德规范的品行。最经典的是OECD(经济合作与发展组织简称)构建的核心素养框架,OECD于2005年在《核心素养的确定与选择:执行概要》中明确提出三大类核心素养:互动地使用工具,与异质社会团体互动,自主行动。

其二,在“核心素养的中国建构:本土厘定”部分,可以遵循“前后”的逻辑顺序来呈现“核心素养的本土厘定”。比如,先引出2016年2月22日出台的《中国学生发展核心素养(征求意见稿)》,该稿将“学生发展核心素养”聚化为九大素养——“核心素养的中国建构:价值论证”部分。继而再推介2016年9月13日发布的《中国学生发展核心素养(总体框架)》,正式发布的该“总体框架”将“学生发展核心素养”凝练为六大素养——人文底蕴、科学精神、学会学习、健康生活、责任担当、实践创新。

其三,在“核心素养的中国建构:方法路径”部分,可以遵循递进逻辑的顺序。就方法而言,中国核心素养建构的方法是“基于概念分析的逻辑分解”。教育部将“学生发展核心素养”这一概念表

述为“学生发展核心素养，主要指学生应具备的，能够适应终身发展和社会发展需要的必备品格和关键能力”。之后，基于这一基本概念，将“学生发展核心素养”的核心界定为“全面发展的人”，并从“文化基础、自主发展、社会参与”三个方面来分解核心素养，最终形成“人文底蕴、科学精神、学会学习、健康生活、责任担当、实践创新”六大素养。就路径而言，中国核心素养建构的路径是“基于总体框架的学科素养拟定”。比如，继《中国学生发展核心素养（总体框架）》正式发布后，各学科核心素养相继出台，如语文学科核心素养、数学学科核心素养、英语学科核心素养等。

（2）本土行动：核心素养的学科建构

从微观层面的本土行动来看，假如拟探讨的论题是“核心素养的学科建构”，那么以“艺术核心素养的学科建构”为例，在逻辑思路上，可以追问——为什么、是什么、如何建构。将这三个问题的疑问表征方式转变为学术语言的呈现方式，即可形成该论题研究成果的框架结构，即艺术核心素养的学科建构：价值论证，本体厘定，方法路径。

其一，在“艺术核心素养的学科建构：价值论证”部分，可以遵循“应然—实然”的逻辑关系。在“应然”方面，可以阐述艺术核心素养的理论价值和意义；在“实然”方面，可以呈现艺术核心素养缺失的实践现状与问题。由此，“应然”与“实然”、“理论”与“实践”的双重论证，可以完成价值论证。

其二，在“艺术核心素养的学科建构：本体厘定”部分，可以借助音乐、美术、体育三大艺术学科核心素养，亦可以自己建构一套整体意义上的艺术核心素养。就国家已颁布的艺术学科核心素养而言，“音乐”学科核心素养包括“审美感知、艺术表现、文化理解”；“美术”学科核心素养包括“图像识读、美术表现、审美判断、创意实践、文化理解”；“体育与健康”学科核心素养包括“运动能力、健康行为、体育品德”。就自身建构的整体意义而言，艺术核心素养可以包括“艺术感知、创意表达、审美情趣、文化理解”，这四个方面的素养之间的逻辑关系是层层递进的，其是递进逻辑类型的典型体现。

其三，在“艺术核心素养的学科建构：方法路径”部分，可以基于艺术学科核心素养框架，从“方法”和“路径”两大维度，探讨艺术素养在音乐、美术、体育三大艺术学科中的培育；亦可以基于自身建构的整体意义，从“方法”和“路径”两大维度，探讨“艺术感知、创意表达、审美情趣、文化理解”四大素养在各学科教学中的渗透。

The Logic Construction of Basic Education Articles

WANG Zhongnan

（Institute of Knowledge and Value Science, Shanghai Normal University, Shanghai, 200234）

Abstract: Focusing on the logic problems in the review process of articles, this paper discusses the analysis and processing of logic problems, and explains the logic construction of basic education articles by taking education articles in the field of humanities and social sciences as an example. It points out that “logic review” is a core link to ensure the quality of the article. Based on this, this paper expounds the four logic types of “front and back logic, parallel logic, progressive logic and 3W logic”, and suggests and analyzes the common logic problems in current education articles. Finally, it puts forward that education articles generally follow “3W” classical logic to construct a structural framework, and it takes the topic of “core literacy” as an example to discuss the logical construction of basic education articles.

Key words: basic education articles, logic review, logic construction, logic types, logic problems

《现代基础教育研究》
第46卷，2022年6月　（Research on Modern Basic Education）　Vol.46, Jun. 2022

等级取代积分的尝试:新加坡小学分流评分系统改革分析

王　健

（上海师范大学 基础教育处,上海 200234）

摘　要: 针对传统制度设计中过于精细的积分导致的高竞争感、高焦虑感,新加坡小学离校考试(PSLE)从2021年起开始使用新的积分等级评价系统。新积分等级系统鼓励学生探索自己的优点与兴趣点,增强自我认同感,提升知识与能力,成为全面发展的个体。该制度对我国教育评价的启示是:追求不完美但逐步迭代完善的评价制度,从相对评价的同伴竞争走向绝对评价的目标引领,让评价改革驱动高水平的因材施教。

关键词: 新加坡;分流考试;等级评价

中共中央、国务院于2020年10月印发《深化新时代教育评价改革总体方案》,力图扭转不科学的教育评价导向,克服"五唯"顽瘴痼疾,提高教育治理能力和水平,加快推进教育现代化,建设教育强国,办好人民满意的教育。长期以来,我国基础教育评价实践中盛行"分数至上"的功利主义评价观,这一评价观及其主导的评价范式过度强化了结果在整个评价体系中的关键地位,带有"结果至上"的色彩。这进一步导致目前基础教育界出现了种种异化现象:教培机构制造焦虑,"剧场效应""绑架"家长,儿童被迫"过度学习""超前学习"等。那么,在《义务教育课程方案和课程标准(2022年版)》提出育人为本,要依据核心素养发展水平建立学业质量标准的背景下①,基础教育评价改革路在何方？特别是应该如何变革涉及分流的高风险性、高利害性考试(如中考、高考)？当前,中考等选拔性考试的设计如何克服一直为公众诟病的"唯分数论",减少因分数绝对排序而造成的分分较真、"刷题不读书""育分不育人"的应试训练？这些都值得深入探讨。

与我国同属东亚文化圈的新加坡,一样有重视教育的传统。新加坡是世界上为12岁以下儿童进行高风险考试的少数国家之一,而且也是为数不多的在小学阶段进行分流的国家。这场高风险的考试在新加坡小学六年级进行,称为小学离校考试(Primary School Leaving Examination ,简称 PSLE)。根据数学、英语、科学、母语四项考试科目的成绩高低,进入快捷、普通学术、普通工艺三种类型的中学,而这三种类型的学校,基本决定了学生未来的升学通道和发展走向。2019年,新加坡教育部确定了改革小学离校考试评分系统,从2021年始使用新的积分等级评价系统。新评分系统更专注于评估学生的学习表现,关注学生的学习进度与学习兴趣,不再采用与同届考生成绩相比较后计算的总积分制(T-score),

作者简介:王健,上海师范大学基础教育处处长,副教授,博士,主要从事基础教育管理与教师教育研究。

① 中华人民共和国教育部:《义务教育课程方案和课程标准(2022年版)》,载教育部官网:http://www.moe.gov.cn/srcsite/A26/s8001/202204/t20220420_619921.html,最后登录日期:2022年4月18日。

2021 年的应届小学毕业生将是首批采用新的小学离校考试积分等级制的学生。虽然新加坡采取的是小学阶段的分流，而且小学离校考试评分系统落地之后的实际效果尚未呈现，但我们可以从其考试制度的顶层设计中窥见其评价改革的价值追求与落地路径，并可获得对我国考试评价变革的有益启示。

一、改革势在必行：过于精细的积分制招致诟病

1. 众说纷纭的严格分流

新加坡关于"是否完全有必要在 12 岁时进行全国性分流考试"的一项民意调查结果显示：只有 40% 的人认同小学离校考试的必要性，25% 的人表示完全多余，剩余的人则保持中立。斯坦福大学教授琳达·达林-哈蒙德（Linda Darling-Hammond）认为，世界上大多数学校系统都在 15 或 16 岁时进行高风险考试，那是大多数年轻人开始发现自己擅长的领域和兴趣所在的时候。① 而新加坡奉行的是精英教育。新加坡原教育部长王乙康在国会上指出，小学离校考试（PSLE）并不是一套完美的制度，却是众多制度中最符合用人唯才的理念以及最公平的一个。废除小学离校考试虽然是人们经常提议的，但他认为不应那么做，而应当探讨如何避免一考定人生成败。② 小学教育阶段是为学生打下语言和计算基础的重要时期，这个时期不仅对之后中学教育的拓展和延伸起着重大作用，而且也是学生激发学习热情、发现自身兴趣与特长、建立人生观与价值观、发展个性的关键学段。③ 小学离校考试对小学教育及之后的中学教育的作用十分重大，它不仅评估了小学生的知识掌握程度，而且对他们是否获得了足够的学业基础来接受中等教育也进行分析评定。除此之外，小学离校考试还可以让学生、家长、教师对学生的特长与短板有较为清晰的了解，这使得他们根据自身程度选择合适学生的学习需求，扬长补短，因材施教，更重要的是帮助学生挑选出适合其学习水平的更高一级的学校。因此，新加坡一直坚定不移地实施分层教学，小学离校考试即开始人生的第一次分流。严酷的是，每年不到 50% 的初级学院 A 水准④应届考生中和不到 10% 的理工学院学生才可以进入新加坡国立大学或新加坡南洋理工大学就读。其中，50% 的初级学院的学生由直通车课程项目的学生⑤ 和 O 水准考试成绩在前 20% 的学生组成。⑥ 倘若认为进入中学 O 水准考试的前 20% 压力较大，学生可通过小学离校考试的优异成绩选择中学的直通车课程项目。但是直通车课程只开设在 18 所中学，因此，为了挤进这 18 所中学名校，小学离校考试显得尤为重要。令人担忧的是，当前小学离校考试使用的评分系统——总积分制过于精细，一分之差也产生巨大效应，影响学生后续接受中等教育。这也是上述调查中很多人反对小学离校考试的重要原因之一。

2. 居高不下的高焦虑感

PISA2018-student fear of failure（PISA2018 测试中关于学生的"害怕失败指数"）的结果显示，新加坡

① Sandra Davie：《One in Four Thinks PSLE is Redundant》，载新加坡《海峡时报》网：https://www.straitstimes.com/opinion/one-in-four-thinks-psle-is-redundant，最后登录日期：2020 年 7 月 12 日。

② 苏德铭，王乙康：《小学离校考试是最公平的升学制度之一》，载新加坡《联合早报》网：https://www.zaobao.com.sg/realtime/singapore/story20180711-874410，最后登录日期：2021 年 4 月 18 日。

③ Singapore Ministry of Education：《Changes to the PSLE Scoring and Secondary One Posting from 2021》，载新加坡教育部官网：https://www.moe.gov.sg/microsites/psle/PSLE%20Scoring/psle-scoring.html，最后登录日期：2019 年 12 月 25 日。

④ 新加坡剑桥"A"水准（Cambridge General Certificate of Education Advanced Level，简称 GCE A Level）考试是新加坡政府 3 所大学（国大、南大、管大）入学的资格考试，考试成绩为英联邦各个国家所承认和接受。

⑤ 新加坡直通车课程是由新加坡教育部于 2004 年开办的由中学直接升入初级学院的精英课程。新加坡教育部每年将选出小学结业统考分数最高的 5% 的学生参加该项课程。参加直通车课程的学生不需要参加 O 水准会考而直接升入所属初级学院。

⑥ 新加坡剑桥 O 水准考试（英文名 Singapore-Cambridge General Certificate of Education Ordinary Level Examinations，简称 GCE 'O' Level）是由新加坡教育部和英国剑桥大学考试局共同主办的统一考试，也是新加坡的中学生在 4 年中学教育结束后参加的考试。考试一年举办一次，考试成绩为英联邦各个国家所承认和接受。考生可以用获得的成绩为标准申请进入新加坡初级学院、理工学院或工艺教育学院，或者海外英联邦国家的初级学院或大学预备班。

学生的"怕输"指数高于 OECD 平均数。高指数的背后折射的是学生难以承受的焦虑感。新加坡的"怕输"(Kiasu)① 文化由来已久,学生成了"怕输"文化下的最大牺牲者。精英教育、分流制度和"怕输"文化造成了新加坡学生的高焦虑感。若学生的焦虑难以得到舒缓,则容易导致身心不健康甚至产生轻生想法。根据新加坡援人协会(Samaritans of Singapore,简称 SoS)统计,2018 年,共 94 名青少年选择自杀,自杀率是自 1991 年以来的新高。② 新加坡教育部也关注到学习引起学生高度焦虑的问题,为了降低学生和家长的焦虑感,淡化"分数至上"的心态,减少学生或家长之间过度的竞争,并让学生有更大空间与灵活度去发展各自的特长与兴趣,其出台一系列政策:倡导"每所学校都是好学校";确定 2021 年起使用新的小学离校考试评分系统——"八级"积分等级制,不再采用精细的、与同届考生成绩相比较的总积分制(T-score)。

二、走向宽泛描述:积分等级制评分系统的内容

1. 细致积分转换成宽泛等级

新加坡当前使用的小学离校考试总积分制度采用官方提供的 T-score 计算方法(见图 1),其中 x 表示学生的单科分数,m 指参加该门考试的所有学生的平均分,s 是标准方差,四个考试科目的 T-score 总和即小学离校考试的最终分数。教育部根据小学离校考试的 T-score 总成绩分配中学名额。在总积分制度之前,考试最终分数就是卷面所得分的总和,这可能会出现一个漏洞,即如果其中一科的考题难度非常高,就会有大量的考生不及格,造成学生考试成绩与中学录取分数线之间产生较大的差距。当前使用 T-score 计算方法的总积分制度可以有效修补这个漏洞,如果考题难度较大,那么学生整体成绩便会降低,平均分随之也被拉低,最后出来的分数与往年相比差距不大。考生便可根据自己的考试分数,分析其在全国考生中的大概排名。但这也产生了学生分分必追、过度竞争的问题。

$$T = 50 + 10\frac{(x-m)}{s}$$

图 1 新加坡小学离校考试总积分(T-score)的计算公式

因此,新的积分等级制相对于总积分制更加宽泛。新制度下,学生的每科成绩都会被赋予一个积分等级,小学离校考试的总成绩就是四科积分等级之和。考生每科考试获得的积分等级按照 AL1 至 AL8 的标准排序,AL1 表示最优秀的等级。因此,学生小学离校考试的四科总成绩根据 AL1 至 AL8 的标准对应转化为 4 积分至 32 积分。相比当前的 200 多个总积分,新积分制只出现 29 种分数,以达到避免把学生区分得过于精细化的目的。

两者的差别在于分数与等级之间,等级之间相差 5—20 分,即 90 分和 100 分同属一个等级,只要同一个等级都有同样的机会报考同一个学校,这使学生不必去追求每 1 分,减少不必要的竞争,从而使学生有更多的时间和精力去探索自己的其他强项与兴趣。新加坡教育部倡导:没有必要在学生这样幼小的年龄就做那么细致的鉴别。一名学生比别人多得 1 分,不表示他比较聪明或者做了更多更好的升学准备。从长远来看,相差几分无法显示孩子的素质比别人强,有时其他方面的素质可能更加重要。③

① 官方解释是:这个词专门形容那些由于害怕错失或者失去,而引起的焦虑或自私的行为。Kiasu 在 1990 年第一次出现在新加坡的议会文件中,它的原句是希望政府也能做到不患怕输综合征(Kiasu Syndrome)。

② Samaritans of Singapore:Total Suicides Increased 10 Percent Male Teenage Suicide Highest Recorded,载新加坡援人协会网:https://www.sos.org.sg/ressroom/total-suicides-increased-10-percent-male-teenage-suicide-highest-recorded,最后登录日期:2019 年 12 月 30 日。

③ Singapore Ministry of Education:Changes to the PSLE Scoring and Secondary One Posting from 2021,载新加坡教育部官网:https://www.moe.gov.sg/microsites/psle/PSLE%20Scoring/psle-scoring.html,最后登录日期:2019 年 12 月 25 日。

2. 基础科目成绩转换为等级

新加坡坚持因材施教,实行科目分班制度。每年年底,小学根据小学四年级学生下半年最终的考试成绩,建议选择与自己学习进度匹配的普通水平科目或难度较低的基础水平科目。与此同时,学校也会根据成绩来评估学生是否适合选修高级母语(高级华文/高级马来文/高级淡米尔文)(见图 2),原因是选修高级母语在报读中学特选学校① 时有加分优势(见图 3),这也是高级母语受到家长和学生追捧的原因。科目分班实际上秉持了因材施教的理念,学生在小学选择的普通水平科目或基础水平科目并不是一成不变的,如果学生某些科目表现突出,可在中学升入更高级别水平的科目。学生若难以跟上某些学科的学习进度或感到吃力,可选修难度较低的基础水平科目。这种选择不会让他产生无助感,反而会让他专注于这些科目,跟上学习进度,重拾学习信心,并为之后的中学学习打下稳固的基础。

如果您的孩子（参加小四考试）	建议您的孩子选修
4科都及格，并且母语科目表现优异	4个普通水平科目 + 高级母语科目
4科都及格	4个普通水平科目
3科及格	4个普通水平科目
2科及格或更少	4个普通水平科目；或
	3个普通水平科目 + 1个其他基础水平科目；或
	2个普通水平科目 + 2个其他基础水平科目；或
	1个普通水平科目 + 3个其他基础水平科目；或
	4个基础水平科目

图 2 新加坡小学科目分班修读课程选择

使用HCL进入SAP学校

- 在向SAP学校申请时，HCL学生将继续获得优势。
- 尽管HCL成绩不计入PSLE分数，但如果PSLE分数相同的学生在同一SAP学校申请有限的名额，那么HCL成绩较好的学生将被分配在其他学生之前的位置。这适用于在中学部1分的决胜局之前。
- 让我们看一个例子。在SAP学校中，有6名学生争夺最后2名。它们以发布优先级的降序排列。PSLE分数为7的学生将被录取进入SAP学校。然后，在PSLE得分为8的学生中，具有HCL优异成绩的学生将在其他也得分为8但HCL得分差或没有的学生之前，被录取到SAP学校。HCL学生将在新系统下获得的优势与当前系统下的优势相似。

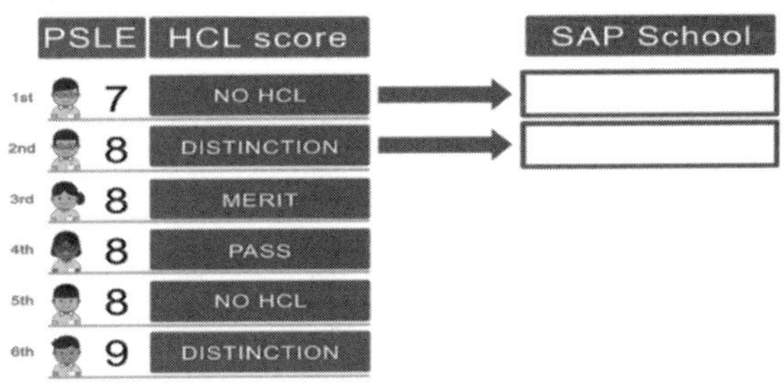

注:HCL 即 High Chinese Language(高级华文)。

图 3 高级华文进入特选学校的优势

新制度下,基础科目成绩将被转换为等级。当前的基础水平科目的成绩分为五个等级,分别是一、二、三、四和 U 等,新的积分等级制实施后,基础水平科目的成绩等级减少至 A、B 和 C 三个等级。其中发生变化的是,如果选修基础水平科目的学生在小学离校考试中取得最好的 A 等成绩,它在转变成等级

① 特选学校(Special Assistance Plan,简称 SAP)是新加坡政府自 1979 年为学术成绩优异并精通母语及英语的学生设立的中学教育课程,让学生除了英文之外可使用母语为第一语文。这项课程由指定学府推行,称为“特选”学校。目前特别辅助计划范围只限修读华文的学生。在正常招生情况下,学生必须在小六离校考试(PSLE)中考取在全国考生中排前 10%的成绩,并在英文与母语考试中考取优等评级,才可到达进入特选中学的标准。在向 SAP 学校申请时,高级华文学生将继续获得优势,尽管高级华文成绩不计入 PSLE 分数,但如果 PSLE 分数相同的学生在同一 SAP 学校申请有限的名额,那么高级华文成绩较好的学生将被分配在其他学生之前的位置。

时等同于普通水平科目的 AL6,而不是 AL1(见图 4)。这必将影响家长和学生在四年级末选择普通或基础水平的科目,学生若不擅长英语或数学,可以选择基础水平,但是在小学离校考试的积分等级上最高只能拿到 AL6,而这会增加小学离校考试的积分等级,降低学生的排名,对学生将被分配的中学源流学校有重大影响(见图 5)。

为此,新加坡教育部课程司副总司长孙振炜鼓励家长在引导孩子选修普通水平或基础水平科目时,重点考虑学生的兴趣和能力。他指出,不能适应普通水平科目的学生可能会失去学习动力。如果他们的学习进度适合基础水平科目的进度,反而能在学习过程中增加学习兴趣,建立自信,为之后的中学课程打下牢固的基础。他强调,随着中学科目编班计划的实施,以基础水平修读的小学生,只要该科成绩优异,其升上中学后依然有机会修读同科目的更高水平。"学生升上中学后的发展,不会受限于他们小学时科目的选择。"①

普通水平(Standard level

积分等级(AL)	分数
1	90及以上
2	85-89
3	80-84
4	75-79
5	65-74
6	45-64
7	20-44
8	低于20

基础水平(Foundation level)

分数	基础水平AL	相等于普通水平的AL
75-100	A	6
30-74	B	7
30以下	C	8

图 4 新加坡小学离校考试积分等级

英文、母语、数学和科学四科小学离校考试积分等级总积分	源流
4-20	快捷
21-22	快捷/普通学术
23-24	普通学术
25	普通学术/普通工艺
26-30(英文和数学须考获 AL7 或更好的积分等级)	普通工艺

图 5 新等级制评分系统下中学源流分配方式

3. 积分等级制下选读中学高级华文的条件

高级华文在中学录取中有优势,因此,在小学阶段选读高级华文不失为一个优先获得中学分配名额的捷径。此次小学离校考试评分系统也调整了中学高级华文的选读条件。如果学生进入中学后依然保持对母语学习的热情,存在继续选读高级母语的需求,那么其小学离校考试总成绩须满足以下条件:一是总成绩不超过 8 分;二是当总成绩在 9 分至 14 分之间时,需同时满足母语科目中考取 AL1 或 AL2,或高级母语科目考获特优或优异。如果学生不符合以上条件,学校有权力按个别情况处理,决定是否让其修读高级母语。

① 许翔宇,王乙康:《转用新积分制后,修读高华学生报读特选中学优势不减》,载新加坡《联合早报》网:https://www.zaobao.com.sg/znews/singapore/story20190729-976295,最后登录日期:2020 年 3 月 7 日。

三、导向学生全面且个性的发展：积分等级制评分系统的优势

新加坡教育部指出，以等级取代积分的小学分流评分系统将修补总积分制带来的消极影响，更加完善教育系统。新积分等级系统鼓励学生探索自己的优点与兴趣点，增强自我认同感，提升知识与能力，成为全面发展的个人。

1. 减少同伴竞争的同时更关注学生个人表现

传统的总积分制需要纳入全体考生的平均分才能得出某一考生的成绩，因此，看一名考生成绩的高低还得参照同一届学生的成绩，这不知不觉会在学生或者家长之间产生竞争的压力。在新的评分系统下，无论同一届考生成绩如何，一名学生根据考取的分数会获得自己相应的等级，不需要跟他人比较。考生根据自己每个科目的等级选修适合他学习的中学水平科目。评分系统改革的重点是倡导学生和家长关注学生自身的学习进度、学习水平和学习兴趣，而不是一味与他人进行比较，忽视学生的最近发展区，盲目选择更高水平的科目。新制度的实施使学生可以更加专注于自身的表现，与同伴互相学习，不断进步。实际上，大部分学生不会与同伴恶意竞争，反而更多的竞争压力是受家长的影响，因为家长清楚地知道一分值千金，孩子要进入好的学校就要比别人多一点分数，排名更靠前一点，因此，家长群体会出现遏制他人进步的恶性竞争情况。在新的等级评价系统之下，学生和家长更多地把关注度放在学生个人的表现上，要求自己不断进步以进入更高的等级，减少同伴之间的比较，这样才利于学生之间、家长之间保持良好的互助合作的关系。

王乙康提出了新旧两个制度的基本原则不同："总积分制好比全国赛跑，即使表现好，个人名次取决于和其他选手的表现比较；AL 制度则像个人体能测验（IPPT），个人表现达到既定标准，就可取得相应的奖牌。从这个角度看，相对于国际或全国赛跑，IPPT 压力比较少。我相信，推行一段时间后，这项改变能鼓励学生把焦点放在自身的学习目标，而不是互相比较，争取更高的总积分以超越他人。"① 不难看出，相对于总积分制，等级制更加透明，学生通过分数即可得出每科的积分等级，最后的总成绩就是四科积分等级相加之和。虽然新的积分等级制不是解决所有问题的万全之策，但与其他政策相结合，如从 2024 年起中学全面科目编班计划、高校以能力为导向的录取计划、技能创前程计划等，就可以看出新加坡教育制度正在不断完善。"我相信在新制度下，我们能更好地协助我们的孩子应对未来的挑战。"②

2. 选择学校时更加关注学生自身的基础与兴趣

在新制度下，从小学分配到中等学校仍然是以考试成绩为准，即小学离校考试的积分等级。学生可以按照个人选择的优先排序，向教育部呈交一份所要报读的 6 所中学的名单。由于鉴别优先入学需要将选择学校的先后顺序作为考虑标准，因此，家长为孩子选择学校时就会存在不同的考虑因素，比如学校可提供的课程与活动或者学校与住所的交通距离。新加坡推行的课外辅助活动（Co-Curricular Activities）对学生的影响很大，从小学开始，每一位学生都要选取自己感兴趣的课外活动，并一直延续到大学，因此，教育部希望学生和家长不要只关注学校的录取线，更重要的是学校独特的课程与活动，以便学生可以在小学的基础上更进一步发掘自己的兴趣。③ 为此，在 2021 年上半年，新加坡教育部提供了从 2020 年的中学分配活动结果中推算而来的录取线，以帮助家长和学生做出更好的选择。

---

① 许翔宇，王乙康：《转用新积分制后，修读高华学生报读特选中学优势不减》，载新加坡《联合早报》网：https://www.zaobao.com.sg/znews/singapore/story20190729-976295，最后登录日期：2020 年 3 月 5 日。

② 许翔宇，王乙康：《转用新积分制后，修读高华学生报读特选中学优势不减》，载新加坡《联合早报》网：https://www.zaobao.com.sg/znews/singapore/story20190729-976295，最后登录日期：2020 年 3 月 9 日。

③ 许翔宇，王乙康：《转用新积分制后，修读高华学生报读特选中学优势不减》，载新加坡《联合早报》网：https://www.zaobao.com.sg/znews/singapore/story20190729-976295，最后登录日期：2020 年 3 月 7 日。

四、难以抚平的高竞争焦虑:积分等级制评分系统的挑战

1. 高压依旧:追分数变追等级,应试心态难改变

新的积分等级制评分系统虽然利于降低学生之间过于细致的区分度,但也容易出现总成绩的积分等级相同的问题。根据分配规则,一旦出现积分等级相同的情况,可依次按照公民身份(具有优先权的是新加坡公民,其次是新加坡永久居民,最后是国际学生)、学校的优先顺序和电脑投票的次序录取。若相同积分等级的学生同是新加坡公民,且选择同一所中学的情况下,只能用电脑抽签的方式分配中学名额。为此,不少家长认为,使用电脑抽签碰运气无法把握,过于冒险,只能要求孩子考取更高的分数以获得更好的等级。新制度未必会给家长和学生减压,而是压力从追逐分数转移至追逐等级。等级制度确实加宽了分数范围,但同时也意味着,若学生想要取得好成绩进入好学校,就必须更加努力以跨入更高的等级。总之,“分数至上”的心态短期内难以改变。

2. 科目投机:基础科目等级高,导致偏重普通科目

每位学生都有自己擅长与不擅长的科目,因此,可以根据自己的学习进度来选择难度更大的普通水平科目或者较易的基础水平科目。当下使用的总积分评分系统只看四个科目的积分总和,所以学生若出现个别科目积分较低的情况,可以用其他科目的成绩拉高积分。但是改革后的评分系统决定基础水平科目的小学离校考试成绩等级为 AL6-AL8,这意味着学生的基础水平科目分数再高也只能获得 AL6 的等级,不能有更好的等级水平,从而导致家长即使知道学生有个别科目不擅长,也会选择普通水平科目,因为普通水平科目即使分数是及格,也可以获得 AL5 的等级。但这与教育部改革小学评分系统和实行分层教学的初衷不一致,即让每个孩子按照他的兴趣与专长挖掘和发挥最大潜能,学有所长。

3. 催热市场:特选学校热度不减,高级华文补习增加

在英语作为通用语言的情况下,对于占绝对数量优势的新加坡华人来说,保留母语有利于维持族群的认同感。因此,李光耀把最好的华校变成特选学校,特选学校的使命是为新加坡培养双语人才。学生要想进入特选中学,小学离校考试总成绩必须进入全国考生中的前 10%,同时英文与母语需要达到优等评级。向特选学校提交入学申请时,选读高级华文的学生将继续获得优势,尽管小学离校考试分数不包含高级华文成绩,但若在小学离校考试中获取相同分数的学生申请同一特选学校,且该校名额有限,则高级华文成绩较好的学生将处于优势。这便促使家长和学生产生了为进入特选学校而努力学习高级华文的念头。由于新的积分等级制评分系统下易产生同一等级,家长想通过高级华文的优势进入特选中学,这增加了高级华文补习的概率,从而催热了补习市场。

五、在镜鉴中迭代改善:以评价驱动高水平因材施教

新加坡教育重视因材施教,分层教学,旨在发挥学生所长,培养团队精神,并鼓励学生积极探索,勇于尝试,致力于培养德、智、体、群、美全面发展的学生。分流制度的益处是成功降低了辍学率,但弊端是在学生身上添加了标签,并限制了学生的成长型思维模式(growth mindset)。[①] 为此,新加坡教育部此轮小学离校考试评分系统改革的目的是降低对分数的重视,减少竞争,注重学生的兴趣与特长培养。新制度虽然有局限性,但是随着中学分流的取消——2024 年新加坡实行全面科目分班计划,新加坡的小学分流评分系统正不断完善。教育就是为了支持和引导学生的不同成长追求而设置多元化的课程,相对地减少学生的学业压力,减少同伴竞争,让学生有更多的时间与精力、更大的灵活度与空间去发现自身的优势和兴趣所在。

---

① 胡洁梅:《2024 年起科目编班取代中学分流制》,载新加坡《联合早报》网:https://www.zaobao.com.sg/realtime/singapore/story20190305-937186,最后登录日期:2020 年 1 月 7 日。

我国《深化新时代教育评价改革总体方案》提出“改进结果评价，强化过程评价，探索增值评价，健全综合评价”。① 方案为我国教育评价深化改革起到鲜明深刻、意蕴丰富的引领作用。结合该方案的精神和新加坡的改革经验，笔者认为，我国教育评价改革可以从新加坡的小学分流评分系统改革中得到如下启示：

1. 在变革中追求不完美但逐步迭代完善的评价制度

由于测量手段和工具的限制，目前能够基本测量的主要是认知水平，但是学生的情意态度、生命活力乃至质疑批判精神很难测量出来，所以实际上只要存在着高利害性的分流竞争，就很难有完美的考试评价制度。因此，无论是政府部门、社会大众还是教育人士都应对中高考改革抱有迭代改进的有限目标，不过度争论与争议，追求在过程中不断完善中考制度，而不是一味要求中高考制度的完美。

2. 从相对评价的同伴竞争走向绝对评价的目标引领

从新加坡的经验来看，等级制的评价是希望削弱残酷的同伴竞争。这一操作方法实际上在我国目前多个省份的中考、高考制度设计中有部分使用。等级制改革的用意并不是刻意模糊学生之间的差异，而意在引导学生去与作为共识的标准做比较，这可以让学生更加关注自我发展水平与模范标准之间的增值。这也符合人工智能时代教育变革的趋势，教育评价将从一维的考试分数转向多维的能力认证，“这种能力认证不是一次性的，而是开放、持续的过程，鼓励学生通过不断的努力获得成功”。②

3. 让评价改革驱动高水平的因材施教

应充分利用评价制度的反馈与诊断功能，依据学生自身的资质与潜能，进行满足学生发展需要的高水平的因材施教，要将“公平”的意识贯穿于整个因材施教的过程中，它的实质不是“整齐划一的平等”，而是“有差别的平等”，其差别对待的依据就是学生在资质与潜能等方面的个体差异。学校要有教无类、因材施教，为学生提供适合的教育、适切的课程，促进学生全面而有个性的发展。

An Attempt to Replace Points with Grades: An Analysis of the Reform of the Streaming Scoring System in Singapore's Primary Schools

WANG Jian

(Division of Basic Education, Shanghai Normal University, Shanghai, 200234)

Abstract: In view of the high sense of competition and anxiety caused by the points which are too fine in the traditional system design, Singapore Primary School Leaving Examination (PSLE) began to use a new integral grade evaluation system from 2021. The new grading system encourages students to explore their own strengths and interests, enhance their sense of self-identity, improve their knowledge and abilities, and become well-rounded individuals. The enlightenment of this system to China's education evaluation is to pursue an imperfect but gradually improved evaluation system, to lead the goal from peer competition of relative evaluation to absolute evaluation, and to let the evaluation reform drive high-level individualized teaching.

Key words: Singapore, streaming examination, grade evaluation

① 中共中央、国务院：《深化新时代教育评价改革总体方案》，《新华每日电讯》2020 年 10 月 24 日，第 1 版。

② 曹培杰：《人工智能教育变革的三重境界》，《教育研究》2020 年第 2 期，第 149 页。

英国国际教育新战略的促动机制、政策调整与主要特征

童玲红

（上海师范大学 外国语学院，上海 200234）

摘 要：《2021 版国际教育战略：支持恢复，驱动增长》是英国为应对教育国际化的全球竞争，维持该国国际教育的既定目标，以及提升其国际教育在后疫情背景下的恢复力与可持续性，而由英国教育部和国际贸易部共同颁布的。新战略从学生招募、学习体验、全球协作和教育出口四个方面，对前版规划进行补充与提升，战略调整注重价值取向聚焦，延展政策实施潜能，综合推进具体实施，从构建国家软实力的高度纵深促进英国国际教育多维发展，借此进一步夯实英国在全球教育治理体系中的作用与地位。

关键词：英国；国际教育战略；软实力

2021 年 2 月，英国教育部和国际贸易部联合发布《2021 版国际教育战略：支持恢复，驱动增长》（International Education Strategy2021：Supporting Recovery，Driving Growth）（以下简称《2021 战略》）。此举既是英国应对后疫情时代国际教育所面临挑战的全新调整，也是对该国在 2019 年发布的《国际教育战略：全球潜力，全球增长》（International Education Strategy：Global Potential，Global Growth）（以下简称《2019 战略》）的强化和更新。与此同时，英国也试图通过调整国际教育的路向，将发展国际教育提升到国家层面，打造升级版的教育软实力资源供给平台，在维持本国既有国际教育优势的基础上，推动国内整个教育行业的高质量发展。

一、《2021 战略》的促动机制

2020 年 2 月 1 日至 12 月 31 日，英国处于脱欧过渡期。也正是在这段时期，新冠疫情的暴发带来全球的巨大变革，使得英国必须重新思考国际教育的未来走向，以及如何支持国际教育和教育出口的复苏，满足可持续发展的迫切需求，令教育产业作为国家发展不可或缺的一种柔性力量，推动本国在风云变幻的国际社会行稳致远。

1. 应对全球教育行动

进入 21 世纪，国际化教育在知识经济中的战略地位日益凸显。美国早在 2012 年就颁布《全球性的成功：国际教育及参与（2012—2016 年）》，提出通过国际教育加强美国教育和提升国家的国际竞争力，将国际教育和研究视为加强国家实力与国际安全的重要战略。[①] 加拿大于 2019 年发布了全新的国际教

作者简介：童玲红，上海师范大学外国语学院讲师，上海师范大学外国语学院博士研究生，主要从事课程与教学论、比较教育研究。

① 马佳妮：《逆全球化浪潮下全球留学生教育的特征、挑战与趋势》，《教育研究》2020 年第 10 期，第 134-149 页。

育战略——《立足成功：国际教育战略（2019—2024）》，以此激发国家创新能力，促进全球协作关系，培育加拿大成为充满活力的经济体，进而确保自身在全球教育领域中的领导地位。[①] 2021 年上半年，澳大利亚则为《澳大利亚国际战略 2021—2030》的起草与颁布广开言路，征求各方建议，以知识贡献应对后疫情时代本国与全球所面临的挑战，力求通过国际教育层面上的学生与科研交流建立机构关联，促进本国教育体系的多元与创新，增强对全球需求变化的适应能力。[②]

除了源自上述热门留学国家的政策压力外，英国也时刻承受着来自全球教育市场的现实考验：一是来自美国、法国、德国、加拿大等固有竞争对手的威胁。这些国家借助已有的先发优势或国际影响，牢牢占据着国际教育资源的主要份额，致使英国始终处于追赶他国的被动境地，无法基于本国实情充分开展教育转型升级。二是国际教育市场上诸如俄罗斯、中国、马来西亚、荷兰等国家迅速崛起。尽管这些国家在招收国际学生的规模上未及英国，但它们在全球生源输入的占比增幅高于英国，并显现出潜在的后发优势。三是在国际教育区域化发展背景下，教育区域内"就近流动"趋势开始凸显，例如，俄罗斯主要凭借其独特的区位优势，吸引周边国家的国际学生；加拿大得益于大量从印度和中国流入的国际学生；马来西亚等国的强劲增速主要来自有效吸引了大量发展中国家的学生。更有甚者，许多发展中国家选择"在地国际化"（internationalization at home）的方式来打破优质教育资源为一国或几国所垄断的局面，力求实现教育资源的便捷获取。面对各国纷纷加强教育国际化战略的竞争格局，英国必须有相应的政策措施来应对并参与全球教育竞争。

2. 维系既有教育成就

国际教育不仅能够给所在国带来巨大的经济收益，还能提升其在全球政治中的综合实力。英国过去数十年间在教育出口领域取得了令人瞩目的成就。1999 年的"首相倡议计划"开启了英国教育国际化的国家战略时代，为打造英国教育品牌、开拓海外市场奠定了基础。至 2011 年，连续两期"首相倡议计划"的实施为英国增加了 20 万名非欧盟留学生，英国的教育国际化取得迅猛进展。[③] 此后，2013 年《国际教育：全球增长与繁荣》（International Education: Global Growth and Prosperity）战略倡导政府和教育部门合作，利用全球的新机遇巩固英国在高等教育、继续教育、海外学校、教育技术、产品和服务以及英语培训方面的优势，有效确保经济增长和全球合作伙伴间的更广泛联系。[④]《2019 战略》是英国在"脱欧"谈判议程不明确的背景下，为维持和提升英国教育的世界领先地位，更有力地参与国际教育竞争，实现教育"全球英国"提出的理性方案。其根本宗旨是推动"后脱欧时代"英国整个教育行业的发展，构建教育的"全球英国"新角色。[⑤] 2019 年，英国教育出口（含跨国教育活动）总收入高达 252 亿英镑，相比 2010 年，增长了 58.8%，教育出口的价值稳步增长。[⑥] 在国际教育大受疫情冲击的局势下，为了维持和凸显国际教育的核心价值，让国内相关部门可以清晰地获取国家未来教育发展的国际走向，英国需要借

① Government of Canada, Building on Success: International Education Strategy 2019-2024, 载 https://www.international.gc.ca/education/assets/pdfs/ies-sei/Building-on-Success-International-Education-Strategy-2019-2024.pdf, 最后登录日期：2021 年 10 月 6 日。

② Department of Education, Skills, and Employment, Connected, Creative, Caring: Australian Strategy for International Education 2021-2030 (Consultation Paper), 载 https://www.dese.gov.au/download/11143/australian-strategy-international-education-consultation-paper/21501/australian-strategy-international-education-consultation-paper/pdf, 最后登录日期：2021 年 3 月 25 日。

③ 翁丽霞：《招收留学生的国家战略——聚焦英国"国际教育首相倡议计划"》，《比较教育研究》2013 年第 7 期，第 85-90 页。

④ Department for Business, Innovation & Skills and Department for Education, International Education Strategy: Global Growth and Prosperity, 载 https://assets.publishing.service.gov.uk/government/uploads/system/uploads/attachment_data/file/340600/bis-3-1081-international-education-global-growth-and-prosperity-revised.pdf, 最后登录日期：2021 年 3 月 26 日。

⑤ 陈慧荣：《"后脱欧时代"英国跨国教育发展趋势研究——基于〈国际教育战略：全球潜力，全球增长〉的分析》，《比较教育研究》2020 年第 5 期，第 3-11 页。

⑥ Department for Education, UK Revenue from Education Related Exports and Transnational Education Activity, 载 https://explore-education-statistics.service.gov.uk/find-statistics/uk-revenue-from-education-related-exports-and-transnational-activity/2019, 最后登录日期：2021 年 12 月 17 日。

助全新的国际教育战略方案来帮助国家重新设定教育国际化的航向，带动相关教育部门迅速走出后疫情时代教育发展的低谷，使得品质与效益能够继续引领英国教育屹立于国际前沿。

3. 应对重大疫情挑战

英国一直以教育品质和科研实力在全球教育领域享誉盛名。通过提升教育声誉、发展人文交流与政府合作，国际教育进一步强化了英国的软实力，吸引各国学生在英国的教育体系中从事学术交流活动。根据《2019 战略》所设定的愿景目标，英国必须开拓更为多样的教育市场来维持现有的市场份额和国际学生的招募规模。在新冠疫情和全球竞争的双重裹挟之下，英国针对疫情对学生流动和教育合作所产生的不利影响，必须升级目前的国际教育战略，提供解决方案。例如，随着疫情的快速蔓延，全球的人员流动受到极大限制，原有的教育场域已经发生空间变化。各国必须采取线上线下混合教学的模式来维持原先的教学活动。为此，英国正探索运用数字技术开展远程教学，在借鉴原有经验的基础上开拓智慧教育，依托在线技术提供各类教育产品，如英语教学、课程开发、在线测试等。疫情下的这些教育变革需要有一套完整的方案来凝聚各方共识、引导前进方向，共同实现后疫情时代的教育体系跃升。在此背景下，《2021 战略》无疑能给处于疫情中的英国国际教育指明方向，构筑强有力的行动框架，共同抵御疫情冲击。

二、《2021 战略》的政策调整

《2019 战略》是“全球英国”(Global Britain)理念在教育领域的深化，是“后脱欧时代”英国对其教育出口与跨国教育利益和诉求的中长期纲领。它主要遵循四大原则：建立和扩大英国教育的全球影响力；确保英国本土教育进一步国际化；为国际师生提供世界领先服务；推动英国教育全球参与，培养“全球公民”。[①] 作为《2019 战略》的升级版国家教育战略，《2021 战略》除了延续与传承原先国际战略的理念和原则，更注重从后疫情时代的复杂背景出发，客观评判英国国际教育的市场潜力、优势和机遇，采取关键的联合行动，力争将疫情对教育出口的影响最小化，最大限度实现教育收益。

1. 多渠道引员赴英

在教育全球化和知识经济的背景下，跨境学习已经成为国际教育市场最具代表性、最为活跃的领域。与美国覆盖全球的做法不同，英国国际教育主要针对的是能为英国带来实际经济利益的亚太地区和非洲等国际学生市场。然而，随着国际学生流动多方向、多中心并存的格局逐渐显现，区域内学生流动走势日渐增强，英国原先的招生思路和模式已经无法维持既有的国际优势与生源吸引力。英国必须挖掘国际市场的多样性和广泛性，吸纳不同生源地的国际学生赴英就读。为此，在最新的国际教育战略中，首先，英国政府计划进一步改进移民体制，借助留学英国和任命国际教育大使(International Education Champion)等措施发展全球合作伙伴关系，优先关注印度、印度尼西亚、沙特阿拉伯、越南和尼日利亚等地的教育出口机会，进而提升国际教育品牌。其次，为了便于各类国际学生可以顺利衔接英国高等教育，英国为大学预科学生提供英语语言和技能两大类桥梁课程。这些课程可以帮助暂未达到英国大学入学要求的国际学生进行衔接段的学习。学生顺利完成衔接段的学业之后，就可以直接进入大学，接受学历教育。最后，英国内政部将继续与各类主要的高潜力学生来源国保持密切沟通，在学生毕业路径和签证指导方面给予政策倾斜。同时它还将为欧盟学生提供定制沟通渠道，包括为应对“脱欧”后欧盟学生不得不支付适用于国际学生的额外费用等情况而采取的积分式移民制度，避免这部分国际生源流失。

2. 提升留学体验

以情感体验为驱动的留学服务是持续推动英国政府构建稳定的招生渠道和资助来源的内源性因素，是英国在国际学生群体中构建跨境社会表征的民心基础和动力之源，它能有效维持国际学生对英国

① 陈慧荣：《“后脱欧时代”英国跨国教育发展趋势研究——基于〈国际教育战略：全球潜力，全球增长〉的分析》，《比较教育研究》2020 年第 5 期，第 3-11 页。

国际教育的共享认知、观念和意识，形成一定时期内超越成员个体而独立存在于社会中的集体化理解和认知。因此，对于国际学生而言，在各类跨境学习过程中所产生的良好主观体验能令学生在收获快乐、成功的同时，展现自身潜能，实现情感认同。作为英国应对全球挑战的全新方案，《2021战略》从国际学生入学申请环节就开始着力打造“入学、求学、毕业”三位一体的全链式留学管理模式，深度提升国际学生的境外留学情感体验，从而提升国际教育的吸引力与感召力(见表1)。

表1 强化国际学生体验战略方案

战略主旨	战略举措	行动方案
强化国际学生体验	完善学习申请	教育部协同相关部门以及大学和学院招生服务中心，确保有意愿赴英就读的国际学生获取清晰、便捷的入学信息。其中涵盖基于学生个性需求的定制信息和建议，包括能接入移民系统等
	辅助留学财政	英国大学联盟(国际部)将召集财政机构、相关部门、学生代表共同商议，提升相关方面为国际学生提供财政支持和优化教育产品的服务意识
	在英留学管理	学生办公室与国际学生事务委员会协同合作，启动全新项目，挖掘确保国际学生能够融入英国学习生活且获得良好学习体验的有效途径，同时探索国际学生对英国本土学生的积极影响，并且基于国际学生对新冠疫情期间教育服务供给和学生参与等方面的反馈，汲取利于长远发展的经验借鉴
	联通毕业就业	国际学生事务委员会将与英国工业联合会、英国大学联盟(国际部)以及主要的教育和雇主团体合作，协同支持国际学生就业事务。他们将有效沟通、深入了解国内技能需求、国际劳动力市场、国际学生毕业后的就业壁垒，分享跨界成功案例

资料来源：Department for Education & Department for International Trade. International Education Strategy 2021 update：Supporting recovery，driving growth［EB/OL］.（2021-2-6）［2021-3-6］. https：//assets. publishing. service. gov. uk/government/uploads/system/uploads/attachment_data/file/958990/International-Education-Strategy-_2021-Update. pdf.

3. 夯实全球协作

2019年，英国将中国、东盟地区、中东、北非以及拉丁美洲设定为重要的战略地区。借助教育部门咨询小组和大使馆提供的市场反馈信息，高级专员委员会与英国文化协会全球办事处能够定期评估全球教育商业与活动趋势，形成针对主要目标国家的合作方案。2020年疫情暴发以后，英国政府更是将加强与各国政府间合作视为孵化教育业务、增加教育出口，从而实现提升全球教育能级的重要举措(见表2)。

表2 构建持久全球伙伴关系

战略主旨	战略举措	行动方案
构建持久全球伙伴关系	推进全球机遇交汇	基于“国际教育大使”的战略优先国家，与各国政府、海外利益相关者建立强大的国际合作伙伴关系，促进英国国际教育的发展。围绕诸如欧洲、印度—太平洋地区、撒哈拉以南非洲、中亚等重点国家、地区开展合作，促进国际学生的招生来源多样化，开拓潜在教育增值空间
	推动相关体系融合	国际贸易部将主导体系融合，构建各类贸易伙伴与教育部门持久的深度融合，与银行和捐赠机构合作，促成跨界合约，催生更多商机

（续表）

战略主旨	战略举措	行动方案
构建持久全球伙伴关系	出口卓越教师培训	教育部将与教师培训机构合作，设立国际教师资质认定——“国际合格教师资格”，吸引各国学生到英国接受世界一流的师资培训，支持国际对高质量教学日益增长的需求，进而促进英国在全球建立持久而积极的伙伴关系
	支持跨境教育发展	教育部联合国际贸易部以及“国际教育大使”，将与英国文化协会和相关部门有效配合，消除教育出口的市场壁垒，帮助跨境教育拓展，包括在线和混合学习模式
	夯实国际合作体系	英国政府着力协助英国科研和创新部门充分利用国际科研合作的便利，保护知识产权、敏感研究项目和个人信息，同时，支持教育部门科研自由和言论自由
	奖学金与校友资源	多渠道设立分类奖学金，构建英国与未来全球领导者及其母国的纽带联系。基于2019年内部审核所提出的建议，英国文化协会计划采取更为系统的方式组织校友活动，将着力探索吸引和支持各类留英学生建立全球校友网络

资料来源：同表1。

4. 支持教育出口增长和国际化

为了扩大全球影响力，英国进一步提升留学英国的营销力度。为此，一方面，英国在教育技术、国际学校和技能培育方面予以营销升级，推广优质教育品牌；另一方面，英国为教育部门的国际增长直接注资，既投资长期、高增益项目，也支持小型企业，帮助各类机构出口教育产品，应对国际市场挑战。此外，英国国内的主要特许机构与政府密切合作，大力输出教育产品，不断开拓新型市场。与此同时，为了支持联合国可持续发展目标，英国依托在特殊需求和残疾教育(Special Educational Needs and Disabilities，简称 SEND)方面所拥有的专业知识、资源和经验，进一步提升 SEND 系统的转型，支持英国特许专业机构、SEND 服务机构开展教育出口工作，以塑造行业领先优势、争取市场份额、扩大业界影响(见表3)。

表3 支持教育出口的增长和全球化

战略主旨	战略举措	行动方案
支持教育出口的增长和国际化	营销英国国际教育供给	与英国文化协会和留学英国机构合作，拓展和提升GREAT贸易促进活动，令英国国际教育服务可以触及潜在的国际学生或海外贸易伙伴
	财政支持国际教育发展	英国出口融资机构将为整个教育部门定制营销和沟通方案，提升教育部门对该机构产品的认识与了解。国际贸易部也将全力促进和确保各教育部门对出口融资机构服务内容的了解
	拓展全新教育出口机遇	设立特许专业机构：国际贸易部将为英国特许专业机构提供合作和出口机会，它将把海外对特许机构的需求与本国组织有效联通，同时确保向相关部门有效传递各类机遇资讯，专门为特许专业机构行使贸易职责 推广特殊教育服务：国际贸易部高度认可特殊和残疾教育机构在教育输出方面的独特价值，它将与全国特殊教育协会、特殊和残疾教育机构以及政府相关部门通力合作，开展高效协同的推进工作

资料来源：同表1。

三、《2021 战略》的主要特征

作为世界上接收国际学生数仅次于美国的留学目的国，英国始终将教育视为软实力来源，通过影响全球认知方式、社会价值观、生活方式等方面，实现文化权力的影响乃至把控。它充分挖掘跨境教育在促进国际理解方面的深意，与跨境教育接受者共同承担维持教育质量的职责，以柔性方式为全球教育治理贡献国家力量，力求实现"后脱欧时代"国际教育的长久繁荣。

1. 聚焦战略价值取向

教育政策取向是教育学理研究与教育政策的视域融合，具体落实到国际教育战略范畴，则是要回答国际教育究竟要面向何方的问题。英国的国际教育如何突破全球模式，与各国（地区）不同教育体系在交流、对话基础上真正融合，是扩大国家竞争力和国际话语权的基础。[①]作为软实力的一种政策体现，《2021 战略》力求将文化、政治和外交三类软实力资源结合起来，实现本土战略利益与全球公共利益相互贯联，进而克服以往教育体系对接不畅的不利局面。首先，面对全新的时代要求，英国再次明确国际教育是推进全球认同与合作、实现国家外交意图的重要构成，也将教育外交战略纳入国家整体外交体系之中，使之成为国家整体战略和国际政治交往中一种相对独立的外交形式。其次，在全球疫情的大背景下，人际流动、利益分化、文化融合等问题进一步消解传统的认知模式，引发更多的国际的认同困境与理解障碍。为此，《2021 战略》立足原有国际教育战略的成功基础，将多元文化、政治思维、外交政策有机整合起来，在建构新型教育外交体系的过程中，不断吸收以往国际教育实践的成功之处，并及时针对现有挑战进行前瞻布局与系统调整，真正发挥教育外交促进国家利益的现实效用。

2. 延展战略续航潜能

《2019 战略》提出了五大具体的行动策略，确保英国能立足既有的国际教育优势，不断开拓新的国际教育市场，具体包括：(1)任命国际教育领导者以引领海外教育活动，开拓国际教育市场；(2)促进英国教育在广度和多样性上的价值，提供多样化的教育产品；(3)出台各类保障国际学生权益的政策；(4)采取"整体政府"的协同治理，凝集各方力量；(5)通过提高教育贸易数据的准确性和覆盖性，促进教育科学决策。[②] 在《2019 战略》的基础上，《2021 战略》注重战略制定与实施的延续性与拓展性，以多渠道招募国际学生、提升国际学生学习体验、加强全球协作伙伴关系和提高教育贸易增幅为主要抓手，系统支持教育产业全面恢复，驱动教育收益国际增长。《2021 战略》是英国结合新时期全球教育新形势和新需求而制定的教育国际化应变部署，是一项长期的全球教育行动，能助力"全球英国"理念的实现，也可以为其他国家（地区）的学生增加教育选择机会，促进了不同文化之间的沟通、交流与理解。

3. 综合推进战略实施

教育战略是国家整体发展战略的有机构成部分。因此，英国政府在确定全球教育发展机遇以及开展全球教育活动的同时，需要综合考量各地教育的差别、特定需求和驱动力，对于不同的教育提供者实行差异化行动策略，保证教育出口的质量，推进国际教育战略施行。[③] 为了掌控教育国际化的良好态势和发展进程，推动教育国际化政策强力、持久实施，英国在启动《2021 战略》时，就明确以教育部和国际贸易部为牵头机构，将英国文化协会、国际学生事务委员会、英国工业联合会、英国大学联盟（国际部）、教育部门咨询小组等机构列为支持单位，向机构或组织提供资金支持，激励其采取实质行动，形成政府内

① 陈慧荣：《"后脱欧时代"英国跨国教育发展趋势研究——基于〈国际教育战略：全球潜力，全球增长〉的分析》，《比较教育研究》2020 年第 5 期，第 3-11 页。

② 伍宸：《英国推进国际教育发展战略研究——以〈国际教育战略：全球潜力与增长〉为例》，《辽宁师范大学学报（社会科学版）》2020 年第 5 期，第 94-102 页。

③ 王敏，董丽丽：《英国国际教育战略分析与启示——基于对〈国际教育战略：全球潜力与全球增长〉报告的探析》，《世界教育信息》2019 年第 10 期，第 15-20 页。

部分权共治的格局。国际商贸部作为财政支持单位,全面融入共治过程,既要为各类战略事项提供财政支持,与战略优先国家的政府、海外利益相关者建立强大的国际合作伙伴关系,又要夯实国内政府间结构性力量,推动教育生长的内在力量。这一方面体现出英国对自身国际影响的教育自信,它坚信自身在教育出口贸易上的实践经验与综合实力能够使其教育产品产生强大的溢出效应,增强其国际话语权;另一方面,这也凸显出教育出口贸易、招收国际学生等活动所获取的巨大经济利益在促进国家经济发展中的战略作用,令英国即使在外部条件不利的情况下,依旧可以依托教育贸易的经济推力,增强国家软实力并夯实国家财政收益体系,反映出教育的经济外部性(externalities)对国家、区域和全球的经济增长的积极影响。①

The Contributing Factors, Strategic Adjustments and Main Characteristics of the UK's New International Education Strategy

TONG Linghong

(Foreign Languages College, Shanghai Normal University, Shanghai, 200234)

Abstract: The UK's International Education Strategy, 2021 Update: Supporting Recovery and Driving Growth was jointly issued by the Department for Education and the Department for International Trade as a response to the changing global context so as to maintain its established goal in the education sector, and further improve the resilience and sustainability of its internalization of education in the post-pandemic era. The update supplements the 2019 International Education Strategy in terms of four aspects: student recruitment, learning experience, global cooperation and education export. The strategic adjustment focuses on value orientation, extends the potential of policy implementation and comprehensively promotes its down-to-earth implementation. It also aims at multidimensional development of the UK's international education from the perspective of establishing the national soft power, thus further consolidating its presence in the global education governance system.

Key words: the UK, international education strategy, soft power

① 丁瑞常:《全球教育治理的向度与限度》,《比较教育研究》2021年第6期,第35-43页。

非智力因素影响学生国际课程学习的案例研究
——以澳大利亚VCE物理课程为例

赵振宇[1]，张少阳[2]，柏 萍[3]，陆建非[3]

（1. 上海师范大学 数理学院，上海 200234；2. 上海市崇明中学，上海 202150；3. 上海师范大学 天华学院，上海 201815）

摘 要： 文章以澳大利亚VCE物理课程为例，研究非智力因素影响学生学习效果的原因：VCE物理课程教学注重知识点讲授，忽略学生实验环节，导致学生学习兴趣不强；学生选修物理课程主要为了学位和文凭，学习动机具有功利性；修读VCE物理课程的学生对自己国家、家庭具有很强的情感纽带，愿意回国而非移民海外。基于此，在兴趣、动机、情感这三个主要非智力因素方面，可以采取具体的对策来提高学习效果。

关键词： 非智力因素；国际课程；物理

一、研究缘起

燕国材于20世纪80年代发表了《应重视非智力因素的培养》一文，从而在教育学界掀起对非智力因素的研究浪潮。非智力因素对学生学习的影响非常大，与素质教育有密切的关系。素质教育是指依据人的发展和社会发展的实际需要，注重开发人的智慧潜能，注重形成人的健全个性为根本特征的教育。也就是说，素质教育不但要注重培养人的智力潜能，而且要注重人的非智力潜能的培养。智力因素和非智力因素在人的成长过程中相辅相成：一个人的智力水平高，学起来就得心应手，则学习兴趣就高，自信心就强，促使非智力因素向良性方面发展；一个人非智力因素好，有一种"不达目的不罢休"的毅力和韧性，也会使其智力水平慢慢提高，最终获得成功。非智力因素可划分为广义上的非智力因素、狭义上的非智力因素和具体的非智力因素三个层次，具体内容见表1。①

表1 非智力因素的概念分类

层次划分		定义分类
第一个层次	广义上的非智力因素	除观察力、记忆力、思维力、注意力等智力因素以外的一切心理因素
第二个层次	狭义上的非智力因素	兴趣、动机、情感、意志和性格这五种心理因素
第三个层次	具体的非智力因素	求知欲望、成就动机、学习热情、自尊心、自信心、进取心、责任感、义务感、荣誉感、自制性、坚持性、独立性

作者简介： 赵振宇，上海师范大学数理学院副研究员，博士，主要从事学科教学（物理）研究；张少阳，上海市崇明中学教师，硕士，主要从事中学物理教学研究；柏萍，上海师范大学天华学院副教授，博士，主要从事国际教育研究；陆建非，上海师范大学天华学院教授，博士，主要从事国际教育研究。

① 燕国材：《非智力因素与学习》，湖北教育出版社1987年版，第32-33页。

由此可见,整个非智力系统可划分四个子系统,分别为实现心理动力机能的动力系统、起着激励调节机能的激励系统、实现评价整合功能的个性品质系统、对人的心理活动和外部行为起调节控制作用的最高调控系统。这四个子系统构成了一个完整统一的有机体。①

关于智力因素与非智力因素在学习过程中的作用的认识,国内学者经历了从最初的只重视智力因素的作用到重视非智力因素的作用,再到现在的重视智力与非智力因素的共同作用三个阶段。目前多数人已经接受了学生的学习成果取决于智力因素和非智力因素的共同作用,智力因素促进非智力因素的发展,而非智力因素又影响智力因素的发展。因而想让学生取得学业上的成功,教师在教育中就要把重视培养智力因素和非智力因素放到同样重要的位置上。② 传统上,人们对物理学科教学的关注点往往集中在智力因素方面,而忽视了非智力因素的作用。在物理学习过程中,激发兴趣是促使学生学好物理的先决条件。教师通过巧妙的预设,激发学生学习物理的兴趣,能够让学生自觉学习,积极探索,保持学习的持久性,从而实现创造性学习。那么,为什么上海市高中生选修物理课程的人数较少呢? 在国际课程体系下的物理课程学习过程中,非智力因素对中国学生的影响有哪些? 对于这些问题,始终没有一个系统的回答。VCE(Victoria Certificate of Education,以下简称 VCE)课程是澳大利亚维多利亚州的高中课程体系,由维多利亚州高考课程评估当局(VCAA)对学生考试成绩进行审核和评估。本文通过对上海市一所民办国际高中 VCE 课程班进行调查,研究非智力因素对学生选修 VCE 物理课程的影响,主要从兴趣、动机等非智力因素的角度分析学生选修物理课程的原因,希望能够对上述疑问的解答有所启示。

二、非智力因素影响学生物理学习的调查分析

本次调查对象为上海市某国际高中 VCE 物理课程班,该校连续多届 VCE 毕业班录取情况都不错,符合学生家长的预期,是一所典型的优质国际高中。调查目的是从非智力因素的角度找出学生选修物理的原因。本次调查共发放 50 份问卷,回收 48 份问卷,其中有效问卷 31 份。以下主要从非智力因素的角度分析调查结果。

1. 兴趣因素

兴趣是个体积极探究某种事物或进行某种活动,并在其中产生积极情绪体验的心理倾向。兴趣是以人认识和探索或从事某项活动的需要为基础,着力探索或从事该项活动的心理倾向,它表现为人对某种事物或活动的积极的态度和情绪反应。兴趣涉及情感卷入,伴随着行动表现,能够促进人们对事物的注意力和专注度,会对个体的行为产生推动作用。如果学生是因为喜欢物理或是出于兴趣而选修物理,那么他在学习物理时的注意力会更集中而持久,思维活动会更活跃,会对物理学习产生积极的效果。

如图 1 所示,调查发现,仅有四成左右的学生是出于对学习物理的喜爱而选修物理课程的,多数学生对物理表现出勉强或不喜欢。这一现象引出了两个问题:首先,选修物理的学生对学习物理的兴趣不大,其学习物理的原因何在? 其次,选修物理的学生尚且不甚喜欢物理,那些不选物理的学生对物理的兴趣更是可想而知,这也从侧面反映了学生普遍对物理不感兴趣。

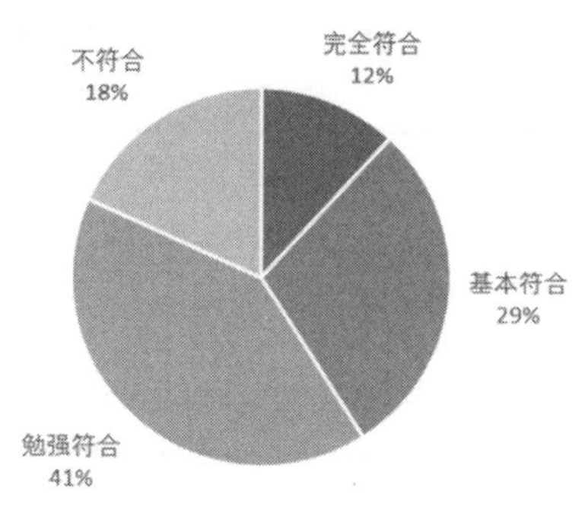

图 1 学生对物理的学习兴趣

需要指出的是,物理是一门实验科学,物理实验在中学物理教学中有重要的地位和作用。如果能够充分发挥实验教学的作用,将能激发课堂的活力,从而使得学生更好地掌握物理知识。实验教学的具体作用如下:一是物理实验能够激发学

① 梁维如:《非智力因素结构与功能的系统探析》,《朝阳师专学报》1990 年第 2 期,第 6-11 页。

② 燕国材:《再谈非智力因素的几个问题》,《上海师范大学学报(哲学社会科学版)》1990 年第 3 期,第 113-125 页。

生的兴趣。在传统教学中，物理往往显得晦涩难懂，同时课后的"题海战术"更是让学生苦不堪言。而物理实验提供了一个更直观的崭新视角，让学生体会到物理不是教科书上呈现的"公式化的物理"，它根植于实际生活中，可以被感知和触摸。二是实验能够帮助学生构建物理概念及加深对物理规律的认识。在物理学习中，物理概念是最基础的，也是最重要的，概念往往是从物理现象中运用一些科学方法抽象出来的，而实验可以再现这些物理现象，这样学生能够透彻理解这些抽象概念，体会到"活生生"的物理，从而正确地建构物理概念。同样，对于物理规律的学习亦是如此。规律是客观的，通过带领学生对一些物理规律进行探究或验证，能够切实有效地优化学生对于物理规律的认识。三是实验能够培养学生科学的探究意识及提高学生的动手实验能力。①

图 2 也显示，接近 3/4 的学生表达出喜欢上物理实验课的意愿，这表明学生并不是完全不喜欢物理学科，他们只是对物理学科的教学方式产生了抵触情绪。具有丰富的物理现象、更多动手实践机会的物理实验课可以很好地改变学生对物理课的看法。通过对部分学生访谈可知，学校并未配备完善的实验设施，学生实际实验情况不尽如人意。考虑到学校的物理选课人数、物理教师配置、物理考试要求等方面的因素，从经济和效益方面来看，学校实验教学工作没能系统开展也是无奈之举。但长期来看，缺乏实验教学的物理课堂培育出来的人才是不符合教育要求的，也是不利于学生的身心发展的。

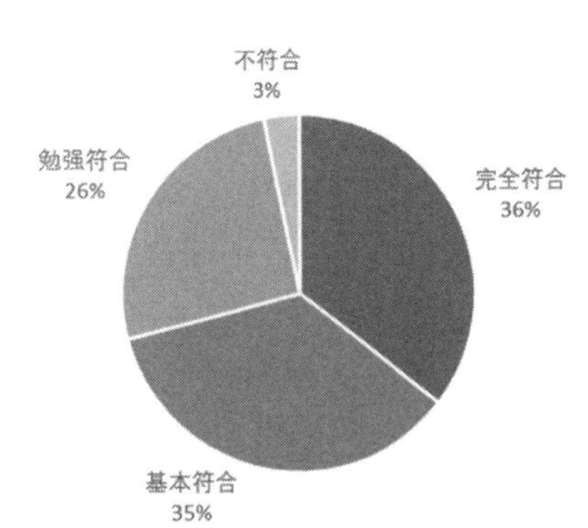

图 2 学生对物理实验课的兴趣

综上，选修物理的学生多数并非出于对物理的学习兴趣而选择物理课程，具体来说，他们对传统的物理课堂上讲公式、课下做习题的授课模式不感兴趣，而对拥有丰富的实验现象、更多的动手实践机会的物理实验教学产生期待，因而可以抓住这一契机，系统开设物理实验课，这样既能激发学生学习物理的兴趣，又能培养其动手实践能力。

2. *动机因素*

动机是指引起个体活动，维持并指引该活动朝着某一目标发展的心理倾向。动机分为内部动机和外部动机，内部动机是指学生对活动本身发生兴趣而产生的一种动力，这种动机是指向活动本身；外部动机是指由活动以外的外部诱因而激发起来的动力，这种动机是指向活动本身之外的其他目标。② 兴趣与内部动机都可被视为引起个体行为的内在原因。以学习活动为例，学生如果对学习活动发生兴趣，就会产生积极主动的学习意向，这有利于学习的成功，而成功带来的满足感又会进一步激发学习兴趣，使学习进入良性循环的轨道。而外部动机的满足在于活动之外，主要是学生对活动结果产生的兴趣。外部动机一旦得到满足，动机便会下降，具有不稳定性。因而关注学生选修物理的动机，并区分内部动机和外部动机是十分重要的。调查发现，学生主要有以下三个方面的动机：

（1）高分导向

从图 3 可以看出，超过半数的学生认为选择物理能使他们取得较高的分数。这里有两点需要说明：一是所调查的学校生源情况。实际上，选择 VCE 课程的学生大多初中学习基础不好，在国内高中竞争力不强，但是相较于澳大利亚本土学生及其他国际学生来说，他们在数理化等理科学科学习上还是有优势的，而且 VCE 物理课程本身难度低于 IB 课程、AP 课程。对他们而言，物理的主要难度在于非母语的教材和考试，即能否理解英语命题的内容和题目。二是 VCE 课程的评价制度。考虑到不同学科的学习难度往往不同，且选考人数、竞争激烈程度也不尽相同，为了确保公平性，课程考试的原始分会通过加减分的方式转换为标准分，一般像数学、物理这类较难学习、竞争激烈的学科会获得加分机会。这一政策

① 李军：《浅谈高中物理实验教学的重要性》，《新课程（下）》2017 年第 5 期，第 123 页。

② 陈琦，刘儒德：《当代教育心理学（第 2 版）》，北京师范大学出版社 2007 年版，第 78-85 页。

使得成绩较好的学生可以得到更高的成绩,从而具有得分优势。结合以上两个方面的分析,可以看出,中国学生选择物理可以发挥其得分优势,从而取得较满意的分数,因此,他们更多的是出于升学目的而选择物理课程。

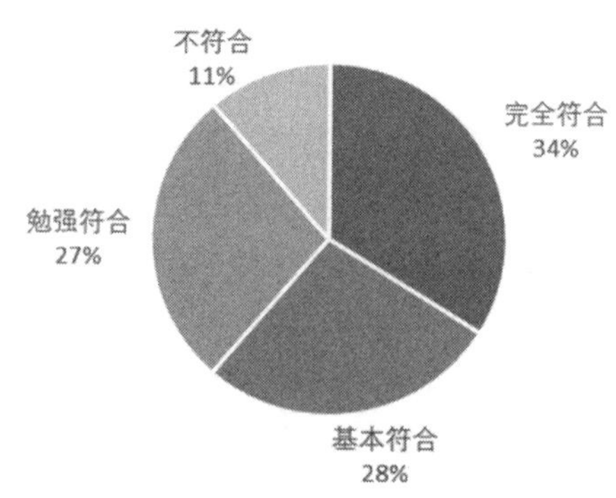

图 3 学生选择物理受物理分数的影响

(2)专业导向

图 4 清楚地显示了完全及基本符合专业录取的要求而选择物理的学生超过总人数的 2/3。总的来说,VCE 课程对于学生选课没有过多的限制。除了必修英语课程、学校开设课程数量有限外,学生选课有较大的自主性。但同时这也带来了一个问题,学生选课组合实在是太多了,这对于部分大学专业来说不适宜。比如,数学、物理等基础课程对于大部分理工科专业来说都是必需的,如果学生在高中阶段没有学过相关内容,那么进入大学学习这些专业的压力会非常大,甚至可能完不成学业。因而为了解决上述问题,部分澳大利亚高等院校在部分专业录取要求中对学生的选课进行了限制要求。例如,根据 2019 年墨尔本大学科学学院学术委员会的决议(Resolutions of the Academic Board Science),学生如果想要申请该校的理学学士学位,除了要获得较高的总分之外,还必须在 VCE 课程中选修数学方法或专业数学中的一门,以及生物、化学或物理中的一门,并且学科得分不能低于 25 分。

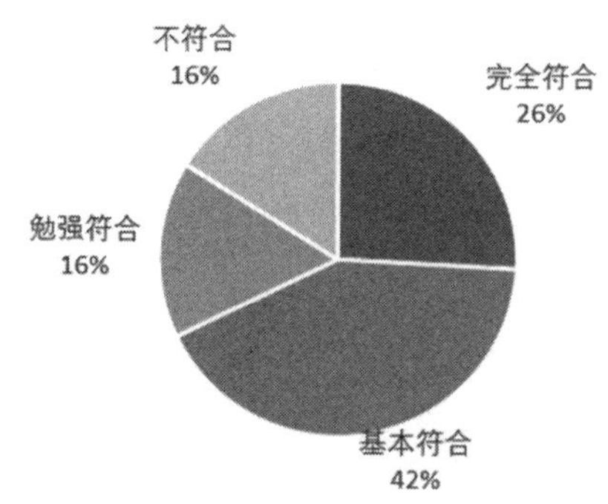

图 4 学生选择物理受专业录取要求的影响

(3)课程设置

此外,学生选择物理课程的又一重要原因就是学校课程安排的限制。尽管 VCE 课程宣称包含近百门课程可供学生选择,但出于实际选课人数等因素的考量,学校所能提供的实际课程数有限。如图 5 所示,近七成的学生认为选择物理是受到了学校的限制,这也就是说大部分学生选择物理可能是学校安排的或者说学校在学生课程选择过程中起到很大的作用。通过对部分学生的访谈可知,多数学生选择 VCE 课程是出于获取文凭的需要,为了获取本科学历,只需要听从学校安排选课即可。

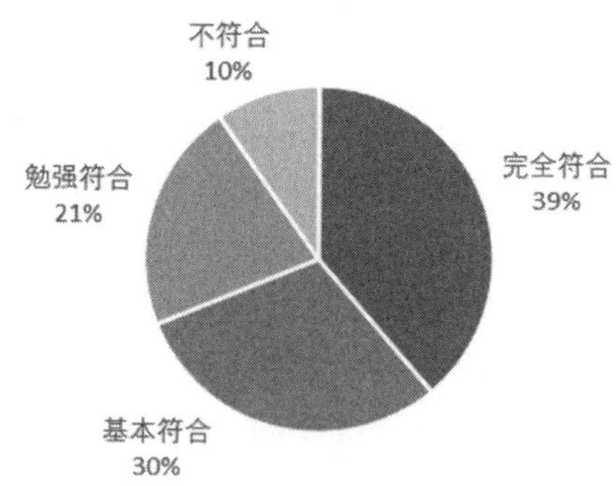

图 5 学生选择物理受学校课程限制的影响

综上所述,修读 VCE 课程的学生选择物理学科的动机,主要是为了在与其他国际学生竞争过程中,获得更高的分数,进入某些特定的专业;或是被动服从学校的课程安排,即多是出于升学的考虑而选课。他们的选课动机是外部动机,选课目的带有明显的功利主义色彩,这一现象不利于教育发展,有必要进行改善。

3. 情感因素

留学教育的发展与社会的需要分不开。近年来,新兴富裕阶层的出现,中国家庭在全球范围内配置教育资源的能力和意识大大加强,他们迫切需要为下一代找到新的学历晋升之路,国际课程班就成为他们不错的选择,越来越多的家庭选择将子女送出国门留学深造。这一方面可以避开国内激烈的学业竞争,另一方面又能接触国际优质课程体系。

与留学教育同步的是就业、移民倾向,以往大多数留学生会选择留在留学国家发展。调查数据发现,大约 1/3 的学生有留澳就业的倾向,一半以上的学生明确表示不考虑在澳大利亚找工作,即大部分学生都有毕业后回国就业的打算。根据访谈的情况来看,可能的原因有两点:一是家庭情感因素的影响,学生对家庭的情感纽带强烈,大部分学生家境良好,学生在国内的生活条件丝毫不逊色于国外,因此移民对他们缺乏吸引力。访谈中发现学生普遍认识到人际关系和情商是职业发展的因素,相对于西方文化主导下的澳大利亚社会,华人多少会受到歧视和排斥,这使得他们对移民产生顾虑。二是中澳两国经济增长的变化。近几年,随着我国改革开放的深入和综合国力的提高,人民的物质生活水平有了极大的提高,特别是以上海为代表的长江三角洲地区经济活跃,相对机会更多,使得移民的吸引力相对下降。因此,选修 VCE 物理课程的学生并非以移民为首要目的,他们更多的是为了逃避国内理科教育模式体系下的激烈竞争,获得一纸“洋文凭”,成为新一代“海归人才”,将来可以在国内就业市场中增加筹码,为个人发展助力。

结合上述讨论,学生学习 VCE 物理课程主要是为了在澳大利亚大学学习,属于外部动机,而并非出于对物理学科的学习兴趣,学生学习物理课程的目的非常功利,学生家庭亦受到功利主义的影响。以往社会大众普遍认为国际学校的课程比起国内公立学校的物理课程,更多的是培养学生兴趣,激发学生创造力。从上述实证研究的结果中可以看出,以 VCE 物理课程教学为代表的国际课程,在落户中国的过程中,也避免不了应试教育和功利主义的弊端。

三、研究结论

本文通过实证研究,从非智力因素的角度分析学生学习 VCE 物理课程的兴趣、动机、移民倾向等问题。通过调查发现,学生对 VCE 物理课程本身并未产生足够的学习兴趣,原因如下:

1. 兴趣因素

仅有四成左右的学生是出于对学习物理的喜爱而选修物理课程的,多数学生对物理表现出勉强或不喜欢。选修物理的学生多数并非出于对物理的学习兴趣,而学生对物理实验的兴趣表明学生可能是对传统的物理课堂上讲公式、课下做习题的授课模式不感兴趣,进一步说,相关课程省略了实验操作环节,而完全采用物理理论课程设置,不符合学生物理学习的认知规律,具有强烈的应试求学因素。

2. 动机因素

学生选择物理可以发挥“数理化”的得分优势,在国际课程中取得较好的分数。学生选修 VCE 物理课程主要是为了获取更高的分数,满足澳大利亚大学特定专业的录取要求。

3. 情感因素

学生主要受到家庭对子女本科学历需求的影响,为了获得大学学历,并没有进一步海外深造的打算,因而对澳洲移民与就业的意向并不大。学生本人对自己原生家庭和故乡的感情纽带很强,为移民而学习不是学生开展自主学习的主要动力和目的。

四、改进策略

从物理学科的角度来看,物理学是科学方法、科学精神和科学思维的重要来源,物理对于促进学生科学思维发展、推动社会科技进步有不可替代的作用。结合上述结论,我们提出以下解决策略:

1. 加强兴趣

实验是物理教学中不可或缺的一个重要部分,我们应在物理教学中重视物理实验。相关学校应该投资建设与课程体系配套的物理实验室,让学生动手开展实验,培养物理实验能力,激发物理学习兴趣。

具体做法为:鼓励学生自己多动手,通过积极参与逐步培养理性思考的习惯;激发学生的求知欲,利用学生的好奇心引导学生探索物理规律;把物理实验和生活实际相联系,利用学生的成就感激发其学习的积极性;有效利用多媒体,通过大量丰富的事例丰富学生的视野;处理好演示实验与学生实验的关系,充分利用现有资源,提高实验教学效率。

2. 端正动机

教师在课堂上结合生活实践、趣味物理演示实验等教学手段,展示物理学科的趣味性、实用性,激发学生的求知欲。具体做法为:学习动机与学习目的相联系,课堂教学应当把个人的学习与国家建设与发展对人才的需求联系起来,树立正确的留学观;明确学习内容的意义;了解物理学科所学内容的实际用途及其对树立科学观念、提高探索创新能力的意义;要有明确的学习目标,明确 VCE 物理课程每一方面的具体目标,建立一个完整的目标网络,清楚个人在学习中应做出的各种努力,从而能更充分地激发学习动机;及时检查学习结果,学习的成功与失败都有强化学习动机的作用,因此,应及时检查学习结果,使学习动机不断强化;学校应当积极鼓励学生参加物理知识竞赛,以激发学习动机。

3. 维系纽带

情感是人们对客观事物是否符合自身需要的态度的体验,教育心理学研究表明:情感因素是影响学习质量的一个重要因素。积极丰富的情感能促进学习者的认识过程、意志过程,使个性品质得到全面发展。由于学生是学习的主体,学生的情感必然成为影响学习的一个极为重要的因素。在中学物理教学过程中,教师能使学生养成积极的学科情感的方法有很多:国际学校的教师应在物理教学中展现出激情,不断自我完善,以充满求知欲的热情带领学生去探索物理世界的奥秘,这样就会对学生学习情感产生积极的影响;教师要爱学生,关心他们的学习和成长,当学生在学习中遇到困难和挫折时,教师要耐心地帮助他们分析原因,找到解决问题的办法,而不应过多地苛求、指责,让每位学生都感受到教师的爱和期望。让学生体验成功,要注意设置教学内容的层次和梯度,创设更多的条件,让每位学生都能体验到学习的成就感,避免产生厌学情绪。

Influence of Non-intelligence Factors on Chinese Students Aptitude in Learning International Programs

— In the Case of VCE Physics Course

ZHAO Zhenyu[1], ZHANG Shaoyang[2], BAI Ping[3], LU Jianfei[3]

(1. College of Science, Shanghai Normal University, Shanghai, 200234; 2. Shanghai Chongming Middle School, Shanghai, 202150; 3. Tianhua College, Shanghai Normal University, Shanghai, 201815)

Abstract: Taking the Australian VCE physics course as an example, the paper has found the following influence of non-intelligence factors on students' learning effect. The actual teaching of VCE physics course focuses on the knowledge points, ignoring the student experiments, thus weakening their interest in physics learning; the students who take physics courses mainly study for degrees and diplomas, whose learning motivation tends to be rather instrumental; and the students who take VCE physics course have a strong emotional tie to their own countries and families, and are willing to return home rather than have overseas emigration. Based on such findings, this paper has put forward the corresponding approaches so as to improve students' learning efficiency according to the three non-intelligence factors of interest, motivation and feelings.

Key words: non-intelligence factors, international course, physics

国外高利害性考试中计算思维的评价研究

刘 炼

（上海市上海中学，上海 200231）

摘 要： 计算思维是我国高中信息技术新课程的学科核心素养之一，同时也是国外主要课程体系中计算机科学课程的核心目标和核心概念。对国外A-Level、IBDP、AP三类高利害性考试课程体系中计算机科学课程的计算思维的评价方式进行分析，研究揭示了它们围绕“概念界定—情境—评价目标—评价形式”所形成的四层评价结构，为我国高中信息技术新课程实施中的核心素养评价提供了明晰概念界定、多层次评估、多元化评价手段使用等启示。

关键词： 高利害性考试；计算思维；课程评价；核心素养

近年来，一些国家和国际课程组织开始围绕计算思维的概念，重组各自的信息技术或计算机科学类课程，形成了以计算思维培养为核心的信息技术课程内容体系与评价体系。我国《普通高中信息技术课程标准(2017年版2020年修订)》(以下简称信息技术新课标)也将计算思维视作学科核心素养之一。如何清晰地界定“计算思维”这一较为抽象的概念，并在评价中明确指向这一学科核心素养目标，将是信息技术新课程实施的重要问题。本文选取英国A-level(Oxford Cambridge and RSA版，简称OCR)、美国进阶先修项目(Advanced Placement，简称AP)、国际文凭项目(International Baccalaureate Diploma Program，简称IBDP)三类课程体系的计算机科学高利害性考试为研究对象，分析国外主要高利害性考试课程体系中计算机科学课程的计算思维的评价方式，以期为我国高中信息技术新课程的评价实施提供参考。

一、国外高利害性考试中的计算思维概览

高利害考试一般指会给参与者带来重要影响的考试评价。① 本文所选取的三大课程体系中的计算机科学课程考试，是英国、美国以及国际学校课程体系中具有代表性的，对于学生的升学具有重要作用的高利害性考试。其中，A-level考试可以看作英国大学的选拔考试，英国是由不同考试局设计不同版本的课程和考试，本文选择的是面向英国本土的OCR考试局课程；AP成绩是帮助学生申请美国大学的重要条件，由美国大学委员会(College Board)组织考试；IBDP的计算机科学考试结果则被世界上多数国家的大学认可，由总部设在欧洲的国际文凭组织提供。而我国高中信息技术课程同样决定学生是否能够合格从高中毕业或是否能够达到大学录取要求。因此，分析国外计算机科学高利害性考试中的计算思维评价，对于我国高中信息技术新课程实施具有重要价值。

2011年前后，上述三个项目的计算机科学课程开始围绕计算思维概念的课程重构。一方面，着力于

作者简介： 刘炼，上海市上海中学高级教师，硕士，主要从事信息技术教学与国际比较研究。

① 李欣：《美国高利害测验项目解析》，《外国教育研究》2012年第7期，第87-94页。

重构课程目标,课程目标的重构必将带来课程内容和评价等一系列变革。A-level 和 IBDP 课程改写了各自的教学目标,A-Level 计算机科学教学的首要目标是“发展计算思维技能”,课程的首要核心概念也是计算思维;IBDP 计算机科学则申明“本课程以计算思维为基础”;而 AP 则在保留原计算机科学课程的基础上,试点并正式开设新的“计算机科学原理”课程,将“计算思维实践”作为课程培养学生的能力目标。另一方面,三个项目都在推动计算机科学课程的地位变化。由于计算思维概念的提出,原本仅在学科领域出现的思维可以拓展到更加大众的一般领域。① 其中,IBDP 的做法最为大胆,将计算机科学课程并入自然科学一组,学生选择计算机科学课程就可以满足科学组的选学目标,而无须选择物理、化学等科目。② 这样的尝试进一步提高了其评价的利害性,同时也充分显示计算思维在其课程体系中的重要性。

二、国外高利害性考试课程中计算思维评价设定

从高利害性考试的角度出发,首先,要对“计算思维”这一课程核心目标和核心概念进行明确的界定,形成一系列可测的、具体的概念、技能和实践。其次,从核心概念的界定出发,三类课程体系的计算机科学课程为计算思维的评价设定了相应的评价结构。而一个成功的评价结构需要关注评价目标、评价形式及其与概念本身的匹配性。

1. 计算思维概念的界定

A-level、IBDP、AP 课程体系中的计算机科学对计算思维的界定主要有三个层面,如图 1 所示。这三个层面是为了较为方便地开展教学和评价过程而对这一素养目标进行的解构,它们之间存在关联性,如图 1 中虚线所示,不同层面的思维能力或技能也服务于其他层面的问题解决。

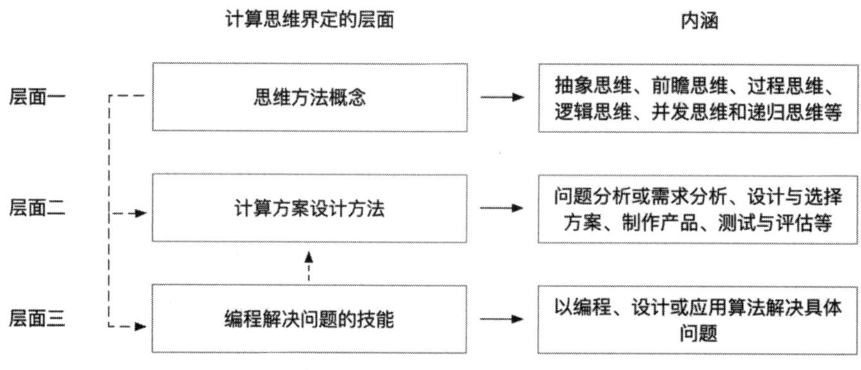

图 1 计算机思维的界定

从问题解决的视角出发,自下至上的分析可知:层面三聚焦的是对一个结构相对清楚、边界相对明晰的具体问题的算法解决方案;层面二则关注一个复杂的、综合性问题的整体解决方案,这个问题通常是结构不良的,需要在抽象、模式匹配、具体计算方法和工具取舍等方面做大量的决策,也常常要采用多种手段收集数据和信息,以便做出良好的判断;层面一更加关注一般性、跨领域的问题,不一定借助计算机,而是应用计算思维来解决问题,强调把握与应用计算思维的本质。从层面三到层面一,计算思维的应用场景逐步扩增,不仅体现计算思维应用的广泛性,也呈现出其超越狭义学科领域的可迁移的特性。

① Berland M, Wilensky U:“Comparing Virtual and Physical Robotics Environments for Supporting Complex Systems and Computational Thinking”, *Journal of Science Education and Technology*, Vol. 24, no. 5(2015), pp. 628-647.

② International Baccalaureate Organization: Computer Science Curriculum Review Report 2009 ,载 IB 组织官网:https://resources. ibo. org/data/d_5_comsc_crr_0901_1_e. pdf,最后登录日期:2022 年 3 月 15 日。

这样的计算思维特征需要在后续的评价结构中得到体现。

2. 评价目标的设定

计算思维是一种高阶的思维。高阶思维的评价需要与之匹配的评价手段，相关的三个关键问题是测试题是否达到高阶、测试形式是否诱发高阶思维、评分有没有区分高阶思维表现。①为确保最终达成对高阶思维的检测和评价，首先要依据计算思维的特征对命题、评分标准指向的评价目标进行重构，体现高阶思维评价的特征。

A-Level 计算机科学的评价目标分为三个级别：第一级为展示对包括抽象、逻辑、算法和数据表示等原理和概念的知识和理解；第二级为应用上述理解，包括从计算的角度分析问题；第三级为设计、开发和评估能解决问题的计算机系统，对其进行合理的判断并得出结论。显著的特征是评价目标中对于构成一般测试中基础部分的“识记”环节涉及不多，起点主要是展示对概念的理解。而第二级与第三级则更加关注与高阶思维有关的认知过程，即应用、分析、设计、编写（程序）、评估、判断、总结。在最终评价中，一至三级目标在命题中分别占比 35%、30%、35%，由此可见，65% 的命题可以符合高阶思维评价的需要。

IBDP 计算机科学设计了类似的评估目标层级，并在三级的基础上增加了一项与思维观念和问题解决综合能力表现有关的目标：一方面，在开发指定产品的过程中，展示个人的合作和毅力技能，以及有效解决问题的技术、技能；另一方面，其大纲明确给出在命题中会使用的“指令术语（command terms）”，例如，第三级的指令术语包括分析、评估、证明、预测、对比、推断、何种程度（to what extent）等。学生要熟悉这些指令术语，并了解如何在答题中回应相应指令术语的要求。指令术语的使用有助于基于证据的评价过程以及相关评价标准的制定，且反映对高阶思维评测的指向。

AP 计算机科学原理则将六个计算思维实践技能一一转换成具体技能，并作为学习目标，和具体的内容相结合。这些学习目标同时也作为评价目标，虽然没有清晰划分层级，但大部分目标使用了“解释”“设计”“评估”“应用”来表述，也呈现出评价高阶思维技能的特征。

3. 评价形式的设定

三大类课程体系的计算机科学高利害性考试评价都采用了书面考试和非考试的表现性评价相结合的方式。其中，AP 课程的书面考试全部为选择题，其他两门课程则采用了主观题形式。不论具体的题型，题目主要呈现两种形式：一是题目没有详细情境的描述，以问题简单引入后，直接测试考生对知识或技能的理解与掌握，例如对程序控制结构的考查，偏向高阶思维中的微观维度。二是提供具有一定真实性的、生活化的任务或者情境。此类情境通常有一定的复杂度，因此，在一个情境下可以产生多个问题，形成一系列问题解决的场景。A-Level 课程和 IBDP 课程采用此类综合性的主观性试题比重较大，基本都由情境引出问题。而采用选择题的 AP 则受到一定程度的限制，依据大纲和样题描述，在总数 70 道选择题中，提供复杂情境的试题约占 7%，提供简单情境的试题约占 25% 左右。由于问题解决通常基于情境，因此，主观性试题在评价问题解决能力方面具备比较显著的优势。

综合性的主观性试题中有考查微观编程技能的部分，例如对循环结构的掌握、对数组的使用等。但更多的是从“问题解决”角度考查计算思维的综合应用，即试题要让学习者针对问题做出一系列相互关联的决策，学习者要调动计算思维分析问题，并在算法选择、数据结构选择、输入输出形式等方面进行比较、评估、决策。同时，学生思维的表达形式可以多元化，不一定要最终形成程序、算法，可以用结构化的自然语言、流程图、伪代码等多种形式描述。这样的方式不但可以使学生熟悉不同的解决方案的表达方式，而且可以更加专注于计算思维的运用。

表现性评价通常要求学生在真实情境或模拟情境中，运用先前所获得的知识完成某项任务或解决某个问题，以考查综合、复杂能力的发展状况。②要考查计算思维这样综合的、高阶的思维能力，表现性

① 汪茂华：《高阶思维能力评价研究》，华东师范大学博士学位论文，2018 年，第 42 页。

② 赵德成：《表现性评价：历史、实践及未来》，《课程·教材·教法》2013 年第 2 期，第 97-103 页。

评价是比较适合的手段。三门课程采用的表现性评价项目,分别是A-Level的“编程项目”、AP的“创新表现任务”和IBDP的“内部评价”,占最终得分的比例分别是20%、30%、20%。具体表现为,学生自主选择一个计算问题或来自最终客户的一项需求,完成问题分析、设计解决方案、开发与测试、评估等环节。此外,学生需要提交完整的项目与文档,并在文档中提供充足的证据材料,例如和最终用户的交流记录、分析的过程、运行的效果截图或执行过程的视频文件、相关源程序代码等。AP还要求学生在计划、设计、编码与测试阶段和另外一名学生合作,但每位学生要独立完成文档、视频的制作。A-Level和IBDP均采用了调节机制:先由教师评分,再由考试机构随机抽样评分,并对此教师所有学生同比例调整分数。而AP则是要求全体学生按照评价规定的数字档案袋方式提交自己的作品,最后由考试主管机构统一评价。

在这些任务中,编程所需的技巧和算法并不局限于课堂中所学的部分,例如用户界面编程,以及一些特别的算法或者工具、库的使用均不包括在大纲中,但这些对于问题解决却非常必要。因此,学生需要在教师的支持下广泛探索和自主学习,来获取必要的技巧。对三门课程的表现性任务而言,使用何种算法不是考试的重点,形成符合需要的产品才是关键,考试关注的是问题解决的全过程。另外,学生在完成自选的项目设计过程中,还需要和最终用户、教师或同伴等进行交流或合作。若要正确地理解问题、界定问题和解决问题,交流与合作的能力必不可少,而评价可以推动相关能力的发展,并为计算思维能力的发展与实践提供更好的基础。

4. 评价设定与计算思维界定匹配

在考查计算思维中具体一个思维概念时,清晰界定计算思维并将其分为不同层面,可以让评价具有更加明确的指向性。以“抽象”这一思维概念为例,可以分别在三个层面上对于这一核心概念的应用进行评价,三门课程的解决方案是通过设定不同的情境以匹配三个层面不同的问题解决需要。例如,以“地图为多种组件构成的一种抽象”“对于现实问题,消除不必要的细节,界定问题并抽象,以进一步开发计算解决方案”“堆栈是一种抽象的数据结构”三种情境引出同一概念在不同类型的问题解决的应用,为迁移知识的核心能力评价提供了可能。

由此,可以总结出三大类课程体系中计算机科学课程具有共性的计算思维评价结构,如图2所示。从界定生成的三类“情境”和“评价目标”“评价形式”共同形成多种形式的结合,就可以生成多样的计算思维评价维度,从而使这一具有丰富内涵的素养目标在评价中得到全方位的检验。

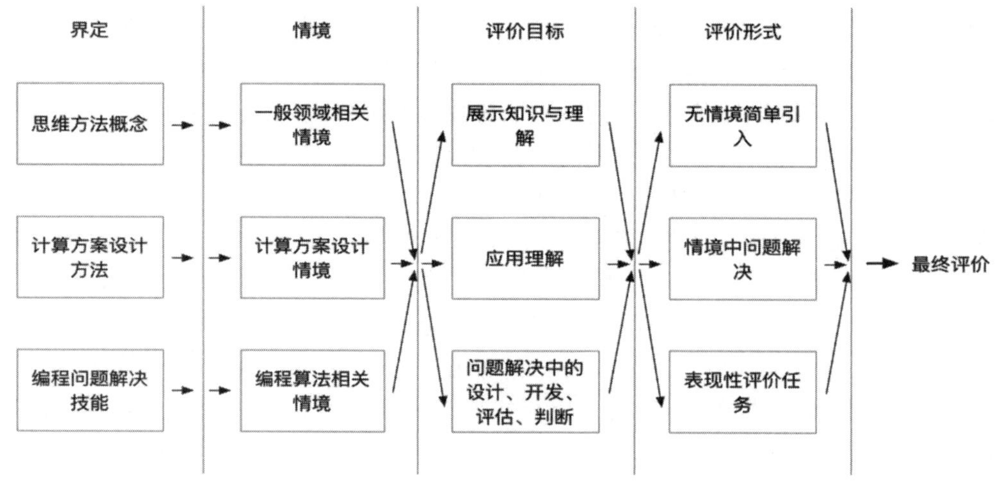

图2 计算思维评价结构

三、对我国高中信息技术新课程计算思维评价的启示

计算思维作为计算机类课程核心素养的组成部分，已经在全世界基础教育领域达成共识。要充分地完成培养目标，将课程的教学范式从知识传授转向高阶思维和核心素养培育，则要充分发挥评价的引导作用，利用精准设计的评价促使教学方式的改变。自 2011 年至今，以 IBDP、A-level 和 AP 等课程为代表的国外高中计算机科学课程已经在这方面做了探索，将计算思维这一概念作为课程的核心，评价体系也与之相匹配。其具体做法对我国信息技术课程的计算思维素养评价有一定的参考意义。

1. 对计算思维做出明晰的界定

信息技术新课标对计算思维概念做了描述，指出“计算思维是指个体运用计算机科学领域的思想方法，在形成问题解决方案过程中产生的一系列思维活动”[①]，同时指明具备计算思维的学生的能力特征。在进入评价环节之前，可以借鉴上述三类课程体系的做法，对计算思维的概念、能力、实践等方面做出清晰的描述。界定清晰后，计算思维在教学与评价中的脉络更加鲜明，不仅仅停留在概念或能力特征等理论层面，而是进入教学与评价的具体内容与实际操作层面，亦便于发挥评价的指挥棒作用，学科的目标就有了落实的基础。

2. 多层次评估学生的计算思维能力

多层次评估计算思维有两个含义：第一，多类型情境中的迁移。迁移性是思维能力发展的重点，因此，要依据对计算思维多层次的界定，设计与之对应的甚至是综合性的情境，不仅考查学生在同类问题中迁移应用的能力，而且考查其跨越情境实现有效的迁移的能力。对于计算思维而言，它反映的是计算机科学的核心概念与思想，但是它的应用却不局限于计算机科学领域。其概念和独特的思维方法亦可用于其他领域的问题求解，也可以用于日常生活中对一般事物运行规律的理解。有学者认为，常见的评价方式，未考虑在非编程活动的情况下计算思维水平会存在差异[②]，缺乏一般通用的、脱离编程的计算思维评价工具，[③] 而 A-Level、IBDP 等课程在此方面则做出尝试。因此，信息技术课程需要将“思维”单独抽离出来，放置于不同情境中进行教学和评估，而不是继续隐藏在知识体系中无法评估，只能意会而不能言传，只能内化而不能外显。跳出常规的编程场景，评估计算思维的实际使用，则更加有利于计算思维作为通用型思维技能的发展。

第二，问题解决中综合思维过程的考查。对于计算思维这样多元、综合的思维能力的评价，必然要从问题解决出发。和三大类课程体系中计算机科学一样，普通高中信息技术新课程标准也同样强调问题解决能力。那么在计算思维的评价中，要将问题解决能力的评价和代码编写的评价区分开来。究其根本，编码只是复杂的、综合性问题解决中的一环。编程、实现算法不能和问题解决画等号，过度考核编程语言的语法则更不适宜。在制定计算方案的过程中，问题的界定、分析、表征、识别、设计、评估等环节包含更加丰富的计算思维能力应用场景，需要以不同的形式进行评价。

3. 使用多元化的评价手段

当教学从以知识为中心的范式转换到追求形成“真实性学力”[④]的基于核心素养的教学，评价除了在目标上指向计算思维的发展，具体的评价形式也必须匹配素养目标的内在要求，以更加有效的方式评价真实性学力。国外课程在终结性评价整体框架设计方面有可借鉴之处。

第一，表现性评价的应用。测量学生于复杂任务中的综合能力、高阶认知能力和计算思维，表现性评价具有较好的契合性。同时，计算机科学或信息技术作为一门实践性极强的学科，国外课程所采用的

---

① 中华人民共和国教育部：《普通高中信息技术课程标准（2017 年版 2020 年修订）》，人民教育出版社 2018 年版，第 6 页。

② 张进宝：《计算思维教育：概念演变与面临的挑战》，《现代远程教育研究》2019 年第 31 期，第 89-101 页。

③ 刘敏娜，张倩苇：《国外计算思维教育研究进展》，《开放教育研究》2018 年第 24 期，第 41-53 页。

④ 钟启泉：《学科教学的发展及其课题：把握“学科素养”的一个视角》，《全球教育展望》2017 年第 46 期，第 11-23 页，第 46 页。

表现性评价方式不仅仅可以开展综合能力的评估,也体现了基于项目学习、档案袋评价等现代教育理念和实践的要求。当然,采用如此的评价形式对于整个评价系统、学校、教师、教育管理部门都是非常大的挑战,同时,表现性评价需要的时长和相应的编程基础对教学安排的要求也很高。

第二,主观性试题的综合使用。除了 AP 课程,其他两门课程都采用了主观性试题。即使对比 AP,亦可发现包含情境的、综合性的主观性试题所覆盖的计算思维应用场景,在复杂度上要高于客观性试题。学生在解答主观性试题时,不仅要理解问题、分析问题、解决问题,还常常要呈现自己的思考过程。对于培养计算思维这样的核心素养和综合能力而言,评价思维的过程要优于评价思维的结果。由此可见,随着我国信息技术教学和评价转向以核心素养为目标,客观性试题的局限性和主观性试题的优势需要得到再次审视和反思。

综上所述,计算思维作为一种重要的问题解决思维方法,不仅改变了计算机相关学科的内容组织形式、教学形式,也改变了计算机科学课程在国外基础教育阶段的地位,逐渐被视作一种通用性的科学学科。通过对国外高中阶段高利害性考试中计算思维评价的方式进行分析,得出需要将计算思维在内容和实践层面有更加明晰的界定,对思维能力、思维过程的应用划分不同层次,以多元化的形式和手段全面、综合地考查计算思维。本文希望可以为发展我国高中信息技术课程的评价起到借鉴作用,并借此推动教学范式的转变,落实素养培育目标。

A Study on the Assessment of Computational Thinking in High-Stakes Tests Abroad

LIU Lian

(Shanghai High School, Shanghai, 200231)

Abstract: Computational thinking is regarded as one of the core competencies of information technology, which is a new subject in high schools. It is also the core objective and core concept of computer science courses in major curriculum systems abroad. With the analysis of the assessment of computational thinking in computer science courses for high-stakes tests of A-Level, IBDP, and AP curricula, this paper reveals their assessment structure formed from a flexible combination of four levels: concept definition - context - evaluation objective - evaluation form. This study also provides insights into the definition of clear concepts, multi-level assessment, and the use of diversified instruments for core competencies assessment in the practice of the new IT subject in high schools in China.

Key words: high-stakes tests, computational thinking, curriculum evaluation, core competencies

基于可能自我理论的教师身份研究

朱梦华

(上海师范大学 教育学院,上海 200234)

摘 要: 可能自我理论阐释了个体关于未来的想象如何影响当下的判断并指导未来的行动,为讨论教师身份形成的内在机制提供了更为具体的框架。此理论弥补了既往身份研究对面向未来的反思、循证式判断、实践行动等要素关注的不足。目前,运用该理论研究教师身份仍处于起步阶段,未来可以从以下方面着手:关注复杂情境脉络中的不同教师群体,综合多种方法挖掘身份转变的动态过程,基于跨文化的实证研究修正与拓展身份理论。

关键词: 可能自我理论;教师身份;自我监控

教师身份指向教师深层次的自我认知和情感归属,体现出个体对国家相关政策、制度、文化要求等的回应,是教师专业发展的动力与关键。在时代变迁与教育改革的进程中,教师需要根据外在的要求与期望不断调试内在的价值与实践,在社会化与个性化以及多重身份之间寻求平衡与发展,此过程即为教师身份研究关注的核心议题。自 20 世纪 60 年代以来,围绕此议题开展的研究层出不穷,涉及教师身份的概念与来源、身份危机及其原因、身份建构过程、影响因素、身份认同、与教师专业发展之关系等主题。教师的生涯发展阶段、从教学段、地域属性、性别、学科等皆成为研究者的兴趣点。此外,国家政策、社会突发公共事件、课程改革等教师所处的脉络情境也不断引发关注,从而丰富了教师身份政策话语、理论视角、实践路径等诸多维度的探讨。

作为研究的透视镜,不同理论从各自的视角揭示了教师身份形成的内在机理。社会化取向和学习取向的理论分别强调了外部控制对个人的影响,以及以技能为媒介的社群实践对身份获得的作用,但都弱化了个体成长过程中的内在调节机制。① 对于教育实践中的如下情形尚缺乏解释:教师在面对与自我期待相悖的现实时,如何进行内在调节,又如何影响其后续实践,有哪些因素在该过程发生作用等。相反,自我整合取向更加关注教师个体的能动性对自我实现与身份发展的影响。而"可能自我理论"(Possible Selves Theory)作为自我整合取向中的一种,能够为探讨教师自我调节的内在过程提供思路。那么,该理论在教师身份研究中具有怎样的价值?其如何解释教师身份的形成过程?又如何应用于实践呢?

一、价值管窥:可能自我理论推动了教师身份内在形成机制的研究

身份建构是人们寻求自我的过程,借由回溯

基金项目: 本文系教育部人文社会科学研究青年基金项目"知识管理视角下大学与中小学伙伴协作中的教师跨界学习研究"(项目批准号:20YJC880097)的阶段性研究成果。

作者简介: 朱梦华,上海师范大学教育学院师资博士后,博士,主要从事教师身份与教师学习研究。

① 朱梦华,黄丽锷:《西方三种教师身份建构理论取向初探》,《教师教育研究》2018 年第 1 期,第 110-115 页。

性的自我和未来的自我维持某种内在一致性。[①]而可能自我理论为此提供了一种生成性框架:身份发展被视为面向未来的动态调整过程,个体通过生活经验获取关于自己的信息,此信息又构成了自我的重要部分,而在这个过程中身份被自主探索和创造。

1. 有助于彰显教师身份发展的预见性

可能自我理论强调面向未来的反思,这种预见性的反思能够为个体的生命历程变化和成长提供蓝图或指向标,以促进新角色适应。一方面,可能自我的预见性强调教师在身份形成过程中的主体作用。作为一种心理资源,可能自我具有激发和维持未来行动的功能。因此,可能自我理论正是将教师对未来的想象与当下的行动相结合,用于描绘和解释自我导向的成长如何实现。

另一方面,这种预见性有赖于教师的反思,强化了教师身份形成的内隐调节机制,在既往的身份理论中很少被关注。一般来说,我们对教师反思的强调多集中于"行动后的反思"(reflection on action)及"在行动中反思"(reflection in action),却较少关注教师"为了行动反思"(reflection for action)的能力,即事前反思能力,但这种能力对教师发展来说至关重要。它能够使新教师带着一种面向未来的逻辑去思考过去的经验:想象他们想成为的教师的样子,以此为指引,规划并形成作为教师的自我感。这种预见性的反思行动补充说明了过去、现在、未来如何相互影响,并作用于教师身份发展。

2. 有助于明确教师身份建构的过程性

可能自我理论对教师身份建构过程的解释具有鲜明的循证特点。一方面,此循证过程以教师的内在价值为评判标准。教师身份的核心旨在回答教师如何看待自己,既往的分析多聚焦教师的工作内容,是一种基于外在规定的评价。而可能自我理论重在了解教师自身期望成为怎样的教师、惧怕成为怎样的教师,是基于教师内在价值的判断。

另一方面,此循证过程需要教师基于判断调控意义与行为。换句话说,该理论不仅侧重个人感受,还将教师对未来自我的期望进一步精确化,着眼于教师如何基于认知信息或情绪信息进行判断。因此,可能自我不是作为一个经验后的框架被应用,而是用于经验的持续建构。这种经验建构不仅意味着具体信息的获得与评价,还依赖于自我监控过程中的情感体验与意义赋予,这也构成了身份形成的重要机制。

3. 有助于增强教师身份调节的操作性

从结果层面考虑,可能自我理论关注个体历时性的自我转变及其现实影响,并以教师的行动呈现。一方面,该理论细化回答"教师如何调节身份"这一问题的同时,明确了身份的外化可识别形式。可能自我不仅是理念上教师对其专业身份的认同与否,更落脚于教师的教育教学实践。比如教师采用何种教学策略,如何与学生相处,怎样应对课程改革等,上述行为方式的改变多伴随着教师自我理解的变化。因此,该理论可以印证教师身份如何影响教师发展与学生发展,也从侧面回应了教师身份之于教师专业发展的重要性。

另一方面,可能自我理论也强调自我实现过程中发挥作用的影响因素,这为身份调节提供了明确的实践方向。教师在教学、班级管理等方面具有自己的价值判断和行为方式,因此呈现出不同教师间的差异性。不同情境中教师的个性表现与同一情境中教师个体的差异表现,是身份研究的兴趣所在,但很少有学者从可能自我的角度追根溯源。按照可能自我理论的理解,教师行为的差异性与个体的成长经历、所处社会情境、学校氛围等密切相关,这些因素从不同层面、运用不同方式作用于个体的自我理解,促进或阻碍着教师可能自我的实现。而这些因素也成为教师身份调节的操作性条件。

二、理论阐释:可能自我理论的发展及其对教师身份的解释

1. 可能自我理论的兴起与发展

可能自我理论(Possible Selves Theory)产生于心理学中的"自我"研究,20世纪80年代由马库斯和纳斯(Markus, H. &Nurius, P.)提出,用来描述着眼于未来的自我概念。该理论解释了对个体而言特殊且具有重要意义的希望(hopes)、恐惧(fears)和想象(fantasies)的自我观,如何与当下的

① Becky Wai-Ling Packard, Paul F. Conway, "Methodological Choice and Its Consequences for Possible Selves Research", *Identity*, Vol. 6, no. 3(November 2006), pp. 251-271.

动机和未来的行动相关联。[①] 简言之，该理论的核心在于阐释个体关于未来的想象如何影响当下的判断并指导未来的行动，从微观层面揭示了个体发展的整全过程。其中既强调自我发展的认知与非认知要素，又强调发展的时间维度。相关研究话题集中于生命历程中自我发展的可能性、与身心康宁的关系、生涯发展与转化等，逐渐成为探索成人个体新生涯角色的重要视角。[②] 近年来常被用于探究职前教师或新手教师的身份问题，具体涉及教师可能自我的类型、发展过程、发展的情境要素等。

2. 可能自我理论如何解释教师身份

可能自我作为自我发展的“路标”，指向个体对自身潜能的思考，以及对自我概念和未来导向的行为控制之关系的描述。作为关涉“自我”的理论，该理论如何解释教师身份问题呢？

（1）“自我”与“身份”关系的逻辑起点

“自我”与“身份”关系密切，二者有时甚至被视为同一概念，但也存在差异。自我包含“主我”和“宾我”两个成分。其中“主我”体现的是能动者，而“宾我”则是被认知的“我”，包括某人关于“现在是谁、过去是谁以及将要成为谁”的想法，这些想法正是“自我”概念的内容，也是身份问题的核心。此外，身份也被概念化为对自我概念某些方面赋予意义的方式。[③] 所以，自我与身份呈现出嵌套的关系。其中，自我是能动者，而身份是关于自我的意义。正是这种意义赋予，使得个体与某一群体相似，但也保有自身的独特性。

（2）研究旨趣：可能自我关注“个人—社会”关系的处理

可能自我与身份的形成皆是在个人与社会互动的过程中塑造的。身份可以被视为一种心理—社会概念，包括个体怎样感受自我和特质，以及这些如何被他者体验[④]，从而将个体的自我经验和他者经验相联结。可能自我虽然兼具自我的创造性与建构性，但在一定程度上也受制于社会规则。[⑤] 因此，在可能自我的实现过程中，个体要能动地对自我进行监视与调控，但其参照标准和调节程度不免受情境脉络与社会结构的影响。同样，教师可能自我的实现需要其对教学行为、学校中的人际关系等进行想象、做出评价与调整行动。每个环节都可能受教师成长经历、社会环境、学校特征等的影响。此过程与身份建构中个体与社会的互动、博弈相一致。通过自上而下的社会形塑，外界对教师的期望以规范、习俗等形式施加于教师，教师将其内化，再由自下而上的个人主动建构进行自我整合，最终达成自我实现。

（3）结构特征：可能自我强调多重自我的价值排序

可能自我与身份皆具有内在的层级结构。身份结构具有等级性，分为核心身份与一般身份。[⑥] 核心成分占据重要位置，且相对稳定。同样，自我的识别与界定也离不开“核心自我”这一重要概念，是可能自我要考虑的重要方面。对于教师而言，可能自我需要明确他们期望成为和避免成为的样子，每个类别下又会有多重自我类型，其本身即体现出一定的结构特征。此外，不同自我必然会被教师个人赋予不同价值。根据想要实现或者避免实现的迫切程度，存在不同优先级，即教师最想成为的与最不想成为的样子。同样，应用于教师身份中，教师如何看待自己作为教师的身份与职责？不同教师会持有不同的信念与选择，但在多重自我之间，一定会存在某种价值排序与优先等级。

（4）发生机制：可能自我依赖自我监控与非认知因素调节

可能自我的实现需要个体依据面向未来的自我概念进行自我监控。自我评价、自我调控、自我建构等与自我发展进程相关的概念，共同构成自我系统，个体正是在与不同系统的互动中完成自

① Hazel Markus, Paula Nurius, “Possible Selves”. *American Psychologist*, Vol. 41, no. 9(September 1986), pp. 954-969.

② Marsha Rossiter, “Possible Selves: An Adult Education Perspective”. *New Directions for Adult and Continuing Education*, Vol. 2007, no. 114(June 2007), pp. 5-15.

③ Mark R. Leary, June Price Tangney, *Handbook of Self and Identity*, New York: Guilford Press, 2011, p. 73.

④ KnudIlleris, *Transformative Learning and Identity*, Abingdon, Oxon: Routledge, 2014, p. 38.

⑤ Marsha Rossiter, “Possible Selves: An Adult Education Perspective”. *New Directions for Adult and Continuing Education*, Vol. 2007, no. 114(June 2007), pp. 5-15.

⑥ KnudIlleris, *Transformative Learning and Identity*, Abingdon, Oxon: Routledge, 2014, p. 70.

我建构,以维持持续性的自我感知。此过程揭示出自我具有反身性能力(reflexive capacity)①,而这种反身性既需要个体充分觉察自我经历,也需要对外部世界的变化保持敏感性,身份的形成亦如此。教师的个人成长经历、对自我经验的反思与理解都会影响其身份发展。此外,生存境况的改变,如教学中应用新兴技术、全球教师流动及学生多元化等,都对教师身份认同构成了新挑战。

当然,这种自我监控并非仅受纯认知因素的影响,还会受到情绪情感等非认知因素的影响。可能自我被解释为自我认知与动机之间的一种关联,因此,当个体为经验赋予意义时也会有不同的情感倾向,影响其后续行动。类似地,有学者将教学作为一种情绪劳动,教师情绪不仅影响到他们的教学工作,还会对其身份的形成产生影响。②如同情感控制理论所认为的:身份的获得伴随着特殊情感的生成,而这些感觉可以作为诠释和创造事件的指南。③比如积极的情绪情感利于维持既有行为,否则,个体则会重新进行身份选择。其中,期望的自我蕴含着积极的情绪,能够对教师发展起到激励作用,而恐惧的自我则揭示了教师避免成为的自我,蕴含着消极情绪,二者共同调节着教师身份发展的路径。

三、应用展望:基于可能自我理论的教师身份研究路径

1. 既有研究焦点的转变:对过程与情境的关注

运用可能自我理论研究教师身份问题发轫于西方,相关研究焦点大体上经历了如下转变:从关注静态的可能自我类型,到关注可能自我的动态发展过程;从关注影响可能自我实现的个体经历,到关注情境因素。

早期,以哈曼(Hamman, D.)等人对新手教师生涯初期的认知变化研究为代表,研究通过职前与职后教师的问卷调查,探讨了教师自我的未来定位如何为他们提供身份相关的信息和动机,进而形成自我发展相关的目标,而这些目标又进一步影响教师调整现在的行为。④也有研究者运用可能自我理论,从理想自我(ideal self)、当下自我(current self)和必须自我(ought to self)三者之间的互动,来探讨新手教师发展动机和其自我概念之间的相互作用,以此强调教师过去的学习经历对其自我认知的影响。⑤

后期,有研究开始关注可能自我对教师身份发展的具体作用机制。相关研究聚焦于可能自我发展的历程,应用情境也更加多元。相比于早期的研究,教师可能自我发展的互动性与情境性逐渐凸显。比如:监控、调节、评估如何通过信息评价和激励而发生⑥;期望的可能自我和担忧的可能自我,对教师从教动机预测程度的差异性影响⑦;博客环境如何为教师在互动情境中提供、接收、回应反馈创造条件,并通过公开表达自己对于教师职业的期望与担忧塑造教师身份。⑧

2. 未来研究的着眼点与可能路径

相比于西方语境中的研究,中国学者对可能自我理论本身及其对教师身份研究的应用并不充分,极少数学者对相关研究进行了综述与推介。必须承认的是,运用该理论研究教师身份仍然处

① Mark R. Leary, June Price Tangney, *Handbook of Self and Identity*, New York: Guilford Press, 2011, p. 71.

② Michalinos Zembylas, "Discursive Practices, Genealogies, and Emotional Rules: A Poststructuralist View on Emotion and Identity in Teaching", *Teaching and Teacher Education*, Vol. 21, no. 8(November 2005), pp. 935-948.

③ David R. Heise, "Social Action as the Control of Affect", *Behavioral Science*, Vol. 22, no. 3(January 1977), pp. 163-177.

④ Doug Hamman, Kevin Gosselin, Jacqueline Romano, Rommel Bunuan, "Using Possible-selves Theory to Understand the Identity Development of New Teachers", *Teaching and Teacher Education*, Vol. 26, no. 7(October 2010), pp. 1349-1361.

⑤ Masako Kumazawa, "Gaps Too Large: Four Novice EFL Teachers' Self-concept and Motivation", *Teaching and Teacher Education*, Vol. 33, no. 2(July 2013), pp. 45-55.

⑥ Doug Hamman, Fanni Coward, Leah Johnson, Matthew Lambert, Li Zhou, John Indiatsi, "Teacher Possible Selves: How Thinking about the Future Contributes to the Formation of Professional Identity", *Self and Identity*, Vol. 12, no. 3(April 2013), pp. 307-336.

⑦ Altay Eren, Amanda Yeşilbursa. "Pre-service Teachers' Teaching-specific Hopes and Their Motivational Forces: The Roles of Efficacy Beliefs and Possible Selves", *Teaching and Teacher Education*, Vol. 82, no. 3(June 2019), pp. 140-152.

⑧ AyşegülSallı, ÜlkerVancıOsam, "Preservice Teachers' Identity Construction: Emergence of Expected and Feared Teacher-selves", *Quality and Quantity*, Vol. 52, no. 1(November 2018), pp. 483-500.

于起步阶段，这与理论自身的发展程度有关，比如，测量指标的开发、时间维度的融入皆是理论研究的难点。但针对自我理论的核心要义，并结合当下时代特征，该理论仍有较大的探索空间和拓展潜能。除了学术研究的深化与扩展，应用此理论研究教师身份，也可以为职前教师培养提供新的思路，比如总结归纳教师可能自我的类型，对于甄别教师培养中的薄弱环节具有重要意义。

（1）关注复杂情境脉络中的不同教师群体

既有身份研究几乎都关注了新手教师或实习教师的转变过程，但可能自我理论不仅可以应用于此，还可以用于其他情境中教师群体的探索。比如，社会飞速发展，教师个体的工作和生活受到了较大冲击，愈发需要个体具有面向未来反思与行动的素养和能力。通过可能自我理论中的自我监控机制，可以探究教师的事前反思如何帮助其构建身份。再如，改革情境中教师的可能自我与其身份建构、不同生涯阶段教师可能自我的发展历程，危机事件中的压力应对等，都可将此视角作为一种分析路径。

（2）综合多种方法挖掘身份转变的动态过程

相较于对教师可能自我类型的识别与测量，未来研究可以考虑采用叙事、脑电实验、行动研究等多种方法，对可能自我影响教师身份发展的机制、影响因素等进行深度探讨。进一步明确面向未来的反思、自我监控的评价、情绪作用、行动调节等如何发生并影响教师的自我概念，又怎样作用于教师身份发展的具体过程。在原有理论解释的基础上，辅以多样化数据论证。而这些也恰恰是既有教师身份研究中尚待深入的内容。不仅如此，相关机制和影响因素的探讨，还可能为干预教师可能自我与身份发展提供操作性方案。

（3）基于跨文化的实证研究修正与拓展理论

在全球一体化、构建人类命运共同体的潮流下，研究成果如何服务于人类知识创新是一项重要课题。在此背景下，教师身份的跨文化研究显然是必要的。它不仅涉及教师跨文化流动过程中的身份认同问题，还涉及不同文化背景中不同教师身份发展的差异性。对于揭示不同社会脉络、学校脉络中教师身份建构的自我整合特点及其路径，具有重要启发。此外，由于可能自我理论缘起于西方，那么，在中国应用时需要做出哪些修正？这一问题则可以借由中西方的跨文化数据的比较来回答，对于厘清中西方文化差异、开展理论对话、发掘中国教师的可能自我、讲好中国教育故事，极具价值。

Research on Teacher Identity Based on Possible Selves Theory

ZHU Menghua

（School of Education, Shanghai Normal University, Shanghai, 200234）

Abstract: Possible selves theory explains how an individual's imagination about the future affects his current judgments and guides future actions. It provides a more specific framework for discussing the internal mechanisms of teacher identity formation. The theory makes up for the deficiencies of focus in the previous identity research on such elements as future-oriented reflection, evidence-based judgment, and practical action. At present, to study teacher identity with this theory is still in its infancy. In the future research, we may take the following suggestions: focusing on different teacher groups in complex contexts, integrating multiple methods to explore the dynamic process of identity transformation, and revising and expanding the theory of identity according to the cross-cultural empirical research.

Key words: possible selves theory, teacher identity, self-monitoring

教师课堂教学行为对学生成绩的影响

刘鑫桥[1],魏 易[2]

(1. 天津大学 教育学院,天津 300350;2. 北京大学 中国教育财政科学研究所,北京 100871)

摘 要: 该研究对北京市海淀区教师课堂教学行为进行了描述性统计分析,并采用多层线性模型分析不同科目的教师课堂教学行为对学生成绩的影响。研究发现,不同科目教师课堂教学行为对学生成绩的影响存在差异;教师的认知激活水平对学生的语文、数学成绩有显著促进作用,学生参与效能感对学生的数学、化学成绩有显著促进作用,课堂管理效能感对学生的语文、化学成绩有显著的负向作用。建议构建教师分类评价体系,鼓励教师进行启发式课堂教学,进一步推进"以学生为中心"的课堂教学模式,注重课堂深度互动。

关键词: 课堂过程;课堂教学行为;教师自我效能感;课堂教学;学生成绩

一、引言

在世界范围内广泛的学习危机背景下,如何改善学生学习状况,让学生获得更好的学习效果,是基础教育课程与教学改革关注的重点。在意识到教师对改善学生学习效果起到重要作用的情况下,教师质量和教师发展已经成为当前学校有效性研究的一个重点和热点领域。现有研究已证明,学校效能有其科学属性,但是关于学校效能的研究成果转化为政策和实践的程度依旧非常有限,研究者普遍认为未来的研究需求将进一步集中在教师身上。① 大多数教育政策讨论都直接或间接地关注教师的角色,深层次的原因是,利益相关者普遍认为教师对于学生成绩至关重要,教师是确定学校质量的基本要素。②

当前,对教师特征变量的研究相对较多,但是对教师课堂教学行为等因素作用的研究较少。③④ 教师的教学行为主要通过课堂活动展现,也是教师传授学生知识和能力的主要载体。虽然已有文献探讨部分课堂教学行为对学生成绩的作用,但是依旧缺乏系统性和可验证性。同时,教师有效性的研究结论有一定的地域情境性。⑤ 因此,本文采用国内实际数据,研究中国情境下教师课堂教学行为如何影响学

作者简介: 刘鑫桥,天津大学教育学院副研究员,博士,主要从事教育经济学研究;魏易,北京大学中国教育财政科学研究所助理研究员,博士,主要从事教育经济与教育财政研究。

① Reynolds D, Sammons P, De Fraine B, Van Damme J, Townsend T, Teddlie C, Stringfield S, "Educational Effectiveness Research (EER): A State-of-the-art Review", *School Effectiveness and School Improvement*, Vol. 25, no. 2 (2014), pp. 197-230.

② Hanushek E A, Rivkin S G, "Teacher Quality", *Handbook of the Economics of Education*, Vol. 22, no. 1 (2006), pp. 1051-1078.

③ Rockoff J E, Jacob B A, Kane T J, Staiger D O, "Can You Recognize an Effective Teacher When You Recruit One?", *Education Finance and Policy*, Vol. 6, no. 1 (2011), pp. 43-74.

④ Krueger A B, "Experimental Estimates of Education Production Functions", *The Quarterly Journal of Economics*, Vol. 114, no. 2 (1999), pp. 497-532.

⑤ 刘鑫桥,魏易:《打开学业成绩影响因素的"黑箱":教师特征》,《当代教育科学》2020年第9期,第59-69页。

生学业成绩，希望指导改进由“基于教学经验”转向“经验与实证结合”，这对推动基础教育课程改革实施、促进教师专业发展具有重要意义。

二、教师课堂教学行为的积极作用

基于现有文献和数据收集情况，本文从行动和情感两个方面入手，将教师课堂教学行为划分为“课堂过程”和“自我效能感”两类。课堂过程指教师在课堂上进行课堂教学组织以及主动激发学生学习积极性的动作行为；自我效能感指教师认为自己具有某些能力的信念，即教师在课堂教学中所感受到的反馈，以及对这些反馈的信念程度。

1. 课堂过程与学生成绩的关系

一般认为，课堂过程是直接影响学生成绩的关键环节，课堂过程包括教师在教学中的课堂组织和认知激活。其中，课堂组织的内涵包括总结近期学过的内容、明确学习目标、归纳课堂学习内容等多个方面。黄慧静和辛涛采用 TIMSS 2003 数据研究发现，教师对作业、考试的重视与先进设备的使用能够提高部分地区学生的数学成绩。[①] 白胜南等研究发现，课堂讨论次数越多，教学效果反而不好。[②] 李琼和倪玉菁研究发现，教师的学科教学知识、课堂学习任务的认知水平、课堂对话中教师所提问题的类型与对话的权威来源对学生的数学成绩具有显著的预测作用。[③] 郑太年等研究发现，讲授教学法、讨论教学法对数学成绩和问题解决能力的影响总体上显著，但对不同城市而言存在异质性。[④] 闫波等基于 PISA 2015 数据研究发现，课堂纪律氛围、教学方式等因素对学生学习影响较大。[⑤] 另外，也有研究显示，教学的清晰性会对学生学习产生作用，清晰的教学目标能够使新旧主题连贯性更好，从而积极促进学生能力发展。[⑥]

认知激活的内涵包括组织学生深度参与探究性学习活动、布置批判性作业以及鼓励小组合作完成学习任务等多个方面。认知激活任务可能会通过挑战学生的信念来利用他们的先验知识，如果教师不是简单地评价学生的答案是“正确”或“错误”，而是鼓励学生评估自己的解决方案的有效性或尝试多种解决方案的途径，可能会促使认知的激活。[⑦⑧] 通过认知激活任务，教师可以获得学生的反馈。[⑨]

2. 教师自我效能感与学生成绩的关系

现有研究证实，教师的效能感、教学风格和教师的支持能够有效促进学生成绩的进步。许延生研究发现，教师效能感与学生成绩之间存在正相关性，高效能教师所教班级的学生在校表现和学习成绩普遍好于其他班级的学生。[⑩] 贺雯等研究发现，教师教学风格能够影响学生学习兴趣与学业成绩，对教学风

---

① 黄慧静，辛涛：《教师课堂教学行为对学生学业成绩的影响：一个跨文化研究》，《心理发展与教育》2007 年第 4 期，第 57-62 页。

② 白胜南，韩继伟，李灿辉：《教师变量对学生数学成绩影响的研究》，《教师教育研究》2019 年第 3 期，第 70-76 页。

③ 李琼，倪玉菁：《教师变量对小学生数学学习成绩影响的多水平分析》，《教师教育研究》2006 年第 3 期，第 74-80 页。

④ 郑太年，王美，林立甲，文剑冰：《我国教师的教学方法及其对学生数学成绩和问题解决能力的影响》，《全球教育展望》2013 年第 2 期，第 34-44 页。

⑤ 闫波，赵德成，王璐环：《哪些因素在影响中国学生学习成绩？——基于 PISA2015 中国四省（市）学生数据的多水平分析》，《中小学管理》2017 年第 10 期，第 9-12 页。

⑥ Seidel T, Rimmele R, Prenzel M, “Clarity and Coherence of Lesson Goals as a Scaffold for Student Learning”, *Learning and Instruction*, Vol. 15, no. 6 (2005), pp. 539-556.

⑦ Baumert J, Kunter M, Blum W, Brunner M, Voss T, Jordan A, Klusmann U, Krauss S, Neubrand M, Tsai Y-M, “Teachers' Mathematical Knowledge, Cognitive Activation in the Classroom, and Student Progress”, *American Educational Research Journal*, Vol. 47, no. 1 (2010), pp. 133-180.

⑧ Holzberger D, Philipp A, Kunter M, “How Teachers' Self-Efficacy Is Related to Instructional Quality: A Longitudinal Analysis”, *Journal of Educational Psychology*, Vol. 105, no. 3(April 2013), pp. 774-786.

⑨ Hattie J, Timperley H, “The Power of Feedback”, *Review of Educational Research*, Vol. 77, no. 1(March 2007), pp. 81-112.

⑩ 许延生：《教学风格与学生学习成绩关联的统计分析》，《中国统计》2018 年第 1 期，第 59-61 页。

格经过干预后,学生对各科的学习兴趣都有提高,部分学科的成绩也有明显提高。[①]

我们需要进一步细化并分类分析教师自我效能感内涵。特称恩—默兰(Tschannen-Mora)等人提出了一个教师自我效能感的多维框架,区分教师自我效能感的三个核心因素:课堂管理,学生参与、教学策略。[②③]课堂管理通常被描述为教师为确保秩序有序而采取的行动[④],对自己的能力充满信心的教师会花更多的时间在教学上,而花更少的时间在纪律上。[⑤]课堂管理是促成学生学习和学生成绩的有力预测指标,陈纯槿基于TALIS数据研究发现,上海教师最高的教学效能感是让学生遵守课堂规则,最低的则是激发学生批判性思考。[⑥]学生参与更多强调"以学生为中心"的学习方式,是目前提倡的一种教学方式,但是实证研究表明,教师主导的教学方式能显著正向预测学生的成绩、学习信念和职业期望。[⑦]教学策略也可称为多元教学策略,是以满足学生的需求为主要目标的教师自我效能感。在此方面效能感更高的教师更愿意学习并尝试新的方法和策略来满足学生的需求[⑧],他们会不断寻找帮助学生克服学习问题的方法。[⑨]

综上所述,国内外研究普遍认可教师课堂教学行为作为教师直接与学生接触的实践活动,是能够对学生成绩产生最直接影响的因素。但是由于实证方法应用相对较少,研究结论依旧存在较多不一致。同时,在国内的相关研究中,缺少全面评估哪些教师课堂教学行为对学生学习效果改善有效的研究。

三、数据来源与研究方法

1. 数据来源

本文的数据由学生、教师和学校三个部分匹配而成。学生数据的样本范围为北京市海淀区2016年至2019年参加高考的高三学生,包括他们语文、数学、化学三个科目的中考成绩、一模成绩,以及他们的文理科分类、毕业年份等。其中,中考成绩和一模成绩是连续变量,中考成绩代表学生进入高中之前的知识积累水平;一模成绩可以代表高中三年的学习所获得的成绩。根据学生的毕业批次、文理科以及考试的类型,在全海淀区范围内对每一次考试的成绩进行标准化处理。教师数据来源于北京大学中国教育财政科学研究所课题组在2019年2月至3月期间针对北京市海淀区学校的"区域教研情况调查"的问卷数据。根据参与调查的教师姓名和所在学校,以及学生数据中的授课教师姓名和所在学校,将该调查的数据与学生数据进行了匹配。经过匹配之后,有60所普通高中学校的542名教师与39894条学生数据成功链接。其中,有语文、数学、化学成绩信息的学生人数分别为14296名、15662名、9936名;语

① 贺雯,黎雯君,曹钰舒:《教师教学风格的转变及其与学生学习关系的实验研究》,《现代中小学教育》2014年第2期,第65-69页。

② Tschannen-Moran M, Hoy A W, "Teacher Efficacy: Capturing an Elusive Construct", *Teaching and Teacher Education*, Vol. 17, no. 7 (2001), pp. 783-805.

③ Klassen R M, Tze V M, Betts S M, Gordon K A, "Teacher Efficacy Research 1998-2009: Signs of Progress or Unfulfilled Promise?", *Educational Psychology Review*, Vol. 23, no. 1(2011), pp. 21-43.

④ Van Tartwijk J, Hammerness K, "The Neglected Role of Classroom Management in Teacher Education", *Teaching Education*, Vol. 22, no. 2(2011), pp. 109-112.

⑤ Onafowora L L, "Teacher Efficacy Issues in the Practice of Novice Teachers", *Educational Research Quarterly*, Vol. 28, no. 4(2005), pp. 34-43.

⑥ 陈纯槿:《国际比较视域下的教师教学效能感——基于TALIS调查数据的实证研究》,《全球教育展望》2017年第4期,第11-22页。

⑦ 李勉,张平平,罗良:《教师因素对学生发展的影响:国际大型教育质量监测项目的数据结果与启示》,《中国考试》2018年第9期,第54-60页。

⑧ Guskey T R, "Teacher Efficacy, Self-concept, and Attitudes Toward the Implementation of Instructional Innovation", *Teaching and Teacher Education*, Vol. 4, no. 1 (1987), pp. 63-69.

⑨ Yeo L S, Ang R P, Chong W H, Huan V S, Quek C L. "Teacher Efficacy In the Context of Teaching Low Achieving Students", *Current Psychology*, Vol. 27, no. 3 (2008), p. 192.

文、数学、化学教师人数分别为195名、216名、131名。①

教师问卷中大部分题目来源于TALIS 2013和TALIS 2018问卷。问卷中关于教师课堂过程量表的问题是“您进行以下各项课堂教学行为的频率”，包括“课堂组织”和“认知激活”两类行为，该量表的题项和基本统计情况如表1所示。关于教师自我效能感量表的问题是“在教学中，您是否可以做到”，包括“学生参与、课堂管理、多元教学策略”三类自我效能感，该量表的题项和基本统计情况如表2所示。

两个量表的题项均采用4点尺度测量，在实证分析中将“几乎不会做”赋值为1，“偶尔会做”赋值为2，“经常会做”赋值为3，“总是这样做”赋值为4。进一步计算量表信度：课堂组织分量表的克隆巴赫系数0.797；认知激活分量表的克隆巴赫系数为0.794，学生参与（效能感）分量表的克隆巴赫系数0.818；课堂管理（效能感）分量表的克隆巴赫系数为0.703；多元教学策略（效能感）的克隆巴赫系数为0.800，五个分量表的信度较好。

表1 教师课堂过程量表描述性统计分析

题项		样本量	均值	标准差	偏度	峰度
课堂组织	总结近期学过的内容	542	3.17	0.57	−0.05	3.12
	明确学习目标	542	3.40	0.57	−0.36	2.59
	建立新的知识点和以往知识点的联系	542	3.42	0.58	−0.46	2.63
	结合日常生活问题或工作来说明新知识的用处	542	3.17	0.67	−0.33	2.62
	归纳、总结课堂学习内容	542	3.24	0.58	−0.19	3.15
认知激活	组织学生深度参与的体验性、探究性学习活动	542	2.61	0.68	0.21	2.62
	布置学生做需要批判性思维的作业	542	2.32	0.70	0.32	3.03
	布置至少需要一周时间才能完成的大作业	542	1.87	0.67	0.57	3.74
	让学生使用信息技术完成作业	542	1.88	0.65	0.52	3.82
	让学生以小组合作的方式解决问题或完成作业	542	2.44	0.68	0.24	2.85

表2 教师自我效能感量表描述性统计分析

题项		样本量	均值	标准差	偏度	峰度
学生参与	让学生相信他们能够学好	542	3.38	0.53	0.05	1.94
	让学生意识到学习的价值	542	3.35	0.56	−0.13	2.24
	提出挑战性的问题	542	2.94	0.64	−0.07	2.78
	注意培养学生的批判性思维	542	2.98	0.66	−0.17	2.84
课堂管理	激励学习积极性低的学生	542	3.35	0.55	−0.05	2.18
	让学生遵守课堂纪律	542	3.16	0.78	−0.60	2.75
	明确表达我对学生行为的期望	542	3.37	0.57	−0.27	2.62
多元教学策略	使用多种教学策略	542	3.19	0.59	−0.06	2.68
	使用多种评价策略	542	2.94	0.69	−0.09	2.51
	使用信息技术辅助学生学习	542	2.80	0.74	−0.09	2.57

① 刘鑫桥，魏易：《打开学业成绩影响因素的“黑箱”：教师特征》，《当代教育科学》2020年第9期，第59-69页。

2. 计量模型设定

根据学生嵌套于任课教师的数据结构,可以建立教师和学生的两层模型,估计教师行为对语文、数学、化学三个科目学生学业成绩的影响,计量模型如模型 1 所示。

层一:$Q_{ij} = \beta_{0j} + \beta_{1j}Q_{ij-1} + \beta_{2j}X_{ijyear} + \beta_{3j}X_{ijtrack} + \gamma_{ij}$

层二:$\beta_{0j} = \gamma_{00} + \gamma_{01}M_j + \gamma_{02}P_j + \mu_{0j}, \beta_{1j} = \gamma_{10}, \beta_{2j} = \gamma_{20}, \beta_{3j} = \gamma_{30}$ (模型 1)

其中,层一是学生个人,层二是教师。层一的 Q_{ij} 为教师 j 所带的学生 i 的出口成绩,Q_{ij-1} 为该学生的基线成绩,X_{ijyear} 是该学生的毕业年份,$X_{ijtrack}$ 是该学生的文理科分类,γ_{ij} 是残差,β_{0j} 表示在教师层面采用随机截距。层二是对 β_{0j} 的估计,M_j 表示第 j 个教师的课堂教学行为,P_j 表示第 j 个教师的个人特征变量,γ_{00} 是常数项,μ_{0j} 是残差项。教师层采用了随机截距、固定斜率的估计方法。为了方便实证结果的解释,在多层线性回归中教师课堂教学行为变量采用同一科目内部标准化值。

四、研究结果

1. 描述性统计分析

表 3 汇报了各项教师课堂教学行为总分的基本统计量。在课堂过程中,课堂组织的平均值为 16.41,高于组中值 12.5,而认知激活的平均值为 11.11,低于组中值 12.5,说明教师自评的课堂过程更注重知识传授;同时认知激活的标准差较大,说明样本教师对认知激活的重视水平离散程度较大。在自我效能感之中,学生参与的平均值为 12.65,高于组中值 10,课堂管理的平均值为 9.88,高于组中值 7.5,多元教学策略的平均值为 8.92,高于组中值 7.5,三者之中学生参与的平均值高于组中值较多,整体上样本教师在教学中的自我效能感较高。

进一步对语文、数学、化学三个科目进行分析,能够发现:语文教师的课堂过程中课堂组织和认知激活的均值高于整体平均水平;自我效能感中的学生参与、多元教学策略均值高于整体平均水平。数学教师课堂过程中认知激活的程度低于整体平均水平;自我效能感中的学生参与、多元教学策略均值低于整体平均水平。化学教师的课堂过程中认知激活低于整体平均水平;自我效能感中学生参与低于整体平均水平。可以明显发现不同科目教师的行为存在差异,实证分析各种教师课堂教学行为对学生成绩的影响时,必须分科目进行,否则估计结果会存在偏误。

表 3 教师课堂教学行为基本统计量

样本范围	课堂教学行为		样本量	均值	标准差	最小值	最大值	偏度	峰度
整体	课堂过程	课堂组织	542	16.41	2.21	5	20	−0.25	3.56
		认知激活	542	11.11	2.51	5	20	0.44	3.89
	自我效能感	学生参与	542	12.65	1.93	7	16	0.11	2.62
		课堂管理	542	9.88	1.52	5	12	−0.10	2.40
		多元教学策略	542	8.92	1.72	4	12	0.09	2.72
语文	课堂过程	课堂组织	195	16.57	2.13	11	20	−0.02	2.17
		认知激活	195	12.37	2.46	7	20	0.73	3.69
	自我效能感	学生参与	195	12.91	1.91	7	16	0.17	2.46
		课堂管理	195	9.87	1.54	5	12	0.01	2.27
		多元教学策略	195	9.15	1.68	6	12	0.07	2.51
数学	课堂过程	课堂组织	216	16.34	2.40	5	20	−0.52	4.46

（续表）

样本范围	课堂教学行为		样本量	均值	标准差	最小值	最大值	偏度	峰度
		认知激活	216	10.34	2.22	5	16	−0.13	2.68
	自我效能感	学生参与	216	12.51	2.01	8	16	−0.01	2.63
		课堂管理	216	9.94	1.53	5	12	−0.28	2.65
		多元教学策略	216	8.71	1.79	4	12	0.03	2.81
化学	课堂过程	课堂组织	131	16.29	2.00	10	20	0.11	2.50
		认知激活	131	10.52	2.29	5	20	0.61	4.70
	自我效能感	学生参与	131	12.48	1.80	8	16	0.30	2.66
		课堂管理	131	9.80	1.50	6	12	0.04	2.24
		多元教学策略	131	8.94	1.62	6	12	0.34	2.69

2. 教师课堂教学行为对学生各科成绩的影响

在控制了学生个人特征、学校虚拟变量、教师特征变量之后，本文采用多层线性回归估计了教师课堂教学行为对学生语文、数学、化学成绩的回归结果，如表 4 所示，其中 ICC 表示组内相关系数。

第(1)和(2)列是教师课堂教学行为对学生语文成绩的影响，其中教师课堂组织、认知激活、学生参与、多元教学策略对学生成绩有正向作用，仅认知激活的影响显著($p<0.1$)，而课堂管理在 10% 显著性水平上对成绩有负向作用。教师的认知激活水平每提高一个标准差，会促进学生成绩提高 0.075 个标准差；教师的课堂管理效能感每提高一个标准差，会使学生成绩降低 0.084 个标准差。

第(3)和(4)列是教师课堂教学行为对学生数学成绩的影响，教师课堂组织、认知激活、学生参与、多元教学策略对学生成绩有正向的作用，但是仅认知激活和学生参与分别在 5% 和 1% 的显著性水平上显著。教师的认知激活水平和学生参与效能感每提高一个标准差，分别会促进学生成绩提高 0.098 和 0.178 个标准差。

第(5)和(6)列是教师课堂教学行为对学生化学成绩的影响，其中教师课堂组织、认知激活、学生参与对学生成绩有正向的作用，但是仅学生参与效能感显著($p<0.01$)；而课堂管理效能感对学生成绩有显著负向作用($p<0.01$)。教师的学生参与效能感每提高一个标准差，会促进学生成绩提高 0.259 个标准差；教师的课堂管理效能感每提高一个标准差，会使学生成绩降低 0.164 个标准差。

总体而言，教师的认知激活水平对学生的语文、数学成绩有显著促进作用；学生参与效能感对学生的数学、化学成绩有显著促进作用；而课堂管理效能感对学生的语文、化学成绩有显著的负向作用，学生遵守课堂纪律等行为的效能感对学生成绩并没有促进作用，而是存在显著的反向作用。

表 4 教师课堂教学行为对学生成绩的影响

	语文		数学		化学	
	(1)	(2)	(3)	(4)	(5)	(6)
课堂组织	0.004		0.045		0.069	
	(0.039)		(0.039)		(0.052)	
认知激活	0.075*		0.098**		0.021	
	(0.039)		(0.042)		(0.053)	
学生参与		0.053		0.178***		0.259***
		(0.051)		(0.048)		(0.060)
课堂管理		−0.084*		−0.064		−0.164***

(续表)

	语文		数学		化学	
		(0.046)		(0.041)		(0.060)
多元教学策略		0.067		0.033		-0.072
		(0.047)		(0.043)		(0.057)
常数项	0.138	0.108	-0.504**	-0.406*	0.581*	0.165
	(0.221)	(0.220)	(0.236)	(0.236)	(0.342)	(0.342)
ICC	0.326	0.323	0.450	0.437	0.421	0.390
	(0.024)	(0.024)	(0.026)	(0.026)	(0.032)	(0.032)
样本量	11584	11584	12491	12491	8192	8192

注:(1)括号内为标准误;(2)*、**、***分别代表10%、5%、1%显著性水平上显著;(3)本表所有回归中均已经加入学生中考成绩、学生文理科、学生毕业年份、教师特征(性别、学历、师范生身份、聘用情况、工龄等)作为控制变量。

五、研究结论与建议

1. 结论与讨论

本文在描述教师课堂教学行为的基础上,采用多层线性模型,分别对语文、数学、化学三门科目估计了教师课堂教学行为对学生成绩的影响。根据实证研究结果,相关结论与讨论如下:

(1)不同科目的教师课堂教学行为存在差异

根据描述性统计分析结果可以发现,语文教师的课堂组织、认知激活、学生参与、多元教学策略的均值高于整体平均水平,数学教师的认知激活、学生参与、多元教学策略均值低于整体平均水平,化学教师的认知激活、学生参与低于整体平均水平。这可能是由学科知识的差异造成的,不同科目对教师的能力要求存在差异。

(2)不同科目的教师课堂教学行为对学生成绩的影响存在差异

从总体上来看,不同科目的研究结论存在差异,最可能的原因是因变量的不同所造成的。彭湃等的研究也指出,学校的增值在各个学科之间的一致性并不高。①只选取语文、数学或化学其中一个科目的学生成绩作为因变量,本身就存在测量学生学习成果的片面性。如果采用标准化的阅读、数学等测试工具,可能会发现不一样的问题和结论。另外,教育产出并非仅仅是学业成绩,还有学生的价值观、非认知能力等,即使这些变量可以测量,将其作为因变量得出的结论与现在的结论也可能存在差异。

(3)教师的认知激活水平对学生的语文、数学成绩有显著促进作用

在语文和数学科目,教师采用引导式、启发式课堂教学,而非灌输式课堂教学,即不对学生的答案进行简单的正确与否的评断,而是鼓励学生发散性思维,思考和尝试多样化的解决方案,这样能够显著促进学生的语文和数学成绩的提高。

(4)学生参与和课堂管理对学生不同学科成绩的影响存在差异

无论是学生参与还是课堂管理的研究数据均来源于教师问卷,即教师所感受到的效能感。学生参与强调"以学生为中心"的学习方式,即教师感受到或者认为自己在课堂教学过程中"以学生为中心"的程度。实证结果表明,学生参与对学生的数学和化学成绩有显著的促进作用,因此,在数学和化学这种理科科目的课堂教学过程中,应当鼓励教师采用"以学生为中心"的教学方式。

实证表明,课堂管理对学生的语文、化学成绩有显著的负向作用;对学生的数学成绩也是负向作用,但影响效果并不显著。原因可能在于这里教师感受到的课堂管理效能并非积极的课堂管理,教师过多

① 彭湃,胡咏梅:《学校增值的一致性与稳定性——基于多水平追踪数据的实证研究》,《教育研究》2015年第7期,第73-80页。

掌控课堂可能会抑制学生积极参与课堂教学过程和讨论过程，同时也会影响教学效果。

2. 建议

教师课堂教学是基础教育质量提升的重要保障，基于上述结论和讨论，为进一步明确教学改进方向和策略，结合当前国内中小学教育情境和教师的现实状况，本文提出以下三条建议：

(1)构建教师分类评价体系，实现教师个性化的专业成长

在现实中，不同科目教师的课堂教学行为的确存在差异。而存在差异的原因可能较为复杂，并且难以改变。同时不同科目教师的课堂教学行为对学生成绩的影响并不一致。因此，在实际的教师绩效考核、职称评定、教学奖项评审等环节，需要对不同科目的教师制定符合实际的分类评价体系。

(2)提倡启发式课堂教学，遵循学生学习规律

启发式教学有别于传统的灌输式课堂教学方式，它是一种更先进和有效的教学理念与模式。教师应鼓励学生在课堂上各抒己见，增强课堂教学的体验性、互动性和生成性，充分表达多样性观点，引导学生掌握学习的科学规律。教师要根据学生的认知特点和最近发展区，及时调整教学方式，进而提高教学质量。

(3)推进“以学生为中心”的课堂教学，注重课堂深度互动

“以学生为中心”的课堂教学方式鼓励教师注重学生参与，关注学生发展需求和个性差异，将学生的学习需求放在更重要的位置，充分激发学生的好奇心与创造力，引导学生持续深入参与学习活动，促进师生互动和教学相长。但是也应当注意，课堂互动应以实效性为主要评判标准，否则教师过度追求课堂管理的高效能感，可能会阻碍课堂的活跃程度与学习效果的改善。

The Impact of Teachers' Classroom Teaching Behavior on Student Scores

LIU Xinqiao[1], WEI Yi[2]

(1. School of Education, Tianjin University, Tianjin, 300350;

2. China Institute for Educational Finance Research, Peking University, Beijing, 100871)

Abstract: The research has conducted a descriptive statistical analysis of teachers' classroom teaching behaviors in Haidian District, Beijing, and used a multi-layer linear model to analyze their impact of on students' performance in different subjects. It has found that there are differences in the impact of teachers' classroom teaching behaviors on student performance in different subjects. Teachers' cognitive activation has a significant role in promoting students' Chinese and mathematics scores. Student participation efficacy has a significant role in students' mathematics and chemistry scores, and classroom management efficacy has a significant negative effect on students' Chinese and chemistry scores. It is recommended to build a classification evaluation system for teachers, and encourage them to conduct heuristic classroom teaching, and promote the "student-centered" classroom teaching model, and focus on in-depth classroom interaction.

Key words: classroom process, classroom teaching behavior, teacher self-efficacy, classroom teaching, student scores

教师教学体验存在与价值探赜

孟 雪，刘 鹂

（陕西师范大学 教育学部，陕西 西安 710062）

摘 要： 教学体验作为学生学习体验的耦合体，是教师在与教学活动交互中通过以身感知、以心验之所形成，由认知、感受、感悟构成的连续统一体。理想型教师角色设定、工具性教师责能定位以及教师自我隐匿，使教学体验长期遁形于实践与研究之中。通过“在者”与“在者之‘在’”，探究教师教学体验的本质与本体，是确证其存在的两条路径；教学体验关系式、链式以及闭环式价值呈现样态，是其在教学实践中的价值回归。

关键词： 教师；教学体验；本质；价值

教育意味着“一个灵魂唤醒另一个灵魂”，体验，无疑是唤醒的桥梁与联结方式。一切唤醒均在体验中行进并迸发作用，体验的耦合性也使师生之间的对话与交流、表达与理解得以有效展开，学习体验与教学体验成为优化教育的内在动因。但是，在学生学习体验已引起重视的今天，教师教学体验却隐而不现。挖掘教师教学体验遁形的原因，明晰教学体验本质与本体存在，探赜教学体验的价值，成为促进教师专业化并深化教育教学改革的愿景之一。

一、遁形：从他者忽视到自我遁藏的教学体验

1. 理想型教师角色设定下教师教学体验的荫蔽

《教育大辞典》对“教师”做了这样的解释：“学校中传递人类科学文化知识和技能，进行思想品德教育，把受教育者培养成一定社会需要的人才的专业人员。”① 然而，无论是从古至今流传下来的传统，还是社会民众对教师约定俗成的理解，甚至是学生家长对教师的无限期待，教师早已不能用“专业人员”一词简单概括了。

在远古时代，以“巫师”为代表的教师是“神的象征”，是被遣派以传递上天旨意的“神”；在古代，“学者必有师”，教师是“圣人之所以为圣，愚人之所以为愚”的原因，教师通过“传道、授业、解惑”，使“道之所存”；到了现代社会，教师是“春蚕”“园丁”，是“人类灵魂的工程师”，是家长心目中的“航标”。教师职业逐渐被神圣化，其结果就是缺失了对“教师是一个真实存在的人”的认识，教师在教学中真实的、鲜活的

基金项目： 本文系国家社会科学“十三五”规划2018年度教育学西部项目“‘立德树人’导向下中小学教师育人能力评估与发展研究”（项目编号：XHA180287）、中央高校基本科研业务费专项资金资助项目“教师课堂教学体验研究”（项目编号：2020TS075）的研究成果。

作者简介： 孟雪，陕西师范大学教育学部博士研究生，主要从事课程与教学论、教师教育研究；刘鹂，陕西师范大学教育学部教授，博士生导师，博士，主要从事课程教学理论与实践、教师教育研究。

① 教育大辞典编纂委员会：《教育大辞典第2卷：师范教育、幼儿教育、特殊教育》，上海教育出版社1990年版，第8页。

体验也随之被常态化忽略。

2. 工具性教师责能定位中教师教学体验的湮没

神化教师的观念是将教师过度理想化，工具性教师责能定位则是在教学实践中忽视了教师职业的人文性与艺术性，将教师视作“没有情感的教书机器”。

工具性责能定位的主要表现有三点：其一，教育管理中“超人”般存在的教师。教师不仅需要严格遵从各级管理制度，需要按照学校规章制度严格管理学生，夹在双重管理罅隙间的教师，同时还被要求以高超教学技能向学生授递知识，以保证“好”成绩和高升学率。其二，教学过程中“技术化”存在的教师。“技术化”是把教学视作按规范技术、法则施行的程式化行为，这使得教师“矮化成一个仅仅从事非创造性劳动的雇工”，甚至“愚化成一个贬损自身灵魂的思想附庸，堕化成一个维护错误观念的文化保安”。[①] 其三，研究者笔下“单向度”存在的教师。[②] 研究者所关注的教师教学超越了具体时空、概念化的“教学”，是抽象化的、典型的教学，教学中真实、鲜活、具体的东西随之被过滤掉，教师也成为单向度、实现目标的工具，更鲜有教学体验之说。

3. 教师遁藏自我教学体验

在日复一日、长久琐碎的教学生活中，教师摇摆于“理想的我”和“原本的我”之间，只记得“我”应该是什么样子，而忘却了原本的“我”究竟是什么感受，导致“现实的人和理想的人之间失去了构架的基础——真实”[③]，于是，教师将原本真我“悬置”起来，对真切的教学体验缄口不言。不仅如此，教师的生命价值还被定义为无私奉献，然而这种奉献可能并非完全出于教师的自主自愿，所以在一定程度上，这种“不是真正自由的给予而至多是自愿的给予”[④]模糊了教师对自我真实体验的了解，自我实现的路向也随之缺乏应有的价值立场和情感态度。[⑤]

综上所述，教师教学体验遁形不外乎以下原因：首先，人们习惯于以标准、要求规约教师，忽视教师自身真实、鲜活的教学体验，以致教师在职业“适应”中丧失了自我认同与自我完整。其次，在分数、升学率的双重裹挟下[⑥]，忽视了教学过程现实地存在于教师和学生的感受之中[⑦]，造成“有教学却无教师教学体验”的现象。再次，作为一个回应学生精神生命的被召唤者，教师“只有他自己感觉到什么是做一个真正的、自主的、理性的人的时候，他才会以这样的态度直面他的学生、去关注他的学生、去培养他的学生”。[⑧] 然而，在与学生精神相遇的双向意向关系中，迫于管理和升学率的压力，教师忽视和掩藏了自身真实的教学体验，造成精神养料无法及时自我供给，因此，教学体验乏善可陈。

二、显现：由本质建构到本体确认的教学体验

鲁洁先生认为，“教育的真谛与要义在于使人获得属人的生命，去取得人的身份和资格”。[⑨]教师作为真实存在的人，同样需要获得应有的属人性。帮助教师走下神坛，突破工具人身份的限定，成为忠实自我感知的真实个体，必不可少的一步便是确证教师教学体验的存在。黑格尔认为，“存在”包含具有规定性的“在者”与最为抽象纯粹的“在”。教学体验的存在因教学活动展开而生发，伴随教师存在而存在，所以探究其存在便有了明确指向：“在者”展现教学体验的本质生成，是教学体验在教学实践中的显现，

① 吴康宁：《教师是“社会代表者”吗——作为教师的“我”的困惑》，《教育研究与实验》2002 年第 2 期，第 7-10 页。

② 张培：《生命的背离：现代教师的生存状态透视》，《教师教育研究》2009 年第 1 期，第 50-55 页。

③ 张培：《让教师诗意地栖居在教育中》，东北师范大学博士学位论文，2016 年，第 19 页。

④ 赵汀阳：《论可能生活》，中国人民大学出版 2004 年版，第 158 页。

⑤ 龙红霞：《教师的主观体验及其专业成长》，《中国教育学刊》2018 年第 12 期，第 87-91 页。

⑥ 杨登伟，刘义兵：《我国中小学课堂教学改革的现实困境与发展路径》，《现代基础教育研究》2021 年第 2 期，第 20-24 页。

⑦ 刘庆昌：《关于教学艺术的基本理论判断》，《四川师范大学学报（社会科学版）》2020 年第 4 期，第 85-93 页。

⑧ 叶澜：《“新基础教育”发展性研究报告集》，中国轻工业出版社 2004 年版，第 29 页。

⑨ 鲁洁：《一本用生命打开的教育学》，《南京师大学报（社会科学版）》2002 年第 4 期，第 10-11 页。

包含体验内容和呈现样态;教师教学体验之"在",则是趋近教学体验产生的主体,探求其产生的终极起源与意义,是教学体验的本体确认。

1. 在者:教师教学体验本质生成

教学体验的本质要透过教学现象也就是教学实践得以窥探。在教学实践中,教学活动作为引起教师教学体验的"刺激物"而存在,依据刺激物的性质,教师对教学活动的体验包括以下三种:

(1)交融式教学体验:临场时主体间体验

交融式教学体验是教师作为教学活动的重要组成部分,是存在于教学活动之中,并通过与教学活动交互所产生的体验,其具体样态是教师在课堂教学时所产生的瞬时、即刻的体验。在这种形式的体验中,教师与教学活动之间未有明确的主客体之分。教学活动进展顺利与否影响教师的教学体验,而教师的教学体验也及时、即刻地作用于当下的教学活动。于是,教师与教学活动生发双向性关系,在这种双向性关系中,二者都是交融于教学实践的主体,所以主体间教学体验就此生成。

(2)相交式教学体验:退场时主客体间体验

相交式教学体验是教师结束课堂教学,与具体教学活动相分离的瞬间,通过对已完成教学活动的感知所形成的体验,其具体样态表现为教师从教学实践退场时所形成体验。在相交式教学体验中,教师与教学活动已形成明确的主客体之分。教师身体已离开具体教学活动,但仍与已发生的教学活动因交互而产生体验,这一体验是作为主体的教师对已完成教学活动的感知。虽然教师已经退离具体教学活动现场,但教学活动作为一个客观存在,依旧对教师产生影响,表现为作为主体的教师对客体教学活动所产生的单向体验。

(3)分离式教学体验:回溯时双主体教学体验

分离式教学体验是教师回溯以往所有教学活动,整合各种教学体验而形成的统整性体验,是对"体验"的体验。即此刻之前所拥有的教学体验构成当下的潜体验,教师与所有潜体验统一体进行交互所形成的体验。分离式教学体验表现为教师完全与具体的教学活动割离,教师与教学活动均以实践主体形式存在。这种双主体间的教学体验具有完整性和整合性,是所有已产生的交融式体验与相交式体验的集合。值得注意的是,教学体验并非戛然而止,而是会形成螺旋累加、逐步进阶的体验循环圈。一方面,由具体教学活动引发并累积、内化的潜体验作用于教师,成为下一次体验产生的原因之一;另一方面,教师在接受这些潜体验之后,会继续内化并形成新的体验,再次作用于之后的教学活动。

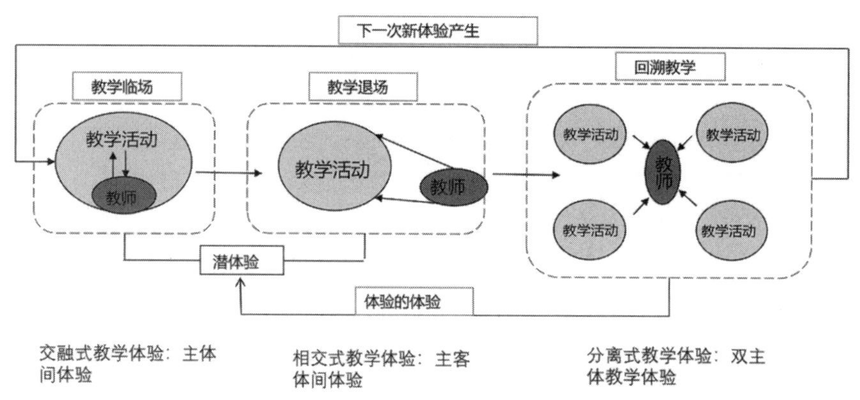

图1 教师教学体验类型与样态

从图1可知,以"在者"自证教学体验本质生成有三层逻辑:教师与教学活动的时空向度、主要行为以及亲疏关系。"交融式、相交式、分离式"指代教师与教学活动间的物理时空位置,即具体教学活动中、走出具体教学活动以及整个教学生涯。"临场、退场、回溯"则是时空向度走向教师教学体验产生时所展开的具体行为。"主体间、主客体间、双主体"代表教师与教学活动的关系。在教学过程中,教师与教学活动同属教学实践主体，通过相交相融的双向性关系，形成主体间体验；当教学结束，教师准备离开活动现场时，教学活动已经成为一种逝去的、客观的存在，并不会再因教师的体验变化产生变化，于是教师作为主体，感受着成为客体的教学活动，并随之产生主客间体验；最后，无数次的教学活动共同构建了教师的教学生活。总体而言，教师教学体验是一个逐步疏离具体教学活动，而趋向教师自我的过程，在此过程中，教师不断反思自身教学，构建自身教学哲学。

2. 在者之“在”：教师教学体验本体确认

教学体验作为一个逐步趋向教师自身的过程，探究教学体验本质显现的终极可能，需重回教师自身，立足于教学哲学对教师教学体验再次审视、概括、抽象，进而追寻教学体验“在者”之“在”。以教师教学体验的时间进程、抽象程度、对象变化及身心感受为明线，以教师经由教学实践建构自身教学哲学为隐线，可将教师教学体验本体抽象为实践性教学体验、反思性教学体验及教育性教学体验。

实践性教学体验是教师在教学活动中与学生、环境、教学内容交互而产生的统整体验，是教学体验最关键、最基本的组成部分，其主要特点是实践性。教师对教室空间环境的感知、对学生座次的感受、与学生互动的情感变化、对教学内容的认知等均属于实践性教学体验。实践性教学体验主要发生于课堂上，对教师而言，实践性教学体验与学生学习体验密切相关，既折射学生学习体验，也反映教学实践开展得顺利与否。

反思性教学体验是教师对具体教学活动整体的体验，往往产生于课堂教学结束后的当下，其主要特点是教师对已完成的教学活动的理性反思。“充满智慧的反思能够发现事物”[①]，因此，对过去的教学经历进行反思的体验，丰富了未来的教育经历并使其更具有思想性。这是不同于实践性体验的教学体验，教学有效性、师生互动融洽性等都隶属于此，反思性教学体验是教师自身对相交式教学体验的再度理解，也是教师课后教学体验升华的表现。

教育性教学体验是教师对教学体验的体验。在此，教师体验的对象是教学体验，教师教学体验转向内部的省察，是“来自原始自我及其在二级结构中变化的表征”[②]，即对感受的感受。[③] 教育性教学体验“超越这种满含体验的意识的当下时刻”[④]，以实践性教学体验和反思性教学体验为基础，是“一种对于正在体验的意识的超越”。[⑤] 作为客观存在的教育性教学体验，获得了体验本身与体验宣示的一致性——通过追溯过往体验，走向新的体验，以释放教师教学效能感，进而不断建构自我教学哲学。之所以如此，根源于它将“反思体验”当作问题进行反思与自我诠释，教师在诠释自身的体验时，就赋予了它以意义。[⑥]对教师而言，教育性教学体验呼应了教学“体验流”在教学实践闭环中的流动。

三、回归：教师教学体验价值探赜

教师教学体验的价值是其作为客体对教学实践产生的正向影响，亦是其在教学实践中存在的再次升华。关系式价值、链式价值以及闭环式价值是教学实践中教学体验价值呈现的具体样态。

1. 关系式价值

关系式价值是教学体验借助与教学活动的单个要素发生直接作用，所表现出的自身价值。学习体验耦合体、课堂教学质量内生源泉以及教师生存状态重要构成是教师教学体验关系式价值的凸显。

---

① 马克斯·范梅南：《教学机智——教育智慧的意蕴》，李树英译，教育科学出版社 2001 年版，第 269 页。

② 安东尼奥·R. 达马西奥：《感受发生的一切 意识产生中的身体和情绪》，杨韶刚译，教育科学出版社 2007 年版，第 280 页。

③ Ф·Е·瓦西留克：《体验心理学》，黄明等译，中国人民大学出版社 1989 年版，第 10-15 页。

④ 威廉·狄尔泰：《历史中的意义》，中国城市出版社 2002 年版，第 47 页。

⑤ 威廉·狄尔泰：《历史中的意义》，中国城市出版社 2002 年版，第 74 页。

⑥ 阿尔弗雷德·舒茨：《社会世界的意义构成》，商务印书馆 2012 年版，第 137 页。

(1)学生学习体验的耦合体

教学是“教师与学生以课堂为主渠道的交往过程,是教师的教与学生的学的统一活动”。[①] 在人文关怀视域下,立足于体验视角,可将教学理解为:教师教学体验与学生学习体验的耦合体——教师教学体验和学生学习体验共同构成了教学,且二者之间存在耦合性,耦合程度取决于师生交往和交互作用。教学体验与学习体验的耦合具有明显的师生双向发展特征。在鲜活的课堂教学中,师生共同踏入学习境域,教师设计学习,为学生解惑,激发学生深度学习的动机与潜质;学生探究、领会、内化知识,实现认知体验的跃升。师生间情感上的共鸣与同振谐响,奏响了师生间情感体验的耦合,实现了教育潜移默化塑造人的社会功能。不仅如此,教师在运思如何帮助学生通向“可能完满生命存在状态”[②] 的同时,也优化了自我教学体验[③],为升华人生价值奠定基础。

(2)课堂教学质量提升的内生源泉

“真正好的教学来源于师生之间有意义的双向建构”[④],双向建构的前提和隐设条件之一便是教师拥有良好、积极的教学体验,以自身美好体验促动教学质量的提升,从这个角度上看,教师的教学体验是有效教学发生的一个潜在条件。教学质量本身兼具“内心抽象”的感知[⑤],教师职业幸福感则为抽象感知的重要组成部分,是提升教师信心和工作积极性的目标之一[⑥],只有教师“幸福地教,学生才能幸福地学”[⑦],教学质量才能从根本上得以提升。正因为此,“广大教师在岗位上有幸福感、事业上有成就感、社会上有荣誉感”成为我国 2035 教育发展目标之一。[⑧]

(3)教师生存状态的重要构成

对教师而言,教学体验是其生命状态的意义构成,且全部教学体验都具有“存在于现在”的特征[⑨]:教师的教学体验被历史所规定又预先规定着未来体验。事实上,“体验”是一种动态过程,在这个过程中,积极良好的教学体验不断建构和塑造着教师的认知和心理世界,以其尚未规定、预设、隐秘的方式促进教师生命成长,所以,体验的生成与发展始终处于一种螺旋式上升状态。体验的结果“是一种内部的主观的东西——精神平衡、悟性、心平气和、新的宝贵意识”。[⑩] 所以,教学体验是展现教师内心景观的路径,也是激发教师教学生命活力的原动力。

2. 链式价值

教师教学体验除与单一要素产生关系价值外,也会与多个要素以链条形式发生间接价值关联。值得注意的是,关系本就是双边共存,所以教学体验这种链式存在亦是双向的,只不过研究仅聚焦于教学体验价值,所以以下仅以单向箭头标注。

(1)“教学体验→学习体验→教学质量”链

这条体验链存在于课堂教学中,教学体验通过与学习体验的交互作用,间接作用于教学质量。关系

---

① 张华:《课程与教学论》,上海教育出版社 2000 年版,第 73 页。

② 毛道生:《论教师“生命理解者”的角色及其实现》,《教师教育研究》2020 年第 5 期,第 24-29 页。

③ Oleson A, Hora M T: “Teaching the Way They were Taught? Revisiting the Sources of Teaching Knowledge and the Role of Prior Experience in Shaping Faculty Teaching Practices”, Higher Education, Vol. 68, no. 1(2014), pp. 29-45.

④ 马克斯·范梅南:《教学机智——教育智慧的意蕴》,李树英译,教育科学出版社 2001 年版,第 55 页。

⑤ 谷陟云,李森:《教师教育教学质量:文化内涵与层次结构》,《教师教育研究》2020 年第 4 期,第 24-30 页。

⑥ United Kingdom: “Teacher Recruitment and Retention Strategy”, 载 GOV. UK 官网: https://www. gov. uk/government/publications/teacher-recruitment-and-retention-strategy,最后登录日期:2021 年 9 月 10 日。

⑦ OECD: “Teacher' well-being: A Frame Work for Data Collection and Analysis”,载 OECD 官网: https://dx. doi. org/ 10. 1787/19939019,最后登录日期:2021 年 10 月 3 日。

⑧ 中国政府网:《国务院关于加强教师队伍建设的意见》,载中华人民共和国国务院官网: http://www. gov. cn/zwgk/2012-09/07/content_2218778. htm,最后登录日期:2021 年 9 月 19 日。

⑨ 海德格尔:《存在与时间》,陈嘉映,王庆节译,生活·读书·新知三联书店 1987 年版,第 9 页。

⑩ Φ·E·瓦西留克:《体验心理学》,黄明等译,中国人民大学出版社 1989 年版,第 22 页。

式价值中虽也涉及教学体验对教学质量的影响，但更聚焦教师自身所带来的影响，在此则明确学习体验的中介作用，通过考察学生学习体验，以此有针对性地改变教学，提升教学质量。

在此价值链中，学生的主体性地位得以巩固。教与学关系的调整具有改革课堂教学质量“支点”的意义[①]——教学中应凸出学生的主体地位、能动作用。但在实际教学中，隐含着一个悖论：提升教学质量似乎完全是教师的职责，却需要凭借学生的学习成绩加以考量。所以，在教师教、学生学的时候，师生均丧失了应有的地位。与此相反，在“教学体验→学习体验→教学质量”链中，不仅将师生在教学中的体验引入其中，而且通过师生体验的耦合作用，充分发挥学生体验在提升教学质量中的“支点”作用与主体地位，最终达到“学为中心，教为学服务”[②]的目的。此外，这条价值链亦提供了教师和学生协同发展的可能性。教学是教与学构成的双边活动，教师专业发展与学生专业成长是教学实践中的一体两面，通过体验的绵延性、交互性与持存性，可从生命高度弥合二者的鸿沟，提供师生协同发展的可能。

（2）“教学体验→专业发展→教学质量”链

“教学体验→专业发展→教学质量”链是教学体验价值于教师自身由隐匿到显现的过程，也是教学体验由教师生发，最终作用于教师教学的过程。其价值体现为彰显教师教学自为性和激发教师自我发展两个方面。

教学体验的主体性彰显教师在教学生活中的自为。教学体验因教师教学而产生，由教师自身所感知，进而影响教师教学。教学体验对于教师个体来说具有直接特质，它是一种在主客未分的状态下把握现实的方式。正因为如此，教学体验本身就是一种教学事实，是教学生活的“活”的体验。兼有主动性、能动性的教师并不是沿袭确定的道路和方式去“执行”体验，也绝不是仅被动接受体验，而是主动建构自我教学体验。在此链式价值中，教师作为改造自我教学体验的认识—实践主体，一方面，在审慎当下自我教学活动的优劣后，主动地改善后续教学；另一方面，通过自我发展，主动地改变自我教学体验认知，以此变革和更新已有的体验图景、体验方式以及体验价值，实现教学体验的再次飞跃和升华，最终实现教学生活的自由。

教学体验的内省性能激发教师自我发展的动力。内省性是教学体验的本质属性，同时也是这条体验链得以维系的内在条件。教师在自省和批判自我体验中，实现自我发展。其一，教师对已有体验反思，找到正确归因。在承认、接纳已有体验的基础上，教师道出自我体验，与体验对话，能促使教师更清晰明了当时体验为何发生，以及体验发生的机制是什么，进而对自我教学行为有精确定位，做好类似事件的应对准备。其二，教师批判已有体验，实现加速成长。教师站在批判的立场对以往体验进行反思，追溯教学体验的过去和过去的教学体验，从而升华、通达更高境界的教学体验。

（3）“教学体验→专业发展→学习体验”链

“教学体验→专业发展→学习体验”链暗含着一种可能：体验共同体的构建。所谓体验共同体是师生在主动交互的前提下，立足于生命完满，跨越身份差异，通过心灵沟通、情感共鸣、知能相长所构建的学习共同体与专业发展共同体的统一。这条以教学体验为初始、以学生体验为终结的体验链，也是通过教学体验促进教师专业成长后，反作用于课上的学习体验，优化师生在课堂中的体验。

体验共同体使师生平等成为真正的可能。无论是从教学还是从学习角度来讲，势必会存在着一个引导，一个被引导。然而立足于体验，并不会出现此类问题，因为体验本就是交互的，有的仅是时间上的先后，并没有地位上的高低。在体验视角下，教师教学体验和学生学习体验形成的体验共同体是去中心化的，是基于平等原则所构建的，能够彰显真正的师生主体间关系。

体验共同体从生命高度给予师生关怀。不同于其他教学（学习）共同体具有明确的目标，体验共同体并无直接目标。提升教学质量只是过程，让师生享受当下学习过程，充盈完满的人生体验、达成自我

① 杨小微：《洞悉“以学习为中心”的课堂教学转型——评陈佑清教授的“学习中心教学”研究》，《教育发展研究》2020 年第 18 期，第 83-84 页。

② 陈佑清，蔡其全：《论发展性学习及其教学实现》，《教育研究与实验》2020 年第 6 期，第 37-42 页。

实现才是其终极价值。这看似教育的乌托邦,却是教育的“以灵魂唤醒灵魂”的初衷。

3. 闭环式价值

闭环式价值是整个教学实践进程中,教学体验在彰显关系式价值和链式价值的同时,弥合与激发二者边界与潜力,借此发挥教学体验的整体性价值。在真实教学场域中,教师教学体验与场域各要素共同作用,各个因素同样以直接、间接的作用付诸教师教学体验,形成相互缠绕、彼此关联的关系网,以此共同影响整个教学实践的展开。

进一步讲,这是教师教学体验在教学实践中的“流动”,即教师教学体验流,这种流动体以一种整体性的样态与教学实践共生,是教学实践的历史前提。在此,教师教学既是一种前提性体验,亦是一种结果性体验。当作为结果性体验时,教师能突破当下教学体验的消极界限,改善教学外部环境;反之,当作为前提性体验时,教师在理想与现实、发展与停滞的交错点上,根据自己的需求,修改、完善、优化其自我体验世界,建构合规律性与合目的性统一的教学哲学,完善教学实践的过程。

The Exploration into the Existence and Value of Teachers' Teaching Experience

MENG Xue, LIU Li

(School of Education, Shaanxi Normal University, Xi'an Shaanxi, 710062)

Abstract: As the coupling of students' learning experience, teaching experience is a continuous unity of cognition, feeling and perception formed by teachers' own awareness and personal experience in their interaction with teaching activities. But the ideal teacher's role setting, teacher's instrumental responsibility and ability positioning and teacher's self concealment make the teaching experience inconspicuous in practice and research for a long time. Through "being" and "being in the world", the essence and reality of teachers' teaching experience can be explored, which can be two ways to confirm its existence; and the relational, chained and closed-loop value presentation of teaching experience is its value return in teaching practice.

Key words: teachers, teaching experience, essence, value

一体化视域下思想政治课教师的品格塑造

谢 娜

(上海市师资培训中心，上海 200233)

摘 要：思想政治课教师的品格至少包含四个方面：明确的政治态度、高尚的职业道德、全学段教学素养、开放的智慧共享。塑造思想政治课教师品格可以从教师与教育主管部门两个方面入手。教师的自我修炼包括意识唤醒、自我归因、学习他人、情感体验四种方式。教育主管部门要有所作为，加强教育培训和思想政治课教师品格的评价认证。

关键词：一体化；思想政治课教师；品格塑造

目前，我国教育界探索大中小学思想政治课(以下简称"思政课")一体化方兴未艾。虽然大中小学的德育一体化探索已在全国展开，但探索中也发现了一些问题：一是大中小学思政课教学内容不衔接，二是教师队伍不专业，三是教学方法无差别，四是专业培训不统一。

产生以上问题的原因主要是，对"大中小学一体化需要一支什么样的思政课教师"的思考不够，核心是对思政课教师品格研究不深，缺少塑造思政课教师的科学方法。对此，我们需要认真研究大中小学思政课一体化建设视域下，思政课教师到底需要什么样的品格，如何逐步塑造这些品格，下文将一一详述。

一、品格与教师品格

《辞海》中"品格"有两种含义：一是指品行风格，二是指文艺作品的质量和风格。西方学者认为品格(主要是 Character)一词来源于希腊语 charassein，原意是烙印(impression)。在道德语境下，"品格是一种品质与特征相结合，一种结合了道德或伦理的结构，是道德或伦理的力量，是正直和坚韧。品格也可以被看作是一个人的态度、特点和能力"。[①] 本文所阐述的思政课教师品格中的"品格"一词，主要是指人从特定的心理活动出发而表现出的结合道德要求的品性风格。

关于教师品格的内涵，目前学界研究很多，尚无定论。主要包括以下几种观点：一是认为教师品格是一种专业态度。如李晓华、许序修、李景华等学者认为，教师专业品格含有通达天下情怀、无私奉献精神、博雅气质、专业理念和社会责任等因素。[②③④] 二是认为教师品格是一种职业道德。如赵峰、胡银根、胡楚芳等学者认为，教师品格包括充满激情与信心、热爱教育事业，传道的担当者、塑人灵魂的工程师及

作者简介：谢娜，上海市师资培训中心助理研究员，硕士，主要从事教师教育与德育研究。

① 郝婧：《托马斯·里克纳品格教育思想研究》，兰州大学博士学位论文，2016 年，第 34 页。

② 李晓华，刘旭东，张春海：《论新时代教师教育的专业品格及其提升》，《教师教育研究》2020 年第 4 期，第 33 页。

③ 许序修：《教师的品格》，《人民教育》2013 年第 23 期，第 18 页。

④ 李景华：《论教师的专业品格》，《北京教育(普教版)》2006 年第 3 期，第 25-26 页。

授业育才的引路人，尊重规律等因素。[①②] 英国学者克里斯多夫·戴认为，“持续性专业发展”是通过教师独自或与他人一起检查、更新、扩展及改变教学的道德目的的过程，也是教师情感与道德的发展过程，体现出教师专业的复杂性特点。[③] 三是认为教师品格是与教师行为相关联的一种个人行为特征，涉及个性特征等因素。如周茜提出，教育者应当具备的品格中，诚实善良、正直公正、严谨自律、坚毅乐观和认真负责是必备的。[④] 美国心理学家瑞安斯的一项调查结果表明，成功的教师具有温和、理解人、友好、负责、有条不紊、亲切热情、赋予想象等人格特征。[⑤] 四是认为思政课教师品格包括政治观。如邓斯雨、张莹认为，学校思政课教师要树立正确的政治观，要有良好的思想政治素质。[⑥⑦]

二、思政课教师品格的内涵特征

这些研究从各个方面和角度揭示思政课教师品格的某些方面，为后续研究打下坚实的基础。但是，这些观点没有揭示思政课教师品格的内涵特征。笔者认为，如果说品格是人们具有的具体的、相对于情境的特征，那么，一体化视域下思政课教师的品格，是指思政课教师从其特定的心理出发，表现出的应当具备思政课一体化所需要的，包括政治态度、职业态度及相应的专业及发展能力等在内的品性风格，其具有四个方面的特征：明确的政治态度、高尚的职业道德、全学段教学素养、开放的智慧共享。

1. 明确的政治态度

思政课教师首先要有明确的政治态度。从价值观来看，价值体现了客体对主体的有用性。所有价值问题的理解与解决，都需要落实在价值主体的具体体验与行动上。思政课教师是大中小学思政课一体化建设的发起者和实施者，在一体化建设中起到基础性作用。他们教的是政治学科，他们自己的政治观点以及对思政课一体化的理解，最终决定了思政课的教学效果。

一方面，从思政课教学发起者的角度来看，新时代思政课的出发点和归属是解决好“培养什么人、怎样培养人、为谁培养人”这一根本问题，这也是大中小学思政课教师上好思政课的逻辑起点。只有大中小学思政课教师坚定政治立场，塑造品格，增强创造性，积极主动打通学段联系，才能引导学生“扣好人生第一粒扣子”，解决好思政课的根本问题。另一方面，从思政课教学实施者的角度来看，教师是实现思政课内涵式发展，落实各个教学环节任务的执行者。要实现思政课的教学目的和学科价值，就必须紧紧围绕习近平总书记对思政课教师素养提出的要求，不断优化路径，一体化推进大中小学思政课教师形成“政治强、情怀深”的政治品格。

2. 高尚的职业道德

黑格尔指出：“伦理一旦化为个人的自觉行为，变为一个人的内在操守，即为道德，道德以伦理为内容。”[⑧] 这段话揭示了在面对社会规范时，个人所做出的行为选择如何内化到人的思想体系，再通过外在的行为规范的遵守，来反映其道德水准，体现价值导向和行为准则要求，最终落实到人的行为来实现。

任何职业都需要有职业道德，教师行业是对职业道德要求很高的行业。但是思政课教师的道德伦理要求有更深层次意义。与其他学科不同，思政课还承担了道德教化的功能。思政课教师讲授辩证唯物主义和历史唯物主义，教育学生树立正确的人生观、世界观、价值观，其自身的言传身教就是鲜活的“教材”和“案例”，直接关系到思政课的说服力与感染力，并最终影响到学生。思政课教师要给学生心灵

---

① 赵峰：《中外教师品格的比较研究》，《洛阳师范学院学报》2012 年第 9 期，第 127-128 页。

② 胡银根，胡楚芳：《教师品格要素评价排序问题研究》，《宜春学院学报》2014 年第 4 期，第 120-122 页。

③ 郭瑞迎，牛梦虎：《英国教师持续性专业发展：背景、内涵及发展趋势》，《教师教育研究》2019 年第 11 期，第 110 页。

④ 周茜：《浅谈教师的人格品格及其塑造》，《警官教育论坛》2006 年第 2 期，第 18-21 页。

⑤ David G. Ryans, “Some Corelates of Teacher Behavior”, *Educational and Psychological Measurement*, Vol. 19, no. 1(1959), pp. 9-11.

⑥ 邓斯雨：《提升高校思想政治理论课教学质量的着力点研究》，《兵团教育学院学报》2019 年第 3 期，第 44-45 页。

⑦ 张莹：《核心素养视阈下思想政治课教师专业发展研究》，渤海大学硕士学位论文，2021 年。

⑧ 廖志诚：《由职业道德走向专业伦理—— 美国教师专业伦理建设对我国的启示》，《教师发展研究》2017 年第 4 期，第 38-43 页。

埋下真善美的种子，首先自己要有道德追求，只有自己做到了真善美，坚守精神家园，加强自我修养，为人师表，行为世范，健全人格操守，带头弘扬社会主义道德和中华传统美德，才能有效弘扬主旋律，增强思政课实效。

3. 全学段教学素养

大中小思政课一体化建设需要思政课教师具备创新思维，探索教学规律，掌握全学段教学能力。思政课教师要遵循人的发展的内在规律，把握教育对象的认知特点，有针对性地开展工作。从认知心理学角度来看，人的认知发展和道德发展的规律具有阶段性、连续性和可塑性的特点[①]，这个特点决定了思政课一体化的内容和方法，必须根据学生不同年龄、不同学段的差异进行调整。如日本的公民教育根据中小学生的不同特点，将“修身”“忠诚”等公民道德教育分别对应小学低年级、中年级、高年级和初中四个学段，采取不同的德育举措。[②] 对我们而言，教师需要认真研究教育对象在不同学段存在的特异性，准确把握学生成长全周期的心理发展规律。小学生注重感性认知，中学生注重知性认知，大学生注重理性认知等，特别是处于青春期的中学生，其心理特征更有其特殊性。同时，又要把握不同学段学生的思政课学习基础。因此，思政教师既需要将学生认知发展特征和道德发展的阶段性与连续性相统一，又要融会贯通不同学段的专业知识和教学技能。

4. 开放的智慧共享

“开放的智慧共享”品格，是指思政课教师要善于横向交流、学习，利用国内外的典型案例素材，整合哲学社会科学与自然科学的知识，在批判鉴别中明辨是非，引导学生全面客观地认识当代中国、看待国际社会。而这需要思政课教师要有共享知识、思维和教学经验的品格。智慧共享的主体是思政课教师和学生，客体是共享的内容、资源、环境、技术、方法等。共享方式可以是工作坊、座谈会、课例分析等，随着信息化技术的发展与运用，也可以通过微信群、微博、论坛、网络社区等方式进行。

教师与教师可以跨学段、跨学科组建智慧共享群体，也可以在同学段、同学科组建智慧共享群体，共享议题。既可以围绕学科内容，也可以发散性思维，进行头脑风暴，还可以多维度、多学科进行，可以使研讨论点更加多样，问题探讨更加深入，使每个人的主观能动性得到充分发挥。中小学思政课教师可以以“课外辅导员”“论坛博主”等形式参与大学思政课，这样，形成的智慧共享群体更具有挑战性，效果也更好。

要实现智慧共享，教师还要分析学生的品性、德行、习性等，剖析教材，实现彼此之间的理解、沟通、合作、共建。通过这些平台，既可以共享经验、思想，又可以培养学生的高阶思维。

三、一体化视域下思政课教师品格的塑造

品格是一种心理活动的反映，它是可以塑造的。从伦理学的观点看，塑造出的品格特征不是固化的，而是可以变化的。多瑞斯根据现代心理学的最新研究成果，把品格的特征细分为宽泛和具体两种类别。结合实验数据，多瑞斯认为，我们可以拥有具体的品格特征，尤其是在重复出现的熟悉情景下，我们可以培养以某种方式行动的特征。[③] 思政课教师的品格塑造的影响因素有工作、生活环境熏陶和文化的传承，也有自身的自省和修炼，更有政府部门的教育管理和引导。由于缺少统一的任职准入标准和资格认证，思政课教师队伍专业水平参差不齐。因此，在塑造其品格过程中，需要从以下两个方面入手：

1. 教师的自我修炼

通过自我修炼来塑造品格是一个复杂的心理过程，思政课教师在日常生活、学习和教学的过程中，可以尝试使用四种方式：

一是意识唤醒。教师首先要有自身修炼品格的自觉，要唤醒主观能动意识。思政课教师要有塑造

① 高德毅：《实施大中小德育课程一体化建设的现实需求》，《社会主义核心价值观研究》2017 年第 2 期，第 75 页。

② 朱光辉：《新时代大中小德育一体化的内涵、挑战与对策》，《思想政治教育研究》2020 年第 4 期，第 90 页。

③ John Doris, *Lack of Character: Personality and Moral Behavior*, Cambridge, England: Cambridge University Press, 2000.

自我、修炼自我的心理冲动和激情,并不断提醒自己感受和认同这种意识。

二是自我归因。思政课教师观察自身,特别是在教学、生活中遇到问题时,要不断审视自己的行为。教师对自身进行反复修正,改善自己的行为,进而逐渐养成反思习惯,形成“自我否定—自我肯定—再自我否定—再自我肯定”的辩证思维,实现品格的主动塑造。

三是学习他人。一方面,要不断听取周围人的不同意见,虚心接受批评意见,有则改之,无则加勉,完善自我的内心体验;另一方面,通过思政课教学团队的智慧分享,合作学习,相互提醒,相互促进,完善教学能力的自省和提升。

四是情感体验。品格是抽象的,也是具体的,不仅涉及理性思维,更涉及感性思维。思政课教师在品格修炼的过程中,还可以借助音乐、美术、诗歌等艺术形式来超越思维的理性认识,带来心灵上的震撼,产生积极的情感体验,强化品格塑造的内在力量。

2. 教育主管部门应当有所作为

当前教育主管部门在思政教师的品格塑造上需要有所作为,比如,可以深化教育培训和及时的专门认证,以之从外部来培养教师的特定行为特征,并及时固化,从而提升思政课教师的品格。

(1)加强教育培训

目前,一些培训的主要对象仅为中小学思政课骨干教师。我们认为,要取得好的效果,要做到培训专门思政课教师与其他学科教师并重,其他各学科教师、辅导员、班主任等学校思政工作者都肩负“立德树人”重任,要与思政课教师并重培训。同时,要通过培训,更加明晰思政课教师的政治观点,提高其专业能力,提升其道德标准。思政课教师既要有扎实的思政理论功底,又要有精湛的教学技巧。其一,同步提高差异性教学方法。既要总结和完善传统的思政课课堂教学方法,又要不断拓展实践教育方法,还要积极探索智慧课堂、人工智能思政课等新方法。其二,同步提升差异化表达能力。既要讲究语言的严肃性,又要提升讲故事的能力,加强通俗性,适应各学段学生发展需要。其三,同步提升教学内容的衔接能力。根据学生成长规律,结合各学段学生的心理、智力水平,逐级加深,循序渐进,螺旋上升。

这样,在大中小学一体化视域下,以思政课教师的品格塑造为主题,可以设计出一门课程,共包括九大模块(见表1)。

表1 大中小学思政课教师培训新课程

品格	课程模块
明确的政治态度	思想政治素质提升课程
	情怀培养课程
高尚的职业道德	师德修养课程
	育德能力提升课程
全学段教学素养	思政课教育教学专业课程
	差异性教学技巧课程
	大中小学思政课教学内容衔接课程
开放的智慧共享	思政课专题研修工作坊
	思政课专业实践课程

(2)加强思政课教师品格的评价认证

品格是抽象的,难以量化,却是可以塑造而改变的。具体来说,品格是通过行为反映出来的,行为是可以量化评价的,并且通过行为的评价也可以推进品格的塑造和完善,特别是思政课本身也是对学生品格塑造的过程。因此,需要科学地评价思政课教师的品格高低。要通过评价认证来推动思政课教师品格的塑造,需要建立日常评价与年度综合评价、资格评价相结合的方式。

第一,年度考核要规范。大中小学校要将思政内容和师德师风纳入教师考核指标,建立大中小学一体化的思政教学考评档案。将存在学术不端和诚信缺失等品格问题的教师记录在案，并责令整改。对在师德师风方面犯下严重错误的教师实行一票否决制，纳入教师资格黑名单，不再录用。

第二，考核内容要全面。如反映教学水平的思政课阶段目标，不同学段教学内容、方法的融合、衔接，对象设定，不同思政教学场景的掌控，思政实践课的安排，思政资源的发掘，学科思政的渗透等。新的测评体系可参考表 2。

表 2 思政课教师新测评指标

项目	政治		职业道德		专业能力			分享	
分值	立德树人	政治思想	关爱学生	教学态度及作业批改	教学水平	思政知识贯通情况	教学效果	分享情况	思政课教师
分值	立德树人	政治思想	班级育人能力	以身作则公平公正	实践情况			分享情况	其他德育工作者（班主任、辅导员）

第三，可试行微认证。美国 2012 年开始推行教师微认证政策，激发了教师继续学习的内驱力，提高了教师教学实际能力，增加了教师的福利待遇。该政策具有以下特点：关注教师实际技能和能力的获得，教师根据自己的需要来自主选择灵活多样的形式，参与认证的教师可以通过社交媒体平台等各种形式来分享他们的电子证书。①

我们可以借鉴这种微认证的办法，因地制宜地制定政策，在思政课教师从教期间，结合课堂、书本和网络等学习一些新技能的情况，从知识目标和技能目标、教学能力、平时表现等方面制定评价量表，进行微认证。各校在此基础上因校制宜，制定细则。微认证的内容可以放入思政教学考评档案，作为教师升职、加薪、评优的依据之一。

Character Shaping of Ideological and Political Teachers from the Perspective of Integration

XIE Na
(Shanghai Teacher Training Center, Shanghai, 200233)

Abstract: The character of ideological and political teachers includes at least four characteristics: clear political attitude, noble professional ethics, professional teaching quality of the whole learning section, and open wisdom sharing. Character Shaping for ideological and political teachers can start from two aspects: teachers' self-cultivation and education authorities. The former includes four ways: consciousness awakening, self-attribution, learning from others, and emotional experience. The latter should make more achievements, strengthen education training and make better evaluation of the quality of ideological and political teachers.

Key words: integration, ideological and political teachers, character shaping

① 郭艳丽，王大磊：《美国教师微认证及其对我国教师队伍建设的启示》，《黑龙江教师发展学院学报》2021 年第 9 期，第 18-19 页。

职前教师劳动素养测评及影响因素分析
——基于1710名职前教师实证调查数据

高欣秀[1,2]，宁本涛[1]

（1. 华东师范大学 教育学部，上海 200062；2. 兰州城市学院 教育学院，甘肃 兰州 730070）

摘 要：通过构建基于劳动观念、劳动能力、劳动精神、劳动习惯和品质四个结构维度的测评模型，对我国6所师范院校的1710名师范生进行测评后发现：作为职前教师的师范生，其整体劳动素养水平较高，具有较强的创新劳动意识，但是创新实践能力偏弱；四个维度中劳动能力素养水平相对偏低；在性别、家庭所在地、学校类别、学科类别间，劳动素养水平存在显著差异；职前教师劳动素养水平主要受到"性别""是否为独生子女""所就读的师范院校类型""家庭所在地"等因素的影响。要进一步提升职前教师的劳动素养，应该树立"大劳动教育"观，从学校、社会和家庭三个层面多措并举，强化师范生劳动素养的养成。

关键词：职前教师；劳动素养；全面发展；测评模型

一、问题提出

2020年3月，中共中央国务院印发《关于全面加强新时代大中小学劳动教育的意见》(以下简称《意见》)，明确提出要"健全劳动素养评价制度"。《意见》进一步指出，要"将劳动素养纳入学生综合素质评价体系"，"把劳动素养评价结果作为衡量学生全面发展情况的重要内容，作为评优评先的重要参考和毕业依据，作为高一级学校录取的重要参考或依据"。① 2020年7月，教育部印发的《大中小学劳动教育指导纲要(试行)》(以下简称《纲要》)也明确提出，劳动教育的总体目标是准确把握社会主义建设者和接班人的劳动精神面貌、劳动价值取向和劳动技能水平的培养要求，全面提高学生的劳动素养。同时指出，大中小学生劳动素养主要包括劳动观念、劳动能力、劳动精神、劳动习惯和品质等内容。②

职前教师的劳动素养不仅关系到自身的全面发展，也关系到他们在未来教书育人历程中对中小学

基金项目：本文系甘肃省高等学校产业支撑计划项目"甘肃省智慧教育云平台在区县教师教育新体系构建中的应用研究"(项目编号：2021CYZC-63)的研究成果。

作者简介：高欣秀，华东师范大学教育学部博士研究生，兰州城市学院教育学院讲师，主要从事教育经济与教育评价研究；宁本涛，华东师范大学教育学部教育学系教授，博士生导师，博士，主要从事教育经济、教育制度与教育评价研究。

① 《中共中央国务院关于全面加强新时代大中小学劳动教育的意见》，《人民日报》2020年3月27日，第1版。

② 中华人民共和国教育部：《大中小学劳动教育指导纲要(试行)》，载教育部官网 http://www.moe.gov.cn/srcsite/A26/jcj_kcjcgh/202007/t20200715_472808.html，最后登录日期：2021年10月15日。

生劳动素养的培养。因此，测评职前教师的劳动素养，对于深入、有效落实《意见》与《纲要》精神具有重要的实践意义。

二、文献回顾

劳动教育作为中国特色社会主义全面发展教育制度的重要内容，个体的劳动素养是劳动教育成果的重要体现，亦是实现人全面发展的核心素养。进入新时代，学者对劳动素养的内涵有了更深入和丰富的理解。

梳理已有研究对劳动素养内涵的解释发现，学者倾向于从多维角度诠释劳动素养，认为劳动素养是个体劳动品格与能力的综合体现。比如，关颖认为，“劳动素养是人在劳动过程中的劳动观念、劳动心态和劳动技能的综合体现”。[①] 檀传宝指出，劳动素养是指经过生活和教育活动形成的与劳动有关的人的素养，包括劳动的价值观（态度）、劳动的知识与能力等维度。[②] 曹飞从个体内部心理品质的视角出发探讨了劳动素养的结构，并将其划分为知识观念技能、情感态度和行为习惯三个维度，强调劳动素养的培养离不开通过长期实践所达成的内化于心、外化于行的过程。[③]

当然，也有研究指出，劳动素养在我国当前高校人才培养体系中是一个不容忽视的短板，大学生的劳动素养与“社会主义建设者和接班人”这一培养目标还存在一定差距。[④] 作为新时代的大学生，应该具备更高水平的劳动素养，他们的劳动价值观不仅直接影响其大学阶段学习生活的方方面面，更关系到其走向工作岗位以后的价值取向、就业倾向、社会责任等方面的精神特质。[⑤] 因此，学者对大学生劳动素养概念的界定表现出其独特的内涵与外延。邵长威将大学生劳动素养的概念界定为：大学生在掌握扎实专业知识的同时，具有积极主动的劳动意识，具有良好的热爱劳动的心态和尊重他人劳动成果，不仅能够扎实开展学习、生活、工作中的脑力与体力实践活动，而且能够根据条件变化创造性地开展活动。[⑥]王正青等人认为，大学生劳动素养是指正在接受高等教育的大学生在教育与生活中形成的与劳动有关的个人素养，包括劳动价值观、劳动知识、劳动技能以及创新劳动，同时拟定了大学生劳动素养测评指标体系，并建立结构方程模型对大学生劳动素养进行实践评估。[⑦]

综观已有研究，诸多学者对劳动素养的内涵及其结构维度做了深入解读，且以思辨类研究居多，但鲜有研究对劳动素养进行量化测评，特别是对作为职前教师的师范生劳动素养的量化测评。本研究试图构建职前教师劳动素养测评模型，并进行具体的量化测评。

三、研究设计与过程

本研究为华东师范大学五育融合研究中心研究项目内容之一，研究中心的专家对研究工具的修订、调查对象的选取等研究过程均进行了严格把关。

---

① 关颖：《劳动素养，孩子一生的财富》，《人民政协报》2018 年 5 月 2 日，第 11 版。

② 檀传宝：《劳动教育的概念理解——如何认识劳动教育概念的基本内涵与基本特征》，《中国教育学刊》2019 年第 2 期，第 82-84 页。

③ 曹飞：《中小学生劳动素养评价指标体系探析》，《劳动教育评论》2020 年第 1 期，第 42-45 页。

④ 党刘栓：《论大学生的劳动素养教育》，《西南石油大学学报（社会科学版）》2019 年第 3 期，第 109-113 页。

⑤ 刘向兵，李珂：《论当代大学生劳动情怀的培养》，《教育与研究》2017 年第 4 期，第 84 页。

⑥ 邵长威：《思想政治教育视域下提升大学生劳动素养的途径探索》，《辽宁工业大学学报（社会科学版）》2019 年第 4 期，第 98-100 页。

⑦ 王正青，刘涛，杜娇阳，罗昆，刘许，何泽坤：《新时代大学生劳动素养测评模型构建与测度研究》，《现代教育管理》2021 年第 6 期，第 81-89 页。

1. 研究工具

本研究基于2020年7月教育部印发的《大中小学劳动教育指导纲要(试行)》的要求,以劳动观念、劳动能力、劳动精神、劳动习惯和品质四个结构维度作为一级测评指标,再对每个维度进行操作性定义,进一步确立二级测评指标,共编制了43项测评题目,初步拟定"职前教师劳动素养测评问卷"作为研究工具,并邀请相关专家对所编辑的题目进行论证。各测评指标题目从"非常不符合"到"非常符合",采用李克特5级量表法分别赋值为1到5,最后的测评得分越高,表示被试的劳动素养水平越高。

为保证问卷的信效度,本研究首先选择甘肃省L高校的500名职前教师作为被试实施初测,回收有效问卷446份,有效回收率为89.2%。通过整理问卷测量结果进行项目分析,计算各题目的区分度,将所有相关不显著的题目,以及虽然相关显著但是相关系数低于0.30的12项题目予以删除。删掉题目后,由于总分发生了变化,再次测算各题与总分的相关度。结果表明,各题项与问卷总体的相关均大于0.40,且相关显著。对修订后的问卷调查数据选取一半进行探索性因素分析,得到KMO系数为0.918,Bartlett球形检验的卡方值为4989.966,显著性为0.000,以上指标均表明该测量问卷适合进行因素分析。为了验证问卷结构的稳定性和有效性,本研究对另一半问卷调查数据又继续进行了验证性因素分析。对剩余32个评测题项的问卷验证性因素分析,结果表明,各项目对所属因子的路径系数均达显著,各因子间的相关较高,但尚未超过0.95,无须合并维度。卡方自由度比(χ/df)为1.96,拟合优度指数(GFI)为0.93,近似误差均方根(RMSEA)为0.032,各项拟合指数均达到要求。

通过对初测问卷的修订,最后得到了32个题项的二级测评指标(见表1),其中关于劳动观念维度有7个题项,关于劳动能力维度有8个题项,关于劳动精神有7个题项,关于劳动习惯和品质有10个题项,另外包含职前教师性别、年级、学校类别、学科专业门类以及家庭情况等基本信息的12个问题,形成了最终的"职前教师劳动素养测评问卷"。

表1 职前教师劳动素养测评指标

一级指标	二级指标观测点
劳动观念	对劳动价值的认识
	对劳动形式的认识
	对劳动促进个人发展的认识
	对劳动促进社会发展的认识
	对劳动尊卑的认识
	对社会、集体、家庭及个人劳动责任的认识
	对"劳动最光荣、劳动最美丽"的认同
劳动能力	对日常家务劳动的参与
	对日常集体生活劳动的参与
	对个人生活的劳动能力
	科学与安全劳动的意识
	对基本劳动技能的掌握
	对基本劳动工具的使用
	对现代化新型教学设备的使用技能
	教师教学技能
劳动精神	勇于担当社会责任的劳动精神
	个人吃苦耐劳、坚韧不拔的精神
	个人参与劳动的一丝不苟的精神

(续表)

一级指标	二级指标观测点
	在集体劳动中具备的团队合作精神
	乐于奉献的志愿服务精神
	勇于创新的劳动精神
	热衷于教书育人的奉献精神
劳动习惯和品质	参与劳动时的诚实品质
	珍惜他人劳动成果的品质
	尊重体力劳动者的品质
	热爱劳动和帮助他人的品质
	言传身教指导学生自主劳动的品质
	自觉参与公益劳动的品质
	在个人生活中养成良好的卫生清洁习惯
	合理规划时间的习惯
	主动打扫寝室卫生的习惯
	主动承担家务劳动的习惯

2. 研究对象

本研究在江苏、山东、甘肃、上海等省市共选取了6所不同类别、层次的师范院校，包括“985、211、双一流高校”“普通一本高校”“普通二本高校”和“大专院校”。从这6所师范院校中随机抽取1836名职前教师开展问卷调查，共回收有效问卷1710份，有效回收率为93.14%。其中，男生占24%(有410人)，女生占76%(有1300人)；“985、211、双一流院校”学生占3.82%(有65人)，“普通一本院校”学生占8.55%(有146人)，“普通二本院校”学生占72.09%(有1233人)，“大专院校”学生占15.55%(有266人)；哲学类专业学生占1.55%(有27人)，法学类专业学生占1.64%(有28人)，教育学类专业学生占46.27%(有791人)，文学类专业学生占9.09%(有155人)，历史学类专业学生占2.36%(有40人)，理学类专业学生占26.18%(有448人)，工学类专业学生占3.55%(有61人)，管理学类专业学生占1.91%(有33人)，艺术学类专业学生占7.45%(有127人)；家庭所在地在城市的学生占19.09%(有326人)，在县城的学生占19.18%(有328人)，在乡镇的学生占15.82%(有271人)，在乡村的学生占45.91%(有785人)。

最后，对1710名样本职前教师开展的正式调查测评结果进行信效度检验，得到克隆巴赫α系数值为0.913，表明此次使用的测评问卷信度较高。本研究工具在前期经过了专家论证和修订，能够保证测评问卷具有较好的效度。

3. 测评模型构建

本研究采用定量统计法分别计算四个一级测评指标的权重。计算结果显示，四项一级指标中选择“有些符合”“比较符合”“非常符合”的累积比例均大于67%，充分说明这四项一级指标能够有效反映职前教师的劳动素养水平。按照从1到5的赋值，计算得到“有些符合”“比较符合”“非常符合”的权重分别为0.25(3/12)、0.33(4/12)和0.42(5/12)。最后，分别计算每个一级指标的权重(见表2)。

表 2 样本对劳动素养指标体系符合程度评价结果(N=1710)

一级指标	各符合性评价水平平均人数					有些符合及以上(%)	权重
	非常不符合	不太符合	有些符合	比较符合	非常符合		
劳动观念	48.25	33.00	247.50	697.75	683.50	95.2	0.27
劳动能力	98.67	213.00	723.33	483.33	191.67	81.8	0.20
劳动精神	44.60	21.40	228.40	669.00	746.60	96.1	0.28
劳动习惯和品质	31.83	120.17	411.33	658.83	487.83	91.1	0.25

得出计算职前教师劳动素养测评模型的数学表达式为:

$$Y = 0.27X_1 + 0.20X_2 + 0.28X_3 + 0.25X_4$$

其中,Y 表示职前教师劳动素养,X_1 表示劳动观念,X_2 表示劳动能力,X_3 表示劳动精神,X_4 表示劳动习惯和品质。

4. 研究发现

(1)职前教师劳动素养的整体水平

依据上文得出的劳动素养计算公式,对调查数据进行测算分析。统计结果显示,职前教师劳动素养的整体平均得分为 4.15,标准差为 0.52,说明职前教师的整体劳动素养水平较高。分别对四项一级测评指标计算得分发现,职前教师劳动观念维度劳动素养得分最高($\bar{X}$=4.38,S=0.46),劳动精神维度得分次之($\bar{X}$=4.26,S=0.51),劳动品质与习惯维度再次之($\bar{X}$=4.02,S=0.59),劳动能力维度的得分最低($\bar{X}$=3.94,S=0.53)。可以看出,职前教师的劳动观念、劳动精神、劳动品质和习惯素养较强,而劳动能力素养相对偏弱。

(2)职前教师的创新劳动意识

在此次调查中,职前教师关于“具有勇于创新的劳动精神”指标的测评得分均值为 4.06,而且他们对劳动概念的理解也更为宽泛,63.09% 的职前教师表示,劳动除了包含体力劳动和脑力劳动外,还应该包含创造性劳动。需要强调的是,虽然统计数据已反映出职前教师在主观上认识到了创新劳动的重要性,但是在具体的创新劳动实践中发现,87.6% 的职前教师并没有参与过任何创新创业实践活动以及相关项目的申报。

(3)职前教师劳动素养的组群差异

表 3 职前教师劳动素养组群差异分析统计结果

变量类别		劳动观念(M±SD)	劳动能力(M±SD)	劳动精神(M±SD)	劳动习惯和品质(M±SD)	整体素养(M±SD)
性别	男生	4.32±0.52	3.74±0.51	4.08±0.76	3.98±0.63	4.21±0.64
	女生	4.44±0.56	4.12±0.49	4.44±0.72	4.06±0.59	4.27±0.58
	t	−2.98*	−2.56*	−3.13**	−2.52*	−3.15**
家庭所在地	城市	4.29±0.52	3.13±0.45	4.03±0.72	3.36±0.73	3.72±0.74
	县城	4.35±0.61	4.02±0.72	4.23±0.69	4.25±0.71	4.21±0.62
	乡镇	4.43±0.66	4.26±0.57	4.39±0.58	4.29±0.52	4.33±0.58
	乡村	4.45±0.49	4.35±0.55	4.38±0.51	4.38±0.48	4.39±0.56
	t	−3.46**	−2.13*	−4.03***	−2.25**	−3.15**
学校类别	985、211、双一流高校	4.29±0.48	3.75±0.45	4.21±0.57	3.93±0.71	4.05±0.49
	普通一本高校	4.41±0.51	3.92±0.52	4.24±0.62	4.00±0.68	4.14±0.55
	普通二本高校	4.41±0.54	4.02±0.67	4.30±0.52	4.08±0.66	4.20±0.53

(续表)

变量类别		劳动观念(M±SD)	劳动能力(M±SD)	劳动精神(M±SD)	劳动习惯和品质(M±SD)	整体素养(M±SD)
	大专(高职)院校	4.42±0.59	4.09±0.65	4.28±0.68	4.07±0.60	4.37±0.60
	t	−4.21***	−2.93**	−3.04*	−2.56**	−4.01***
学科类别	自然学科	4.45±0.62	4.12±0.56	4.48±0.72	4.15±0.69	4.30±0.52
	人文学科	4.41±0.64	3.90±0.61	4.22±0.70	3.98±0.71	4.13±0.55
	艺术学科	4.27±0.59	3.78±0.68	4.08±0.74	3.93±0.61	4.01±0.61
	t	2.98**	3.98*	2.87**	3.21**	3.95**

注：*表示在 0.05 的水平上显著；**表示在 0.01 的水平上显著；***表示在 0.001 的水平上显著。

统计分析职前教师劳动素养的组群差异，可以发现：在性别、家庭所在地、学校类别、学科类别等变量的不同取值上，职前教师的劳动素养存在显著差异(见表 3)。具体表现为：

其一，女生的劳动素养显著高于男生。尤其在劳动能力和劳动精神两个维度上，女生的劳动素养明显高于男生。

其二，家庭所在地为农村的职前教师劳动素养最高，乡镇次之，县城再次之，城市最低。来自乡村的职前教师，其劳动能力、劳动习惯和品质素养明显高于家庭地理位置在其他地域的职前教师。

其三，从学校类别来看，职前教师劳动素养从高往低的排序是“大专(高职)院校”“普通二本院校”“普通一本高校”“985、211、双一流高校”。这说明，所在学校层次越低的职前教师反而劳动素养越高。

其四，从学科类别来看，自然学科类职前教师的劳动素养高于人文学科类专业，艺术学科类专业最低，并且在四个维度的劳动素养水平均表现出这一特点。

(4)职前教师劳动素养影响因素的回归分析

表 4 职前教师劳动素养影响因素的回归分析结果

自变量	因变量：职前教师的劳动素养	
	相关系数(R)	显著性水平
性别(1=男；0=女)	−0.623*	0.034
是否为独生子女(1=是；0=否)	−0.718*	0.021
所就读的师范院校类型(1=985、211、双一流高校；2=普通一本高校；3=普通二本高校；4=大专院校)	0.512***	0.002
家庭所在地(1=城市；2=县城；3=乡镇；4=乡村)	0.635**	0.003
学校是否开设劳动课程(1=是；0=否)	0.056**	0.005
学校是否定期组织劳动实践活动(1=是；0=否)	0.061**	0.000
卡方统计量	72.521***	

注：*表示在 0.05 的水平上显著；**表示在 0.01 的水平上显著；***表示在 0.001 的水平上显著。

本研究进一步对影响职前教师劳动素养的因素做了回归分析，发现“性别”“是否为独生子女”“所就读的师范院校类型”“家庭所在地”“学校是否开设劳动课程”“学校是否定期组织劳动实践活动”等变量都与职前教师的劳动素养水平存在较为显著的相关影响(见表 4)。从回归分析结果可以看出，在所有自变量中，“性别”“是否为独生子女”“所就读的师范院校类型”“家庭所在地”等因素对高校职前教师劳动素养水平的影响较大。

四、研究结论

职前教师的劳动素养整体水平较高,具有较强的创新劳动意识,但同时也存在一些问题。

第一,职前教师在劳动观念、劳动精神、劳动品质与习惯维度的劳动素养整体较高,但是劳动能力素养相对薄弱。这说明职前教师能够深刻领会劳动的价值、养成良好的劳动习惯,但是具体的劳动实践不足。

第二,职前教师虽然具备较强的创新劳动意识,但他们的创新劳动能力较弱,对创新创业实践活动的参与度偏低。叶澜曾经指出,“教师是知识的创造者,教师劳动具有创造的特性”。[①]对高校职前教师而言,具备优良的创新服务意识是发展未来教育事业、培养新一代创新型人才的内在张力。

第三,职前教师劳动素养在性别、家庭所在地、所在学校类型、学科类别上存在显著差异。首先,女生的劳动素养显著高于男生。由于女生在生活习惯上比较喜爱整洁,因此,在日常生活劳动习惯养成的过程中培养出了较好的劳动品质与习惯。其次,根据家庭所在地的不同,职前教师的劳动素养以乡村地区最高,并以乡镇、县城、城市依次降低。说明现代化科技水平的发展在为人们的生活提供便利的同时,也在一定程度上限制了人们参与劳动的机会,从而影响了对劳动素养的培养。再次,学校层次水平高的职前教师,其劳动素养反而显著低于学校层次水平低的职前教师。这充分反映出高层次水平的师范院校,由于录取成绩要求更高,考入的学生必然要花费大量的时间和精力学习,这必然会影响到他们参与劳动实践。最后,自然学科类专业的职前教师的劳动素养显著高于人文社科类专业,艺术学科类职前教师的劳动素养最低。自然学科类专业动手实践的机会明显要多于人文社科,而艺术类专业强调培养学生的艺术技艺,日常学习与生活过程中涉及劳动实践的环节偏少。

第四,“性别”“是否为独生子女”“所就读的师范院校类型”“家庭所在地”“学校是否开设劳动课程”“学校是否定期组织劳动实践活动”等因素对职前教师的劳动素养水平都会产生影响,其中前四项因素的影响程度较强。这充分说明,要提高职前教师的劳动素养水平,需要学校、家庭、社会的共同协作努力才能实现。

五、对策建议

2021年,《中华人民共和国教育法》修订,明确把“劳”写入党的教育方针,而劳动素养是我国劳动教育的重要成果体现。师范生作为职前教师,肩负着为未来培养中小学生的神圣使命,职前教师的劳动素养是实现其自身全面发展的核心素养,更是为将来培养全面发展的人的必要条件。进入新时代,要树立“大劳动教育”观,协同学校、社会、家庭三方,多渠道、多方式开展劳动教育[②],努力提升职前教师的劳动素养水平。

1. 学校层面

第一,组织学校相关行政管理人员和专任教师学习国家劳动教育的指导精神,全面贯彻党的教育方针;成立专门的劳动教育组织机构,建立健全劳动教育组织实施的工作机制;加强劳动教育师资培养,聘请相关行业的专业人士担任劳动实践指导教师;组建由导师带队指导的创新创业团队,积极申报校级、省级以及国家级职前教师创新创业计划项目,探索劳动教育与创新创业有效融合的实践育人模式,提升职前教师的创新劳动能力。

第二,把劳动素养教育纳入人才培养方案。将劳动观念、劳动能力、劳动精神、劳动习惯和品质培养贯穿于人才培养全过程,有组织、有计划、系统性地进行职前教师劳动素养教育。尤其要为职前教师开

① 叶澜:《教育研究及其方法》,中国科学技术出版社1991年版,第11-16页。

② 夏永庚,崔佳丽:《实施“大劳动教育”:现实诉求、基本逻辑与路径选择》,《当代教育论坛》2020年第6期,第28-34页。

设与教学岗位相符的劳动教育课程，比如，将教育见习、教育实习等教学环节作为职前教师的必修学分，从而提升职前教师的教学技能。此次调查数据显示，60.82%的职前教师表示，学校目前还没有开设专门的劳动教育课程。

第三，积极组织职前教师参加社会实践活动。陈宝生曾指出："劳动教育具有鲜明的社会性，要求面对真实的生活世界和职业世界，以动手实践为主要方式，学会改造世界，在改造世界的过程中塑造自己，提升自身素养。"[①] 开展丰富的实践课程，能够在实践中培养学生的劳动精神和劳动技能。[②] 调查发现，23.82%的职前教师表示，所在学校没有定期组织学生参加社会劳动实践活动。鼓励和引导学生利用寒暑假参加下乡支教、公益劳动、志愿服务等社会实践活动，强化职前教师的社会责任感，帮助学生习得满足生活与生产需要的最基本的劳动知识与技能。

第四，将劳动素养教育纳入高校思想政治教育体系，积极引导职前教师树立正确的劳动价值观念。一方面，职前教师需要加强对马克思主义劳动理论知识的学习，深刻理解和领会马克思主义关于"劳动创造人""劳动促进人的全面发展"等观点，努力提高他们参加劳动实践、提升劳动能力的自觉性和主动性。另一方面，通过对马克思主义劳动政治理论的学习，正确理解"劳动是人类发展和社会进步的根本力量、劳动创造价值、创造财富、创造美好生活"的道理，能够引导职前教师树立"热爱劳动、崇尚劳动"的观念，培养积极踊跃的劳动意识，内植劳动精神。

第五，建立科学的劳动素养评价方案，对职前教师劳动观念、劳动能力、劳动精神、劳动习惯和品质等劳动素养发展状况进行综合评定。首先，师范院校应研发劳动素养监测评价平台，收集职前教师课内外劳动过程和劳动成果数据，建立评价模型，让职前教师从自己的劳动记录数据中不断强化热爱劳动的价值理念。其次，要将劳动素养考核成绩纳入学校评优、奖学金评定、学生干部选拔、推荐免试研究生等的必备条件，并且要将考核结果作为毕业依据之一，以体现对职前教师劳动素养的重视。最后，在评价方式上，要将过程性评价和结果性评价有机结合，建立教师、同伴、家长、服务对象、实习单位等他评方式，健全和完善学生劳动素养评价标准、程序和方法，发挥评价的育人导向和反馈改进功能。

2. 社会层面

第一，丰富和拓展劳动实践场所，实现基本条件保障。地方教育行政部门要统筹规划和配置劳动教育实践资源，满足学校多样化的劳动实践需求；充分利用现有综合实践基地、青少年校外活动场所，建立健全开放共享机制，特别是充分利用实习、见习学校的设施设备，为职前教师劳动实践提供服务；推动师范院校充分利用校内学习、生活有关场所，逐步建好配齐劳动技术实践教室、实训基地，丰富劳动教育资源。

第二，健全经费投入机制，加强协同配合。中央及地方政府要合理加大对师范院校劳动教育经费的投入，加快建设校内劳动教育场所和校外劳动教育实践基地，加强学校劳动教育设施建设，建立学校劳动教育器材、耗材补充机制。教育行政部门要明确负责劳动教育工作的内设机构和岗位职责，研究制订劳动教育工作专项规划，落实各项政策措施，吸引社会力量提供劳动教育服务。

第三，建立劳动素养教育督导评估与激励机制。首先，教育主管部门要加强对师范院校劳动教育实施情况的督查。把职前教师劳动素养测评纳入教育督导体系，完善督导办法。对学校劳动教育开课率、学生劳动实践组织的有序性、教学指导的针对性、保障措施的有效性等进行督查和指导。督导结果要向社会公开，作为衡量师范院校劳动教育质量和水平的重要指标，也作为对被督导部门和学校及其主要负责人考核奖惩的依据。其次，建立健全劳动教育激励机制。在国家级、省级教学成果奖励中，将劳动教育教学成果纳入评奖范围，对优秀成果予以奖励。依托有关专业组织、教科研机构等开展劳动教育经验交流和成果展示活动，激发学生实践创新的潜能和动力。积极协调新闻媒体传播"劳动光荣、劳动幸福"的价值观，大力宣传劳动教育先进学校、先进个人。

① 陈宝生：《全面贯彻党的教育方针大力加强新时代劳动教育》，《人民日报》2020年3月30日，第12版。

② 孙会平，宁本涛：《五育融合视野下劳动教育的中国经验与未来展望》，《教育科学》2020年第1期，第29-34页。

3. 家庭层面

家庭要培育辛勤劳动的家风,培养孩子热爱劳动的优良品德。孩子在家期间,家长应鼓励孩子从小锻炼独立生活的能力,让孩子掌握必备的生活劳动技能。家长要培养孩子掌握基本的劳动知识,指导他们正确使用常见的劳动工具,增强体力、智力和创造力,具备完成一定劳动任务所需要的设计、操作及集体合作能力。在日常生活中,无论男生还是女生,父母都要帮助他们养成良好的劳动习惯和品质。教导孩子能够自觉自愿、认真负责、安全规范、坚持不懈地参与劳动,形成诚实守信、吃苦耐劳、珍惜劳动成果的劳动品质。孩子在校期间,家庭要积极配合学校敦促孩子培养必备的集体生活能力和良好卫生习惯,独立处理个人生活事务,积极参加公益服务、下乡支教等社会实践活动,提高职前教师的劳动素养。

Evaluation of Pre-service Teachers' Labor Literacy and Analysis of Its Influencing Factors

—Based on an Empirical Survey of 1710 Pre-service Teachers

GAO Xinxiu[1,2], NING Bentao[1]

(1. Department of Education, East China Normal University, Shanghai, 200062;

2. College of Education, Lanzhou City University, Lanzhou Gansu, 730070)

Abstract: By constructing four structural dimensions in the evaluation model based on labor concept, labor ability, labor spirit, and labor habit and quality, this research has made evaluation of 1710 students from 6 normal universities. It has found that as students from normal universities as well as pre-service teachers, they generally have higher overall labor competencies, and strong innovation consciousness of labor, but weaker innovation practice ability; the level of labor ability in the four dimensions is relatively low; there exist significant differences in the level of labor competencies among gender, family location, school category and subject category. The labor competencies of pre-service teachers are mainly affected by "gender", "only child in the family", "type of normal universities", and "family location". In order to further improve the pre-service teachers' labor competencies, we should set up the concept of great labor education and strengthen the cultivation of labor competencies of normal university students from three perspectives of schools, society and families.

Key words: pre-service teachers, labor competencies, overall development, assessment model

创造型教师成长因素及影响过程
——基于22位情境教育名师的扎根研究

王玉娟

（南通大学 情境教育学院，江苏 南通 226019）

摘　要： 借助Nvivo10.0质性分析软件，对22位从情境教育中走出的名师进行扎根理论研究，结果表明：情境教育对名师的创造动机、创造性思维和创造性人格产生了深刻影响，其成长经历了摸索、研修、践行、创新四个时期。我们应基于创造型教师成长规律选择创造型教师的培养路径。摸索期应注重发现问题，引领方向；研修期应着力体验学习，拓展空间；践行期应强调实践反思，转识成智；创新期应关注环境支持，人文关怀。

关键词： 情境教育；创造型教师；扎根理论研究

情境教育是儿童教育家李吉林基于长期的探索与研究逐步创建起来的，是“我国素质教育的一面旗帜”[①]，被誉为扎根中国大地办教育的典范。通过言传身教，李吉林老师带动了一批中青年教师走上教育改革之路，“从某种意义上说，李吉林就是一所教师进修学校”。[②] 他们扎根于情境教育的丰厚土壤，并结合实际，锐意改革，形成独特的教学方法和教学主张。本研究以情境教育为例，用扎根研究的方法，力图探索创造型教师培养的“师徒传承模式”，以丰富、拓展创造型教师的成长路径。

一、研究方法

1. 样本选择与资料收集

本研究精选22位从情境教育走出来的名师为研究对象。其选择标准包括：其一，研究对象是在情境教育实践中成长起来的典型代表。其中包括李吉林的嫡传徒弟；也包括那些通过阅读李吉林著述了解情境教育思想，慕名而来求教的外校乃至外省市的教师。其二，研究对象均获得较为优秀的创新成果。我们将创新成果分为教学创新、科研创新。22位研究对象中15人获评江苏省特级教师，22人次在国家或省级教学大赛中获一等奖，21人次主持过国家级和省级课题，并提出了自己的教学主张。

学者将“善于吸收最新教育科学成果，将其积极应用于教学中，并且有独特见解，能够发现行之有效教学方法的教师”[③] 称为“创造型教师”。无疑，所选22位教师是创造型教师的典范。

作者简介： 王玉娟，南通大学情境教育学院研究员，博士，主要从事情境教育与教育基本理论研究。

① 柳斌：《再谈李吉林老师的“情境教育”》，《人民教育》2009年第9期，第32-33页。

② 杨九俊：《人生的意义——试说李吉林老师对教育的贡献》，《人民教育》2006年第19期，第38-40页。

③ 林崇德：《培养和造就高素质的创造性人才》，《北京师范大学学报（社会科学版）》1999年第1期，第5-13页。

2. 研究工具与编码过程

本研究借助Nvivo10.0软件,分析过程分为准备、编码、质性分析、整合四个阶段。准备阶段首先选择22位名师作为被访者,引导他们自述情境教育影响下的成长历程,查阅他们的自传式文章集《长大的儿童》,搜集他们发表的论文、论著和教学视频,然后辅之以半结构性访谈建立相应的"资料库"。编码阶段是扎根理论研究的关键部分,共有三级。一级编码时,把搜集来的原始资料都登录到Nvivo10.0软件上,悬置"偏见",以开放心态对材料进行逐字逐句分析编码,赋予概念,最后把相似概念聚集一起,概括出高级别的概念。Nvivo10.0软件允许重复编码,如果一句话有几层含义,可以编码几个"自由节点",便于充分挖掘原始文本的深层内涵。在质性分析阶段,研究者对编码确定出的自由节点进行归纳分类。在此过程中,自由节点被不断地综合、分类,与理论建构无关的编码将被抛弃,将与理论建构有关的自由节点结构化,这样形成若干个一级"树节点"。在整合阶段,针对创造型教师的成长历程,梳理出核心范畴,将核心范畴和其他范畴相结合,并在二级编码基础上形成"情境教育对创造型教师成长的影响因素"和"情境教育对创造型教师成长的影响过程"两个核心类属,由此建构出创造型教师成长因素和发展历程模型。模型中的每个因子均来源于原始材料,这就保证了整个研究过程的客观性和科学性。

此外,为了验证所得结论是否完善,研究者留存了1/5的文本资料,以便检验理论饱和度。结果表明研究结论已达到"信息饱和"。

二、创造型教师成长的因素分析

表1是对情境教育影响创造型教师成长因素的编码和概念提炼过程的举例。通过三个层次的编码,我们将情境教育的影响因素提炼为创造动机、创造性思维及创造性人格三个方面。

表1 创造型教师原始材料的编码、归类过程

	一级编码	二级编码	概念提炼
1	情境教育的深远影响和独特优势,李吉林个人取得成功,实践情境教育取得成绩、获得发展,热爱教育事业,热爱儿童……	外部动机 内部动机	创造动机
2	移植英语教学法,学习《文心雕龙》,数学教师揣摩语文课,"青年教师培训中心",到大自然备课,不喜随波逐流……	敏锐性 开放性 独特性	创造性思维
3	热爱生活,强烈的求知欲,充满好奇,带着想象备课,遇到问题不害怕,不甘愿平庸,相信自己……	好奇心 想象力 挑战性	创造性人格

从表1可以看出,22位名师的创造动机、创造性思维和创造性人格深受李吉林情境教育的影响,彰显出"师徒传承模式"的独特魅力。基于表1,可以建构出情境教育对创造型教师成长的影响模型(见图1)。

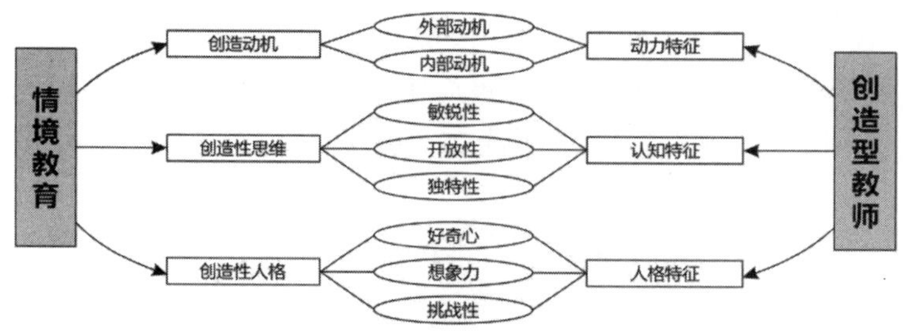

图1 情境教育对创造型教师成长的影响模型

1. 情境教育激发教师的创造动机

从事创造性教学需要全身心投入，没有强烈动机是难以持久的。情境教育之所以能促进创造型教师成长，首要原因就是它可以有效地激发教师的创造动机。

（1）引发创造的外部动机

1978年，李吉林开始探索情境教学，很快就因其方法独特和成效显著而引起广泛关注。江苏省南通市通州区实验小学校长王笑梅回忆求学生涯，印象最深的便是李吉林的一场报告带来的心灵震撼，立志“像李老师那样做最好的老师”。扬州市教研室教研员陈萍在泰兴师范学校读书时，亦醉心于李吉林做的一场讲座，立志“以李老师为目标”。毕业以后，她们不忘初心，砥砺前行，最终成长为江苏省特级教师。而在情境教育中取得的教学科研成果以及获得的荣誉奖励，又进一步增强了她们的成就动机，激发出更加高昂的教改热情。由于具有较为完善的理论体系和富有创意的操作策略，情境教育能诱发持久的外部动机，而这些外部动机常常可以内化为内部动机，并产生交互作用的“叠加效应”。

（2）启发创造的内部动机

内部动机是由个体兴趣、好奇心等内在需求而产生创造欲望的动力系统。所有创造型教师都对工作怀有极高热情。李吉林对情境教育的探索源于纯粹的、无功利的深情和责任感，即使获得全国基础教育特等奖第一名，也从未停下前行的脚步。在李吉林影响下，她的22位徒弟在教育探索之路上永不满足，持续努力，永葆学习的热情。

通过进修，李吉林的大多数徒弟取得本科学历，部分徒弟还获得了研究生学历。他们满怀对教育工作的赤诚，将情境教育视为一生的事业去追求。以李吉林最早的两位徒弟为例，施建平随李老师跟班学习两年，在李老师引领和支持下，“将自己的一生献给钟爱的教育事业”，把“情境作文”作为主攻方向，不懈奋斗，建构出较为完整的情境作文操作体系，成为江苏最年轻的特级教师、江苏人民教育家培养工程首批培养对象；吴云霞在全面学习情境教育后，将“情境德育”作为情境教育新的突破口，自己也成长为江苏省特级教师。正是这种来自灵魂深处的梦想与热忱，驱使他们开疆辟土，抒写着情境教育新的传奇。

2. 情境教育促进教师的创造性思维

创造性思维是以新的方法开拓新的领域并产生新的成果的心理活动过程。倘若没有创造性思维，再好的教师都不可能提出新的教学主张，更不可能创造出新的教学方法。情境教育对教师思维的敏锐性、开放性和独创性发展具有一定的促进作用。

（1）涵养思维的敏锐性

情境教育源于李吉林敏锐的洞察力，她大胆移植英语教学中的“情景教学法”，又从中国古典文论《文心雕龙》中得到灵感，认为“情以物迁，辞以情发”蕴含着客观世界与儿童情感之间的规律性联系，进而开始了情境作文的探索。这样的思维方式让她的徒弟受益匪浅，他们也在实践探索中不断寻找突破口，将情境教育理论应用到自己擅长的领域。如数学教师生家琦面对“情境语文”的教改浪潮，“主动向吴云霞老师请教，仔细观察、揣摩她的语文课，并在数学教学中尝试运用，有效提高了学生学习的积极性”，最终找到情境语文和数学教学的共通性，进而走上“情境数学”探索之旅。分析22位名师的访谈资料，可以发现他们不仅具有教改的敏锐性，而且具有学术的敏锐性。正是这种发现问题的敏锐性，使他们能迅速把握问题的本质，不断开拓新思路，使情境教育始终充满生机与活力。

（2）促进思维的开放性

情境教育想方设法开阔教师的眼界，促进思维的开放。李吉林创办了全省第一个以学校为基地的“青年教师培训中心”，并担任导师，为每位学员量身定制“个人成长计划”，培训内容丰富，包括练书法、画简笔画、读书、野外爬山和划船等；还从教育理论、教育科研、基本功等多方面对青年教师展开培训，经常与青年教师一同备课、听课，设计活动方案。融会贯通的知识结构和才艺有利于打开教师的视野，促进思维的开放。

“青年教师培训中心”虽然培训任务繁重，但李吉林老师根据年轻人的特点，采取生动的形式，不断转换读书上课的场景，给年轻教师留下了终生难忘的印象：“那是一个黄昏，我们一起来到江边，倾听惊涛拍岸的水声，眺望浩荡的江面，我们师徒在那里毫无顾忌地畅谈教学、畅谈人生。”“李老师不喜欢正式的方式，和她在一起就是随便聊聊，在聊的过程中我们能学到很多。”①宽松的培训情境营造了自由氛围，思维的视角被拓展，思维的空间变广阔，有效促进了开放性思维发展。

此外，情境教育打破学校与社会的区隔，关注教育与生活的链接，追求学科间的跨界融合，将学校这一有限的空间延伸到丰富多样的家庭和社会。情境教育本身所具有的开放性催生了教师思维的开放性。

(3)陶冶思维的独创性

李吉林积极借鉴西方教育学说，却不生搬硬套，她将古代文论“意境说”创造性地运用到小学教改之中，“真、美、情、思”相互激荡，使情境教育成为蕴含东方智慧的教改典范。在情境教育的熏陶中，“不喜随波逐流”成了她每位徒弟的座右铭，他们不轻信书本，更不盲从权威，而是崇尚创新，不断追求真理。王笑梅回顾：“在不断的实验探索过程中，我逐渐从一招一式的模仿过渡到自主领悟后的创造，直至逐渐形成了自己的风格。”摘得全国深化课堂教学改革评比一等奖的柳小梅老师也深有感触，“多种方法、方式都应试一试，就是不能老一套，要学会创新”。在博采众长的基础上成就创新，22位徒弟，就有22个教学主张和22种教学风格，情境教育呈现出一派新气象。

3. 情境教育影响教师的创造性人格

创造性人格是个体在创造性活动中表现和发展起来的人格特质，是创造型教师从事创造性教学的内在动力。这22位教师的好奇心、想象力和挑战性都受到情境教育的深刻影响，并在生动的教改实践中获得发展。

(1)激发教师的好奇心

旺盛的好奇心是创造的原动力，引导创造型教师探索未知，不断超越自我。李吉林已到耄耋之年，却依然保有一颗赤子之心，“总感到世界还是那样的美好，一切都是那么新鲜，仿佛是第一次看到”。正是这种强烈的好奇心，驱使她乐此不疲地坚守这片热土，寻找情境教育“美的彼岸”。受李吉林潜移默化的影响，她的徒弟都乐于挑战，喜欢探索日常生活中的特殊现象，并发现蕴藏其中的某些规律。如海门市东洲小学的祝禧发现语文教学中的“文化缺失现象”，鲜明地提出“文化语文”的教学主张，坚持以蕴涵民族文化的阅读课程培养儿童的精神气质。

(2)培养教师的想象力

情境教育倡导创设广远的意境，需要教师展开丰富的想象。童年时代的李吉林就充满幻想，望着斑驳的墙壁，会想象着一个穿着宽大袖子的和尚披着飘飘欲仙的袈裟；望着年画上的大白马，会想象着马儿走到哪里，经过一些什么地方。她的言传身教有意无意地影响徒弟的想象力发展。在2018年江苏省小学语文课堂教学观摩暨优课评选活动中，张洪涛凭借一节想象性语言训练课而荣获特等奖，捧回首届“李吉林语文教学奖”。问及获奖原因，他认为是李吉林老师的谆谆教诲：“备课时，李老师指导我要抓住关键词，想象课文的场景，想象儿童的学习状态，还要想象他们会遇到哪些困难。”李吉林希望每位徒弟都能“带着想象”去创设情境，将儿童带入宽阔的想象空间，还专门开发了想象性作文、观察想象说话课，成为情境教育的一道亮丽的风景线。

(3)锤炼教师的挑战性

情境教育探索是一条铺满荆棘的道路，培育了情境教育探索者坚韧的毅力、刚毅的性格和勇于挑战的勇气。曾获全国教学竞赛一等奖的杨川美，在回忆自己的芳华岁月时说：“在压力和挑战面前我从来没有任何紧张、惧怕和退缩。相反，我把任务和竞争当作了锤炼本领、展示才能、体现自身价值的机会和平台。”教改之路从来就是崎岖难行的，而他们勇于迎接挑战，敢于直面困难，乐于开拓创新，在不断历练

① 来自访谈资料，下同。

中实现人生蜕变。

三、创造型教师成长的过程分析

创造型教师的成长是一个不断学习、实践和创造的渐进过程。系统分析情境教育中走出22位名师的成长道路，我们发现，他们的成长没有捷径，更没有一步登天的奇迹，情境教育对教师成长的影响是一个动态的连续发展过程，创造型教师从最初走上讲台，到逐渐成熟，直至形成自己独特的教学风格，都经历了长时间多阶段的磨砺。纵观他们的发展历程，发现他们的成长轨道大致相似，都经历了如下四个阶段：

1. 摸索期

该阶段的教师通过一段时间的彷徨摸索，由于各种因缘机会而走进情境教育：或因工作中的困惑而求教于情境教育，或为了突破专业成长“高原期”而借力于情境教育，或被李吉林的学术成就吸引而研究情境教育，或尝试多种教改后最终选定情境教育。因为有过彷徨和摸索的深刻体验，一旦发现情境教育这座“富矿”，他们就会如饥似渴地学习和钻研。

2. 研修期

从语文情境教学的早期探索，到情境教育的系统建构，再到情境课程的精心开发，李吉林创建了一个以儿童为主体的原创性教育思想体系。为了掌握情境教育的精髓，22位徒弟在这一阶段不约而同地选择了情境学习，成为情境教育的“合法的边缘参与者”。他们大量阅读李吉林在不同时期出版的著作，聆听李吉林的讲座和报告，参与江苏省情境教育研究所、青年教师培训中心组织的各种教研活动，跟随李吉林一起备课、听课，开展课题研究。事实证明，对情境教育的理念和思想研修越全面，理解越深刻，他们的发展就越顺利，取得的成就也就越显著。

3. 践行期

多年的教改实验使李吉林深知“知易行难”的道理，她的带教始终强调“做中学”，认为“实践出真知”，鼓励徒弟大胆尝试，开展行动研究，并通过不断反思来提高自己的教学水平。在这个时期，多数教师将情境教育思想运用于某门学科的教学，如语文、数学、音乐、美术等，但也有少数教师选择了某门学科的某个领域深耕细作，如情境语文的识字教学、阅读教学、作文教学，情境数学的概念教学、计算教学以及应用题教学，努力探寻教学改革的新模式与新路径。通过李吉林的悉心指导，这些行动研究深化了他们对情境教育的认识，提高了他们驾驭教学改革的本领，为日后的教学创新夯实了基础。

4. 创新期

在情境教育思想的影响下，他们积累了极其丰富的课堂教学经验，形成教学智慧，不断将理念转化为行动，将经验升华为理论，并结合自己的个性特征，形成了各种独特的教学风格和教学主张，使情境教育进入了“百花争艳”的发展新常态。如今，祝禧的“文化语文”、王笑梅的“生命语文”、施建平的“情境作文”、周益明的“诗化语文”、张洪涛的“游戏作文”、生家琦的“数学情境教学”、顾娟的“通透情境数学”、黄美华的“音乐情境课程”、张宏云的“美术情境教育”等，都在江苏省内外产生了较大影响，形成了情境教育新生代名师群。

值得一提的是，将情境教育对创造型教师成长的影响过程分为上述四个阶段仅仅是为了研究方便，它们之间并无明显界限，有时还是相互交叉的，在前一时期往往就能看出后一时期的某些特征，后一时期也常常保留着前一时期的部分特征。探讨情境教育对创造型教师成长的影响过程，分析创造型教师成长的共同特征，从中概括出成长规律，有利于优化创造型教师的成长过程，促进创造型教师的专业发展。

四、创造型教师成长建议

根据情境教育对创造型教师成长的扎根理论研究,我们提出了一个涵盖四个阶段的创造型教师成长模型。并认为,只有依据创造型教师的成长规律设计培养路径,循序渐进地加以引导,才能有效促进教师创造力的发展。

1. 摸索期:发现问题,引领方向

李吉林说过,“情境教育的探索之所以能一步步展开,很重要的一点就是始终怀着对儿童无限的挚爱,使我能比较直觉地从弊端中,从反思中敏锐地发现问题,并提出问题”。[①] 摸索期的教师处于职业的迷茫时期,最重要的是激发创造动机,探寻成长方向。一要善于发现教学问题。一线教师既能发现教改进程中的新机会、新挑战,也会遭遇现行教育理论中的新难题、新矛盾,同时还要跳出日常教学的惯习。

二要培养教师对儿童发自内心的热爱。李吉林曾说过,“情境教学正是在对孩子的爱中,在一心想着让孩子发展得早一点、好一点、全面一点、充分一点的强烈愿望中,产生和发展起来的。倘若忘掉了孩子,那是怎样苦思冥想也想不出来”。[②]爱能产生创造,对儿童的热爱和对教育事业的赤诚是教师创造力发展的不竭源泉。

三要用心寻找人生路标。教改是“一场没有终点的旅程”,如果缺乏路标的引导,就会迷失前行的方向。适时寻找适合的教育专家作为人生路标,教育专家可以为教师指明教改的方向,坚定教改的信心,可为实现教改过程的最优化源源不断地注入正能量。

2. 研修期:体验学习,拓展空间

研究表明,在特定的创造性活动领域,获得足够的知识经验是在该领域做出杰出成就的必要条件。当教师经过摸索期的挣扎,有着浓厚的问题意识和求知欲望,应组织他们开展参加丰富多彩的研修活动。李吉林创办的“青年教师培训中心”逐步探索出基于问题、基于需求和基于体验的情境学习方式。首先,这种学习植根于任务情境之中。创造型教师培养不能脱离教师生活的真实环境,可设计一些与教学改革、个人成长息息相关的任务或问题情境,在具体真实的任务或问题情境中展示备课、上课和辅导的过程,使研修对象在亲身体验中掌握教学改革的真经要义。其次,参与是体验学习的主要方式。体验学习尊重教师的原有经验,鼓励他们通过头脑风暴加强研讨,将知识传授转变为经验分享,将被动听课转变为主动参与,将自我研修转变为同侪互助,“名师领航、抱团发展”在某种程度上也反映了创造型教师成长的普遍规律。再次,体验情境学习以任务为中心,而不是以专家为中心。李吉林一贯反对“洗脑”和模仿,反对预设和控制,倡导“顺其天性而教之”,鼓励推陈出新。她总是视徒弟为自己事业的合作伙伴,平等地参与徒弟们的研修活动,和大家一起研讨如何更好地创新。这种“去中心化”的师徒角色既保证了研修对象的充分参与,又激发了他们的创造性,对我们构建成长共同体很有启示。

3. 践行期:实践反思,转识成智

俗话说:“师傅领进门,修行靠个人。”通过第二阶段的研习,多数教师已经具备较高的理论修养,应引导他们躬身实践,鼓励各种不同的教改尝试。近年来,基于课例研究的校本教研日益得到关注,除了扎扎实实地抓好研讨课、观摩课,常常通过各种公开课、评优课的磨炼促使年轻教师崭露头角。当然,投身实践并非盲目尝试,一味苦干,其关键是能否打破“路径依赖”。“路径依赖”如同经典力学中的惯性现象,如果我们顺利实现了某一路径选择,就会透过积极的收益递增与持续的自我强化而形成依赖性。[③]这种心理机制使一些教师满足于熟练的教学方式,得意于成功的教学经验,却在不知不觉中压缩了自己的发展空间,毁灭了教学的创造性。打破“路径依赖”,不断否定自我,强化教学反思,透过坚持不懈的反

① 李吉林:《挚爱鼓起创新的风帆》,《中国教育报》2006年8月28日,第4版。

② 李吉林:《情境教育三部曲(一)》,教育科学出版社2013年版,第174页。

③ North, D. C: *The Contribution of the New Institutional Economics to an Understanding of the Transition Problem*, WIDER Annual lectures. 1997, p. 1.

思转识成智，这个过程虽然是痛苦的，却是自我超越的前提。李吉林一再强调反思，每隔一段时间她就要停下来总结一下，“情境教学一步步的发展，就是一次次反思的结果。我在反思中顿悟，情境教学在反思中发展。一个实际工作者，没有反思就没有顿悟”。① 这里的反思既包括贯彻自己教学生涯的纵向反思，也包括跳出自我、研究他人长处的横向反思；既有教改经验的整理概括，也有教改模式的揭示提炼。创造型教师的成长秘诀就是实践并反思，唯有通过反思，才能真正地更新教育理念，踏上不断挑战和超越自我的征程。

4. 创新期：环境支持，人文关怀

创造型教师的成长是主体与环境相互作用的结果，只有营造积极的支持性环境，才能有效地促进创造力发展。处于第四阶段的教师已经相对成熟，他们积累了较为丰富的教改经验，形成了自己的教学主张，最重要的是营造宽松环境，以更人性化的关怀激励他们潜心探索，在坚持不懈的教学改革中书写人生华章。其一，建设专业性的教师社群。教师专业社群是指由教师和校外专家、校内同事乃至学生家长组成的群体，他们基于民主平等原则进行真诚的专业对话，进行批判性反思，探索教学改革的思路和方法。创造性教学固然可以激发教师的教改激情，但这种激情也很容易损耗枯竭，这就需要在社群中寻求帮助。在情境教育发源地——南通师范第二附属小学，教师的成长从来不是个人的事情，高校教授、特长家长和李吉林所在的专家组组成教师专业社群，并经常进行对话交流。其二，培育合作性的教师文化。教师文化是在教育职场中形成的独特价值观、思想信念、职业操守及行为准则。如果教师群体集思广益，配合默契，其创新想法就容易实现，而团队及教师彼此之间的相互支持，又能促进教师产生新招妙招，形成激励创新的文化环境。其三，加强人性化的创新关怀。当下多数学校采取刚性化管理，等级严明的科层架构和严格控制的管理制度扼杀了教师的创新发展。有些教师因学校对创新的漠视，感受不到创新努力被承认，导致丧失内在动力。因而，为了促进创造型教师成长，学校管理部门首先要营造自由民主的创造氛围，倡导教师的首创精神，释放他们的教改激情，让包容和想象力无限延伸，尊重差异，欣赏创造，使其教学活动不断焕发出创新活力。

Influencing Factors and Process of Creative Teachers' Growth

—Grounded Research Based on 22 Famous Teachers of Situational Education

WANG Yujuan

(School of Education, Nantong University, Nantong Jiangsu, 226019)

Abstract: By means of the qualitative analysis software of Nvivo 10.0, a grounded theoretical research was conducted on 22 famous teachers who were experienced at situational education. It has shown that situational education has had a profound impact on creative motivation, creative thinking and creative personality of these famous teachers, and their growth has experienced four periods of exploration, training, practice and innovation. We should choose the training paths for creative teachers based on their growth rules. In the exploration period, we should focus on discovering problems and guiding the direction for their development; in the training period, we should focus on experiential learning and expanding space; in the practice period, we should emphasize practical reflection and transfer knowledge into wisdom; in the innovation period, we should focus on environmental support and humanistic care.

Key words: situational education, creative teachers, grounded theory

① 李吉林：《情境教育三部曲（三）》，教育科学出版社 2013 年版，第 57 页。

我国幼儿园教师评价制度实施的现状与对策
——基于14省市19区县的实证调查

朱园飞[1]，陈 鹏[1]，赵孟笛[1]，李永智[2]

（1. 上海市师资培训中心，上海 200234；2. 上海市教育委员会，上海 200001）

摘 要：学前教育是基础教育的基础，幼儿园教师评价的有效性、科学性和创新性是提高学前教育质量的关键。课题组在我国14个省市的19个区县幼儿园调查发现，当前的评价以园长、园内考核为主体，评价主体和形式相对单一，评价内容看重教师的奖项、课题科研论文等“成果”，仍有教师没有参与过任何评价，评价的效果反馈和结果运用不强。因此，幼儿园教师评价改革的突破点在于：关注区域差异，完善幼儿园教师评价制度；强调儿童本位观，创新师德师风评价的指标与方式；减少评价指标，突出教师保教行为的情境性与示范性；发挥评价的激励功能；健全园外及第三方机构等评价主体队伍的建设与参与机制；增强评价结果的反馈及应用。

关键词：幼儿园教师；评价制度；评价实施；评价反馈

2018年9月，习近平总书记在全国教育大会上指出，要“深化教育体制改革，健全立德树人落实机制，扭转不科学的教育评价导向，坚决克服唯分数、唯升学、唯文凭、唯论文、唯帽子的顽瘴痼疾，从根本上解决教育评价指挥棒问题”。①2020年10月，中共中央国务院印发《深化新时代教育评价改革总体方案》，提出“幼儿园教师评价突出保教实践，把以游戏为基本活动促进儿童主动学习和全面发展的能力作为关键指标”的重点任务。②2022年2月教育部发布的《幼儿园保育教育质量评估指南》明确了幼儿园教师队伍评估指标和考察要点，为地方健全幼儿园保教质量评估体系提供了规范引导和科学导向。

受到教育评价特别是幼儿评价风向标的影响，各地现行的幼儿园教师评价考核，在一定程度上存在

基金项目：本文系教育部教师工作司委托课题“中小学（幼儿园）教师考核评价改革研究”（项目编号：JSSKT2019013）、上海市人民政府决策咨询研究教育政策专项课题“破除‘五唯’与构建更加科学合理的教育评价机制研究”（项目编号：2019-Z-R08）的研究成果。

作者简介：朱园飞，上海市师资培训中心助理研究员，博士研究生，主要从事教育评价、心理测量与创造力研究；陈鹏，上海市师资培训中心助理研究员，硕士，主要从事教育评价与教师教育研究；赵孟笛，上海市师资培训中心助理研究员，主要从事教师教育与幼儿园教育研究；李永智，上海市教育委员会副主任，博士，主要从事教育管理与教育信息化研究。

① 中华人民共和国教育部：《习近平：坚持中国特色社会主义教育发展道路 培养德智体美劳全面发展的社会主义建设者和接班人》，载教育部官网：http://www.moe.gov.cn/jyb_xwfb/s6052/moe_838/201809/t20180910_348145.html，最后登录日期：2019年10月8日。

② 中华人民共和国中央人民政府：《深化新时代教育评价改革总体方案》，载中华人民共和国中央人民政府官网：http://www.gov.cn/zhengce/2020-10/13/content_5551032.htm，最后登录日期：2020年10月13日。

“重视智力教育，轻视德体美劳教育；重视知识传授，轻视幼儿自主学习；重视结果评价，轻视过程评价”[①]“缺少游戏材料，教学活动小学化”[②]等问题，造成一些幼儿园教师压力过大、负担过重，难以适应学前教育高质量发展的新要求。2011 年以来，经过连续三期行动计划，我国学前教育已经实现了基本普及目标，迈入全面普及和高质量发展的新阶段，迫切需要加强幼儿园保教质量评估。教师作为履行幼儿园保教工作职责的专业人员，从教师主体视角开展评价研究，对深化教育评价改革、提高幼儿园保教质量有十分重要的作用。那么，教师对现行的教师评价制度及实施情况的整体感知如何？教师评价制度及实施的效果怎样？改革的突破点有哪些？本文尝试重新审视教师评价的价值理念、内涵领域、主体方式和反馈应用等，为深化新时代学前教育教师评价机制改革提供典型经验和决策参考。

一、我国幼儿园教师对评价制度的整体感知

为了确保调研结论的科学性和有效性，本次调研的参与教师通过多阶段分层整群随机抽样的方式产生。首先，按照我国东中西的区域划分方式，根据各区域内省市数量分布情况，选取东部（上海市、江苏省、浙江省、广东省、辽宁省）、中部（江西省、河南省、安徽省）和西部地区（云南省、新疆维吾尔自治区、重庆市、贵州省、青海省和西藏自治区）共 14 个省市。第二步，在入选的区域内至少随机选取 1 个区（县、州）。第三步，在入选城市中随机抽取至少 1 所幼儿园。最终，共抽取 14 个省份 19 个区（县、州）的 19 所幼儿园。通过纸质问卷调查、访谈等方式开展调查，所有专任教师及园长均受邀参与本次调研，实际参与调研的教师和园长共计 753 名（实际发放纸质问卷 890 份，回收率 84.6%），其中东部 317 名、中部 109 名、西部 327 名。数据统计分析采用 SPSS24.0，通过描述性数据统计、差异性数据统计等进行分析，并对不同区域的教师之间进行差异检验。

基于政策文本分析和一线园长、教师的访谈，在调查问卷中设计相应题目，通过教师们选择的最重要的三项指标，了解其对各类考核评价制度中重点考察内容的整体感受和认识（见表 1）。

表 1 幼儿园教师对考核评价制度中重要考核指标的感知与态度（%）

考核评价制度 \ 考核指标	幼儿的安全与健康	幼儿认识世界的兴趣和能力	幼儿的行为习惯	幼儿的同伴关系与解决困难的能力	幼儿的运动兴趣和习惯	学历学位	教龄	职务	专业称号	进修情况	课题及教科研论文	各类奖项	日常保教活动	交流协作及团队意识	对特殊幼儿的关心和个别化指导	所教内容无小学化倾向
师德师风	44.0	13.6	22.3	5.9	6.8	2.5	4.0	2.8	5.7	4.6	5.7	10.5	48.0	33.9	53.0	19.1
常规年度绩效	64.8	16.8	35.3	11.1	9.2	4.9	12.7	11.8	11.4	3.0	15.6	24.9	47.4	10.5	4.2	5.3

① 金日勋：《幼儿教育小学化倾向的表现、原因及解决对策》，《学前教育研究》2011 年第 3 期，第 41-42 页。

② 卢迈，方晋，杜智鑫等：《中国西部学前教育发展报告》，《华东师范大学学报（教育科学版）》2020 年第 1 期，第 105-106 页。

（续表）

考核指标 / 考核评价制度	幼儿的安全与健康	幼儿认识世界的兴趣和能力	幼儿的行为习惯	幼儿的同伴关系与解决困难的能力	幼儿的运动兴趣和习惯	学历学位	教龄	职务	专业称号	进修情况	课题及教科研论文	各类奖项	日常保教活动	交流协作及团队意识	对特殊幼儿的关心和个别化指导	所教内容无小学化倾向
教师资格定期注册	18.7	5.2	7.6	4.2	5.6	54.0	49.9	25.9	21.2	27.8	10.8	13.3	26.1	6.3	3.5	3.7
职务/职称/岗位等级晋升	11.7	3.9	5.4	3.0	1.6	25.8	44.8	20.5	29.9	27.8	42.4	44.7	20.6	7.3	1.9	2.0
评优评先	27.8	6.9	10.1	4.8	3.9	6.0	14.7	10.2	30.2	12.2	33.0	52.6	36.6	22.9	11.1	4.0
新教师见习期后评价	53.6	19.1	34.2	11.3	8.4	6.1	2.9	2.0	3.2	15.1	4.9	14.3	55.7	33.8	12.6	8.8
教师在职培训评价	16.5	12.4	16.6	11.3	8.5	15.8	7.5	8.7	14.5	52.7	23.7	21.5	31.3	18.2	12.2	8.9

1. 师德师风评价聚焦幼儿日常表现及学习情况，东中西部教师无显著差异

在接受调查的教师中，53% 的教师认为“对特殊幼儿的关心和个别化指导”对评价师德师风最重要，48.0% 的教师选择“日常保教活动”，44.0% 的教师选择“幼儿的安全与健康”。经差异分析和比较后发现，东中西部教师之间无显著差异，教师与园长的看法也无显著差异（P>0.05）。

在当前教育教学环境下，教师感知到的对师德师风的考核主要聚焦在幼儿与教学工作上，教师其他专业境界或修养的行为指标（如体现专业性的进修情况和体现示范性的交流与协作等）并不是教师和园长认为最重要的师德师风考核指标。

2. 常规年度绩效考核主要关注幼儿成长，东中西部教师之间差异显著

教师认为，“幼儿的安全与健康”（占比 64.8%）、“日常保教活动”（占比 47.4%）和“幼儿的行为习惯”（占比 35.3%）是常规年度绩效评价中最重要的三项指标。

表 2 不同区域教师在交流协作及团队意识上的差异①(%)

范围	分类	不重要	最重要	缺失	χ^2
区域类型	东部	91.5	6.9	1.6	35.13**
	中部	72.5	23.9	3.7	
	西部	86.9	8.9	4.3	

值得注意的是，中部教师在“幼儿的安全与健康”“日常保教活动”选择上与东西部教师一致，同时认为“交流协作及团队意识”也是最主要的评价依据，并且中部显著高于东部和西部。也就是说，相对于东部和西部教师，中部教师更加看重教师间相互协作和交流的意愿及表现(见表 2)。

将教师的选择与园长的作答进行对比后发现，除“幼儿的安全与健康”和“日常保教活动”两项指标之外，园长还把“各类奖项”列入了最重要的前三项考核指标。相比较而言，园长比教师更看重奖项，而教师更关注的是幼儿安全、健康和行为习惯及日常教学。

3. 教师资格定期注册，东部重进修、中部重日常教学、西部重资历

54% 的教师选择“学历学位”、49. 9% 的教师选择“教龄”和 27. 8% 的教师选择“日常保教活动”作为教师资格定期注册考核评价中最重要的三项指标。

表 3 不同区域教师在资格定期注册评价上的差异②(%)

评价内容 / 区域类型	学历学位	教龄	日常保教活动	幼儿的安全与健康	进修情况	专业称号
东部	47.4	49.0	26.5	17.3	38.2	16.7
中部	61.3	30.2	52.8	53.8	8.5	12.3
西部	58.5	58.2	15.6	7.1	23.8	29.4
χ^2	60.94***	103.33***	184.04***	327.50***	111.57***	86.50***

如表 3 所示，东、中和西部教师的选择存在显著差异。东部教师认为，“教龄”“学历学位”和“进修情况”是最重要的三项考核指标，中部教师则认为“学历学位”“幼儿的安全与健康”和“日常保教活动”是最主要的三项考核指标，西部教师把“学历学位”“教龄”和“专业称号”看作最主要的考核指标。特别是在“进修情况”指标上，东部(占比 38. 2%)显著高于中部(占比 8. 5%)和西部(占比 23. 8%)($P<0.001$)；在“教龄”和“专业称号”上，西部(占比 29. 4%)显著高于东部(占比 16. 7%)和中部(占比 12. 3%)($P<0.001$)。相对于西部教师，东部教师更重视通过进修来提升专业发展，中部教师更加关注幼儿和日常教学，而西部教师更看重资历。与园长的选择进行对比分析后发现，园长比教师更看重“进修情况”在教师资格定期注册中的重要性($P<0.001$)。

4. 职务职称晋升评价看重教龄、奖项以及课题科研论文，东西部有差异

如表 4 所示，教师认为“教龄”(占比 44. 8%)、“各类奖项”(占比 44. 7%)、“课题及科研论文”(占比 42. 4%)是教师职务晋升评价中最重要的前三项指标。东、中和西部教师的回答与教师的总体情况一致，园长与教师无显著差异。但在“教龄”指标上，西部(占比 54. 8%)显著高于东部(占比 36. 0%)和中部(占比 43. 9%)($P < 0.001$)。其中在“各类奖项”和“课题及科研论文”选项上的比例，中部教师显著高于

① **表示变量在 1%水平显著，***表示变量在 1‰ 水平显著。因篇幅所限，所有表格不呈现教师类型、区域类型、评价形式以及评价内容的全部数据，仅呈现有显著差异的分类(其余指标作省略表格处理)。

② 此题为多选限选题，每个选项(如学历学位、教龄等)是否存在东中部的差异，在做卡方检验时均采用了加权方法，下同。

中部和西部教师(P<0.001)。

表4 不同区域教师在职务职称晋升评价上的差异(%)

区域类型＼评价内容	教龄	各类奖项	课题及科研论文
东部	36.0	46.4	45.8
中部	43.9	52.3	48.6
西部	54.8	39.8	36.3
χ^2	82.96***	60.53***	63.64***

5. 评优评先评价上，东部重课题、论文和专业称号，显著高于中部和西部

"各类奖项"(占比52.6%)、"日常保教活动"(占比36.6%)和"课题及科研论文"(占比33.0%)是教师认为评优评先进考核中最重要的指标。东部、中部和西部教师存在显著差异(见表5)。

表5 不同区域教师在评优评先评价上的差异(%)

区域类型＼评价内容	各类奖项	日常保教活动	课题及科研论文	专业称号	幼儿的安全与健康
东部	52.6	37.1	40.6	39.0	17.4
中部	60.2	46.3	14.8	12.0	64.8
西部	50.0	32.6	31.6	27.6	25.3
χ^2	29.14***	36.78***	63.28***	69.70***	186.63***

东中西部教师一致认为"各类奖项"是评优评先考核中最重要的指标。对于另外两项指标，东部教师在课题及科研论文(占比40.6%)和"专业称号"(占比39.0%)上显著高于中部和西部(P<0.001)；而中部教师则更重视"幼儿的安全与健康"(占比64.8%)和"日常保教活动"(占比46.3%)，两个选项比例均显著高于西部和东部。与园长的回答进行比较后发现，园长与教师在教师评优评先考核中最重要的前三项指标上看法一致。

6. 新教师见习期后评价，东部与中西部教师间存在显著差异

教师认为，"幼儿的安全与健康"(占比53.6%)、"日常保教活动"(占比55.7%)、"幼儿的行为习惯"(占比34.2%)以及"交流协作及团队意识"(占比33.8%)是新教师见习期后评价最重要的指标。

表6 不同区域新教师在见习期后评价上的差异(%)

区域类型＼评价内容	幼儿的安全与健康	日常保教活动	幼儿的行为习惯	交流协作及团队意识
东部	49.2	58.6	37.5	24.8
中部	74.3	65.3	21.8	43.6
西部	51.1	48.9	35.1	40.1
χ^2	74.24***	55.86***	49.86***	62.27**

从表6可见，中部和西部教师总体看法一致，东部与中西部存在显著差异。东部教师把"幼儿的行为习惯"看作最重要的三项指标之一。在该项比例上，东部(占比37.5%)显著高于中部(占比21.8%)和

西部(占比35.1%)。相比之下，中部和西部教师则更加看重“交流协作及团队合作意识”在新教师见习期后评价的重要性。

7. 教师在职培训评价，东中西部之间，以及园长与教师之间存在显著差异

表7 不同区域教师在职培训评价上的差异(%)

区域类型＼评价内容	进修情况	日常保教活动	课题及教科研论文	对特殊幼儿的关心和个别化指导	学历学位	各类奖项	专业称号
东部	54.2	35.9	29.7	10.1	13.7	26.5	10.1
中部	71.4	26.7	15.2	29.5	38.1	3.8	11.4
西部	44.7	28.3	20.8	8.2	10.2	22.7	20.1
χ^2	61.86***	18.23**	28.11***	87.49***	116.74***	56.39***	31.93***

在表7中，“进修情况”(占比52.7%)、“日常保教活动”(占比31.3%)和“课题及科研论文”(占比23.7%)是教师认为在职培训评价中最重要的前三项指标。东中西部教师在最重要的三项考核指标上的看法存在显著差异。东部地区教师(占比29.7%)比中部(占比15.2%)和西部地区教师(占比20.8%)更看重课题及科研论文；中部地区教师比东部和西部教师更看重“学历学位”(占比38.1%)和“对特殊幼儿的关心和个别化指导”(占比29.5%)；西部教师比东部和中部教师则更看重“专业称号”(占比20.1%)。园长的看法与教师总体一致，但相比教师，园长更加重视对教师“交流协作及团队意识”方面的考核。

二、我国幼儿园教师评价制度的实施情况

教师评价制度的实施，主要调查了评价制度与评价内容中的评价主体、评价频率以及评价方式。

1. 园长和园内考核部门是最为重要的评价主体

(1)不同评价制度中的评价主体差异不大

在不同评价考核制度中，园长、园内考核部门和上级行政主管部门都是教师选择最多的前三项评价主体。其次是园所外个人或机构，该主体在教师职务晋升和在职培训评价中具有一定参与度。

表8 各类考核评价制度中评价的主要主体(%)

考核评价制度＼评价主体	上级行政主管部门	园所外个人或机构	园长	园内考核部门	其他教师	教师本人	家长或社区人员
常规年度绩效评价	41.8	9.4	60.2	82.1	21.9	20.1	7.4
教师资格定期注册	72.9	29.9	34.0	47.3	4.4	15.5	4.4
职务(职称)、岗位等级晋升评价	64.8	21.8	47.3	68.1	15.7	9.4	1.9
评优评先	28.7	6.8	51.9	81.8	49.9	12.7	5.0
新教师见习期后评价	28.7	7.0	56.4	67.6	49.3	19.8	4.4
师德师风评价	22.0	13.9	42.2	71.8	43.6	19.4	32.4

（续表）

考核评价制度＼评价主体	上级行政主管部门	园所外个人或机构	园长	园内考核部门	其他教师	教师本人	家长或社区人员
教师在职培训评价	46.9	28.7	40.6	64.7	22.7	21.6	3.3

由表8可见，在师德师风评价、评优评先以及新教师见习期后评价上，幼儿园教师选择频次最多的三项评价主体均是园内考核部门、其他教师和园长。在常规年度绩效评价、教师资格定期注册考核、职务(职称)岗位等级晋升评价以及在职培训评价中，幼儿园教师选择频次最多的三项评价主体均是园内考核部门、园长和上级行政主管部门。

与其他各类型考核制度相比，同行评价在评优评先中具有一定参与度和话语权；园所外个人或机构在教师的职务岗位晋升评价和在职培训评价中相对具有一定参与度和话语权。

(2)不同评价内容中的评价主体差异不大

在政治素养、师德师风、教育教学、教学研究和专业研修五个方面对教师开展评价频次最高的主体是园长和园内考核部门。

表9 不同评价内容中评价的主体(%)

评价内容＼评价主体	上级行政主管部门	园外个人或机构	园长	园内考核部门	其他教师	教师本人	家长或社区人员	无
政治素养	60.7	36.6	55.7	62.4	26.9	35.3	15.7	2.2
师德师风	30.7	19.7	56.4	63.7	40.3	50.3	36.1	1.6
教育教学	30.3	21.8	51.1	73.5	39.7	44.3	20.6	1.1
教学研究	47.8	34.2	46.6	64.1	21.2	28.6	7.8	4.2
专业研修	39.4	31.6	48.5	59.3	31.4	35.4	9.1	4.0

如表9所示，按平均频次看，园内考核部门(占比64.6%)、园长(占比51.7%)和上级行政主管部门(占比41.8%)是频次最高的评价主体；而园外个人或机构(占比28.8%)、家长或社区人员(占比17.9%)是频次较少的评价主体。

从评价内容看，分别有4.2%和4.0%的教师反映所在幼儿园缺少对教育教学研究和教师专业研修的考核评价，这两部分内容包含课题、课程、职后培训、带教或被带教以及协作情况等。师德师风考核的评价主体相对多元化，尤其是其他教师(40.3%)和家长或社区成员(36.1%)参与比例比其他评价内容高。

(3)评价主体参与度与频率最高的是园内考核部门，有部分教师从未接受过评价考核

调查显示，园长(占比78.7%)、园内考核部门(占比74.6%)和教师本人(占比72%)作为评价主体对本园教师进行评价的“每年两次或更多”频率最高，“园所外个人或机构”(占比55.1%)是评价频率最低的评价主体，还有近10%的教师表示从未接受过这些主体的评价，其中18.5%的教师表示从未接受过“园所外个人或机构”的考核评价(见表10)。

表 10 不同评价主体的评价频率(%)

评价频率 评价主体	每年两次或更多	每年一次	每两年一次或更少	从未有过
上级行政主管部门	59.9	25.7	3.7	10.7
园所外个人或机构	55.1	20.9	5.5	18.5
园长	78.7	14.6	4.8	1.9
园内考核部门	74.6	19.6	5.0	0.8
指定的带教教师	65.9	15.1	3.9	15.1
其他教师	61.5	23.5	4.7	10.2
教师本人	72.0	19.2	3.2	5.6
家长或社区人员	66.6	18.4	4.0	11.0

2. 教师反思小结和专业评测是最常用的评价方式

各类评价制度的评价方式和评价方法主要包括教师成长档案袋、教师反思小结、领导面谈、教师座谈/互评、幼儿访谈/家长调查、教育教学活动观察、教师专业评测、公开课汇报、述职汇报等。

表 11 教师接受过的评价方式(%)

评价方式 考核评价制度	教师成长档案袋	教师反思小结	领导面谈	教师座谈/教师互评	幼儿访谈	家长调查	教育教学活动观察	教师专业评测	公开活动汇报	述职汇报
常规年度绩效	46.3	68.8	26.3	46.5	17.6	45.1	59.6	43.5	47.7	28.6
教师资格定期注册	40.6	30.0	16.1	17.7	6.2	15.1	24.4	55.3	10.0	16.5
职务(职称)、岗位等级晋升	41.4	41.1	31.6	34.3	10.7	17.5	36.2	58.0	25.3	26.3
评优评先	29.4	32.4	29.7	50.4	10.6	23.4	47.7	41.1	29.3	19.2
新教师见习期后	30.3	51.9	31.4	40.9	14.4	25.2	46.1	36.3	30.2	7.6
师德师风	24.5	48.0	24.9	52.0	34.3	57.8	29.2	31.1	15.4	12.4
教师在职培训	33.5	49.2	24.3	32.9	9.6	13.7	39.2	47.3	25.7	18.0

调查数据显示，教师反思小结(占比 45.9%)、教师专业评测(占比 44.6%)、教育教学活动观察(占比 40.3%)和教师座谈/互评(占比 39.2%)是教师经常性考核制度中最普遍使用的评价方式。幼儿访谈(占比 14.8%)、述职报告(占比 18.4%)和领导面谈(占比 26.3%)等方式则使用最少。

由表 11 可见，不同类型教师考核制度侧重有所不同。常规年度绩效评价侧重于教师过程性的专业提升，包括重视通过教师成长档案袋(占比 46.3%)和促进教师之间相互交流与协作的公开活动汇报(占比 46.5%)；师德师风评价重视通过家长调查(占比 57.8%)采集家长对教师的看法和意见；评优评先和新教师见习期后评价会特别重视通过领导面谈为教师提供个别化的指导和咨询；职务晋升、教师资格定期注册和教师在职培训评价考核，则既采集教师表现性的过程证据，如教师成长档案袋和教育教学活动观察，还同时采用专业测评的评价方式等。

从区域分布看，在教师成长档案袋、教师反思小结、家长调查和教育教学活动观察的使用上，东部均显著高于中部和西部；尤其在使用教师成长档案袋上，东部教师的比例（占比 48.3%）显著高于中部（占比 20.0%）和西部（占比 26.7%）；在教师反思小结上，东部教师的比例（占比 55.5%）显著高于中部（占比 33.8%）和西部（占比 37.9%）；在教育教学活动观察的采用上，东部教师比例为 49.2%，显著高于中部（占比 28.2%）和西部（占比 37.9%）。对教师教学素养的评价，东部地区比较侧重于收集教师过程性的证据，如“教师成长档案袋”和“教育教学活动观察”等，而西部地区则侧重于结果导向，如“教师专业测评”等。

三、我国幼儿园教师评价制度实施的效果反馈

1. 评价后基本都会反馈，但西部显著低于中部和东部

调查显示，81.5% 的教师在上年度开展教师考核评价后，获得过评价效果的反馈。差异性检验发现，幼儿园教师在评价后获得反馈上存在区域差异（$P<0.001$）。62.9% 的西部地区教师报告在评价后获得过反馈，该项比例显著低于中部的 89.2% 和东部的 96.1%。

2. 评价后的反馈对改进教育教学工作有不同程度的影响

表 12 反馈对改进教育教学工作的影响程度(%)

维度	教育教学工作内容 \ 影响程度	无积极影响	积极影响较小	积极影响一般	积极影响较大
幼儿指导	对幼儿年龄特征的把握	0.7	1.3	12.8	85.2
	对幼儿的理解与关注	0.3	1.3	12.0	86.3
	对幼儿发展水平的了解与把握	0.5	1.2	15.4	82.9
保育知识	对教材的理解和把握	0.5	3.6	21.5	74.5
	对一日活动中保育的认识与把握	0.5	1.0	14.2	84.3
	对家园共育的认识与把握	0.3	2.4	15.9	81.4
教育与评价能力	保教活动组织能力	0.7	2.9	15.7	80.8
	班级管理能力	0.7	2.7	16.8	79.8
	使用信息技术的能力	0.8	7.8	24.3	67.1
	分析和评估幼儿发展水平的能力	0.3	3.5	16.7	79.5
	通过分析评估调整自己保教行为的能力	0.5	1.2	14.7	83.6

表 12 显示，教师所获得的反馈对教学工作改进产生的影响主要体现在幼儿指导、保育知识以及教育与评价能力三个维度上。幼儿指导维度包括“对幼儿年龄特征的把握”“对幼儿的理解与关注”及“对幼儿发展水平的了解与把握”，超过 95% 的教师认为反馈对幼儿指导的改进产生了积极影响。保育知识维度由“对教材的理解与把握”“对一日活动中保育的认识与把握”和“对家园共育的认识与把握”构成，超过 95% 的教师认为反馈对教育教育知识的改进产生了积极影响。教育与评价能力维度由“保教活动组织能力”“班级管理能力”“使用信息技术的能力”“分析和评估儿童发展水平的能力”和“通过分析和评估调整保教行为的能力”构成，约 90% 的教师认为反馈对教育与评价能力的改进产生了积极影响。

教师认同评价对促进教师信息技术能力有积极影响的比例显著低于其他(P<0.001)。

按区域比较后发现，评价反馈在对三个维度工作改进的积极影响程度上差异显著，事后多重比较发现，西部教师显著低于东部和中部教师(P<0.001)(见表13)。教师的教龄、学历和职称等变量对评价效果的影响不显著。

表13 不同区域的幼儿园教师评价反馈对教学工作改进的影响

维度	区域类型	n	M±SD	F
幼儿指导	东部	317	3.93±0.23	
	中部	109	3.91±0.25	43.37***
	西部	327	3.61±0.55	
保育知识	东部	317	3.90±0.26	
	中部	109	3.80±0.23	47.03***
	西部	327	3.53±0.59	
教育与评价能力	东部	317	3.89±0.26	
	中部	109	3.76±0.26	60.27***
	西部	327	3.48±0.60	

3. 强调对评价结果的运用，形成以评价促发展的意识

评价结果运用在促进教师专业发展上发挥积极作用，从而影响教师专业提升。在促进教师专业发展上，激励、赋能于教师的评价要比问责、增加教师负担的评价更有效。①

表14 幼儿园教师评价结果的运用水平(%)

维度	评价结果运用	作用很大	作用一般	作用很小	没有作用	缺失
发展激励	为教师专业发展活动提供指导性建议	69.2	20.8	5.0	2.4	2.5
	提供额外的在职专业发展机会	56.7	26.4	8.1	5.3	3.5
	对工作岗位、职责进行调整	55.0	31.9	5.4	3.2	4.5
	提供学历提升机会	47.5	25.2	9.6	13.3	4.4
	提供改进工作的培训机会	60.3	24.2	8.6	3.6	3.3
	参加必修课程培训	58.6	26.4	8.1	2.9	4.0
表彰奖励	提高教师工资水平	54.4	28.3	6.6	7.3	3.3
	影响教师晋升	62.4	23.2	6.0	4.0	4.4
	为教师提供其他激励	60.3	27.0	4.6	3.5	4.6
	荣誉称号的授予	64.1	22.8	6.9	2.3	3.9
责任承担	短期内取消评优、晋升资格	50.7	26.7	7.4	10.5	4.6
	降聘/转岗	48.5	24.4	8.6	13.1	5.3
	停薪/停职	47.8	20.3	8.8	17.3	5.7
	见习期考核未通过	52.1	20.5	6.8	14.7	6.0
	取消教师资质	45.6	18.1	7.4	22.3	6.6

① 徐瑾劼:《反馈对上海教师教学改进的影响——基于对TALIS 2018数据的分析》,《全球教育展望》2020年第8期,第106-116页。

评价结果的运用包括教师发展激励、表彰奖励和责任承担三个方面。在表14中,教师发展激励中选择"为教师专业发展活动提供指导性建议""作用很大"的比例最高(占比69.2%);表彰奖励中选择"荣誉称号的授予"的"作用很大"的比例最高(占比64.1%);责任承担中选择"见习期考核未通过""作用很大"的比例最高(占比52.1%)。

表15 不同区域幼儿园教师对评价效果的认知差异

维度	区域类型	n	M±SD	F
发展激励	东部	314	3.65±0.56	
	中部	107	3.44±0.57	43.82***
	西部	318	3.17±0.74	
表彰奖励	东部	314	3.59±0.67	
	中部	107	3.49±0.57	11.07***
	西部	318	3.35±0.65	
责任承担	东部	314	3.31±1.05	
	中部	107	3.25±0.73	18.75***
	西部	318	2.84±0.98	

教师在对评价效果的认识上存在区域差异。东部地区教师对评价结果在发展激励、表彰奖励和责任承担上作用的肯定程度显著强于中部和西部地区教师(P<0.001),西部地区教师的肯定程度显著弱于中部和东部地区教师(P<0.001)。评价结果对责任承担的作用显著弱于其对教师发展激励和表彰奖励上的作用,东中西部区域间的差异不显著。

从各区域内部的差异看,东部地区教师更加肯定评价对促进其专业发展的效果。表15显示,教师认为评价对发展激励产生的作用显著强于评价结果在表彰奖励(P<0.05)和责任承担上的作用(P<0.001);中部地区的教师认为评价对发展激励和表彰奖励上的作用强度不存在显著差异,但在对责任承担上的效果强度显著低于前两个方面的作用(P<0.001);西部地区教师则认为评价结果对表彰奖励的作用显著强于其在发展激励和责任承担上的作用(P<0.001)。

四、我国幼儿园教师评价制度实施的启示与对策

评价制度及实施如何改进?67.1%的幼儿园教师认为评价方式方法是目前评价工作中最需要改进的地方,47.7%的教师认为应该改进评价反馈与结果,41.9%的教师建议调整评价内容,还有21.6%和10.2%的教师分别选择了改变评价主体及评价流程。因此,我们应结合学龄前儿童的身心发展规律与特点、学前教育的特点以及不同区域的现实情况,在幼儿园教师评价制度改革上寻求突破点。

1. 因地制宜,推进幼儿教师评价制度的完善与实施

针对东中西部明显的区域差异,改革的突破点在于幼儿园教师职后考核评价中的因地制宜,对"症"下药。西部地区应增强对教师评价的重视程度,规划评价周期;突出"过程性"和"表现性"评价导向,加强"教师成长档案袋""教师反思小结""家长调查"和"教育教学活动观察"等评价方式的运用;强化评价反馈对教师的激励引导作用。中部地区应强化"发展性"教师的评价导向,适当降低对学历背景的关注,重点关注教师职后提升保教能力的努力程度和改进过程,支持教师自我诊断、自我完善、自我提升。东

部地区应将对研究型教师的培养落实在教师对日常保教工作的自我诊断、反思和改进等方面，弱化对教师课题和科研论文的依赖；重视教师培养培训效果评价，充分发挥评价的诊断、改进和激励功能。

2. 丰富评价主体，健全幼儿园教师评价主体的队伍建设与参与机制

教师评价制度主要由教育行政部门自上而下制定，并决定评价内容和评价的具体操作，在此过程中，仅仅将教师看成评价与管理的对象，评价者和被评价者双方缺乏应有的互动和反馈。[①] 当前校内考核部门、园长和教师本人是最主要的评价主体，而园外个人或机构是评价参与度最少的评价主体。同时，仍有相当比例的教师从未接受过园外个人或机构的评价。园内同行评价的参与度也不高，尽管教师座谈或互评已被广泛运用于教师经常性评价考核中，但是教师参与频率仍然偏低。

评价制度应普及所有教师，可吸纳园内外专业评价人员与机构，建立一支尊重学前教育规律、熟悉幼儿园保育教育实践、事业心责任感强、相对稳定的专业化评估队伍，如此将有助于提升教师评价的科学性和有效性，全面提高幼儿园保育教育水平。

3. 强化儿童本位观，创新师德师风评价的指标与方式

师德师风是教师评价的第一标准。师德师风评价应关注全体幼儿的兴趣发展、身体发展、合作能力及问题解决能力发展等指标，如“幼儿的安全与健康”“日常保教活动”“幼儿园的行为习惯”等。在家长调查、教师互评、教师反思的同时，重视通过不少于半日的连续自然观察等方式，了解教师与幼儿互动的情况，以及幼儿身心发展的实际状态，准确判断教师对促进幼儿学习与发展所做的努力与支持，全面、客观、真实地了解幼儿园教师履行职业道德规范的成效。也就是说，师德师风考核应突出儿童本位观，注重幼儿发展指标，创新评价方式，从而促进幼儿全面发展。

4. 优化评价指标，评价方式突出保教行为的情境性与示范性

教师考核评价制度中普遍采用了多元、多维度聚焦的评价方式，但是仍需要加强评价方法的制度化、规范化和示范样本化。幼儿园教师评价更需要从质量上关注评价方式的运用，进一步优化评价指标。因此，建议精简评价的指标和要求。在聚焦多元评价方式的基础上，需进一步在评价方法上提供专业支持，从区域层面认真总结教师评价工作的典型经验和经典案例，并推广具有科学性和示范性的评价样本。通过提供具体的教师保教行为案例、教育智慧发生的具体情境，帮助教师对照反思自身的保教观念和行为，从而将原则性的、描述性的评价指标转化为教师可以学习、吸收的评价量规。

5. 增强评价结果反馈，发挥幼儿园教师评价的及时激励功能

反馈已成为促进教师专业发展，进而影响其教学改进的重要杠杆。[②] 整体看来，幼儿园教师评价制度缺乏激励机制，问责性的评价指标还较多；评价结果对教师专业发展和对绩优教师奖励的作用显著强于其对教师惩罚性绩效上的作用；评价反馈后，教师对幼儿指导、幼儿评价、教学能力等工作实践的改进效果显著高于对保教知识的促进。

因此，幼儿园教师评价应加强激励引导，增强评价后反馈的及时性和针对性，强调将评价结果作为教师表彰奖励、绩效分配、骨干培养等工作开展的重要依据，积极营造有利于幼儿园教师专业发展的良好氛围。尤其是应围绕各项规划、政策、项目的实施进展、质量和成效，结合教师不同职业发展阶段的专业发展诉求，建立动态监测评估机制[③]，及时反馈，充分发挥评价的激励作用。同时，还可以结合时代特点，发挥信息技术的助推作用[④]，建立教师队伍发展的大数据平台，不断提升幼儿园教师评价的效率。

① 李子江，张斌贤：《我国教师资格制度建设：问题与对策》，《教育研究》2008 年第 10 期，第 43-46 页。

② 徐瑾劼：《反馈对上海教师教学改进的影响——基于对 TALIS 2018 数据的分析》，《全球教育展望》2020 年第 8 期，第 106-116 页。

③ 卢迈，方晋，杜智鑫等：《中国西部学前教育发展情况报告》，《华东师范大学学报（教育科学版）》2020 年第 1 期，第 97-126 页。

④ 中华人民共和国教育部：《教育部等六部门关于加强新时代乡村教师队伍建设的意见》，载教育部官网：http://www.moe.gov.cn/srcsite/A10/s3735/202009/t20200903_484941.html? pc_hash=lxhuF3，最后登录日期：2020 年 8 月 28 日。

总而言之,通过健全幼儿园教师评价制度及有效的实施,应当能够为幼儿园教师减负,让幼儿园教师知道为什么做、做什么、怎么做。① 改变评价标准和评价方式以及及时反馈评价结果是最直接、最有效的方法,能够让教师评价发挥出最大的作用,进而不断提高学前教育的质量。

The Problems and Countermeasures of Kindergarten Teachers' Evaluation System: Based on an Empirical Survey in China

ZHU Yuanfei[1], CHEN Peng[1], ZHAO Mengdi[1], LI Yongzhi[2]

(1. Shanghai Teacher Training Center, Shanghai, 200234;
2. Shanghai Municipal Education Commission, Shanghai, 200001)

Abstract: The preschool education is the basis of primary education. The effectiveness, scientificity and innovation of kindergarten teachers' evaluation are closely related to the success of modernization of education in China. Having surveyed kindergartens in 19 districts and counties in 14 provinces, this study has found that the current evaluation mainly focuses on the performance of the principal and some teachers in the kindergartens, and thus, the main subject and form of the evaluation are relatively simple. The evaluation content tends to emphasize the "achievements" of teaching awards and the journal articles published. There are still some teachers who have not participated in any forms of evaluation, and the feedback of the evaluation and the application of the results are far from being satisfactory. Therefore, the key points of the evaluation reform exist in the following aspects: to pay attention to the regional differences and improve the evaluation system for teachers; to strengthen the children-based thinking, and to innovate the indicators and methods of the evaluation of teachers' ethics; to decrease the number of evaluation indicators and to highlight the situational and exemplary nature of teachers' behavior; to enhance the incentive function of evaluation; to improve the team construction and participation mechanism of evaluation subjects outside the kindergartens; and finally, to enhance the feedback and application of evaluation results.

Key words: kindergarten teachers, evaluation system, implementation of evaluation, feedbacks of evaluation

① 朱家雄:《给幼儿园教师"松绑"》,《教育家》2019 年第 19 期,第 4-5 页。

课堂生态观照下的师生互动研究:本源、历程与走向

杨 伊[1],王 昀[1,2]

（1. 上海师范大学 教育学院,上海 200234; 2. 上海师范大学 学校办公室,上海 200234）

摘 要: 课堂生态是微观教育生态学的一个部分,教育生态学作为教育学的分支,对于研究者从微观分析课堂教学过程产生了深刻的影响。在教学层面最为显著的就是对师生互动的关注:师生互动是生态观照下的教学存在形式,是生态课堂的价值理念与诉求,也是课堂生态研究的重要取向。我国的师生互动研究可分为三个发展阶段:互动意识的觉醒与互动研究的起步,互动本质的探讨与课改思想的贯彻,教育技术的介入与研究内容的深化。今天,要实现高效的互动,进而在我国建构真正的生态课堂,我们仍需以提升互动质量和效率为研究目标,由宽泛的探讨聚焦微观要素的研究,以整体思维把握要素间复杂的关联,在开放的环境中兼顾有机体与环境因素。

关键词: 课堂生态;生态课堂;师生互动

不论是广义还是狭义的课堂都具有生态性,课堂生态的主体是教师和学生。依据课堂生态观,教师与学生既是不同的个体,又是在不断相互作用、相互适应的整体。教师并非单向地"塑造"学生,而是师生彼此留下印记。基于课堂生态的核心内涵,没有互动就没有课堂,师生之间的共变与共生赋予教学生命力。在课堂生态的观照下,师生互动在我国走过了漫长的研究历程,每一个阶段都是生态课堂的美好愿景与教学实践的现实诉求之间的不断协调和交融。

一、师生互动:生态课堂的本质溯源

教育生态学是运用生态学的原理和方法来研究教育现象的科学①,课堂生态研究则是借用生态学的原理和方法研究课堂现象。② 从研究的定位上,课堂生态是教育生态系统的一个具体的层面,除此之外,教育生态系统广泛地涵盖了全国、地方、学校等不同层面。相比之下,课堂是较为微观的,范国睿将其归为"微观教育生态学"的一个部分,微观教育生态学意在研究学校生态环境、课堂生态环境及其对个体行为和教育教学的影

项目基金: 本文系国家社科基金青年项目"基于师生互动多模态数据库的教师话语研究"(项目编号:21CYY017)、上海市晨光计划项目"基于多模态语料库的小学语文教师话语水平提升路径研究"(项目编号:21CGA52)、中国博士后科学基金第70批面上资助项目"师生互动中教师话语水平提升策略的多模态分析"(项目编号:2021M702199)的研究成果。

作者简介: 杨伊,上海师范大学教育学院师资博士后,主要从事课程与教学基本理论、教师话语研究;王昀,上海师范大学学校办公室副主任,上海师范大学教育学院博士研究生,主要从事课程与教学论、教育技术学研究。

① 范国睿:《教育生态学》,人民教育出版社2000年版,第19页。

② 孙芙蓉:《试论课堂生态研究的几个基本问题》,《教育研究》2011年第12期,第59-63页。

响。[①]虽然课堂生态学作为专门的研究领域在我国起步较晚,但是教育生态学研究已有40余年。1975年,我国台湾学者方炳林撰写了第一部教育生态学著作《生态环境与教育》,将"生态"引申为生物彼此的关系以及生物与环境的关系,尤其重在"关系",强调彼此交互作用的关系。[②]"生态"概念引入教育,无疑为研究者打开了一扇窗。随着越来越多的研究者投入教育生态学的探索,课堂教学中的各类问题都不断受到生态学方法的观照。

1. 课堂生态的内涵及哲学基础

所谓课堂生态(classroom ecology),从内部构成出发,可理解为"课堂中生命体和课堂环境相互作用而形成的综合体"。[③]基于这一认识,课堂生态的研究对象就是课堂内的有机体与其周围环境的相互关系,课堂生态系统是基本的研究单位。有研究者聚焦于宏观的教育生态,认为课堂生态是教育生态中最重要的组织形式,是一种特殊的生态,是生命系统与环境系统在特定的空间——课堂中的组合体。不论是从宏观还是从微观解读,课堂生态系统都包含作为有机体的人和周围的环境,并且都指向一种动态关系,这其中蕴含课堂与生态系统之间形态结构和功能运转体系的类比。在提到课堂生态时,与之相辨析的另一个核心概念是生态课堂,生态课堂就是将课堂隐喻为一个相对独立的生态系统,运用生态学的原理和方法进行教育教学研究。[④]生态的核心内涵是"关联",课堂生态是指向课堂要素关联关系的客观中立的表述,而生态课堂则是符合生态学价值理念和诉求的课堂形态,生态课堂是课堂生态的终极追求,生态课堂建构的哲学基础正是生态哲学。

传统的课堂受机械论的支配,被视为孤立、封闭、机械运转的实体,学校成了工厂,教室自然就成了车间和作坊,学生则成了原料和产品。[⑤]教学过程是一个机械化操作的劳动过程,而最终的教学成果就是将学生加工成规格统一的人:横向忽视个体的差异,纵向未观照学生的整个人生。课堂与外界相互隔绝,不仅不能置于社会系统中探讨,而且阻断了与教育系统中各个层次的联系。在机械论支配下,教学过程就是主体对客体的改造,客体失去了主动性,课堂也就失去了对话的基础。与之相对的,生态哲学则将课堂视为一个生态系统,认为整体大于部分之和,整体决定子系统的意义。具体到系统内部,生态哲学重视各部分之间的联系,既包括生物体之间的联系,又包括生物与环境之间的联系,系统内部的信息交换以及不同子系统间的信息交换频繁发生。以此为哲学基础透视课堂,课堂不是独立学习的群落,而是时刻发生互动的共同体;不是封闭的环境,而是时刻发生物质、能量和信息流动的动态开放系统。

2. 生态课堂的互动本质

我国学者将课堂的生态特征概括为整体性、协变性和共生性。[⑥]所谓整体性,是课堂所有要素的内在统一性,其中师生是课堂生态的主体,人的情绪等与环境、氛围是不可分割的。协变性则是一种要素的变化引起另一种要素的协同变化,其中师生之间的协变性最值得关注。共生性则特指师生之间的共生关系,所谓"互利共生""教学相长"都是共生关系的意蕴所在。类比生态系统中的子要素,有研究者认为"建立在知识基础上的教师和学生是生产者和消费者的关系"[⑦],但这种关系又不是绝对的,教师是知识的"加工者",同时也是知识的"消费者",还是学生积极建构信息的指导者。从上述特征可以看到,教师与学生显然是课堂生态的核心关切。

首先,师生互动是生态观照下的教学存在形式。从本质上讲,课堂教学是师生协变、共生、创造的过程,没有师生之间的互动,就没有教学的发生。相比传统机械论支配下的教学过程,生态哲

① 范国睿:《美英教育生态学研究述评》,《华东师范大学学报(教育科学版)》1995年第2期,第83-89页。

② 方炳林:《生态环境与教育》,维新书局1975年版,第8页。

③ 孙芙蓉:《健康课堂生态系统研究刍论》,《教育研究》2012年第12期,第77-83页。

④ 吴晗清,孙目:《生态学视域下"生态课堂"的构建》,《教育理论与实践》2017年第2期,第3-6页。

⑤ 岳伟,刘贵华:《走向生态课堂——论课堂的整体性变革》,《教育研究》2014年第8期,第99-106页,第134页。

⑥ 李森:《论课堂的生态本质、特征及功能》,《教育研究》2005年第10期,第55-60页,第79页。

⑦ 徐陶,彭文波:《课堂生态观》,《教育理论与实践》2002年第10期,第37-40页。

学凸显了人的主观能动性，其他的诸如物理环境、心理氛围等则是与人共变共生，时刻发生着复杂的相互作用。

其次，师生互动是生态课堂的价值理念与诉求。生态课堂追求的是师生的合作与共生，人不是知识的容器，而是期待获得发展的鲜活生命。生命具有完整性和自主性，人与人之间必然有复杂的关联，这种关联不是简单的知识授受关系，而是无时无刻不在发生的多元、多级、多向、多层次和多维度的互动关系。

最后，师生互动是课堂生态研究的重要取向。国外有学者认为，当我们要从复杂的课堂现象中理出头绪时，学习观察的生态学观点关注的是互动的过程。[①]基于上述观点，“生态”本身就体现为互动。我国学者总结了课堂生态研究的三种取向，即整体性取向、互动性取向和平衡性取向[②]，其中互动性取向就是把课堂互动作为特殊的社会互动，从角色上划分，包括师生互动和生生互动；从人数上划分，包括个体与个体、个体与群体、群体与群体。可以说师生互动是课堂生态研究的重要关切，师生互动研究一直在课堂生态的观照之下。不论师生互动研究的视角如何变化，对这一主题的关注本身就是对互动价值的肯定，更是对课堂生态系统中人的价值的肯定。

二、互动研究：从意识觉醒到热点聚焦

教育生态学作为教育学的分支，不仅把新的研究思路、方法和原理引入了教育学，而且对于研究者从微观上分析课堂教学过程产生了深刻的影响。师生如何以信息为纽带实现课堂生态环境的动态平衡，正是我们在生态学视域下研究师生互动的核心关切。20世纪末，师生互动研究逐渐走入了国内学者的视野，之后的30余年，从“关注师生互动”到“以师生互动为视角”，直至今日成为一个生命力极强的热点研究领域，其研究范式、研究内容都在不断突破。因此，总体上讲，师生互动研究始终立于课堂生态观照之下，大致走过了三个发展阶段。

1. 20世纪末：互动意识的觉醒与互动研究的起步

随着教育生态学研究的持续深入，课堂生态越来越受到学界关注，师生互动研究进入起步阶段。20世纪末，有学者开始从心理学、社会学等视角探索师生互动，并且研究的话语权被高校和科研院所牢牢掌握。从某种程度上讲，这暗含了我国师生互动研究“理论觉醒先于实践”。作为一个刚刚兴起的研究领域，处于萌芽期的师生互动研究凸显了四个问题。

首先，研究范式以思辨为主，揭示了信息的“单向流动”。20世纪末，以师生互动为主题公开发表的期刊论文仅有20余篇，且绝大多数停留于经验总结的层面，仅有两项研究进行了相对科学的课堂观察或教学实验，结合实证研究的思想。一项针对小学五年级14个班的28节课的课堂互动观察，数据呈现了“学生的课堂由教师主宰”[③]这一顽疾。另一项针对初二年级5个班100节数学课的量化研究发现，教师的言语表达方式导致了学生两极分化。[④]两项实证研究都从不同的角度发现了“教师是课堂生态主体”这一现实问题，即教师所掌握的信息定向流向学生，而阻断了学生的思考与反馈。尽管在相当长的一段时间里达到了表面的“稳定”，但实际上与理想的课堂生态相去甚远。

其次，借邻近学科相关理论，探索应然的主体关系。在师生互动研究早期，社会学和心理学就成为两个关键的视角。譬如，为了寻找偏见的根源，以“晕轮效应”阐释师生互动，进而认为教师应对所有学生一视同仁；有研究者建议教师合理应用“归因与期待效应”[⑤]，建立民主、协调的师生关

① Van Lier, Leo, Approaches to Observation in Classroom Research: Observation from an Ecological Perspective, *TESOL Quarterly*, Vol. 31, no. 4(1997), pp. 783-87.

② 黄远振，陈维振：《课堂生态的内涵及研究取向》，《教育科学研究》2008年第10期，第48-50页。

③ 伍宁：《课堂教学时空构成的社会学分析》，《教育研究与实验》1996年第2期，第63-68页。

④ 沈贵鹏：《师生课堂口头言语互动研究》，《教育科学》1997年第1期，第23-25页。

⑤ 王耀廷：《谈师生互动过程的“晕轮效果”》，《河南师范大学学报（哲学社会科学版）》1991年第1期，第83-85页。

系,促进学生学业成就提高;[①]还有研究者从社会心理学的角度将课堂互动模式分为直接双向互动、间接双向互动、直接多向互动和间接多向互动四种模式。[②]总体上来说,师生互动是一个教育问题,但在当时我国教育学理论尚不完善、社会学和心理学理论相对成熟的背景下,早期的研究者一面援引社会学或心理学的研究成果,力求对师生互动做出科学化的解释,一面以社会学或心理学为视角解构互动过程,不失为一种有效的研究思路。

再次,师生互动研究呈现明显的"教学分离"现象。课堂生态力求用系统的、整体的视角去把握课堂,师生互动不是简单的"主客体"关系,而是互为主体的关系。关于师生互动的研究带有明显的"教师中心"的意蕴,这是传统的教学观在研究中的折射和表达。绝大多数研究最终都落脚于"教"的策略,极少提及"学"的问题,似乎只要教师单方面掌握了互动的"要点",就一定可以完成高质量的师生互动。虽然部分研究引入心理学理论,但仅限于研究成果的机械移植,并没有真正应用学习相关理论解决"学"的问题,学生学习的机制也没有得到充分的关注。

最后,课改思想的萌芽已有展露。20世纪末,传统教学的弊端不断暴露,教师权威不断遭到质疑和冲击,课堂生态表面的"稳定"与"平衡"隐藏的却是内部的不平衡和动荡,生命体与生命体之间的互动关系受到了空前的关注,"互动研究"发端的背后正是学生主体地位的确立。有研究者认识到学生的充分成熟是高层次师生互动的关键,要把握学生的认知结构与接受心理,把教学内容与学生的现有知识经验、生活实际紧密联系起来,使教的内容自然而然地转化为学生主动探求的内容。[③]也有研究者将情感领域与认知领域并列为沟通的两个重要领域,故建议教师在教学中关注情感投入。[④]这些思想虽然未成体系,但这是旧的教育理念运行到一定阶段必然的反思,也可以说互动意识的萌芽为课改思想自上而下的贯彻做了重要的准备。

2. 2001—2007年:互动本质的探讨与课改思想的贯彻

师生互动研究会受到教育政策、教育观念、教育技术等方面的影响。1999年我国发布了《中共中央国务院关于深化教育改革全面推进素质教育的决定》,其中明确要求教师"要与学生平等相处,尊重学生人格,因材施教,保护学生的合法权益"。2001年发布的《国务院关于基础教育改革与发展的决定》对于素质教育的实践有了更进一步的指导,2001年6月印发的《基础教育改革纲要(试行)》正是对上述两项决定的贯彻落实,要求教师与学生积极互动、共同发展。三份文件都不同程度地强调学生主体性的解放。以政策的发布为标志,21世纪我国教育领域开始了一场自上而下的彻底改革。随着学生地位的提升,"积极互动、共同发展"成为教学过程中的明确需求,师生互动的研究不断升温。

第一,中小学一线教师作为课堂生态系统中的重要生命体,开始参与互动研究。据中国知网记载,与2000年相比,2007年该领域的研究数量已有了质的飞跃。同时,2000年以前发表的该主题的文章主要出自高校和科研院所,而在这一阶段,超过1/4的文章来自中小学教师的研究。研究者的角色决定了研究视角,进而影响研究内容。一线教师的参与意味着研究不再是立于生态系统之外向内观望,而是课堂生态的主体积极参与生态课堂的建构。

第二,具体到内容,这一阶段集中探讨了师生互动的定义、内涵、特征等基本问题。以2001年作为本阶段的开端,除政策因素外,叶子和庞丽娟合作完成的论文《师生互动的本质与特征"》发表于《教育研究》2001年第4期,开启了师生互动研究走向深化的新阶段。研究突破了对系统要素的静态分析,转而关注系统的动态性,要从深层挖掘师生互动与师生关系的性质、形成过程、影响因素和机制等。[⑤]在此基础上,有研究者从课堂生态

① 沈贵鹏:《教学中的归因与期待效应》,《外国中小学教育》1993年第2期,第17-19页。

② 李虹:《课堂师生互动模式及其社会心理学分析》,《齐齐哈尔大学学报(哲学社会科学版)》1998年第6期,第53-56页。

③ 张桂敏,李进:《论课堂教学情境中的师生互动》,《山东教育科研》1996年第5期,第21-23页。

④ 梁威:《初中生数学学习障碍研究及教学对策》,《教育科学研究》1996年第5期,第19-22页。

⑤ 叶子,庞丽娟:《师生互动的本质与特征》,《教育研究》2001年第4期,第30-34页。

环境所呈现出的各种相对平衡的运行机制入手，以生命体之间的基本关系为依据，分出师权型师生互动、生权型师生互动和平等型师生互动三种基本类型。①此类思辨研究为该主题的深入推进解决了根本的理论基础问题。

第三，新课改思想全面渗透。新课改启动以来，随着学生地位的提高，教学不再是教师单方面的事情，而是师生共同的交往过程，教学成为“一种交往活动，一种沟通与合作现象”②，现代教学的开放性、社会建构性、多重主体性和交互主体性得到了彰显。师生互动是课堂教学活动的核心，师生互动研究全面展现了课改思想。随着“自主学习”“合作学习”“研究性学习”的提出，师生互动研究从单向型到双向型再到复合型转变，研究者意识到现代教学方法呼唤一种“师生、生生、师师之间的多变互动”③，这意味着传统课堂向生态课堂又迈进了一步，复杂的生态关系已经为研究者所关注和知晓。探讨师生之间的互动机制必须置于复杂的课堂环境中，以生态哲学为视角来重新观照。

3. 2008 年至今：教育技术的介入与研究内容的深化

课堂生态的结构除了人的因素，还有环境的因素，环境系统的质变必然引发互动研究的转向。因此，以 2008 年为进入第三阶段的标志的一个重要原因，就是互联网作为生态系统中的“非生命体”引起了广泛关注。在 2008 年互动主题的高被引的文献中，出现了多篇教育技术主题的研究，这既是研究质量本身的飞跃，又显示出人们对“技术”介入课堂生态的普遍认可。笔者拟选择两条脉络，在动态中把握师生互动研究的进程。

第一条脉络正是以技术发展为动因，分析师生互动研究的变化。这一阶段，课堂教学经历了由“利用技术进行互动”到“新学习方式下建立新的互动形式”，将技术要素引入课堂环境，重建新的课堂生态。发表于 2008 年的《信息化教育研究中的新内容：互动关系研究》是一项有标志意义的研究。研究者富有前瞻性地指出，互动关系是信息化教育研究的新内容，并将师生互动按照媒体类型、时间特征进行了详尽的分类。④最初信息化对课堂生态的影响主要集中于两个方面：一是多媒体作为新要素，丰富了认知途径；二是互联网的发展使教学摆脱了面对面实时互动的束缚，生态课堂所倡导的互动有了新的呈现形式和载体。关于多媒体这一全新要素，有研究者关注多媒体互动与传统互动的整合，提出“有效的多媒体课堂教学需伴随积极有效的互动，使教师和学生真正积极参与教学过程中”。⑤随着互联网的飞速发展，翻转课堂进入了研究者的视野，之后移动学习、混合学习等新的学习方式在教育研究领域掀起了波澜，师生互动面临着一次重要的变革和转型。2014 年，叶冬连等人发文探讨了新的学习模式下的师生互动，研究结果表明，翻转课堂的参与式教学模式在理论课教学中能有效提升师生互动效果和教学效果。⑥近年来，对技术支持下的师生互动探讨更加深入，如今，大数据时代新型师生互动关系的建构引起了研究者的广泛关注，师生交往已经从线性、预设的模式转化为非线性、互动的模式。⑦大数据时代的生态课堂仍旧依赖于有效的师生互动，需要思维方式的转变、学习方式的变革和教学模式的同步革新。

另一条发展脉络是对师生互动本质探讨的不断聚焦。师生互动在 21 世纪初大致形成了几种标准和类型，随着研究的全面深化，一方面，研究者关注的问题更加聚焦和明确：李琼、施克灿采用师生交往互动问卷（Questionnaire on Teacher Interaction，缩称 QTI）对北京市 4848 名中小学生与其班主任交往的风格类型进行了实证研究；⑧叶子、

① 傅维利，张恬恬：《关于师生互动类型划分的研究》，《教育理论与实践》2007 年第 5 期，第 29-32 页。

② 袁维新：《教学交往：一个现代教学的新理念》，《上海教育科研》2003 年第 4 期，第 4-9 页。

③ 谢香云：《师生互动对教学方法改革的影响》，《教育评论》2004 年第 1 期，第 64-67 页。

④ 王陆：《信息化教育研究中的新内容：互动关系研究》，《电化教育研究》2008 年第 1 期，第 11-17 页，第 21 页。

⑤ 王利，张景生，高国元，徐恩芹：《浅谈多媒体课堂教学中的互动》，《电化教育研究》2009 年第 9 期，第 91-93 页。

⑥ 叶冬连，万昆，曾婷，毛杰键：《基于翻转课堂的参与式教学模式师生互动效果研究》，《现代教育技术》2014 年第 12 期，第 77-83 页。

⑦ 叶妮：《数字时代师生互动化交往模式的实践性转向》，《湖南师范大学教育科学学报》2016 年第 1 期，第 38-43 页，第 51 页。

⑧ 李琼，施克灿：《师生交往中的教师风格类型》，《教育学报》2008 年第 3 期，第 66-71 页。

庞丽娟则专注于探索师生互动模式形成的规律，以促进儿童发展与教育。[①] 诸如此类的研究跳出教育学理论的框架，广泛使用了心理学、社会学等邻近学科的研究范式和研究成果，增强了研究的科学性。另一方面，随着师生互动基本内涵、性质的不断明确和研究数量的攀升，研究者结合课改十年的推进情况，对师生互动的误区进行了深入的反思。研究者敏锐地发现，师生互动在对象、方式等方面均呈现单向性，且互动内容偏狭[②]，这种“能量流动”实则是形式上的，师生之间控制与被控制的关系未从根本上被动摇。[③] 这对师生互动的后续研究提出了更大的挑战：研究者只有深入分析人与人之间能量流动的微观机制，才能真正实现生态课堂的愿景。师生互动研究不仅要进一步完善自身的理论建构，还要充分释放信息技术、大数据的潜力，正视其在课堂生态系统中的作用，让能量流动与信息传递的过程更加清晰化、可视化，以此推动师生互动研究，以新的模式、新的视角建构更良好的课堂生态。

三、走向生态：互动研究的困境与突破

生态哲学视域下的课堂是一个生态系统，教与学的活动是课堂关系存在的主要载体，能量的流动与转换也主要集中在师生共同开展的教与学活动过程中。[④] 因此，欲通往生态课堂，有效的师生互动是关键途径。纵观我国师生互动研究历程，要实现高效的互动，我们仍面临三个挑战：其一，在理论方面，尽管思辨研究层出不穷，但扎根于我国教学传统和国情的理论研究仍然薄弱，更多是就互动谈互动，没有站在教学传统和师生适应性的角度寻找适合中国课堂的互动范式。一线教育工作者不能真正理解和树立互动意识，新旧观念的冲突未得到根本调和，导致理论与实践脱节，最终限制了成果的辐射与推广。其二，在研究工具方面，目前的互动研究仍主要采用国外经典的分析工具，如弗兰德斯互动分析系统，尽管经过国内学者的不断优化，加入了技术的维度和指标，但基本架构和观察维度并未发生改变，未实现根本性的突破，也就很难有创新性的研究成果。其三，上述问题折射到实践层面，致使生态课堂一度困于形式化的沼泽。一线教师对于什么样的课堂才是生态课堂，什么样的互动才是优质的互动，怎样把课堂还给学生，这些基本问题依然存疑，进而导致了低质量、低效率、形式化的互动实践。鉴于上述困境，课堂生态观照下的师生互动应在以下四个方面进行深入探索：

第一，以提升互动质量和效率为研究目标。建构生态课堂是师生互动的愿景，师生互动的研究必然要把愿景落实为有指导意义的理念，否则理想只能是空中楼阁。师生互动陷入形式化的实践困境，究其根源，是未建立起一套具有可操作性的师生互动目标体系。教育理论仅仅让一线教师知道应当建立互动型课堂，但互动本质上只是手段不是目的，真正的目的是让每位学生实现全面而个性化的发展。在此引领下，提升互动的质量和效率才是切实的目标。在2001年“互动”刚刚成为教学改革的热点被写入课改《纲要》的时候，陈桂生便指出，不少研究者、教学管理者甚至把学生在课堂中“动”的时间作为衡量教学改革程度的尺度，有时听课者还用秒表记录学生“动”的时间，“满堂灌”变为了“满堂问”。[⑤]这显然是把互动本身视为目的，本末倒置了。今天的互动研究须在目标的引领下，聚焦于探索提高互动效率和质量的路径。

第二，由宽泛的探讨到聚焦微观过程的研究。宏观的理论研究在师生互动的起步阶段是必要且关键的，没有坚实的理论基础就没有深入的研究。师生互动研究发展至今，我国研究者以思辨的范式搭建理论框架的同时，要逐步聚焦到课堂生态的微观要素和互动过程中。一方面，研究要深入教师素养内核，把教师素养解构为多项可提升的基本能力，从具体的问题着手实现生态课堂的愿景；另一方面，应重新审视根本问题：我们用什么

① 叶子，庞丽娟：《试论师生互动模式形成的基本过程》，《教育研究》2009年第2期，第78-82页。

② 苏春景：《课堂师生互动的误区、根源与策略》，《中国教育学刊》2011年第8期，第45-48页。

③ 张紫屏：《师生互动教学的困境与出路》，《教育发展研究》2015年第6期，第44-52页。

④ 李逢庆，尹苗，史洁：《智慧课堂生态系统的构建》，《中国电化教育》2020年第6期，第58-64页。

⑤ 陈桂生：《漫话“满堂问”》，《教育发展研究》2001年第7期，第86-87页。

方法研究师生互动,用什么工具记录师生互动,用什么视角解构课堂生态系统,从何处着力提升师生互动效果。特别是在教育数字化转型的背景下,让数据与教育同行,让技术赋能教学研究,可量化、立体、多维地呈现课堂生态环境中每一个要素逐渐成为可能,进而为微观互动机制的研究提供新的技术支持和思路方法。

第三,以整体思维把握要素间复杂的关联。课堂生态具有整体性、协变性、共生性,每一个部分的变化一定会引起相关联要素的变化。传统课堂观察是以预设的维度采集数据,研究者仅关注要研究的要素或维度,这不仅破坏了课堂生态的整体性,将完整的课堂拆分得支离破碎,甚至会机械分解完整的"人"。因此,要将师生互动置于课堂环境中进行开放研究,取代过去用既定的量表记录互动数据的研究范式,这不仅有利于全面完整地获取教学过程中的信息,从而实现深度的关联分析,而且会对课堂研究科学化产生重要的推动作用。

第四,在开放的环境中兼顾有机体与环境因素。作为微观教育生态学的课堂生态研究,其核心内涵是把课堂置于开放的研究环境,在人与人、人与环境的信息频繁交换中找到动态机制。国内互动研究范式已呈现实证的走向,但研究对环境的关注不足,而且漠视人与环境之间的信息交换关系。相比之下,国外的实证研究更接近生态哲学的本质,研究思路更为开阔。有鉴于此,我国研究者也应当拓宽研究面,结合动态机制与静态要素,兼顾生物因素与非生物因素,立足社会学、心理学、伦理学等多重视角,探索出一条与我国社会系统相适应的本土化互动研究思路。

The Study of Teacher-student Interaction from the Perspective of Classroom Ecology: Origin, Course and Trend

YANG Yi[1], WANG Yun[1,2]

(1. School of Education, Shanghai Normal University, Shanghai, 200234; 2. President's Office, Shanghai Normal University, Shanghai, 200234)

Abstract: Classroom ecology is a part of microcosmic ecology of education. As a branch of pedagogy, ecology of education exerts a profound influence on researchers' microscopic analysis of classroom teaching process, which can be found most obviously in the attention paid to teacher-student interaction at the teaching level. Teacher-student interaction is the existing form of teaching under the ecological view, the value idea and appeal of ecological classroom, and the important orientation of classroom ecological research. Its research in China can be divided into three development stages: the awakening of interactive consciousness and the beginning of interactive research, the discussion of the nature of interaction and the implementation of curriculum reform, the intervention of educational technology and the deepening of research content. In order to realize efficient interaction and build a real ecological classroom in China today, we still need to improve the quality and efficiency of interaction as the research goal, focus on micro elements from the broad discussion, grasp the complex correlation between elements with a holistic thinking, and take both organic and environmental factors into account in an open environment.

Key words: classroom ecology, ecological classroom, teacher-student interaction

论柯林斯的意会知识观及其对基础教育的启示

沈冬香[1],邱玉娥[2],邱德胜[3]
(1. 重庆开放大学 马克思主义学院 ,重庆 401520; 2. 湖北省武汉市第十六中学,湖北 武汉 430014;
3. 西南大学 哲学系,重庆 400715)

摘 要: 基于不同的获取方式,知识可分为言传知识和意会知识。就我国当前的基础教育而言,学生对言传知识的学习收效明显,对意会知识的学习则相对不足,一定程度上影响了人才培养的质量。通过对柯林斯意会知识的内涵与研究进路、意会知识的两种模式以及获取与传递方式的深入探讨,指出在基础教育阶段应加强师生互动、注重亲身参与、沉浸群体文化,为学生获取关系型、身体型以及集体型等意会知识提供可行方案,进而不断提高教与学的质量。

关键词: 柯林斯;言传知识;意会知识;基础教育

我国当前的基础教育存在的一个重要问题就是注重言传知识的讲授,而忽视意会知识的学习。一般而言,言传知识可以通过语言实现有效的传递,因此,在基础教育中,通过灵活多样的课堂讲授就可以达到传递言传知识的目的。而对于意会知识,它更需要营造一个适宜的学习环境,采取不同于言传知识的授课方式,使学生在体验中逐步习得。而如何加强学生意会知识的学习,目前并没有很好的办法。难得的是,国际科学社会学家、英国卡迪夫大学教授柯林斯(Harry Collins)在将知识分为意会知识和言传知识的基础上,还对意会知识的内涵、维度以及传递和获取方式等做了深入系统的研究,其中的很多观点对于解决我国当前基础教育中意会知识传递不足的问题具有重要的启发意义。

一、柯林斯意会知识的内涵与研究进路

柯林斯对意会知识的思考来源于其对科学知识形成过程的社会学考察。正是通过对诸多科学实验等科学实践过程的广泛考察,柯林斯的意会知识观才逐渐形成并得以不断丰富。因此,揭示柯林斯意会知识的内涵离不开对其社会学研究进路的探讨。

1. 柯林斯意会知识的内涵

对知识、科学知识的探讨由来已久。哲学史上最早对"知识"进行界定的是柏拉图,在其《泰阿泰得篇》中,他通过苏格拉底与泰阿泰得之间的讨论给出了"知识"的定义:知识是真实的信念加上解释。①

基金项目:本文系重庆社科基金博士项目"哈里·柯林斯科学论第三波思想研究"(项目编号:2021BS017)、国家社科基金项目"开创科技决策的专家时代:科学论第三波的理论与实证研究"(项目编号:17XZX008)的阶段性研究成果。

作者简介:沈冬香,重庆开放大学马克思主义学院副教授,博士,主要从事科学哲学与思想政治理论研究;邱玉娥,湖北省武汉市第十六中学高级教师,主要从事中学思想政治教学研究;邱德胜,西南大学哲学系教授,博士生导师,博士,主要从事科学哲学与科学社会学、科技伦理学研究。

① 柏拉图:《柏拉图全集》(第 2 卷),王晓朝译,人民出版社 2003 年版,第 737 页。

从这一定义可看出，知识拥有“真”“可解释”的属性，因而知识是确证的，并可以借助语言文字等工具明确地表达出来。

近代以来，科学被视为自然之镜，科学知识被看作是对自然世界的表征，具有价值无涉的客观性，科学知识的形成不会受到科学家个人因素的影响。然而，这种客观主义的知识观好景不长，随着波普尔、库恩、费耶阿本德、罗蒂等诸多人物的批判，客观中立的科学观念逐渐被瓦解，兴起于20世纪70年代的科学知识社会学甚至认为，科学知识是一种社会建构的产物。在诸多学派和人物中，波兰尼对传统知识观的批判比较有特色，在他看来，传统科学知识观下的客观主义否定了人性，否定了人的价值。所谓的科学知识的绝对明确性和个体无涉性是错误的，或是根本不存在的，因为“在作为实证科学基础的经验材料的形成中，在任何当下直接经验的感性操作获得中，科学永远无法摆脱实验参与者个人的理论参考系和行为动作的介入”。[①] 正是基于对传统知识观的哲学批判，波兰尼指出科学知识具有个人性和意会性，进而提出了极具革命性的“意会知识”概念。在波兰尼看来，意会知识具有以下几个较为显著的特征：一是不可言传性，意会知识不能通过语言文字符号予以清晰表述；二是意会知识不能以规则的形式传递，只能通过类似于“学徒制”的方式进行传递；三是意会知识具有强烈的地方性特征；四是意会知识是一种“无涉批判性的知识”。[②]

柯林斯对波兰尼的“科学是属于个人的”的观点予以赞同，肯定了波兰尼对“意会知识”的概念所做的基础贡献，但是，他们对意会知识的理解依然存在差异。柯林斯指出，意会知识可以通过一定方式转化为明确知识，从“人类社会的文化”的意义上来理解，意会知识是可以为社会群体所共享的。基于这样的理解，柯林斯重构了意会知识的概念，并将意会知识定义为：“能在科学家之间，通过科学家之间的个人交往的方式，而不能以或者是还未能以公式、图表或者语言阐述及行动指导的方式，传递的知识或技能。”[③]

2. 柯林斯意会知识的研究进路

柯林斯对意会知识的把握则主要来自其对实验室诸多案例的社会学考察，因此，社会学分析是柯林斯意会知识观的主要研究进路。

柯林斯最早关于意会知识的研究出现于《TEA激光器：意会知识与科学网络》[④] 一文，在对TEA激光器建造实验的实地考察过程中，柯林斯发现，有的实验室已成功地建造TEA激光器，而有的实验室却始终无法取得实验的成功。柯林斯意识到，科学实验中可能存在大量的不可言说的意会知识。实验的具体操作步骤虽然可以在科学家之间进行沟通与交流，但这些交流却无法用清晰的数字语言记录下来。

通过对TEA激光实验的调查，柯林斯还注意到了一种不同寻常的现象：当询问那些取得实验成功的科学家成功的原因时，他们自己也无法讲明其中的缘由，而更多的像是在沙漠里寻宝，此时，除了类似于指南针的这种“信仰”外别无他物。柯林斯由此指出，科学实验就像沙漠寻宝，即便你手握地图，即便你有丰富的地理知识，也不能保证最后的成功。科学家的这种遭遇使柯林斯认识到，发明或建造TEA激光器的过程绝不仅仅是逻辑上知识的叠加。[⑤] 在科学实验所需要的知识中，不仅包含可书面化的理论知识或言传知识，同时还包含仅能亲身经历的意会知识。

柯林斯意会知识社会学研究进路的另一个著名案例，是对格拉斯哥大学关于蓝宝石质量因子测量的考察分析。在柯林斯看来，西方落后于俄罗斯20年才成功测出蓝宝石的质量因子，排除手眼协调能力及相关能力弱、没有合适的实验室装备和样本的可能性以外，根本原因在于未能将意会知识运用到测量之中。在实验室失败之前，各个实验室之间的交流方式通常是书面文字的，一些取得实验成功的实验

① 迈克尔·波兰尼：《科学、信仰与社会》，王靖华译，南京大学出版社2004年版，第11页。

② 迈克尔·波兰尼：《科学、信仰与社会》，王靖华译，南京大学出版社2004年版，第11页。

③ Harry Collins, “Tacit knowledge, Trust and the Q of Sapphire”, *Social Studies of Science*, Vol. 31, no. 7(2001), p. 72.

④ Harry Collins, “The TEA Set: Tacit Knowledge and Scientific Networks”, *Science Studies of Science*, Vol. 4, no. 2(1974).

⑤ Harry Collins, “The TEA Set: Tacit Knowledge and Scientific Network”, *Science Studies*, Vol. 4, no. 2(1974), p. 174.

室会在学术杂志上刊登取得成功的详细情况,以供其他科学共同体成员阅读参考。尽管有这些文字指导,但依然有实验失败的情况,然而,在加强对成功实验室的访问和跟实验成功的科学家进行直接交流后,实验失败者成功完成了实验。由此,柯林斯进一步意识到,知识即使再纯粹,也都包含某些意会规则,即不能清楚说明的规则①,而对这些意会规则的把握或许是实验取得成功的关键,由此,柯林斯的意会知识观更加明晰。

二、柯林斯意会知识的两种模式

柯林斯对意会知识的研究可分为两个阶段:第一个阶段是基于他对实验室的观察研究,柯林斯提出意会知识具有"个体的"和"社会的"两个层面,可称之为意会知识的二维模式;第二阶段是基于对社会层面的意会知识的专门考察,柯林斯进一步将意会知识分为三个层面,可称之为意会知识的三维模式。

1. 意会知识的二维模式

在柯林斯看来,言传知识的特点是规则明确,能靠语言文字清楚地陈述出来,很容易就能被转移和被获取,就像电脑程序一样,输入正确的指令就能得到正确的结果。柯林斯将此种获取知识的方式称为"算法模型"(algorithmical model)。② 柯林斯同时指出,实验未成功者按照明确的实验规则与步骤进行实验却不能成功,原因在于意会知识的缺乏,也可以说实验中涉及的意会知识未能转移或不能以算法模型被获取。要想获得这些意会知识,实验未成功者应采取和实验成功者进行社会交往或者私下交流的做法。在交往或交流中,关于实验如何取得成功的意会知识就会以一种无法明确说明的方式被不知不觉地传递和获取,柯林斯称这种意会知识的获取方式为"文化适应模型"(enculturational model)。

正是基于对实验室中意会知识传递方式的思考,柯林斯看到了意会知识的社会性,进而,柯林斯从"个体的—社会的""言传的—意会的"两个角度将人类知识分成了四种,建构了意会知识的二维模式,具体如表 1 所示。

表 1 意会知识的二维模式

	言传的	意会的
个体的	观念型知识	经验型知识
社会的	符号型知识	文化型知识

由表 1 可清晰看出,在柯林斯的意会知识观里,意会知识具有个体和社会的二维性。属于个体层面的经验型知识,指的是个体在实践活动体验中获得的意会知识;属于社会层面的文化型知识,指的是属于社会群体知识并会因社会文化的不同而有所变化,可以说这是专属于一个社会共同体的意会知识。

2. 意会知识的三维模式

柯林斯在意会知识的二维模式的基础上,进一步研究了意会知识产生的原因,并根据产生原因的不同将意会知识区分为三种类型:关系型意会知识(relational tacit knowledge),身体型意会知识(somatic tacit knowledge),集体型意会知识(collective tacit knowledge),由此形成柯林斯意会知识的三维模式③,具体如表 2 所示。

---

① Harry Collins, The TEA Set: Tacit Knowledge and Scientific Network, *Science Studies*, Vol. 4, no. 2(1974), p. 167.

② 张帆,成素梅:《一种新的意会知识观——柯林斯知识观评述》,《哲学动态》2010 年第 3 期,第 72 页。

③ Harry Collins, "Building an Antenna for Tacit Knowledge", *Studies of Sciences and Philosophy*, Vol. 17, no. 3(2013), pp. 33-37.

表 2 意会知识的三维模式

种 类	意会强度	产生原因	举 例
关系型意会知识	弱(weak)	不亲密的社会关系 隐瞒与忽视	1. 秘密 2. 不匹配的显著性 3. TEA 激光器建造
身体型意会知识	中(medium)	有限的大脑或身体能力	1. 在自行车上保持平衡 2. 机械性地控制汽车
集体型意会知识	强(strong)	群体文化差异	1. 在交通道路上驾驶汽车 2. 达到外语流利程度

关系型意会知识是三种意会知识中最简单的一类，这种意会知识形成的原因来源于不亲密的社会关系。“秘密”是关系型意会知识的日常案例，人物 A 并没有将其知道的所有知识告知人物 B，而是对其有所隐瞒；对于人物 B 而言，被隐瞒的这部分知识变成了意会知识。在“不匹配的显著性”和 TEA 激光器建造的案例中，成功者和失败者之间因为关系不亲密，并不知晓彼此关注的是不同的变量，同时忽略掉关键因素。由此可知，关系型意会知识是由于双方不亲密的关系导致交流的缺乏而造成的。

身体型意会知识储存于身体中，此种知识之所以是意会的，其原因在于人类大脑和身体能力上的受限性而不是认识论层面上的。柯林斯在“骑自行车”这个案例中指出，身体技能只是在自行车上保持平衡，实际上还应该包括第三种意会知识，即集体型意会知识。

集体型意会知识是柯林斯最关注的一种意会知识，此种意会性是由群体文化差异造成的。如在道路上安全骑行自行车或驾驶车辆，不仅要通过身体技能使自行车保持平衡或使汽车正常行驶，还需掌握当地交通规则或共识，而且随着社会发展变迁，这些规则或共识会处于不断的变化当中。对于那些对当地交通规则完全陌生的外地人而言，这些规则和共识就是意会知识。

柯林斯构建出意会知识的“个体—关系个体—集体”三维模式，如同“点—线—面”，层次不断深入，涉及范围不断扩大。而柯林斯关于意会知识的三维模式是在其早期构建的二维模式的基础上，通过增加“关系个体”(个体间社会交往)这一维度而形成的，这一拓展使得柯林斯的意会知识观更加丰富和具体。

三、柯林斯意会知识的获取与传递

在柯林斯看来，意会知识是不能依靠书面文字、公式、图示等方式陈述出来的知识，随之而来的问题是，如何获得意会知识？意会知识能否被传递，即一个人能否获取其他人所拥有的意会知识？如果能，如何获取？针对这些问题，柯林斯提出了自己的看法。

柯林斯认为，意会知识可以通过社会交往的方式在人与人之间传递。意会知识不仅可通过身体实践的方式获得，还可以通过语言实践的方式获得。柯林斯根据他对意会知识做出的分类指出，不能对“意会知识能否被传递”这一问题做出单一的论断，应该区分对待不同种类的意会知识。

基于对意会知识的社会学研究进路和对意会知识的社会维度的关注，柯林斯指出，“获取和传递意会知识的方式是和那些已经拥有相应意会知识的人打交道”。[①] 他把这一过程称为“社会化”(socialization)。在柯林斯看来，言传知识与意会知识的差别在于知识载体不同，言传知识的载体是可见的或者可触摸的，意会知识则有所不同。

那么，对于不同种类的意会知识，采取哪些具体的传递方式呢？就实验室中的意会知识而言，柯林斯认为，失败的实验室应重视对成功实验室的访问，观察后者如何开展实验，只有加强实验成功者之间

① Harry Collins, “Building an Antenna for Tacit Knowledge”, *Philosophia Scientiae*, Vol. 17, no. 3(2013), p. 34.

的交流,才能认识到被实验者忽视掉而未在发表的论文上说明的"关键"因素,认识到对于实验成功合适的选择是什么。此外,柯林斯对其他种类意会知识的获取与传递也分别做了说明,具体见表3。

表3 意会知识的获取方式

种 类		获取与传递方式
关系型意会知识	更亲密的关系 社会联系	秘密:观察正在发生的事情,或"监视"不匹配的显著性/TEA激光器建造:加强实验室互访
身体型意会知识		亲身实践操作(不能依靠规则说明,在人与人之间传递)
集体型意会知识	沉浸于相应文化环境中	在交通道路上驾驶:融入当地文化 达到外语流利程度:融入相应语言环境

柯林斯所说的身体型意会知识就是指依靠身体实践获得的知识,它不能在人与人之间传递。而关系型、集体型等其他种类的意会知识都是基于人的社会性,以融入的方式被获取、传递。对于集体型意会知识而言,此种融入方式具有长期持续性,因为"随着社会的变迁发展,群体的共识规则也会随时间与地区的不同而有所变化。没有任何的规则可以说明变化频率和变化速度"。① 此外,在特定时期、特定地点获得的意会知识只在那个时期、那个地点才成为意会知识,即集体型意会知识具有限时性和地域性。

柯林斯认为,"身体是使我们能够去认知的条件之一,我们对事物的认知更多的是来自社会,是社会赋予了人类行动的真正意义"②,而这就涉及意会认知的涉身度(embodiment)③ 问题,以及柯林斯提出的交互型专识(interactional expertise)。

柯林斯曾将交互型专识视为介于言传知识(形式的)与意会知识(非形式的)之间的第三种知识,在柯林斯这里,意会知识的特征是能在科学家之间以私下社会交往的方式传递的知识或技能。交互型专识则指:"一种能够专业地谈论而不能在实际中运用实践技能或专识的能力,其获取方式是沉浸(immerse)在该领域的实践者或从业者的生活形式(form of life)中。"④ 柯林斯所说的"生活形式"就是该领域的实践专家的语言环境,一种语言上的社会互动。由此可见,柯林斯所谓的交互型专识是一种特殊的意会知识。交互型专识的特殊之处在于,它的获取方式是语言层面上的实践,而一般意义上,获取意会知识的社会交往方式含义则更加丰富。

玛德琳案例是关于交互型专识的一个经典案例。⑤ 玛德琳是一个双目失明、四肢瘫痪的病人,已经丧失了身体行动能力,但并未丧失语言能力。她依靠别人为她阅读讲解书本上的内容,变成了一个拥有智慧和文学素养的人。如果一个人在不参与某个领域广泛的实践情况下而能理解该领域的专业语言,那么身体在获取语言过程中所起的作用是什么呢?柯林斯认为,作为一种意会知识的语言能力的获取只需最小的身体涉入度,"要包括听觉器官,否则就没办法进行交流"。⑥ 因此,相比于身体依赖而言,交互型专识的获取更加依赖于社会情境。

从柯林斯提出的关于"意会知识获取的最小涉身度"的观点可知,在"意会知识的获取与传递"这一问题上,他认为意会知识具有可传递性,意会知识的获取并不完全依赖于身体实践,身体只发挥部分的作用。

① Harry Collins, "Building an Antenna for Tacit Knowledge", *Philosophia Scientiæ*, Vol. 17, no. 3(2013), p. 37.

② 张帆:《互动型专长:一种新的知识类型》,《洛阳师范学院学报》2012年第9期,第10页。

③ 有学者将柯林斯的"embodiment"译为"体知合一",但本文此处主要是讨论身体在意会认知中的涉及程度,故而译为"涉身度"。

④ Harry Collins, "Interactional Expertise as a Third Kind of Knowledge", *Phenomenology and Cognitive Science*, , no. 3(2004), p. 126.

⑤ 这个案例由奥利佛·萨克斯(Oliver Sacks)在其著作《错把妻子当帽子》(1985年)中提出。

⑥ Harry Collins, "Interactional Expertise as a Third Kind of Knowledge", *Phenomenology and Cognitive Science*, no. 3(2004), p. 133.

四、柯林斯意会知识观对基础教育的启示

如前所述，意会知识虽然不可直接言传，但可以通过主体之间的交流互动、主体自身的身体体验或主体沉浸在特定群体文化中而获得。毋庸置疑，知识的特性决定教学目标和教学过程，也影响教学策略和教学行为。在基础教育阶段，如果能将柯林斯的意会知识观运用于课堂教学实践，将有助于学生在获取言传知识的同时获得不同类型的意会知识，进而提高教学的质量。

1. 加强师生互动，促进关系型意会知识的学习

在柯林斯看来，关系型意会知识是意会知识的第一种类型，加强关系型意会知识学习的途径就是主体之间形成更亲密的社会关系，在他的实验室考察中，“监视”或者“实验室互访”是较为有效的方法。在基础教育阶段，要加强学生对关系型意会知识的学习，应进一步密切师生关系，加强师生互动。教师应该加强示范教学，学生应深度观察教师的每个教学环节包括实验环节等。面对疑惑时，学生与教师可以便捷沟通，最大限度地实现关系型意会知识的传递。

对于教师而言，示范教学极为重要。师傅在带徒弟学习时，师傅的工作过程以操作实践为主，很少用语言去表达，师傅通常不会直接告诉学徒该怎么做，而是需要徒弟自己观察、总结。这样的工作方式使师傅的知识与经验内隐于头脑之内。因此，师傅在对徒弟进行指导时多用示范演练，很少用语言进行讲解。

对于学生而言，很多课程的学习需要深度观察和体悟。在传统的教学过程中，教师主要按照教学大纲讲授知识，有可能忽略学生现有认知水平。对于此种情况，师生之间密切的交流互动可以解决传统教学方式的问题。学生在交互活动中逐步学习和领悟教师的经验和解决问题的方法，从而实现关系型意会知识的有效传递。

2. 注重亲身参与，促进身体型意会知识的学习

身体型意会知识不能彻底通过语言的表达进行传递，它的获得需要身体的参与和亲身实践。比如骑自行车，我们很难用语言来描述如何保持自行车平衡不倒；游泳也是如此，即便游泳教练将游泳的科学原理和动作要领讲得再透彻，学习游泳者不下水亲自实践也是无法学会游泳的。事实上，不论是哪一种意会知识，都无法与认识者个体分离。离开了认识者，意会知识本身就不再存在，对于身体型意会知识尤其如此。因此，在基础教育中，应注重学生的亲身参与，促进学生身体型意会知识的学习。

教师在进行教学设计时，要意识到每位学生都是独特的个体，都能充分发挥自己的潜力。课堂上，核心的基础知识需要讲授，其余的则需要学生实践参与和亲身体悟。通过亲身参与，学生充分运用自己的感官，去感受、体验、探究、思考，从而获得相应的认知。在理论学习的同时，学生还需要到相应的教育场所或实验室进行实践，及时完成实践教学的各个环节，包括实践教学前的准备、实践教学中的参与以及实践教学后的记录、总结和反思等。由此，学生在真正的亲身参与中才能习得身体型意会知识，不断提高自己的实践技能。

3. 沉浸群体文化，促进集体型意会知识的学习

集体型意会知识无法通过简单的语言交流甚至身体实践来获取。柯林斯的意会知识观揭示出，集体型意会知识植根于人类社会，学习者要获得这类意会知识，不仅需要与知识掌握者进行充分的交流，还需要学习者长时间沉浸在特有的文化群体中，感受共同体的文化，由此领悟并习得集体型意会知识。

为了使学生获得集体型意会知识，教师应该注重沉浸式教学与情境设置。具体而言：第一，对于特定的学习内容，如了解一个地区的风土人情与社会习俗，在条件允许的情况下，教师可以鼓励学生利用课外或者寒暑假的时间亲赴当地进行田野调查，通过与当地居民的相处和交流，可以最大限度地习得这一群体的文化，从而获取特定的集体型意会知识；第二，当前科技日新月异，在无法体验真实情境的情况下，教师可以借助人工智能、万物互联、大数据应用等新一代智能技术营造虚拟情境，使学生在虚拟情境

中实现认知过程中身体的感受、体验、经历等经验层面的嵌入,从而获得集体型意会知识;第三,通过逼真的问题情境、丰富的指导材料,为学生和不同民族、不同文化背景的人群彼此对话、分享自我体验提供方便的交流平台,使其沉浸在特定的目标文化中,将有助于习得特定目标的集体型意会知识。

意会知识是学生理解言传知识的基础,是知识创新的关键。在基础教育阶段,为了使学生在言传知识和意会知识的学习中取得更好的成效,教育主管部门应该做好顶层设计,社会各界、学校以及学生家长应该加强配合,密切沟通,多方协调,多措并举,最大限度地创造有利条件,为学生的学习提供场地、技术乃至经费方面的支持,持续推进基础教育质量的稳步提升,为创新型国家建设培养更多的人才。

On Collins' Concept of Tacit Knowledge and Its Enlightenment to Basic Education

SHEN Dongxiang[1], QIU Yu'e[2], QIU Desheng[3]

(1. School of Marxism, Chongqing Open University, Chongqing, 401520; 2. Wuhan No. 16 Middle School, Wuhan Hubei, 430014; 3. Department of Philosophy, Southwest University, Chongqing, 400715)

Abstract: Based on different acquisition methods, knowledge can be divided into explicit knowledge and tacit knowledge. As far as current basic education in China is concerned, students learn explicit knowledge more effectively than tacit knowledge, which is relatively insufficient, and which affects the quality of talent training to a certain extent. Through the in-depth discussion on the connotation and research approach of Collins's tacit knowledge, the two modes of tacit knowledge and its means of acquisition and transmission, this paper has pointed out that in the stage of basic education, teachers and students should strengthen interaction, pay attention to personal participation, and immerse in group culture, so as to provide feasible schemes for students to obtain relational, physical and collective tacit knowledge so as to constantly improve the quality of teaching and learning.

Key words: Harry Collins, explicit knowledge, tacit knowledge, basic education

“五育融合”背景下评价指标体系的理论构建与教学应用

陆卫忠

（上海市杨浦区教育学院，上海 200092）

摘　要：教育生态学视角下的“五育融合”是将“树德、增智、强体、育美、爱劳”等育人价值渗透在学生的课程与活动中，以实现“五育”的共同进步。“五育融合”的落实难在“评价”，面对各育应该如何评价、如何对“融合”进行评价等难题，文章以“五育融合”的内涵特征为起点，以“德智体美劳”共同发展为构建逻辑，尝试构建“五育融合”背景下育人成效的评价体系，包括德育、智育、体育、美育、劳动教育五大维度的一级指标，20个二级指标及要点描述。并从评价指标体系的构建背景、主要内容及教学应用进行具体阐释，旨在为“五育融合”的评价理论研究提供有益的借鉴，以助力“五育融合”的深化改革。

关键词：五育融合；评价指标体系；育人成效；教学应用

2019年，中共中央、国务院印发《关于深化教育教学改革全面提高义务教育质量的意见》，提出“五育融合”的教育方针。[①]“五育融合”是我国基础教育指向更高水平、更高质量体系、更全面的举措之一，其指向的是科学、全面、可持续发展的内在育人诉求。教育生态学视角下的“五育融合”是将“五育”聚集于学生的课程与活动中，并且相互渗透，从而实现整体“五育”的共同进步。[②]本文将围绕“五育融合”背景下评价指标体系的构建背景、主要内容与教学应用进行讨论，力求对未来“五育融合”的发展提供一些参考与借鉴。

一、“五育融合”背景下评价指标体系的构建背景

教育评价是以一定的方法、标准和途径，对课程方案、课程实施以及结果等有关问题的价值或特点做出判断的过程，其具有信息反馈、动机强化、考察鉴定等功能。教育评价事关教育的发展方向，有什么样的评价“指挥棒”，就有什么样的办学导向。[③]在课程实施中，评价贯穿整个过程，对课程实施每一个环节的推进都起到引导作用。

作者简介：陆卫忠，上海市杨浦区教育学院副院长，中学高级教师，主要从事中学课程与教学研究。

① 中共中央、国务院：《中共中央 国务院关于深化教育教学改革全面提高义务教育质量的意见》，载中华人民共和国中央人民政府官网：http://www.gov.cn/zhengce/2019-07/08/content_5407361.htm? trs=1，最后登录日期：2022年5月19日。

② 宁本涛：《“五育融合”与中国基础教育生态重建》，《中国电化教育》2020年第5期，第1-5页。

③ 中共中央、国务院：《深化新时代教育评价改革总体方案》，载中华人民共和国中央人民政府官网：http://www.gov.cn/zhengce/2020-10/13/content_5551032.htm，最后登录日期：2022年5月19日。

然而长期以来,传统教育评价体系存在一系列问题,这些问题在“五育融合”背景下更显得格格不入,具体体现在以下方面:其一,从评价手段来看,“分数至上”的评价方式过于单一。分数成为社会、学校、学生和家长追逐的教育目的,教育与评价本末倒置。其二,从评价结果来看,重视终结性评价,忽视过程性评价。当前教育评价多以终结性结果为主,学生的动机、所采取的学习策略及获得的效果是三位一体的,片面注重终结性评价会抑制学生学习的积极性。其三,从评价综合效应来看,重智育轻其他四育。学生教育评价偏重于对智育的评价,评价结果受到学生、教师和家长及社会的重视;体育和美育虽有学科考核,但其评价结果相较智育而言,未得到充分重视;德育和劳动教育更是缺少基本的评价途径。

“五育融合”关注学生综合素养的培育,强调知识、能力、态度在课程设计和教学实施过程中的统整。① “五育融合”在实践中的落实难在“评价”,主要包括以下两点:一是如何评价“五育”。除智育具备较完善的评价体系之外,德育、体育、美育、劳动教育评价机制并不健全,各育应该如何评价?这一问题尚没有研究或文件做出明确表述。二是如何评价“融合”。“五育融合”是学生全面发展应兼顾的五个方面,它们之间相互渗透、互相包含,如何对这种“融合”进行评价是评价体系建设的“难中之难”。②

二、“五育融合”背景下评价指标体系的内容

学生全面发展的结果并不是各育的简单相加,而是“五育”之间“你中有我,我中有你”的综合效应,因而,不能使用陈旧的评价模式分别对“五育”评价,而应建立综合评价体系。本文通过解读相关政策文件精神,初步划分出各育的评价指标,再将各育评价指标中交叉、重叠的部分予以整合,从而建立“五育融合”背景下的评价指标体系,具体如表 1 所示。

表 1 “五育融合”背景下的评价指标、要点与方式

维度	指标	评价要点列举	收集方式
德育	思政表现	爱党爱国、民族团结、社会主义核心价值观、法治意识、集体意识、人生理想等	档案袋、访谈法、观察等
	文化认同	传统文化认同、革命文化认同、社会主义先进文化认同、世界优秀文化理解(国际理解)等	档案袋、表演展示、访谈法、角色扮演、观察、小论文等
	道德行为	诚实守信、责任担当、文明礼貌、团结友善、乐于助人、尊重他人、尊重生命、认识自我等	档案袋、访谈法、角色扮演、观察、日志、学习记录等
	生态文明	尊重自然、顺应自然、勤俭节约、低碳环保、爱护环境、垃圾分类、绿色消费等	档案袋、方案策划、访谈、角色扮演、观察、日志、学习记录等
智育	知识技能	言语信息(陈述性知识):名称、事实、有组织的知识、命题等; 智慧技能(程序性知识):辨别、具体概念、抽象概念(定义性概念)、规则(或原理)、高级规则(问题解决)等	纸笔测试、档案袋、方案策划、小论文、剧本、脚本、小报、宣传册等
	学习能力	认知策略(策略性知识):复述策略、精加工策略、组织策略、元认知策略、情感策略等	纸笔测试、学科实践、方案策划、事件任务、小论文、剧本、脚本、小报、宣传册等
	学科思维	学科方法:各学科解决问题的方法; 学科精神:各学科特有的精神品质	纸笔测试、学科实践、方案策划、事件任务、作品展示、小论文、剧本、脚本、小报、宣传册等

① 柳夕浪:《从“素质”到“核心素养”——关于“培养什么样的人”的进一步追问》,《教育科学研究》2014 年第 3 期,第 5-11 页。

② 李政涛,文娟:《“五育融合”与新时代“教育新体系”的构建》,《中国电化教育》2020 年第 3 期,第 7-16 页。

(续表)

维度	指标	评价要点列举	收集方式
	学习品质	学习兴趣：学生在学习过程中表现出的积极的认识倾向与情绪状态； 科学精神：批判性思维、创新思维等； 学习习惯：学生在学习过程中形成的自觉、坚持、独立的行为方式	档案袋、方案策划、访谈、角色扮演、观察、日志、学习记录等
体育	体质健康	身体形态：身高、体重等； 身体机能：心率、血压、肺活量等； 体能：力量、速度、耐力、柔韧性、灵敏度等	体质测试、体能测试等
	运动技能	基本运动技能、专项运动技能	技能测试、专项比赛等
	健康行为	运动参与：积极参与课内外体育锻炼、运动竞赛等； 生活习惯：用眼、作息和卫生习惯等； 安全意识：运动安全、生活安全、生命安全等； 心理健康与社会适应：心理调控、情绪调适、心态积极、人际交往、环境适应等	档案袋、方案策划、访谈、角色扮演、观察、小论文、日志、学习记录等
	体育精神	自尊自信、自立自强、勇敢顽强、积极进取、超越自我、追求卓越等； 遵守规则、尊重裁判、尊重对手、公平竞争、团队精神等	档案袋、表演展示、比赛、事件任务、角色扮演、访谈、观察、日志、学习记录等
美育	审美意识	审美兴趣、对美的敏感性、能够自主发现审美对象等	作品展示、毕业展览、访谈、观察、小论文等
	审美观念	审美情趣、审美格调、审美追求等	表演、作品展示、毕业展览、访谈、观察、小论文等
	审美体验	对美的感知、感悟、理解、把握、判断、鉴赏与评价等	表演、作品展示、毕业展览、作品鉴赏、艺术评论、访谈、观察、小论文等
	审美表现	审美想象、审美表达与展示、审美创作、审美交流等	档案袋、表演展示、作品展示、毕业展览、方案策划比赛、观察等
劳动教育	劳动观念	尊重劳动、尊重普通劳动者、劳动光荣、劳动伟大等	档案袋、事件任务、角色扮演、访谈、观察、日志、学习记录等
	劳动能力	完成劳动任务、具备劳动技能、具备劳动体能等	表演展示、作品展示、技能测试、比赛、事件任务、角色扮演等
	劳动习惯	劳动意识、坚持不懈参与劳动、自觉自愿劳动等	档案袋、访谈、观察、日志、学习记录等
	劳动精神	吃苦耐劳、敬业奉献、艰苦奋斗、开拓创新、砥砺前进等	档案袋、表演展示、比赛、事件任务、角色扮演、访谈、观察、日志、学习记录等

1. 德育维度

德育是人的政治思想、伦理道德、价值观念等方面的教育，教育部颁布的《中小学德育工作指南》明确指出，德育内容应包括理想信念教育、社会主义核心价值观教育、中华优秀传统文化教育、生态文明教育四个方面。[①]本研究将德育维度的评价指标划分为“思政表现”“文化认同”“道德行为”“生态文明”四个二级指标，其中，“思政表现”的评价要点主要包括爱党爱国、民族团结、社会主义核心价值观、法制意识、集体意识以及人生理想等；“文化认同”的评价要点包括对传统文化、革命文化、社会主义先进文化的认同，以及对世界优秀文化的理解等；“道德行为”的评价要点包括诚实守信、责任担当、文明礼貌、团结友善、乐于助人、尊重他人、尊重生命、认识自我等；“生态文明”的评价要点包括尊重自然、顺应自然、勤俭节约、低碳环保、爱护环境、垃圾分类、绿色消费等。

2. 智育维度

智育是指为促进人的心智发展而提供的知识和智力支持的教育。智育作为全面发展教育的组成部分，具体包括四个方面：第一，传授基础知识和基本技能。第二，培养学习能力，智育应使学生从“学会”变成“会学”。第三，培养学科思维，当前多数学科教学中均蕴含着智育，即使在体育课、劳动课中也有所体现，不同学科解决问题的思维有所差异。第四，培养科学精神、创新意识等精神品质。智育需培养学生的学习兴趣，激发其科学探究的精神，培养学生良好的学习习惯。由此，本研究将智育维度分为“知识技能”“学习方法”“学科思维”“学习品质”四个二级指标。其中，“知识技能”由加涅学习结果分类中的言语信息、智慧技能为基础而展开。言语信息主要指陈述性知识，智慧技能指程序性知识。“学习方法”由加涅学习结果分类中的认知策略为基础而展开，包括复述策略、精加工策略、组织策略、元认知策略等。“学科思维”包括各学科特有的解决问题的方法及学科精神。“学习品质”包括学习兴趣、科学精神和学习习惯。其中，“学习兴趣”主要是指学生在学习过程中形成的自觉、坚持、独立的行为方式；“科学精神”包括批判精神、创新精神等；“学习习惯”是指学生在学习过程中表现的认识倾向与情绪状态。

3. 体育维度

体育是以身体练习为主要手段，增进学生身心发展的教育。《普通高中体育与健康课程标准》(2017年版)提出，体育学科核心素养包含运动能力、健康行为、体育品德。[②]其中，运动能力主要体现在体能、运动技能、运动认知与理解、体育展示或比赛方面，运动认知与理解在“五育”中属于智育维度。此外，《国家学生体质健康标准》涉及的学生的身体形态与身体机能也当属体育维度测评指标，故将此与体能合并，共同构成“体质健康”二级指标。参考体育核心素养，设立两个二级指标，分别是“运动技能”和“健康行为”。其中，“运动技能”的评价要点主要包括基本运动技能与专项运动技能；“健康行为”的评价要点主要包括运动参与、生活习惯、安全意识、心理健康与社会适应等。体育核心素养还包含体育品德，体育品德又包括体育道德、体育精神及体育品格，其中，体育道德体现在遵守规则、公平正义、诚信自律等，体育品格体现在文明礼貌、社会责任感等。但因体育道德和体育品格具体属于“五育融合”视域下德育的维度，故在体育维度上仅保留“体育精神”作为一个二级指标，其评价要点包括自尊自信、自立自强、积极进取、勇敢顽强、遵守规则等。

4. 美育维度

美育是审美教育、情操教育、心灵教育，也是丰富想象力和培养创新意识的教育。《关于全面加强和改进新时代学校美育工作的意见》指出，要培养学生拥有善良心灵，激发学生艺术兴趣，丰富学生审美体验，引导学生形成正确的审美观念，并强化学生的艺术实践等。[③]依据对文件的解读，从培养学生审美实践的角度出发，可以将美育维度分为“审美意识”“审美观念”“审美体验”“审美表现”四个二级指标。其中，“审美意识”的评价要点关注学生的审美兴趣，强调学生对美的敏感性，并能够自主发现审美对象；“审美观念”的评价要点关注学生的审美情趣、审美格调以及审美追求等；“审美体验”是指对审美的感

① 中华人民共和国教育部：《中小学德育工作指南》，载教育部官网：http://www.moe.gov.cn/srcsite/A06/s3325/201709/t20170904_313128.html，最后登录日期：2022年5月19日。

② 季浏，钟秉枢：《普通高中体育与健康课程标准(2017年版)解读》，高等教育出版社2018年版，第83-95页。

③ 中华人民共和国中央人民政府：《中共中央办公厅 国务院办公厅关于全面加强和改进新时代学校美育工作的意见》，载中华人民共和国中央人民政府官网：http://www.gov.cn/zhengce/2020-10/16/content_5551794.htm，最后登录日期：2022年3月12日。

知、感悟、理解把握以及判断等；"审美表现"是指对审美的想象、表达、展示、创作与交流等。

5. 劳动教育维度

劳动教育是培养学生劳动观念和精神以及劳动能力和习惯的教育。《关于全面加强新时代大中小学劳动教育的意见》(2020)明确指出，劳动教育的总体目标是使学生牢固树立正确劳动观念，培养勤俭、奋斗、创新、奉献的劳动精神，具备满足生存发展需要的基本劳动能力，形成良好劳动习惯。[①]根据这一政策文件的要求，可以提炼出劳动教育的总体目标体现在"劳动观念""劳动能力""劳动习惯""劳动精神"四个方面，基于此，确定劳动教育的二级维度。其中，"劳动观念"的评价要点包括尊重劳动、尊重普通劳动者、劳动光荣、劳动伟大等；"劳动能力"的评价要点包括完成劳动任务、具备劳动技能、具备劳动体力等；"劳动习惯"的评价要点涉及劳动意识、自觉自愿劳动、坚持不懈参与劳动等；"劳动精神"的评价要点包括吃苦耐劳、敬业奉献、艰苦奋斗、开拓创新、砥砺前进等。

三、"五育融合"背景下评价指标体系的教学应用——以"劳动的价值"微课程为例

劳动课程是《普通高中国家课程方案(2017 年版 2020 年修订)》中规定的必修课程，主要是日常生活劳动、生产劳动和服务性劳动中的知识、技能与价值观。2020 年，教育部印发《大中小学劳动教育指导纲要(试行)》(下文简称《纲要》)，明确了高中劳动课程的定位和性质，并为学校自主开发劳动课程提出指导意见。为更好地推进将"五育融合"理念落实在劳动课程的实践之中，下文以"劳动的价值"微课程为例，通过分析案例，具体诠释如何基于"五育融合"背景下的评价指标体系进行课程实施。

1. 问题情境

"五育融合"是一种教育价值观，也是一种教育理念，更是教育教学实践的新范式，需要通过具体的教学实践才能落实。"劳动的价值"微课程由高中思想政治学科中关于劳动教育的素材整合而成，属于必修课程。根据《纲要》中关于要在学科专业中有机渗透劳动教育的要求，高中思想政治学科应重点将"劳动创造人本身"等马克思主义劳动观融入其中。[②] 那么，如何依据"劳动的价值"微课程设计一段完整的学习经历，引导学生基于评价指标体系，运用不同领域的知识与技能，形成正确的劳动观，继而实现课程"五育融合"理念的落地生根呢？

2. 问题解决

根据"劳动的价值"这一微课程主题，教学实践主要围绕"课程如何彰显综合育人价值"而开展。具体而言，即在课程设计与实施过程中，把握劳动教育根本特征，建构真实的生活、生产和社会性服务情境，通过任务驱动让学生了解劳动发展历史、亲历实际劳动过程，通过观察思考、动脑动手，综合运用所学知识解决实际问题，重点关注学生在课程学习、劳动实践过程中的真实体验，在完整的劳动经历中深刻感悟劳动的意义，由感性到理性，由表象而本质。

在微课程设计中，明确了该课程"树德、增智、强体、育美"的育人价值，在此基础上，确定微课程主题、不同单元的主题及说明、课时分配等。为清晰呈现，本文将"五育融合"的育人价值、单元主题及主题说明等相关信息整合，具体如表 2 所示。

① 中华人民共和国中央人民政府：《中共中央办公厅 国务院办公厅关于全面加强和改进新时代学校美育工作的意见》，载中华人民共和国中央人民政府官网：http://www. gov. cn/zhengce/2020-10/16/content_5551794. htm，最后登录日期：2022 年 3 月 12 日。

② 中华人民共和国教育部：《大中小学劳动教育指导纲要(试行)》，载教育部官网：http://www. moe. gov. cn/srcsite/A26/jcj_kcjcgh/202007/t20200715_472808. html，最后登录日期：2022 年 5 月 19 日。

表2 "劳动的价值"微课程课时分配、单元主题与说明

五育融合的育人价值	单元教学主题	主题说明
1. 在开展"劳动创造人本身"等马克思主义唯物史观等内容学习中,夯实必要的理论和思想基础,在完整的劳动经历中深刻感悟劳动意义 2. 体验并理解"幸福是奋斗出来的",唯有通过辛勤劳动才能实现人世间的美好梦想,从而更加坚定"为中华民族伟大复兴而奋斗"的理想信念 3. 劳动作为一种创造性活动,是一切知识的源泉,人在劳动中既动手又动脑,既训练了实践技能,又促进了智力发展 4. 深入挖掘学生的创造潜能,使学生在致力创造美好的过程中,体验劳动愉悦,收获劳动成果,从而实现自我完善与自我提高,不断增强创造美和欣赏美的能力 5. 在劳动中逐步形成应对挫折、情绪调节、心态积极、人际交往、环境适应等良好的个性心理品质	劳动创造人本身 劳动创造社会 劳动创造历史 弘扬劳动精神	本课程由高中思想政治学科中关于劳动教育的素材整合而成,属于必修课程 课程标准依据是:高中思想政治学科力求关注核心素养的培育,坚持教育与生产劳动和社会实践相结合,着眼于学生的真实生活和长远发展,使理论观点与生活经验、劳动经历有机结合,让学生在社会实践活动的历练中、在自主辨析的思考中感悟真理的力量,自觉践行社会主义核心价值观 通过学习本课程,初步了解并掌握马克思主义唯物史观和政治经济学基础知识,正确认识马克思主义劳动观的重要理论基础。在综合探究或实践活动中感悟、体验劳动价值

3. 分析与讨论

"劳动的价值"微课程以高中思政学科的部分素材为主,旨在通过运用理论讲解、淬炼操作、探索实践、分享交流、榜样激励等多种方式,培养"五育融合"的育人效果。下文将选取"劳动创造历史"单元,从单元目标、学程设计、评价任务、评价结果四个方面开展具体阐述。

(1)单元目标的厘定

"劳动的价值"微课程不同于一般的课内活动,其有明确的育人目标,并按照一定的学程加以实施。《纲要》明确规定,高中阶段要注重围绕丰富职业体验,开展服务性劳动和生产劳动,理解劳动创造价值,接受锻炼、磨炼意志,具有劳动自立意识和主动服务他人、服务社会的情怀。因此,本微课程基于《纲要》要求、五育融合背景下的评价指标体系以及思政学科核心素养,进行课程目标的再细化,使之成为情境化的、可操作的、具体的单元目标和课时目标。就"劳动创造历史"单元而言,确定目标如下:

①劳动创造人本身:理解人类社会的物质统一性,阐明劳动在人类产生过程中起到了决定性作用,坚持科学的无神论立场;

②劳动创造社会:通过了解劳动在人类与社会产生、发展中的作用,理解劳动是社会历史的起点,懂得人类历史是由人的社会实践活动构成的历史;阐明物质生活资料的生产活动是人类社会存在和发展的基础,懂得人们在生产活动中形成的生产方式决定着社会的性质和面貌;

③劳动创造历史:能够列举实例,阐明人民群众是社会物质财富的创造者,是社会精神财富的创造者,是社会变革的决定力量,理解人民群众是社会历史的主体;

④弘扬劳动精神:在服务型劳动活动中体验、实践,形成正确的劳动观;阐明劳动是人类最基本的实践活动,也是人的存在方式,懂得一个人的劳动与自身价值、发展的关系,理解努力奉献的人是幸福的,增强劳动和奉献意识。

(2)评价任务的设计

"五育融合"评价强调对融合效果的评价,对"德智体美劳"各因素的复杂的、综合性结构进行整体评价。例如"劳动创造历史"单元,单元评价设计着重体现"素质发展"的转向,将评价与活动紧密结合,实现了学习与评价的一体化设计,关注学生学习中的过程性成果,如学习报告、思维导图、创意发明与创意海报以及过程性表现、辩论及劳动实践活动的表现。另外,在评价任务实施过程中,一方面,在学习过程

中教师指导学生做好写实记录与重要的活动记录等，尤其是能表征课程目标中知识理解、创新实践、社会服务等方面的表现与成果，以作为评价和改进的依据；另一方面，师生共同对学习过程中的表现与成果进行交流与分析，以深化学生的理解，推进学生个人自我反思、改进以及交流互动，实现互惠互享。具体见表3。

表3 "劳动创造历史"单元评价任务设计

序号	评价任务	评价要点	任务描述	证据收集
1	探讨"从猿到人"演化过程中劳动的决定性作用体现	①是否正确理解议题； ②是否能在文献阅读的基础上针对议题形成有效观点	①"从猿到人"进化过程中的关键转变体现在哪里？ ②劳动的决定性作用体现在哪些方面？ ③如何综合运用多学科知识对上述观点进行论证？	①观察文献查阅和研讨表现； ②提交学习成果与个人反思； ③观察思维导图绘制等任务完成情况； ④观察选取模范人物并检索资料的完成情况
2	如何理解"社会存在"主要是指物质资料的生产方式？	①对"物质资料""生产方式""社会存在"等概念是否清晰掌握； ②是否能在经典文本阅读中把握文章思路，阐明概念之间的逻辑关系	①物质资料的生产方式主要有哪些？ ②"社会存在"包括哪些内容？为什么其主要是指物质资料的生产方式？ ③如何阐明社会存在与社会意识的关系？	
3	举例说明"人民群众如何通过劳动创造历史"	①是否掌握已学的历史和唯物史观的有关内容，结合议题做出有效分析； ②在选择关键时点基础上，是否能够找到对应的关键物件，结合观点进行有效说明	①结合所学历史知识，如何正确理解"英雄史观"和"群众史观"？ ②结合唯物史观，如何理解"人民群众通过劳动创造历史"的具体路径或机制？ ③选取一则事例，立足该事例所处时代和社会背景，进行说明，论证观点	
4	选取一个人物，为其撰写人物小传，说明：劳动是财富和幸福的源泉	①能否立足正确的价值观和唯物史观，选择贴切适合的模范人物； ②能否寻找有效材料来论证观点； ③能否整合并剪裁材料，形成人物小传，并具备公开演说的能力	①如何理解劳动是财富和幸福的源泉？ ②如何正确处理个人与社会、当前和长远等关系？ ③如何从模范人物的生平事迹中，搜集整理有效材料以支撑观点？	

（3）单元学程的设计

单元学习学程，强化的是学生学习经验获得的过程，回应的是"五育融合"的宏观育人目标要求，因此，要避免浮于表面的浅层学习，其设计应与"实践"紧密呼应，与劳动体验、劳动实践等活动整合实施。本单元学程分为4个阶段，分别为：①探讨"从猿到人"演化过程中劳动的决定性作用体现；②如何理解"社会存在"主要是指物质资料的生产方式？③举例说明"人民群众如何通过劳动创造历史"；④参与学校服务型劳动活动，将劳动体验形成报告，或者选取一个生活中的人物，为其撰写人物小传，并说明"劳动是财富和幸福的源泉"（见表4）。教师在整个学程中全程嵌入评价任务，并在每个环节收集证据，用来证明学生学到了什么，以及达到什么程度。

表4 “劳动创造历史”单元学程设计

序号	学习务	学生活动	教师指导	活动评价
1	探讨“从猿到人”演化过程中劳动的决定性作用体现	①查阅资料，从人类学、考古学、历史学等学科角度对该议题进行分解； ②在文献阅读基础上形成观点； ③制作电子课件并进行交流，修正完善本组观点	①提供必读和选读文献清单； ②引导学生进行议题分解，通过查询文献资料验证理论，形成小组观点； ③进行小组汇报，并组织讨论，教师点评	①在查阅资料和形成观点的过程中，须提交检索卡片和观点卡片，教师进行评价和反馈； ②在汇报展示的基础上，进行组员自评、组间互评和教师点评，形成综合评价
2	如何理解“社会存在”主要是指物质资料的生产方式?	①根据原著厘清“物质资料在社会生活中起决定作用”有关论述； ②对研读内容做读书摘要或笔记； ③尝试回答学习任务中的主要问题，撰写一篇小作文	①选取关键词线索，引导学生掌握阅读重点； ②审阅提交的读书摘要或笔记，提出指导意见； ③指导学生完成小作文，并做出反馈	①须在研读经典过程中完成读书摘要或笔记，教师对其进行过程性评价和指导； ②对学生完成的小作文的中心思想和行文表达做出评价
3	举例说明“人民群众如何通过劳动创造历史”	①结合所学知识，整理人类社会发展历程的有关内容，绘制思维导图； ②在人类社会发展历程简图上，选取1—2个关键时点，通过关键物件的选择来说明“人民群众通过劳动创造历史”的过程； ③选取前后相衔的关键时点上的关键物件，举例说明该观点	①结合思想政治必修1和历史必修(上)等有关内容，对学生绘制的思维导图进行指导； ②提供若干个关键时点和关键物件的提示意见供学生参考； ③对学生所选择的关键时点和关键物件的举例，做出点评	①对学生绘制的思维导图进行阶段性评估，在不影响发散性思维的前提下，保证学生作图的科学性和规范性； ②对学生选取的关键时点和关键物件的举例，进行打分和评价
4	参与学校服务型劳动活动，形成报告；选取一个生活中的人物，为其撰写人物小传，说明：劳动是财富和幸福的源泉	①参与学校服务型劳动活动； ②检索中华人民共和国成立以来的劳动模范等人物信息，选取一位感兴趣的人物，对其生平事迹进行了解，可参阅文献和影像资料； ③选取该人物若干典型事例，用以说明“劳动是财富和幸福的源泉”；对上述材料进行处理加工，形成一篇人物小传，并制作电子讲稿，以微演讲的形式展演	①推荐学生初步了解不同类型、类别的模范人物； ②指导学生要关注模范人物如何参与劳动、进行劳动奉献，重点关注模范人物有关劳动的言行； ③在学生撰写模范人物小传或准备微演讲的过程中，对文稿的结构和形式进行指导	①在学生收集整理资料和撰写小传的过程中进行观察，并记录学生的关键行为； ②教师对人物小传或微演讲进行打分，并予以点评

(4)评价结果的阐述

以“劳动创造历史”单元为例，该单元的学程设计与课程目标相对应，涵盖理论讲解、探索实践、分享交流、榜样激励等方式。理论讲解主要表现为在文献阅读、概念理解基础上形成有效观点，学生了解相关知识，发现、理解与解决问题，形成学习报告；探索实践表现为学生走出教室，参与服务型劳动实践，获得直接的劳动体验；分享交流与榜样激励则是对学习材料进行整合并剪裁，进行设计和制作，与之相关的讲座、演讲等活动为学生正确劳动观的形成创造了条件。

“劳动的价值”微课程设计案例启示我们，在整体上推进“全人发展”的今天，劳动教育课程具有极大的潜力：课程是素养指向的，其内核追求是学习能力、实践能力、创造能力和服务能力等综合性能力；课程是实践取向的，注重实践中的体验、创造，关注学生从生活世界和学习过程中发现问题并提出解决设想，运用技术工具支持探究，与同伴合作寻求解决方案，最终形成自己的独特理解等；课程还注重整合性，需要一段时间持续地进行，课程的实施采用大任务形式开展，学生在发现问题、分析问题和解决问题的过程中，运用和重组学科知识，以更好地进行过程探究和体验，以及将割裂、碎片化的知识有机整合。

四、结语

百年之前，蔡元培先生就提出了"五育并举"；百年之后的今天，为培养全面发展的社会主义建设者和接班人而提出"五育融合"。虽跨越百年时空，但其中蕴含的教育思想和理念却始终如一。虽然"五育融合"的发展道路仍存在许多困难和险阻，但任何改革之路都要历经披荆斩棘的过程，未来我们将继续坚持党的教育方针，与全体教育工作者一起为实现"五育融合"的"立德树人"目标而不断奋斗。

The Theoretical Construction and Practical Application of Evaluation Index System against the Background of the "Integrated Five-Dimension Education"

LU Weizhong

(Educational Institute of Yangpu District Shanghai, Shanghai, 200092)

Abstract: From the perspective of educational ecology, the "Integrated Five-Dimension Education" is to implement the five educational values of establishing high moral standards, enhancing intelligence, strengthening physiques, cultivating aesthetics, and improving labor ability into the students' curriculum and activities to help them achieve the integrated progress in the "five-dimension" education. It is acknowledged that the difficulty in the implementation of the policy lies in its evaluation system. To address such problems as how to evaluate the education in the "five dimensions" and their integrating ways, this paper begins with the connotative characteristics of "Integrated Five-Dimension Education", treats all progress in the five dimensions as the constructive logic, and tries establishing an evaluation system, including the first-level indicators in five-dimension education, 20 second-level indicators and the key-point descriptions to measure the educational effectiveness against the background of the "Integrated Five-Dimension Education" policy. This paper has also explained in details the constructive background, main content of the evaluation system and its application in teaching practice for the purpose of providing references for future studies on the evaluation theory of the "Integrated Five-Dimension Education" and helping deepen its reform.

Key words: Integrated Five-Dimension Education, evaluation index system, educational effectiveness, application in teaching practice

教育惩戒的合理性原则探析

邓　晨，陈建华

（上海师范大学 教育学院，上海 200234）

摘　要：《中小学教师实施教育惩戒规则（试行）》的颁布，昭示着教育惩戒的合法性。合法性确保了教育惩戒可行可依，而合理性则可以确保教育惩戒可信可控。虽然该文件限制了教育惩戒行为，但由于惩戒后果难测、动因难明，无法消除家长的顾虑，亦难以改变师生之间信任缺失的局面。尽管如此，教育者应当抓住教育惩戒中的机会，因为教育惩戒是师生共同发展的契机，而非博弈的手段。教师应在惩戒中再塑信任关系，坚持公平与关心并存，建构安全、公平的教育惩戒环境，从而确保惩戒后果可控。教师要将教育惩戒视为关心，确保惩戒动因为善。

关键词：教育惩戒；合理性；关心；信任

教育学者张礼永认为，近百年来，教师对体罚的态度从“倚重”到“怀疑”，从“收威”到“示威”，从“可施”到“不得”。[①] 在现今的中国教育体系中，体罚是必须禁止的失德失范行为。教育界所禁止的不仅是体罚形式，还有滥用体罚所带来的身心伤痛，以及教师不被约束的权利。教育界所维护的不是教师体罚学生的权利，而是要借助惩罚维护纪律，因为“若学习者缺乏良好的纪律，学校将无法提供最好的教育”。[②] 正是由于这一原因，教育惩戒成为教育理论和实践领域讨论的热点话题，其合法性和合理性也成为理论工作者和实践工作者所关注的重点。

2021 年 3 月 1 日，教育部实施《中小学教师实施教育惩戒规则（试行）》（以下简称《规则》），明确指出，教育惩戒是“教师和学校在教育教学过程和管理中基于教育目的与需要，对违规违纪、言行失当的学生进行制止、管束或者以特定方式予以纠正，使学生引以为戒，认识和改正错误的职务行为”。[③] 教育惩戒是满足“教育目的与需要”而实施的职务行为，这一行为具有自身的合理性。本文基于对教育惩戒之隐忧的分析，探讨教育惩戒的特征及合理性原则，并提出实践建议。

一、教育惩戒的隐忧

虽然国家制定了教育惩戒的相关法规，确保

作者简介：邓晨，上海师范大学教育学院博士研究生，主要从事教育学原理研究；陈建华，上海师范大学教育学院教授，博士生导师，博士，主要从事教育学原理、教育哲学与学校规划研究。

① 张礼永：《告别夏楚二物：中国教育废除体罚的百年努力及论争》，《湖南师范大学教育科学学报》2013 年第 2 期，第 55-68 页。

② Obadire O, “Learner Discipline in the Post-corporal Punishment Era: What an Experience!”, *South African Journal of Education*, Vol. 41, no. 2(May 2021), pp. 1-8.

③ 中华人民共和国教育部：《中小学教育惩戒规则（试行）》，载教育部官网：http://www.moe.gov.cn/srcsite/A02/s5911/moe_621/202012/t20201228_507882.html，最后登录日期：2020 年 12 月 29 日。

了惩戒有法可依、有法必依。但是仍无法完全消除家长的担忧，在家长的视野中，教育惩戒具有瞬时性，导致其后果难以掌控。教育惩戒具有目的复杂性，教育惩戒的动机难以揣测。对家长而言，后果难控、目的难测的惩戒行为与体罚无异，会给孩子带来难以挽回的身心伤害。

1. 教育惩戒后果难控

教育惩戒后果难控是因为教育惩戒具有瞬时性。教育惩戒作为瞬时性行为，所产生的后果取决于教师的瞬时判断。若教师对惩戒的力度把握不当，会产生不利于学生身心健康的后果，例如肉体上的疼痛、精神上的折磨。由于惩戒的瞬时性，家长无法检验惩戒的教育意义，对于教育惩戒的合理范围与程度存在疑虑。在缺乏相应沟通机制的情况下，家长会将合理的教育惩戒视为变相的体罚，忽略教师惩戒的限制和目的，仅关注惩戒过程中孩子所遭遇的疼痛。

教育惩戒后果难控是因为惩戒缺乏监督和执行的标准。教育惩戒既要警戒学生过错，也要承担引导学生全面发展的育人使命，因此，教育惩戒的后果难以标准化衡量。当教师的惩罚超出学生及家长的预期，就会引起不满的情绪和抗议。不当惩戒所带来的不仅有身心的痛苦，还有难以预知的自然后果。对学生肉体的伤害尚可用法律和沟通加以约束，但不良的自然后果却无法通过再次惩戒进行消除；当教师的惩戒行为缺乏相应的监督，非公平的可能性便会存在。当教育惩戒处在大众的视野盲区，惩戒过程亦是非透明的，这就会使得家长对教师有更强烈的警惕心。

2. 教育惩戒动因难测

教育惩戒的动因之所以难测，是因为教育惩戒目的相当复杂。社会个体因自身利益的不同，对于教育惩戒目的有不同的判断。从教师角度而言，惩戒的目的是纠正学生的错误行为，维系校园纪律和道德训育，从而促进学生的全面发展。从学生角度而言，唯有学生相信教师，教育惩戒才能被视为纠错的手段，否则教育惩戒便是非正义的行为，只会带来师生关系的疏离。从家长视角而言，父母关注的是孩子肉体的疼痛和心灵的伤害，而非教育意义是否实现，故会通过后果猜测教师惩戒的目的。惩戒主体依据各自利益和需求确立教育惩戒的目的，但无论教师、学校、学生或是家长，都无法以诉诸权威的方式，去排列教育惩戒目的的优先顺序。

教育惩戒的动因之所以难测，还因为部分教师不具备成熟的惩戒观。当教师未形成合理的教育惩戒观时，会对教育惩戒存在模糊认知，导致教育惩戒与体罚在概念认识上存在混淆。教育惩戒与体罚都是纠正学生行为的途径，两者的区别在于行为的动机。教育惩戒的动机是实现教育意义，而体罚的动机则是“使儿童经历痛苦”。①惩戒与体罚概念认知的模糊，不但加剧了家校之间的矛盾，亦加深了家长对教育惩戒的恐惧。家长关注的不是教育惩戒的教育价值，而是如何避免严重的惩戒后果，以及是否应赋予教师惩戒权力的追问，从而消磨了惩戒的教育意义。当教育惩戒失去合理性、合法性的约束，便与惩罚无异，不仅会给学生带来不可磨灭的伤害，也会使教育沦为师生博弈的战场，从而影响师生间的信任关系。

无论是教育惩戒的后果难测，还是教育惩戒的动因难明，其所展现的都是师生间的信任缺失。师生之间的不信任会致使师生处在相互怀疑与提防的心理状态中。家长害怕孩子被教师伤害，要求教师与学生保持距离，以无接触或少接触的方式去教育孩子。学生认定教育惩戒是教师维护权威的工具，而非育人的途径，失去了教育的正当性。而教师则为了规避冲突，将教育惩戒化为“虚悬的戒尺”，淡化了惩戒的教育功能。规避冲突并未带来师生之间的信任，反而让教师进一步失去信任与权威。

二、教育惩戒的特征

英国教育哲学家皮德斯(R. S. Peters)认为，合理的教育惩戒符合三条标准：“特意地施加痛苦，施加者必须拥有权威，被处罚者必须违反某些法规”。② 教育惩戒作为警戒学生的一种替代性纪律，有助于推进人的全面发展，具备内在价值

① Straus M，“Corporal Punishment of Adolescents by Parents：A Risk Factor in the Epidemiology of Depression，Suicide，Alcohol Abuse，and Wife Beating”，*Adolescence*，Vol. 29，no. 115(1994)，pp. 543-561.

② 皮德斯：《伦理学与教育》，简成熙译，联经出版社 2017 年版，第 397 页。

性、内生权威性和正当的目的性。

1. 内在价值性

合理的教育惩戒具备内在价值性,如塞涅卡(L. A. Seneca)所说:“一个明智的人施加惩罚,不是因为错误已经铸成,而是让错误不再发生。”①教育惩戒的内在价值是纠正学生行为,防范错误再现。惩戒是教师必要的教育手段,“除非教师是个天生的演说家或表演者,否则他如果不诉求高压的方式,很可能会产生严重的纪律问题”。②教育惩戒作为一种高压的方式,其施行与否都具有威慑的价值。教育惩戒与体罚不同,有研究表明,“长期体罚对于儿童和青少年既无效又有害”。③体罚的重心在于宣泄情绪,惩戒则是服务教育目的,促进学生健康发展。合理的教育惩戒作为体罚的替代性纪律,能有效避免体罚所带来的伤害,维持教学和训育的有序进行。

对于教师而言,“惩罚不仅是一种权利,而且是一种义务”。④教育惩戒是教师的责任,当学生犯错时必须予以纠正,否则便是肆意纵容学生犯错;教育惩戒是教师教育活动中的必要权利。它确保了教学活动顺利开展,有效地维持了教学秩序。⑤教师在实施教育惩戒的过程中,要做好权责的平衡,将惩戒化为道德训育的过程,时刻发掘惩戒的内在价值。

2. 内生权威性

当教育惩戒发生时,师生便开始了对不当行为的争辩,而推行惩戒的动力是教师权威。教育惩戒与体罚的权威来源不同,体罚是基于疼痛的外在权威,而教育惩戒则是基于素养的内生权威。教师的权威与教师的学识、德行紧密相关,而非“只依赖传统来合法其主张”⑥,不需通过体罚来建构权威;而体罚者“以正当、法律和义务之名声称自己是权威”⑦,试图用权威去合理化不当行为。教育惩戒的内在权威性,使得教师不必从外在形式中寻求权威感。教师可以通过对惩戒合法性和意义的探寻,不断提高自身的知识储备和道德修养,发掘内在的权威性。

教育惩戒的权威是内生的,师生皆要对惩戒行为充满敬畏。一方面,学生应对惩戒行为存在敬畏。惩戒作为教师威慑学生的手段,通过减少学生的不当行为,推进学生的全面发展;另一方面,教师应对惩戒行为保持敬畏。内在权威性要求教师须谨慎对待惩戒过程,避免情绪的迁怒和行为的越界,亦要避免因惩戒的不公而折损教师的权威。

3. 目的正当性

合理的教育惩戒具有目的正当性,要求惩戒合乎法律、合乎道德。有学者认为,“凡依照法律或校规规定之种类、程序而实施的惩戒行为,都不是体罚”。⑧教育惩戒与体罚的区别在于是否合法,若不能确保惩戒目的合法,惩戒便是改换名目的体罚,失去了其目的的正当性。教育惩戒的合法性保障了教育惩戒的目的正当性,为教育惩戒套上了法律的制约,既给予家长以切实的保障,也给予教师足够的警示,须谨慎对待教育惩戒的权利。

目的的正当性要求惩戒目的要保持纯洁。教育是惩戒唯一的目的,实施惩戒的过程不应掺杂非教育目的。教育惩戒不是管理的工具或情绪的宣泄口,不应制造无意义的疼痛。教师要谨慎使用教育惩戒行为,反思教育惩戒出于什么目的,“除非你想让你的准则变为普遍的规则,否则你不要行动”。⑨教育惩戒的目的仅仅指向教育,它只关乎师生的共同成长。教育惩戒不应拘泥于惩戒是否完成,而应着眼于维系目的正当性,缺乏正当性的教育惩戒只能带来肉体的痛苦和精神的

① 梅尔:《德国观念论与惩罚的概念》,邱帅萍译,知识产权出版社2015年版,第19-20页。

② 皮德斯:《伦理学与教育》,简成熙译,联经出版社2017年版,第406页。

③ Slingsby B,“Corporal Punishment: Rhode Island Physicians' Perceptions, Experience and Education”, *Rhode Island Medical Journal*, Vol. 102, no. 6(August 2019), pp. 31-34.

④ 马卡连柯:《马卡连柯教育文集(下)》,吴士颖译,人民教育出版社1985年版,第59页。

⑤ 劳凯声:《变革社会中的教育权与受教育权:教育法学基本问题研究》,教育科学出版社2003年版,第396页。

⑥ 皮德斯:《伦理学与教育》,简成熙译,联经出版社2017年版,第380页。

⑦ 约翰·杜威:《伦理学》,方水译,商务印书馆2019年版,第274页。

⑧ 任海涛:《“教育惩戒”的概念界定》,《华东师范大学学报(教育科学版)》2019年第4期,第142-153页。

⑨ 伊曼努尔·康德:《道德形而上学原理》,上海人民出版社2012年版,第13页。

创伤。

三、教育惩戒的合理性原则

合理性原则是指教师在惩戒过程中，须确保惩戒目的合乎理性，惩戒行为合乎公平。因此，指向教育目的的教育惩戒，在其实施过程中，应坚持公平原则、关心原则和信任原则。教师要尽力消除家长对教育惩戒的隐忧，以使教育惩戒的动因为善、后果可控，使其成为合理的教育手段。

1. 公平原则

公平原则属于教育惩戒合理性的首要原则。研究表明，"儿童所关注的不是惩戒目的好坏，而是结果是否公平"①，坚持公平原则符合儿童对公平的向往与热衷。合理的教育惩戒需要确保程序公平和结果公平，教师对待学生应一视同仁，不可区别对待犯错的学生。教师作为惩戒的施行者，其执行教育惩戒的判断不应出于教师个体的喜好，或自身情绪的变动，而应依据学生不良行为的程度与频次。《规则》为教育惩戒的执行与监督提供了可行的标准，若教师有不公平的教育惩戒行为，教育部门须追究到底，不能忽视不当的惩戒行为，避免造成不当之风的盛行。

坚持公平原则需要教师有公正之心，能够坚持惩戒的程序正义。在惩戒的实施过程中，教师应保有正义感，严格遵循惩戒法规，不断修正教育惩戒的形式和力度，做到"勿以善小而不为，勿以恶小而为之"。教育惩戒需要监督，在监督的环境下执行教育惩戒，努力创造教师关心、学生放心、家长安心的惩戒环境。公正的惩戒环境能有效制约惩戒后果，在遵循程序正义的基础上，进一步优化教师惩戒行为。

2. 关心原则

由于教师惩戒目的的复杂性，惩戒的教育意义常被家长所质疑。教师若要确保惩戒目的保有善意，体现教育意义，应从关心入手。诺丁斯（Nel Nodding）认为，关心是社会的本能，"我们需要被他人关心，我们接受关心，生活在关心所营造的氛围之中"。② 关心是人与人之间善意的流动，教师与学生之间的关心是应有之义。教育惩戒是实现关心的手段，教师将关心作为惩戒的目的，能够在关心的氛围中实现育人和育己的双赢。

坚持关心原则是教师职业规范的要求。关心开始于善意的萌动，关心学生是教师职业的本能。教育惩戒是教师对学生的一种关心行为。教师通过此种关心行为，不断完善师生之间的信任关系，为学生创造充满关怀和信任的校园环境。③

3. 信任原则

教育活动是一种关系优先的活动，是否形成良好的师生关系影响教育活动的效果。"如果学生不信任他们的教师，他们就不会听教师的话，按照教师的指导学习，或者按照教师的话去做"④，教师就无法完成其教育使命。基于这样的考虑，信任原则也成为教育惩戒的重要原则。信任是搭建在惩戒主体之间的桥梁，学生通过换位思考，体验教师所面临的道德风险、法律风险，理解教师的惩戒行为。教师相信学生能够在惩戒中改正错误，学生则要相信教师在惩戒过程中保有公正和善意。在信任的环境中，教师的教育惩戒将从道德冲突变为学生发展的道德标准。而学生则要通过审视教师的惩戒行为，不断反馈惩戒的体会，达成两者的相互理解。

坚持信任原则，有助于重塑师生信任关系。公平原则确保惩戒后果可控，关心原则可确保惩戒的动因为善，将教育惩戒的过程变为师生沟通的过程。公平和关心是信任的前提条件，是促进信任的必要步骤。教育惩戒的目的是规避学生不当行为，要实现这一目的，需要学生相信教师，将教育惩戒视为教育的手段，而不是非公平的迁怒。在道德和法律领域，教育惩戒是必需的义务，惩戒的主体间若缺乏信任感，双方的精力便在于规避可能的风险，而非惩戒行为本身。信任原则的建

---

① Bernhard R, "Why do Children Punish? Fair Outcomes Matter more than Intent in Children's Second- and Third-party Punishment", *Journal of Experimental Child Psychology*, Vol. 200(December 2020), pp. 104-909.

② 内尔·诺丁斯：《学会关心：教育的另一种模式》，于天龙译，教育科学出版社 2003 年版，第 1 页。

③ Koehn D, Rethinking Feminist Ethics: Care, Trust and Empathy, London and New York: Routledge, 2012, p. 9.

④ Hung R, "Educational Hospitality and Trust in Teacher-student Relationships: A Derridarian Visiting", *Studies in Philosophy and Education*, Vol. 32, no. 1(September 2012), pp. 87-99.

构有助于塑造积极的师生关系,有利于教育惩戒的合理施行。

四、学校教育惩戒的实践建议

从理论层面看,教育惩戒必须基于教育目的,考虑其内在价值性、内生权威性和目的正当性,使其符合合理性原则。从实践角度看,学校教育惩戒可以分四个步骤:首先,应建构公平的惩戒环境,解决教育惩戒难以掌控的问题;其次,需要引入第三方监督机制,进一步确保惩戒的程序公平;再次,引导教师形成关心意识,将惩戒变为善意的流动,解决教育惩戒原因难明的问题;最后,教师要在实践中不断反思,促进师生之间的沟通,塑造信任关系。

1. 完善公平的惩戒环境

学校完善教育惩戒的环境,可分为宣传正确观念、惩戒本土化、设立"冷静期"、校园监督、惩戒形式程序化五个方面。

第一,在班会和家长会进行教育惩戒宣传和沟通,加深学生和家长对其的了解,消除对教育惩戒的误解。第二,学校依据《规则》,在充分采纳学生、家长意见的基础上,制订系统的、可操作的惩戒流程,并在校园内定期进行公示。第三,设立"冷静期",将教育惩戒分为两部分执行:其一,教师制止学生的不当行为,约定教育惩戒的时间、地点与惩戒方式,并及时告知家长;其二,待双方情绪冷静后,再依据约定执行教育惩戒行为,并对教育惩戒进行形式和程度的调整。第四,学校划定教育惩戒的专用区域,安装摄像头及录音装置,保留教育惩戒的相关影像以供家长查阅和监督机构复验。第五,根据教育惩戒的实际情况,家校进行共同民主讨论。学校通过不断调整教育惩戒的程序,制订具体的实施步骤,包括地点、形式、限定条件等,形成规范、细致的惩戒制度。

2. 引入第三方监督

第三方监督的引入,有助于约束教育惩戒行为,也有助于保护家长和教师的权益。第三方监督机构由无利益关系的社会群体构成,其既能够确保教育惩戒实施的程序公正,又能够为教育机关提供旁观者的观察视野。

首先,若教师有超出教育惩戒范畴的行为,监督机构应及时上报政府机构进行调查和处理;其次,当第三方机构收到家长举报之时,应先进行独立调查,优先核验教育惩戒出现的具体情境和师生自述,客观描述教育惩戒的过程。若教师出现不合规的惩戒,要及时监督学校对教师进行合理的批评或处罚;最后,监督机构要为教师与家长提供沟通机会,避免因误解而造成二次伤害。引入第三方监督是为了消减教师与家长之间的信息差,也是为了创造公平的惩戒环境。第三方监督的引入,有助于避免产生学校包庇教师或家长构陷教师的情况。无论是完善教育惩戒的校本机制,还是引入第三方监督,都是为了给教师、学生、家长提供公平的教育惩戒环境,为教师与学生之间塑造信任关系提供保障。

3. 引导教师关心学生

教育惩戒的本质是关心,教师将学生视为鲜活个体,而非量化的概念。引导教师关心学生是为了实现育人与育己,促进学生的全面发展是教师实施教育惩戒的愿望。正如诺丁斯所说,"作为关心者的教师关注的是被关心者所表达的需求"。[①] 教师要意识到教育惩戒是一种"伦理关心",是表达关心的手段,而非获得权威和控制的工具。教育惩戒应是端正学生选择的过程[②],要避免教师因情绪宣泄和管理的需要而滥用惩戒。

在惩戒行为完成后,教师要积极寻求学生的反馈,反思教育惩戒行为是否恰当。若存在不恰当行为,教师需要及时向学生诚挚地道歉。教师要在教育惩戒的过程中不断澄清目的、洗练技巧、培养自身的关心理念,在教育惩戒中认识关心、学会关心。

4. 在持续反思中互信

家长对于教育惩戒的担忧,多数源自对惩戒主体的不信任,这不仅使得家长焦虑不安,也使得教师处处受制。若要建构信任关系,教师要在反思中不断成长。

首先,新手教师应向优秀教师求教,定期分析教育惩戒案例,逐渐形成合理、公正的惩戒观。教师通过记录惩戒档案,在脑海中再次浮现教育惩

① Noddings N, "The Caring Relation in Teaching", *Oxford Review of Education*, Vol. 38, no. 6(December 2012), pp. 771-781.

② 艾尔菲·科恩:《奖励的恶果》,冯扬译,山西人民出版社 2016 年版,第 26 页。

戒的过程，不断反省惩戒中的不足之处。教师通过剖析自身的惩戒目的，订立内在的制约，为寻回学生信任奠定基础；其次，教师应在校内建立惩戒反思小组，定期反思惩戒的困扰。组内教师通过相互梳理教育惩戒的动因、形式以及后果，解决实践中的问题，提炼教育惩戒的经验；再次，教师应记录学生的教育惩戒和奖励，定期与家长沟通，避免家长与教师之间存在信息差；最后，学校可通过创设教育惩戒情境，给教师与学生提供换位思考的机会。在情景模拟中，学生通过体会教师的惩戒心理获得相应的道德体验。教师则要体会被惩戒时的心理体验，思考以往的教育惩戒是否充分尊重了学生。教师反思实践的不足，形成基于关心的惩戒观，不断调整自身的教育惩戒行为，这样才能在惩戒中塑造威信。

五、结语

教育惩戒是教育的艺术，时机的把握、形式的选择、后果的预判以及教师的自我约束能力，都是教育生活中不断修炼的真功夫。教育惩戒合理化的关键在于消弭家长对于惩戒的隐忧，杜绝惩戒的后果难测和动因不明。学校教育要始终不忘初心，通过共建良好的外在环境和教师关心内力的修炼，重塑社会大众对教师的信任感，让教育惩戒从师生冲突变为师生共同成长的历程。

Exploration of the Principle of Reasonableness of Educational Discipline

DENG Chen, CHEN Jianhua
(School of Education, Shanghai Normal University, Shanghai, 200234)

Abstract: The promulgation of The Rules for the Implementation of Educational Discipline by Teachers in Primary and Secondary Schools (for Trial Implementation) has revealed legality of educational discipline. This document restricts the use of educational discipline, but because the consequences and motivations of using the discipline are unpredictable, it cannot eliminate parents' worry, nor can it change the situation of no trust between teachers and students. Nevertheless, educators should seize the opportunity in educational discipline, which is an opportunity for both teachers and students to develop together rather than a means of gaming. Teachers should rebuild the relationship of trust in discipline and insist on the coexistence of fairness and concern in order to construct a safe and fair educational disciplinary environment and to ensure that the consequences of discipline are controlled. Teachers should regard educational discipline as care and make sure the good will of using the discipline.

Key words: educational discipline, reasonableness, care, trust

小学德育教科书发展70年回顾与展望

姚 刚，徐学福

（西南大学 教育学部，重庆 400715）

摘 要：德育教科书作为专门化和权威化的道德教育形态与具象媒介，在立德树人过程中发挥了重要作用。中华人民共和国成立以来，小学德育教科书发展历经六个阶段：起步奠基、恢复调整、实验探索、渐进发展、多样并存和统编统用。其发展特征总体呈现为：价值取向从"工具价值"趋向"本体价值"，内容取向从"知识本位"转向"素养本位"，结构体例从"单独成课"走向"主题组元"，呈现方式从"单一板滞"皈向"灵活多变"。未来我国小学德育教科书发展应着力：明确教材建设指导思想，把握教材建设目标方位；构建多元融合视域，打破学科壁垒；优化教材结构体例，复归儿童生活实践；丰富教材呈现方式，提升教材创新能力。

关键词：小学；德育教科书；核心素养；教科书发展

"教科书作为国家意志、民族文化、社会进步和科学发展的集中体现，是实现培养目标的最直接的载体。"① 德育教科书② 是专门和权威化的道德教育形态与具象媒介。小学是儿童思想道德发展与成长关键期，小学德育教科书对其价值观念传递和内在意义建构具有内隐和外显的影响。中华人民共和国成立以来，小学德育教科书取得了显著成就，审视其发展历程具有重要历史意义和现实价值。本文通过梳理中华人民共和国成立以来小学德育教科书的发展历程，总结其演变特征，揆度发展路向，希冀为其未来发展提供借鉴。

一、小学德育教科书的发展历程

中华人民共和国成立以来，因政治、经济、文化等因素变革，小学德育教科书呈现不同面貌，可据重要事件、政策文件将其发展历程划分为六个阶段：

1. 起步奠基期（1949—1976年）

中华人民共和国成立后，为巩固新政权，亟须稳定社会环境，因此，该时期教科书主要为政治服务。此时德育课程体系尚未建立，教材编写、出版和选用处于无序状态。1949年10月19日，时任中共中央宣传部部长陆定一指出，教科书要由国家办，自此之后教科书内容才符合国家政策。1950年，《小学课程暂行标准初稿》规定，小学五、六年级要开设政治常识。同年7月，《关于1950年秋季中小学教科用书的决定》规定，小学高年级使用高级小学《政治课本》（华北新华书店出版，武纡生编）。同年12月1日，人民教育出版社（以下

作者简介：姚刚，西南大学教育学部博士研究生，主要从事课程与教学论、教科书研究；徐学福，西南大学教育学部教授，博士生导师，博士，主要从事课程与教学论研究。

① 石鸥，石玉：《论教科书的基本特征》，《教育研究》2012年第4期，第92-97页。

② 因各时期教科书称谓不同，在具体到某一教科书时采用专门称谓，其他均称德育教科书，特此说明。

简称“人教社”)成立，至此，方形成了统一编撰出版中小学教科书的制度。

1953 年以来，学校教育与生产实际脱节，此时未开设政治或其他德育课程，思想品德教育主要是各科教学或课外活动。1959 年 3 月，《教育部党组关于编写普通中小学和师范学校教材的意见》指定教育部负责编写通用教材供各地采用，地方可适当变动和编写补充教材和乡土教材。1963 年，《全日制中小学教学计划(草案)》规定增设政治课。“文革”时期，德育工作被政治斗争取代，教科书亦沦为政治运动的附庸。

2. 恢复调整期(1977—1981 年)

十一届三中全会后，党和国家将工作重心转移至加快社会主义现代化建设上，党中央高度重视教材建设工作，邓小平同志要求尽快编写全国统一的中小学教科书，并强调教材要从中小学抓起，教科书要教最先进的内容。1977 至 1978 年，因欠缺全国通用德育教材，多数地区只能使用本地区经修编的过渡课本。[①] 为贯彻邓小平同志“要引进国外教材，吸收外国教材中有益的东西”的指示，人教社用专款从苏联、美国、英国等国选购教材供国内参考。

1978 年 1 月，教育部颁发《全日制十年制中小学教学计划(试行草案)》，规定小学四、五年级开设政治课，且每周 2 课时。据此，人教社出版了全日制十年制小学政治课教材。1978 年 4 月，全国教育工作会议研究了《全日制小学暂行工作条例(草案)》修改意见(讨论稿)，并于 9 月颁布的《全日制小学暂行工作条例(试行草案)》中强调，学校须依据教学计划、教学大纲和教科书进行教学。1981 年，教育部印发《全日制五年制小学教学计划(修订草案)》，将小学政治课改为思想品德课，要求小学各年级设思想品德课。

3. 实验探索期(1982—1991 年)

随着改革开放的推进，教科书进入实验探索期。1982 年 5 月，教育部制定《全日制五年制小学思想品德课教学大纲(试行草案)》。1985 年 1 月，《全国中小学教材审定委员会工作条例(试行)》指出，中小学教材要编审分离。[②] 同年 5 月，《中共中央关于教育体制改革的决定》提出实行九年义务教育。此后，教科书确立了“一纲多本”制度。1986 年，《中华人民共和国义务教育法》的实行标志着普及义务教育制度的确立。1986 年 4 月，国家教育委员会(以下简称“国教委”)颁发《全日制小学思想品德课教学大纲》，并委托北京市教育局、人教社等机构编写了一套小学思想品德课教材。

1988 年 5 月，国教委颁发《义务教育全日制小学、初级中学教学计划(试行草案)》和九年制义务教育阶段各科教学大纲初审稿，同年 7 月又颁发了《小学德育纲要(试行草案)》。1988 年 8 月，《九年制义务教育教材编写规划方案》指出，要逐步实现教材多样化，鼓励多方编写教材，在教材建设中引入竞争机制。20 世纪 80 年代末，教科书由“国定制”变为“审定制”，形成了“一纲多本”局面，此时“八套半教材”影响颇深。1990 年《九年义务教育全日制小学思想品德教学大纲(初审稿)》发布，人教社和北京市教育局合编出一套五、六年制小学《思想品德》。[③]

4. 渐进发展期(1992—2000 年)

为加快改革开放和现代化建设，党中央提出建立新的经济体制，德育教科书试图与经济体制改革相接轨。1992 年 8 月，国教委制定《九年义务教育全日制小学、初级中学课程方案(试行)》，包括九年义务教育全日制小学、初级中学课程计划和 24 个学科教学大纲。其中的《九年义务教育全日制小学思想品德课教学大纲(试用)》明确了小学思想品德课的性质、目的等，要求加强思想品德教材建设，据大纲编写课本和教学参考书。[④] 据此，人教社出版了九年义务教育五、六年制小学《思想品德(试用本)》。[⑤]

1993 年 2 月，《中国教育改革和发展纲要》指出，中小学教材要在统一基本要求前提下实现多样化。1997 年，国教委颁发《九年义务教育小学

① 李祖祥:《新中国小学思品教材之发展》,《上海教育科研》2013 年第 12 期,第 43-47 页。

② 陶芳铭:《我国中小学德育教科书百年历史演进及价值嬗变》,《上海教育科研》2019 年第 6 期,第 10-16 页。

③ 瞿楠,薛晓阳:《小学思想品德课程 60 年:1949-2009》,江苏大学出版社 2011 年版,第 172 页。

④ 课程教材研究所:《20 世纪中国中小学课程标准·教学大纲汇编:思想政治卷》,人民教育出版社 2001 年版,第 69-74 页。

⑤ 课程教材研究所:《新中国中小学教材建设史(1949-2000)研究丛书:政治卷》,人民教育出版社 2012 年版,第 148 页。

思想品德课和初中思想政治课课程标准(试行)》,同时,人教社出版了九年义务教育五、六年制小学《思想品德》,一些省市也编写了《思想品德》。1999年,中共中央、国务院召开第三次全国教育工作会议,会后印发的《关于深化教育改革全面推进素质教育的决定》再次强调教材多样化,以及要完善国家对基础教育教材的评审制度。

5. 多样并存期(2001—2016年)

随着课程改革的推进,教科书建设进入繁荣期,是实际层面的多样化。此时正式引入竞争机制,诸多机构或单位投标教科书编写工作。2001年6月,教育部印发《基础教育课程改革纲要(试行)》(以下简称《纲要》),小学将"思想品德"改为"品德与生活"(一、二年级)和"品德与社会"(三至六年级)。《纲要》强调实行教材多样化政策,鼓励相关机构、出版部门等编教材。随后,教育部印发《全日制义务教育品德与生活(社会)课程标准(实验稿)》。2010年,《国家中长期教育改革和发展规划纲要(2010—2020年)》强调要加强教材建设,建立健全教材质量监管制度。

2011年12月,教育部印发《义务教育品德与生活(社会)课程标准(2011年版)》,自此,"品德与生活(社会)"拥有了课程标准。此时,据新课标编写的政治(道德和法治)教科书由教育部统编。[①] 党的十八大以来,以习近平同志为核心的党中央明确指出,教材建设是国家事权,要体现国家意志。[②] 2014年3月,《关于全面深化课程改革落实立德树人根本任务的意见》首次提出"核心素养"。同年10月,《中共中央关于全面推进依法治国若干重大问题的决定》提出,将法治教育纳入国民教育体系,在中小学设立法治课程,此举催生了《道德与法治》课本的编写。

6. 统编统用期(2017年至今)

党的十八大以来,中国特色社会主义进入新时代,教材建设被视为国家事权。习近平等中央领导同志高度重视教材建设,多次就语文、道德与法治、历史教材做指示。2016年10月,《关于加强和改进新形势下大中小学教材建设的意见》要求三科教材实行国家统编、统审、统用。2017年3月,国家教材局成立。同年7月,国家教材委员会(以下简称"国材委")成立。随后,设立了课程教材研究所。教育部规定从秋季学期开始,全国小学和初中一年级开始使用教育部统编义务教育三科教材,这预示教科书"一纲多本"的终结,进入了统编统用期。2017年9月,全国新入学小学生全部使用《道德与法治》,之后将逐步覆盖小学所有年级。

2019年2月,《中国教育现代化2035》再次强调要健全国家教材制度,实行统筹为主、统分结合、分类指导。[③] 同年8月,《关于深化新时代学校思想政治理论课改革创新的若干意见》强调,要加强思政课教材体系建设,国材委要统筹思政课教材建设,科学制定教材建设规划。2020年,国材委印发《全国大中小学教材建设规划(2019—2022年)》,教育部印发中小学、职业院校、普通高等学校等教材管理办法文件,对各学段、各学科领域教材建设进行统筹规划。至此,小学德育教科书迈入了"大一统"阶段。

二、70年来小学德育教科书演进的特征

综合上述发展历程,小学德育教科书在价值取向、内容取向、结构体例和呈现方式方面凸显以下演变特征:

1. 价值取向:从"工具价值"趋向"本体价值"

价值是客体满足主体需要的反映,是维系主客体关系纽带的特定质态。价值取向是主体依据一定价值标准,在进行价值选择时所秉持的价值立场、态度和倾向。小学德育教科书呈现由工具价值趋向本体价值的价值取向。德育教科书的工具价值取向旨在满足社会政治、经济等方面的需求,而本体价值则强调满足个体全面发展的需求。

从中华人民共和国成立至1977年,小学德育教科书在曲折摇摆中前行,教科书革命性、政治性色彩浓厚。改革开放时期,教科书逐渐从浓厚的政治情结中脱离,转而关注学科本位,注重基础知识和基本能力的习得,且倾向于为经济和社会主义建设服务。新课改以来,"以学生为本"的理念

① 石鸥:《中小学教科书70年忆与思》,《湖南师范大学教育科学学报》2019年第2期,第1-7页。

② 潘信林,陈思琪:《党的十八大以来教材建设研究评估与展望》,《课程·教材·教法》2019年第9期,第12-20页。

③ 郭戈:《我国统编教材的历史沿革和基本经验》,《课程·教材·教法》2019年第5期,第4-14页。

获得普遍认可，教科书在注重国家和社会发展需求的同时，更关注学生作为“人”的发展，其生活化、人本化取向凸显。此时，《品德与生活（社会）》强调以学生为本，学科综合性及品德培养要回归儿童的生活世界。《道德与法治》坚持儿童立场，围绕学生实际生活和情境问题编写，力图通过建构时间性、空间性或平常性的生活事件或问题，来引导主体构建生活纪事和生命叙事。

2. 内容取向：从“知识本位”转向“素养本位”

教科书内容选择是课程内容选择的具象化。小学德育教科书内容取向愈发从关注知识本位转向素养本位。中华人民共和国成立之初，教科书作为国家意识形态的载体，彰显国家权力的强控制。改革开放前，教科书内容紧扣政治经济形势，革命话语浓厚。1966—1979 年，德育课被政治斗争所取代，教科书内容均是政治性知识，道德教育相对阙如。1977—1978 年过渡期，教科书亦未完全脱离泛政治化情结。改革开放时期，教科书从偏离轨道走向科学、规范化方向，内容回归基础，学科知识、社会生活经验成为内容选择依据，如政治常识、生活常识、人际交往等。教科书逐渐淡化阶级斗争，突出以经济建设为中心，开始关注学生学习和现实生活，课程目标上重视基础知识和基本技能。

随着新课改的推进，教科书内容紧扣三维目标，重视学习者经验和体验及德育与儿童生活的联系，强调学科知识内容的整合。该时期《品德与生活（社会）》秉持“三贴近”的原则，即贴近学生、贴近生活、贴近实际。《品德与生活》紧扣社会品质，包括四个学习主题：健康、安全地生活，愉快、积极地生活，负责任、有爱心地生活，动手动脑、有创意地生活；《品德与社会》紧扣社会领域，包括六个学习领域：我的健康成长、我的家庭生活、我们的学校生活、我们的社区生活、我们的国家、我们共同的世界。[①] 教育话题和范例以儿童“生活事件”的形式呈现。[②]《道德与法治》以“立德树人”为根本方向，基于儿童立场，指向核心素养，秉持“生活教育”理念，以儿童生活为轴心，贴近道德生活；以生活事件或问题为线索，将道德与法律教育融入学习活动，注重涵养学生的道德品质和培植法治思维。

3. 结构体例：从“单独成课”走向“主题组元”

结构体例指教科书知识的编排和组织形式。小学德育教科书的结构体例总体上呈现由“单独成课”走向“主题组元”。新课改之前，基本以“单独成课”的方式编排，即将反映相同德育目标的课文编排在一起，内容以学科知识为基本逻辑体系编排。随着新课改的推行，结构体例愈发走向“主题组元”，即将主题内容相近或具有共同点的文本编排在一起，逐步实现德育课程分科化向综合化的转变，及由学科逻辑向生活逻辑的转变。如 2002 年人教版《品德与生活》通过“三条轴线”和“四个方面”（以下简称“三轴四面”）来架构教材，“三条轴线”即儿童与自我、儿童与社会和儿童与自然；“四个方面”即健康、安全地生活，愉快、积极地生活，负责任、有爱心地生活，动手动脑、有创意地生活。“三轴四面”交织成儿童生活的基本层面，三对关系能转化为具体课程内容。《品德与社会》以儿童社会生活为基础，以“个人、家庭、学校、社区（家乡）、祖国、世界”为不同场域，以场域中的“社会环境（时间、空间、人文、自然）、社会活动（生活、文化、经济等）、社会关系（人与人、社会规范、规则等）”为凭借，坚持“一条主线（儿童社会生活）、点面结合（‘点’即社会生活中的要素、‘面’即生活场域）、综合交叉（社会要素和社会领域）、螺旋上升（内容重复出现但要求提高）”[③] 的编排思路。

《品德与生活》采用“主题—课题”的编排方式，而《品德与社会》多采用“单元—课题”的编排方式。《道德与法治》依据与儿童生活的紧密度设置了六个生活领域：我的健康成长、我的家庭生活、我们的学校生活、我们的社区与公共生活、我们的国家生活、我们共同的世界。同一生活领域按照学习难度差异，采用螺旋上升式编排。教科书围绕核心教育主题设单元主题、课题及话题（栏目），课文内容采用栏目与活动设计相结合的方

① 王世光：《简析现行统编思想政治课教材中的诚信内容》，《课程·教材·教法》2021 年第 1 期，第 91–97 页。

② 鲁洁：《德育课程的生活论转向——小学德育课程在观念上的变革》，《华东师范大学学报（教育科学版）》2005 年第 3 期，第 9–16 页，第 37 页。

③ 中华人民共和国教育部：《全日制义务教育品德与社会课程标准（实验稿）》，北京师范大学出版社 2002 年版，第 2 页。

式。单元主题体现学习领域，课题体现核心目标和聚焦学习主题，教学话题（栏目）体现重点学习内容，课题经由教学话题（栏目）去追寻儿童的生活轨迹。《道德与法治》关注学生认知发展水平和学科知识之间的关联，能把握道德教育与法律教育畦畛之处，关照儿童成长、生活、认知发展和心理逻辑。通过"暗线（儿童生活或成长中遭遇的重要事件、问题、道德现象）+明线（时间：日常、季节、文化；空间：自然、家庭、社会、民族、世界；心理空间：自我）"内在逻辑的学习活动问题域建构单元，凸显德育学科的综合实践性。

4. 呈现方式：从"单一板滞"皈向"灵活多变"

教科书呈现方式即教科书内容要素的表达与组织方式，具体表现在插图、叙述风格及素材等方面。小学德育教科书呈现方式从单一板滞皈向灵活多变。从中华人民共和国成立至改革开放前，小学德育教科书插图偏少，且内容和颜色单一，缺乏趣味性。改革开放后，教科书插图变得灵活多样，尤其新课改后，插图更为生动，表现为图文并茂、以图为主，图片来源多样且符合儿童认知。

儿童不是小大人，他具有独立的不同于成人的生活[①]，因此话语权是其重要权利。纵观教科书语叙风格，倾向从成人"独白"转向儿童"对话"，而叙述风格倾向从"动员式"（道德指令式）转向"复员式"（道德对话式）。20世纪80年代前，教科书表达方式单一，惯以成人化语言阐释德育内容，呈现"独白"式口吻，割裂了与学生及其生活世界的联结。教科书"动员式"文本叙述方式如"要……""你应该……"等道德祈使句，强调个体对社会规范单向度的服从。20世纪90年代之后，语叙风格倾向生活化、儿童化、对话性。第一人称叙事增多，儿童成为表达主体，"复员"式话语增多而政治话语减少。道德要求内化成儿童生命吁求，即通过儿童自主道德叙事发展道德理性和建构道德图式。反观素材，教科书实现了从英雄榜样模范事迹到儿童个体生活事件的接续：以往主要通过英雄榜样模范与历史事实进行革命道理说教；新课改后，素材变为儿童日常生活境遇的事件或问题，如班校生活、与人相处、知法守法等。生活事件作为一种叙事，有一个或多个主体，且生活事件旨在将儿童带回生活情景中去再现其成长中体悟到的美好与遭遇到的困惑。[②] 儿童生活共同参与者进入教科书，他们是儿童熟悉的人（家人、教师、医生等），而非远离儿童的"英雄"。教科书呈现一种"成人退场，儿童入场"和"儿童是生活当事人而非旁观者"的编写立场。

三、我国小学德育教科书发展的未来展望

回顾小学德育教科书的历史变迁，成绩有目共睹，其未来发展应着力于如下方向：

1. 明确教材建设指导思想，把握教材建设目标方位

教育的根本使命是培养人，而教材是培养人的依据，是解决"为谁培养人、培养什么人、怎样培养人"根本问题的重要载体，事关党的教育方针落实和教育目标的实现。[③] 小学德育教科书的价值取向虽历经"由工具价值转向本体价值"的蜕变，但始终体现国家意志，亦愈发注重发挥教科书的育人功能。中华人民共和国成立以来，教科书始终并将继续坚持党的领导，紧扣国家意识形态，坚持马列主义、毛泽东思想、邓小平理论、"三个代表"重要思想、科学发展观和习近平新时代中国特色社会主义思想在教材编写中的指导地位，确保党对教材建设正确的政治方向和价值导向的领导。

新时代围绕培养社会主义建设者和接班人目标，须将党的主张落实到教材建设各环节，将习近平新时代中国特色社会主义思想作为行动指南，推进其进课程、课堂、教材和学生头脑。同时要依据党和国家方针政策、课标适时完善教科书内容，且内容要始终贯穿国家意志和彰显社会主义核心价值观，为中国特色社会主义建设服务。育人是课程文化最本质的东西[④]，也是教材设计的内在要求。小学德育教科书作为育人育才的重要依托，是"立德树人"根本任务有效落实的载体。"立德树

① 卢梭：《爱弥儿》，李平沤译，商务印书馆1994年版，第91页。

② 高德胜：《叙事伦理学与生活事件：解决德育教材困境的尝试》，《全球教育展望》2017年第8期，第56-66页。

③ 靳玉乐：《努力构建中国特色教材体系》，《课程·教材·教法》2019年第7期，第4-8页。

④ 刘启迪：《课程文化：涵义、价值取向与建设策略》，《课程·教材·教法》2005年第10期，第21-27页。

人"指向人的全面发展，彰显了教育的本质功能和价值导向。因此，要将促进学生全面发展的要求贯穿德育教科书建设始终。小学德育教科书作为德育课程育人的强有力抓手，具有鲜明的意识形态属性，所以在教材一体化建设中，要始终确保党的核心领导地位，提升教材政治性，将政治属性贯穿各学段教材中尤其是统编教材①，抓好教科书的横纵向衔接工作，发挥其在教材一体化建设中的基础和关键性作用。

2. 构建多元融合视域，内容体现学科核心素养

德育教科书既要融合国家意识形态与学科核心素养，又要有跨学科视野并融合信息技术。受西方文化影响，学生价值观必遭挑战与威胁，因此，教材建设须把控好意识形态关，只有在内容取向上体现德育学科核心素养，才能保证编写的科学性。核心素养是学生应具备的、能够适应终身发展和社会发展需要的必备品格和关键能力，它是落实"立德树人"根本任务的重要举措，是对培养"全面发展的人"问题的回应。"核心素养"已成为课改新动向，它规约了教科书的发展方向。

教科书应精选兼具学科和素养发展双重价值的内容，尤其应围绕核心素养，精心设计内容。②德育教科书内容取向从"知识本位"转向"素养本位"，契合课改的要求和时代特色。教科书编写强调的学科融合并非消弭学科界限，而是在原有德育知识基础上整合相关学科知识，实现跨学科知识整合，打破学科壁垒，编织德育知识图谱，丰富教科书知识体系和创造新型德育课程形态，提升德育教材建设的专业品质。③信息化时代，教科书呈现数字化、网络化、立体化样态。传统单一、平面化的纸本教科书愈发难以适应时代冲击。而数字教科书利于学生自主学习，可为教师提供个性化的教学方案，便于教学组织与管理④，因而，要依托信息技术开发"便教利学"的多维立体化数字教科书及数据库教学资源。

3. 优化教材结构体例，复归儿童生活实践

教科书结构体例的编排方式直接影响"教师如何教"和"学生如何学"的整个过程，科学合理的编排有助于教师教学质量的提高和学生学科知识的习得。中华人民共和国成立以来，小学德育教科书始终不断完善教材体例结构，逐步追求教科书的育人价值。但无论是"单独成课"还是"主题组元"，都难免存在局限，目前，教科书结构体例仍需完善。譬如：教学话题（栏目）整体性有待提高，部分栏目在内容和定位上存在相似和交叉性，缺单元和课前导语等，因此，需分析归类、优化整合教材栏目，增强整体性⑤，统筹推进教材一体化建设是实现教材要素及其关系优化配置的必然追求。

同样，小学德育教科书编写要回归生活实践，符合学科知识逻辑、学生"成长—生活—认知"发展逻辑和教学逻辑。小学德育课程的出发点和落脚点是学生学习和生活实践智慧的生成，但又不能囿于当下生活，而是要超越现实生活去感悟和体悟文化。因而，教科书单元主题、课题及话题（栏目）的设置要紧扣儿童生活，即生活事件的素材选取要多种多样且赋典型性、道德教育性和实践性。通过生活事件，方能将儿童带回生活情境，唤醒其自在经验，激活其主体意识，促使其实现经验表达，进一步联结自我经验与社会、人类经验，实现从经验到体验的过渡，进而确保生活事件中的儿童由"不在场"转向"在场"。

4. 丰富教材呈现方式，提升教材创新能力

教科书呈现方式彰显着教科书整体的设计理念、设计风格和结构特点，小学德育教科书呈现方式丰富与否直接影响学生的学习兴趣。在信息技术时代背景下，利用现代信息技术革新小学德育教科书，提升教科书的创新能力已成为当前小学德育教科书变革面临的重要任务。未来小学德育教科书的变革不仅要传承既有的优秀编写经验，更需要在时代浪潮中植入时代新元素，凭借现代信息技术的优势，为小学德育教科书开拓升级空

① 石书臣，曾令辉：《推进新时代大中小学思想政治理论课一体化建设》，《思想理论教育》2021 年第 6 期，第 19–25 页。

② 石鸥，张文：《学生核心素养培养呼唤基于核心素养的教科书》，《课程·教材·教法》2016 年第 9 期，第 14–19 页。

③ 檀传宝：《德育教材编写应当恪守的基本原则》，《课程·教材·教法》2014 年第 6 期，第 35–38 页。

④ 穆建亚：《教科书发展的伦理困境及其消解策略》，《课程·教材·教法》2020 年第 11 期，第 43–49 页。

⑤ 白秀：《〈道德与法治〉教材一体化建设面临的问题及对策》，《中学政治教学参考》2020 年第 11 期，第 82–83 页。

间，进一步提升其创新能力。目前，小学德育教科书在呈现方式方面已较好地体现了当前课程标准中“直观、形象、图文并茂、活动性、适宜性、实践性”等灵活多变的要求，但是还需加以完善，避免模式化。

基于此，未来小学德育教科书在呈现方式上要做到以下几点：其一，文字叙述应更具可读性，减少单调的文字叙述。文字叙述应以不同学段的学生为本，符合其年龄特征和身心发展特点，力图激发该学段小学生的学习兴趣和学习愿望；其二，叙述视角应更为多元，增加第一人称叙述视角，关注小学生主体意识的激发；其三，插图设计应更富有知识性、科学性和趣味性，同时要将抽象的德育知识转变为小学生易学易懂的具象体验式的知识；其四，德育教科书要利用信息技术，探索立体化教科书及其教学数据共享资源库的数字化编写，并通过网络媒介平台呈现给不同学段的小学生，进而满足教师个性化教学和学生个性化学习的需求。传统纸质德育教科书也可利用图像识别技术，在适当处增加二维码链接，这些二维码链接可以是生动直观的图文、音视频、动画等多种学习材料，以此实现文字符号向非文字符号(如视觉、听觉)转变。

The Review and Prospect of 70-Year Development of Moral Education Textbooks in Primary Schools

YAO Gang , XU Xuefu

(Faculty of Education, Southwest University, Chongqing, 400715)

Abstract: Moral education textbooks, as specialized and authoritative moral education forms and concrete media, have played an important role in the process of moral education. Since the founding of the People's Republic of China, the development of moral education textbooks for primary school has gone through six stages: the starting foundation, the restoration and adjustment, the experimental exploration, the gradual development, the coexistence of diversity and the unified compilation and use. Its characteristics can be listed as follows: the value orientation changes from "tool value" to "ontology value"; the content orientation changes from being "knowledge-based" to being "competence-based"; the structure pattern changes from "separate lessons" to "theme-based units"; and the methods of presenting lessons changes from being "simple and dull" to being "multiple and flexible". In the future, the development of moral education textbooks for primary schools in China should focus on the following: clarifying the guiding ideology of teaching material construction and grasping its goal and direction; constructing the vision of multiple fusion and breaking the disciplinary barriers; optimizing the structure of teaching materials and returning to children's life practice; and enriching presentation methods of textbooks and enhancing their innovation ability.

Key words: primary schools, moral education textbooks, key competencies, development of textbooks

转向整体视域的深度学习:多维理解及实现机制

李 沁,张立昌

(陕西师范大学 教育学部,陕西 西安 710062)

摘 要: 区别于线性平面的浅层学习过程,深度学习具有多维立体性,体现在知识、思维、能力、情境四要素的整体性发展之中。其中,知识联结是深度学习得以产生的基础与前提;复杂性思维的调动是深度学习得以维持的支架;问题解决能力生成是深度学习产生的必然结果;文化情境浸润是深度学习萌芽的土壤。深度学习的实现依赖于知识、思维、能力、情境四要素的系统性整合与协同性发展,并在深度学习三维螺旋结构的建构与演进中推进学习的纵深进程。

关键词: 整体视域;深度学习;多维理解;实现机制

近年来,教育领域中的深度学习(Deep Learning)得到了国内外学者持续的关注与探讨,愈发显示其对于当下和未来的学习改造和教学变革的价值和意义。但不得不承认的现实是:一方面,多数学者倾向于从认知科学出发,"大量从人工智能、机器学习视角来比照或反观人的学习"①,这难免使得深度学习的研究限定在特定的情境与特定的个体之中,其成果的广延性与普适性较为局限;另一方面,这些研究在内容和目标上将"价值、情感、态度以及精神领域的学习被有意无意地忽视"② 了,而这些被忽略的因素,恰恰是深度学习所要追求和力图实现的重要方面,也是其灵魂和价值所在。

人类的学习是在生理、心理、社会等多维因素共同影响下的社会实践与文化建构过程,其中"深度学习作为学习过程中的一种特殊状态,在整体的发展中形塑生命并彰显深度学习的'整体性发展'价值与意义"。③ 单一视角的研究已难以表征深度学习的"深度"旨趣、特征和整体性生命发展的意义。如今亟待打破单一视角,从整体视域出发,拓展基础理论视域,立足于脑科学、心理学、社会学、生态学等多种学科深化深度学习的研究,以赋予深度学习"灵魂"。鉴于此,需要将对深度学习的思考转向整体视域,超越个体和单纯认知与信息加工层面,"以个体生命系统的自组织运动作为生理基础,以精神系统的意识活动作为心理基础,以社会系统的推动作为实践基础"④,构建充分尊重学习者主体地位的学习情境,使学习者的文化体验、价值生成、情感体验融于深度学习的每一时刻之中,在生理、心理与社会等多视角的

基金项目:本文系教育部人文社会科学项目"课堂反思学习指导研究"(项目编号:17YJA880095)的阶段性研究成果。

作者简介:李沁,陕西师范大学教育学部博士研究生,主要从事课程与教学论研究;张立昌,陕西师范大学教育学部教授,博士生导师,主要从事教育基本理论与课程论研究。

① 吴永军:《关于深度学习的再认识》,《课程·教材·教法》2019 年第 2 期,第 51-58 页,第 36 页。

② 吴永军:《关于深度学习的再认识》,《课程·教材·教法》2019 年第 2 期,第 51-58 页,第 36 页。

③ 李沁,张立昌:《整体视阈下深度学习的生命价值意涵及其系统建构》,《当代教育科学》2021 年第 2 期,第 30-36 页。

④ 李沁,张立昌:《整体视阈下深度学习的生命价值意涵及其系统建构》,《当代教育科学》2021 年第 2 期,第 30-36 页。

整合下深入人类深度学习的本质。

一、学习的层次划分与维度呈现

1. 浅层学习的单维度理解

在表层处理的学习情况下，学习者倾向于将注意力集中在学习文本(即文字符号)上，其学习观念中有被迫的、复制意图的学习策略，即浅层学习。

对于浅层学习的认识和理解，可以表现为两种形态，分别是零散知识的孤立性学习和关联知识的联结性学习，前者可以视为零维度的点状浅层学习，后者可以称作单维度的联结性浅层学习。零散知识点的机械式的熟知与累积，是一种量的积累的过程。零散知识点的机械式学习不存在知识点之间的互相联系与交叉，无知识点的线性发展，更无知识的宽度与深度发展，是一种孤立的、机械记忆式的知识点学习，其多存在于陌生知识领域的学习行为发生初始阶段(如对“生命”两个字音、形的记忆学习)。这一阶段的学习，仅仅发生在对知识的机械记忆层面，思维的加工几乎是不存在的。随着零散知识点不断累积，相邻知识点之间的距离不断缩进，直至产生联系(如对“生命”的记忆学习)。在其后的认识中，线性知识观的出现构建了知识学习的一个维度，学习者注意到知识点之间的联结(如对“生”与“命”含义的理解性把握)，但依旧处于学习的浅层理解层次。尽管产生了知识的线性拓展，却仍然停留在线性延长和量的积累的层面上，没有产生知识宽度与深度的发展，学习者思维的活跃参与和能力发展、各线性知识间还未产生意义联系。这里需要说明的是，并不仅仅在陈述性知识的学习过程中存在浅层学习，程序性知识的学习过程中也同样存在，多数是以机械熟知的方式呈现。

综合来说，浅层学习只停留在对知识的熟知与提取之中，个体并未呈现出明显的学习动机，其元认知系统对于学习目标的设定也处于低级阶段，只形成了零散、没有意义联结的知识微结构，学习者的思维活动局限于单一层面，缺乏真实情境下的问题解决，也导致无复杂能力的生成与运用，以及无真实情境融入学习过程之中。

2. 深度学习的多维立体理解

学习目的直接指向作者表达意图，学习者倾向于将注意力集中在学习材料的内容(即内涵)上，即深度学习。①区别于平面的、线性的知识符号机械记忆的浅层学习过程，深度学习过程具有多维立体性。首先，立体性表现为学习者知识逻辑结构的组建与学习的意义建构；多维性体现为学习内容会延伸至生活世界中并建构复杂的联结关系。知识逻辑结构的生成给知识符号的学习赋予了个体意义与独特价值，学习者通过个体思维活动的加工，将他者已简化并限定的知识符号融入具身的多元情境之中，使平面的、独立游离于记忆中的知识符号在变化多样的情境中产生联系，与学习者生活世界的多维情境建构立体关系路径。进而表现为学习者在深入学习的过程中，逐渐形成对某一问题在不同情境下的多维度认识(如在多样情境中体会“生命”的意义，从课文中的飞蛾求生——生命的渴望；砖缝中长出的瓜苗——生命的力量；倾听心跳——生命的珍贵，到真实情境中的与新冠疫情的抗争——生命的脆弱与坚强，在预设情境与真实情境的多元交融下思考“生命”的本质并形成自身对“生命”的意义体悟)，并在意义与价值体验的学习过程中，认识世界，认识自我。其次，深度学习指向学习者的生命解放，表现为学习者“在学习过程中进行意义觉醒与建构，深度体验学习的快乐、情趣，并创造与生成关于知识理解的个人独特性，进而形成个体创造性和解放性发展的人格特征，以获得并表现生命成长的意义”。②

整体视域下的深度学习，更加关注学习者在与情境的交往中的个体意义获取，更为注重知识的转化与运用。深度学习不仅限于关注学习者的个体认知发展过程，也不满足于知识复刻的学习结果，而是更

① F. MARTON, R. SÄLJÖ, “On Qualitative Difference in Learning: Outcome and Process”, *British Journal of Educational Psychology*, Vol. 46, no. 1(1976), pp. 4-11.

② 李沁，张立昌：《整体视阈下深度学习的生命价值意涵及其系统建构》，《当代教育科学》2021 年第 2 期，第 30-36 页。

注重学习者凭借学习材料所包含的情境因素和文化意涵，进行社会文化传承与文化创造的生命解放过程。由于“学习具有个体和社会的双重性”①，故“学生深度学习过程不仅是一个个体心理过程，还是一个社会文化过程”。② 深度学习作为学习过程中的一种特殊状态，深受社会文化的影响。学习者在与社会文化的深度交往与传承过程中走向个体生命的解放，深度学习的立体性蕴藏于学习者与社会文化的时空延续交往之中，多维性体现在学习者与多元社会文化的融合及创造之中，学习者浸润于多元文化情境下，在理解世界、自我及其关系中体会生命的奥义。

二、整体视域下深度学习的多维理解

1. 知识联结：深度学习得以产生的基础与前提

在深度学习过程中，知识宏结构的建立标志着学习者在真实世界中对某一事物产生了一定程度的整体性理解。多学科知识联结下的知识宏结构建立，是学习者在多元复杂情境中对各学科知识的有效联结与融合，为准确地认识与解决问题奠定了基础。学习者以已有知识作为基础，对新任务中的新知识进行理解，目的是将新知识中的关键信息按照一定结构，转化为适合永久记忆的存储形式。学习者将已获得的知识微结构与新吸收的知识结构进行关联与整合，通过对比、整合、重构等方式建立宏结构。初步建立的宏结构具有概括性，但还需要进一步不断整合相关微结构知识内容。随着宏结构的内部知识网络越来越复杂、外部知识延伸越来越广泛，学习者会逐步形成围绕某一知识领域的错综复杂知识网络。整体的、多元视角的理解要基于多元真实情境下对同一事物的多角度展现与体会，真实情境下的知识呈现是融合性的，这也使得知识宏结构本身具有了多学科复杂性。在知识宏结构系统的建立过程中，各学科领域下的知识微结构之间产生了有序的强弱联结关系，情境则是影响此强弱联结的直接因素。在特定的情境下，直指问题核心与本质的知识微结构联结不断增强，随着情境的不断变化，强弱联结关系也在不断丰富与改变。在复杂多变的情境影响下，知识宏结构内部核心知识微结构强联结越来越明晰，使得宏结构越加稳固；知识微结构的弱联结不断丰富，使得学习者对事物的理解充满了生命力。

2. 复杂性思维调动：深度学习得以维持的支架

学习者知识体系的深层建构与整合，需要多阶思维的复杂调用与参与。从教学目标分类理论的演进来看，布卢姆分类法、SOLO 分类体、安德森二维目标分类体系以及马扎诺的新分类法，均强调思维在学习知识过程中的重要性。第一，只有调动思维的知识学习才能得以真正内化，只有内化了的知识在实践当中才能生成能力，只有生成能力，学习者才能在不同情境中认识与解决不同的问题。在深度学习过程中，学习者不断吸收外部知识，与已有知识进行整合，在有效整合过程中丰富知识宏结构，发展复杂性思维能力。反过来，复杂性思维活动的参与更加有利于知识的有效整合。第二，单一的、简化的思维方式无法使知识微结构间进行跨学科整合，也就是说其会将学习者的视野导向狭隘与片面，学习者无法对事物形成宏观的、整体的认识；如果调动多阶层的复杂性思维，学习者就会在知识整合的过程中经历思维冲突、问题提出、问题解决等过程，进而形成以多视角认识事物、以整体观看待问题的思维习惯。第三，复杂性思维的激发与调动需要真实情境的浸润，当下真实的学习情境可与学习者生活世界产生意义的联结关系。而在非真实的、极简化的情境中，勉强能调用的单一阶层的思维活动，仅使部分零散的知识微结构间强行产生无意义的联结关系，且无论此联结关系最终表现是强联结还是弱联结，此联结路径都是平面的、短距的。在真实情境下，激发学习者多阶思维的跃动，以复杂性的思维活动作为整体观的培养支架，以软性的知识体系建构为目标，是深度学习思维活动的发展方向。

3. 问题解决能力生成：深度学习产生的必然结果

问题解决能力的形成和发展标志着学习走向了我们期望的深度层次。“能力不单单是一个人掌握了

① 克努兹·伊列雷斯：《我们如何学习：全视角学习理论》，孙玫璐译，教育科学出版社 2014 年版，第 21 页。

② 吴永军：《关于深度学习的再认识》，《课程·教材·教法》2019 年第 2 期，第 51-58 页，第 36 页。

某个专业领域……更进一步的,还会让主体将相关内在要求应用到一个可能还有很多不确定和不能预知的情境当中去"[①],即能力一定是在变换的情境中得以呈现与验证的。能力的生成过程一般包含"输入、加工、表达"三个环节,深度学习过程即在真实环境的浸润中,以知识宏结构的建立(输入)为基础,以思维的指导(加工)为支架,在多样变换的情境中促使问题解决能力的生成(表达),使学习者得以进入学习的"深层"状态。具体的机制如下:一是丰富的知识在思维的组织下不断产生联系,组建的知识结构也不断影响着思维的调用方式,当思维与知识结合的二维平面被打破之时,产生了突破平面知识的"突出点",即能力的生成。二是再次以"突出点"为基础,寻求思维、知识、能力的平衡状态,非平衡向平衡不断地转化的过程。其中平衡状态较为短暂,以非平衡状态为常态。平衡状态需要思维、知识与能力程度的高度契合,即在当前情境下,学习者能灵活运用不同层次的思维方式调用现有的知识,并具备解决当前问题的能力。三是面对新情境和新问题的发生,原有的学习平衡状态受到挑战,新因素的加入将影响、激发和调动思维的活跃度,从而在一个新的水平上推动解决新问题的能力的发展。正是非平衡与平衡的这种不断交替和循环转化,使得深度学习得以延续与深入。

4. 文化情境浸润:深度学习萌芽的土壤

整体视域下的深度学习,是学习者与人类智慧结晶的碰撞、融合过程,是学习者与社会文化交往下的个体文化创造过程。"所有学习离不开特定的文化模式、社会规范和价值期望,这些情境以强有力的方式影响着学习和迁移。"[②]依托情境,学习者在审视自身发展的同时建立与世界的联结,在与世界的关系建构中理解生命的意义与价值。第一,深度学习下的知识微结构联结、复杂性思维的调用、问题解决能力的生成,无一不在真实情境的浸润下才能体现其意义与价值。并且"学习发生在一个多重并行和整合一体的情境中,这种情境对于学习发挥着迅速增长的社会性重大意义,尤其对于学习来说的一个事实是,它发生在某种特定的、主要是制度性和因此而'非自然的'脉络之中"。[③] 因此,真实情境本身的不确定性、超理性、创造性与整体性,为学习者进入深度学习状态提供了理想的环境。学习者在变换的环境中,通过对问题核心的认识、理解与提炼,在不同情境下调用多元的思维方式变通地解决问题。在多样文化、规范与价值期待中体会知识蕴含的情感,认识与理解问题的内涵及解决问题的意义。在充满未知可能性的情境中激发活跃的思维,使知识微结构之间产生非预设的联结方式,使学习者得以创造性地解决问题。第二,情境能够强有力地影响学习者知识系统的建构。在真实情境下,学习者从不同视角出发,以变换的思维方式不断将各学科知识与学习内容进行互动与交流,从而逐步构建关于学习内容的知识宏结构体系,多学科、多视角从微观到宏观、从具体到抽象地对学习内容进行整体性意义与价值的构建。第三,因为"学习过程本身就是学生体验社会性情绪、情感,进行积极正向社会化的重要活动"[④],所以学习者无论是在学校场域中还是在生活中进入深度学习状态,都不能缺失具体情境。在具体情境之中,体验文化、规范与价值,构建自身知识体系;在身体与环境交互下的切身体验之中,呈现深度学习的价值;在深度学习之中,提升核心素养并体悟学习与生命的意义。

三、深度学习的实现机制

1. 整体视域下的深度学习自循环结构

深度学习的实现依赖于知识、思维、能力、情境四要素的系统性整合与协同性发展,并在深度学习三维螺旋结构的建构与演进中推进学习的纵深进程,其中,知识、思维、能力、情境四要素所构建的自循环

① 克努兹·伊列雷斯:《我们如何学习:全视角学习理论》,孙玫璐译,教育科学出版社2014年版,第144页。

② 约翰·D. 布兰思福特,安·L. 布朗,罗德尼·R. 科金:《人是如何学习的:大脑、心理、经验及学校》,程可拉等译,华东师范大学出版社2002年版,总序。

③ 卡西尔:《人论》,甘阳译,上海译文出版社2013年版,第21页。

④ 郭华:《深度学习及其意义》,《课程·教材·教法》2016年第11期,第25-32页。

结构是推进深度学习系统螺旋发展的主要动力(见图 1)。

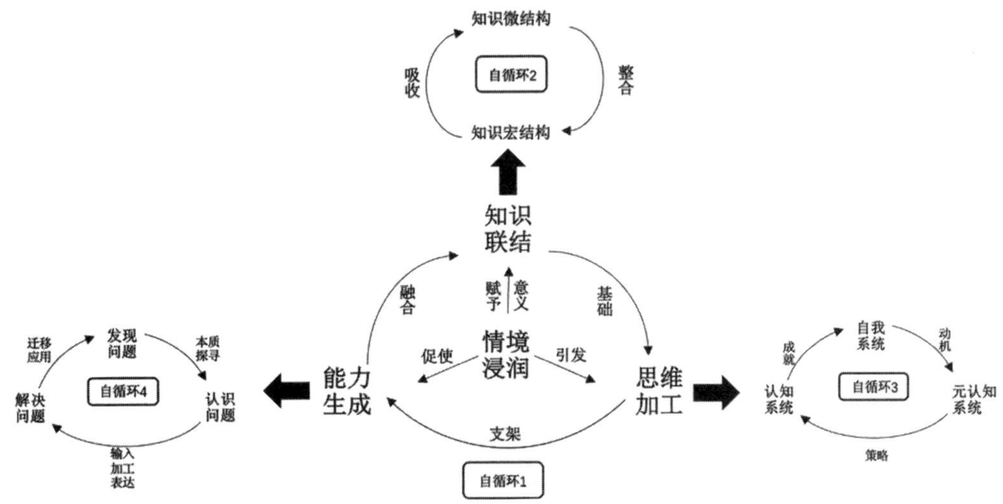

图 1 深度学习自循环系统

首先，在以情境浸润为核心的知识输入、思维加工与能力生成这一自循环过程中，知识是多阶思维跃动的基础，在此基础上形成的问题解决能力进一步促进知识的有效融合。情境是这一自循环过程中类似催化剂的存在，以情境作为载体，学习者的知识融合、思维活动与能力生成的过程才能一气呵成。其次，知识联结本身是一个周而复始的自循环结构。在知识联结的过程中，学习者知识微结构间形成多样的、复杂的关系，组建了具有个人色彩的知识宏结构，特色宏结构的建构也进一步影响着知识微结构间的联结方式与强弱关系。在此自循环过程中，情境具有不可忽视的意义，由于“与环境情境连体存在、交融互摄是知识的实然存在形态”①，故知识宏结构的建构过程“需要知识生产情境、知识对应经验的‘加载’才可能真正实现”。② 再者，学习者进入深度学习状态后，其思维加工过程也是一个自循环结构。学习者的自我系统、元认知系统与认知系统三者本身即构成闭合催化系统：自我系统所产生的动机催化着元认知系统的策略设定，策略激励着认知系统完成学习任务，任务完成所产生的成就感促使自我系统下一个学习动机的产生。最后，认识问题与解决问题过程的反复交替，也推动学习过程走向更深层的状态。总而言之，在多变、非预设的情境中发现问题，思考并探寻问题本质，在认识问题的基础上寻找解决的方法与路径，并在变化的情境中实现迁移与应用，在实践过程中进一步探寻问题本质与发现新问题，以此循环反复。

2. 整体视域下深度学习的三维螺旋动态演进

深度学习的整体演进过程以三维螺旋结构呈现。结构内部是知识内容的复杂交织与融合，其以思维引导为其螺旋支架，以情境中的能力生成及发展为其外部支撑，整体结构以螺旋环状呈现(见图 2)。知识体系的建立是走向深度学习的基础，思维调控为知识微结构间关联的强度以及宏结构的建立撑起支架，能力生成将三者融为有序系统，情境影响着整体结构的建立与发展，围绕学习内容建立学习者深度学习域。从结构来看，深度学习是一种循环回旋上升式的学习，具有多维度影响下的结构复杂性与立体结构的螺旋性特征；从三维纵观来看，其实质上是学习内容质的抽升与精粹的凝合、思维的高层级的跃进与发展、能力的多元循环生成过程。深度学习是在螺旋上升中不断发展的，在此过程中学习者以知识微结构为基础，随着情境的变化，多元思维活动不断引领知识结构以反复回旋的方式进一步丰富与拓展。随着个体知识宏结构的不断组建与丰富，实现知识领域内部交织与融合，将外部知识内化为个体的

① 龙宝新:《知识教学论的典型形态与“剖根”批判》,《苏州大学学报(教育科学版)》2017 年第 2 期,第 52-61 页。

② 龙宝新:《知识教学论的典型形态与“剖根”批判》,《苏州大学学报(教育科学版)》2017 年第 2 期,第 52-61 页。

知识体系,为知识迁移与应用构建基础,也为基于实践的能力生成创造条件。从深度学习的整体发展过程来看,随着学习的深入进行,学习者不断明确知其所知,更知其所不知,在抓住学习内容核心后不断发现问题,在不同情境之中辨别问题,创造性地解决问题,并在多元情境的变化之下激发求知欲。所以,无论从结构内部审视还是从外部进程总览,深度学习都是在不断的螺旋上升中发展的。

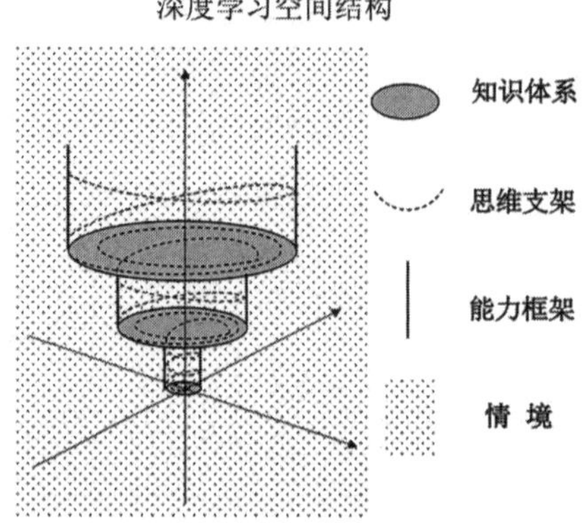

图2 深度学习的三维螺旋动态演进

深度学习重视学习广度与学习深度的有机融合。泛而广的知识对学习者来说,没有经过自身思维系统的加工与处理,其本质是他人思想的复刻。另外,一味强调难度的深度学习同样不具有可持续性,不以能力生成与发展为支撑会致使迁移能力缺失,进而发展成为脱离实际意义的狭隘学习。以对简单知识宏结构的整体理解为起点,在思维的活跃引领下不断联结相似与相关知识微结构,对简单知识宏结构加以丰富与扩充,形成复杂联结关系的知识体系,在理解与实践中生成能力,在不断变迁的情境中领会知识的整体意义与内涵,从而在动态螺旋的学习演进中走向深度学习。

Multidimensional Understanding and Implementation Mechanisms of Deep Learning with Holistic View

LI Qin, ZHANG Lichang

(School of Education, Shaanxi Normal University, Xi 'an Shaanxi, 710062)

Abstract: Different from the surface learning on the linear level, deep learning is three-dimensional, which is reflected in the overall development of knowledge, thinking, ability and real-world situations. Among them, knowledge connection is the foundation and premise of deep learning, the application of complex thinking is its support, the development of problem-solving ability is its inevitable result, and the infiltration of cultural context is a basic condition to stimulate deep learning. The realization of deep learning depends on the systematic integration and coordinated development of knowledge, thinking, ability and situations, and promotes the process of deep learning in the construction and evolution of three-dimensional spiral structure.

Key words: holistic perspective, deep learning, multidimensional understanding, implementation mechanism

核心素养视域下高中物理校本作业的单元设计

袁 芳

（华东师范大学第一附属中学，上海 200086）

摘 要：针对核心素养培育要求，在理解课程标准、研究新教材习题和新高考评价要求的基础上，立足学校课程教学的实际，开展校本作业的单元设计实践，凸显整体性、丰富性、选择性、情境性、思维性要求，通过创新、改编高中物理校本作业的单元设计，研究成效如下：教师教学观念转变；作业设计水平提升；学生物理学习投入度增强。研究思考如下：系统设计，体现整体性；结合生活，体现情境性；呈现多样，体现丰富性；分层进阶，体现选择性；关注表述，体现思维性。

关键词：高中物理；校本作业；核心素养；科学思维

一、研究缘起

为推进高中课程改革，教育部于2018年颁布《普通高中物理课程标准（2017年版2020年修订）》，课程目标——培养物理核心素养已深入人心，关键在于实施路径。课程教学改革和考试评价紧密相连，2019年颁布的《高考评价体系》提出“一核四层四翼”，教师的关注点则落在高中学业水平等级考试命题中凸显的四翼——基础性、综合性、应用性和创新性。而真正让教师感受到教学改进迫切性的是2021年9月上海开始使用物理新教材，教师实施新课程教学终于有了切实依据，深刻意识到高一学生的学业水平质量是课程教学和考试评价改革的试金石。为此，通过寻找新教材实施过程中落实核心素养的抓手来提高学业水平，成为迫在眉睫的任务。

《教育部2022年工作要点》指出，2022年“双减”工作是重中之重，要进一步提高学校作业设计水平。因此，如何进行单元视角下的作业设计，以此促进学生深度学习，形成学科核心素养，成为我们的重要课题。校本作业指由学校层面要求学科教研组自主设计的，匹配国家课程、契合学生学习水平的作业，其包含课堂练习、课后作业、实践类作业等类型。然而，对照高中物理课程目标——形成物质、运动与相互作用、能量观念，并运用其解释自然现象，具有建构模型的意识和能力，具有科学探究意识，发现和解决实际问题，正确认识科学本质①，校本作业的使用现状使我们认识到：（1）学生对探索物理世界没有兴趣，缺少对物理的好奇心与求知欲，缺乏对现象和本源的探究意识，难以形成正确的物理观念；（2）缺少体验、实践和认知层面的严谨推理，无法借助科学探究和科学思维去建构生活和物理的密切联系，从而掌握物理方法；（3）没有自我效能感，很难形成“物理学科对人类社会发展有巨大推动作用”的认识，未能体会科学技术的社会责任，难以形成正确的科学态度和价值观。长此以往，物理学科核心素养的培育效果会大打折扣。

作者简介：袁芳，华东师范大学第一附属中学副校长，正高级教师，主要从事学校教育管理与物理课程教学研究。

① 中华人民共和国教育部：《普通高中物理课程标准（2017年版2020年修订）》，人民教育出版社2020年版，第5-6页。

原有校本作业的设计之所以不匹配新课程改革的要求，其原因既有教师对于校本作业功能的漠视，将题目堆砌而未加以深究，没有系统设计和对学生学习现状的精准分析；也有学校未能深入看待“新课程改革的目标如何在一线教学中落地扎根”的认识问题。

研究表明，学生完成作业的质量与学业质量呈正相关，而作业设计是备课的有机组成部分，完成作业是学生重要的学习进程，对学生的核心素养发展有重要作用。为此，我们将校本作业的单元设计作为提升教学效益的切入口。

二、实践探索

面对新课程目标、新高考要求、新教材实施，我们对于校本作业进行了单元设计，开展了以下实践探索：

1. 整体目标界定

我们根据新课标和新教材，确定单元学习目标，梳理知识点关联的素养（见例1），对每个单元的作业设计予以统一规划，力求从结构和功能上保障每一节的作业设计，既有相对统一的体例（见表1），又能体现内容的连贯性，凸显对核心素养的关注。

表1 单元设计要求

栏目		目的	内容	备注
节首语		统领本节内容，提示学习要点	物理学家对相关内容的经典名言	物理学家的一句话，参考沪版新教材“章首图”，引发学生兴趣
课时作业	课前预习	引导学生预习教材内容，引发对关键问题的思考，暴露学生元认知中的困惑问题	基于教材内容和学生认知基础、思维定式，设置思辨问题	预习题量2—3题，用时约5—10分钟 结合预习内容和学生认知起点，使学生具有初步物理观念
	课堂练习	检验课堂教学内容的达成度，及时反馈和调整教学进程，实现对知识和能力的建构，培养科学思维、科学探究能力	针对物理概念、规律的由来设计阶梯问题，对教学内容的深度理解（类比和辨析）、模仿例题、变式应用	1.课堂练习3—5题，用时约10分钟；课后练习5—7题，用时约20分钟； 2.恪守课程标准对相关内容的学业要求，引导学生理解科学发展史、科学本质、物理思想方法。重点内容增加开放性设问，促进物理观念的形成和完善；
	课后巩固	巩固当天教学内容，融入前期教学重点内容，让学生减少遗忘，促进其养成正确的科学思维方式和探究能力，提升自我效能感	对关键概念、规律辨析、列举、综合和迁移。包含主观题和客观题，涉及文字表述、图表分析、数学论证、符号推导等多种题型	3.习题尽可能系改编和原创，借鉴教材中的栏目素材、学生生活实际，现代科技，体现情境和分层； 4.以主观题为主，以设问引导学生思考科学推理和论证的逻辑顺序，培养思维的深刻性和灵活性； 5.习题呈现方式多样：文字、图片、图像、表格，培养学生对各类信息源提取有效信息、抽象建模的能力
单元长作业		引导学生关注真实世界，基于情境提炼探究问题，以较长时间的投入完成有意义学习	确立本单元的核心知识点，寻找生活素材作为载体，学生自由组队，确定研究方向，自主探究	学生经历现实问题的真实探究，形成证据意识，能够用物理原理或术语解释，进行交流评价，具有合作精神，能形成正确的科学态度和价值观

例1 【第二单元】匀变速直线运动

学习目标：经历本单元的学习之后，能用公式和图像等方法描述匀变速直线运动，能用匀变速直线运动的规律解释或解决实际生活中的具体问题。能将生活中的一些特定的运动抽象成匀变速直线运动，体会物理模型建构的思想，学会用数字化实验研究运动的基本技能和方法，运用运动学规律，分析和解释相关交通法规的制定依据，提高自觉遵守交通规则的责任意识。

表 2 内容和素养的关联度

知识点	物理观念	科学思维	科学探究	科学态度和责任	备注
对落体运动研究过程	★	★★★	★★★	★★	★表示此内容学习和对应核心素养的相关程度：数目越多，相关度越高。校本作业设计要通过内容和形式来体现
匀变速直线运动	★★★	★★	★★	★	
匀变速直线运动的规律及应用	★★★	★★★	★★	★★★	
自由落体运动的规律	★★	★★	★★★	★★	

鉴于表 2 中对落体运动研究过程的学习，核心素养相关度最高的是科学探究，感悟探究历程成为我们教学的关注点，所以把课堂练习设计为：

根据以下流程图，描述探究过程中的对应结论。

图 1 探究过程流程图

同样，对于自由落体运动规律，要求更多体现科学探究素养，为此设计单元长作业，激发学生的自主探究意识和能力(见例 11)。

2. 课前预习作业

(1)节首名言体现物理观念和思想方法

节首名言挑选最能体现本节核心内容的名家之言，其作用是增加趣味性和加深学生对单元核心内容的印象。

(2)课前预习重在引导和提炼，给予学生自主学习的路径

课前预习是在预习时布置的“引导性作业”，需要学生在进入课堂之前提前完成，重在引导学生自主预习教材内容，理解内化，学习后思考，能够抓住本节课的主要内容，回答简单问题。如：

例 2 【第四单元第 1 节】

阅读课本 75-77 页，比较科学家对力和运动的观点

科学家	关于力和运动的观点	评价
亚里士多德		
伽利略		
笛卡尔		
牛顿		

请说明牛顿第一定律的内容中关键词是什么？

例 2 中，学生要了解物理学发展史中对力和运动的研究历程，每位物理学家的观点和当时的生产力发展有密切关系，科学家的伟大之处就是在寻常现象中发现根源和共性。学生经历这样的预习可以了解到科学发展是蜿蜒曲折的，科学家的观点也是随着时代发展不断修正完善的，从而正确认识科学本质。

课前预习是课前学生多样化的认知观念和“迷思”观点的展现，是教师诊断和促进学生学习的评估

手段,它还可以打开学生的视野,通过设置开拓性学习任务,让学生认识到学习的路径有多种、知识的应用场景多样。如:

例 3 【第四单元第 2 节】阅读课本 83—84 页,思考并回答以下问题:

为何说质量是惯性大小的量度?请举例说明。

请观看天宫课堂视频,说说在空间实验室中航天员是通过怎样的装置、根据什么原理测量自己“体重”的。

学生在观看视频后,会引发对于地球上和太空中关于重力、质量的新认识,激发对新课的探知欲望,更加关注国家的科技发展,融入科学价值观。

3. 课堂练习作业

课堂练习重在反馈和优化教学进程。课堂练习是教学进程中同步完成的“形成性作业”,可以及时反馈学生对教授内容的掌握程度,体现学生思维的过程,以利于教师调控节奏。如:

例 4 【第四单元第 1 节】想象下面的两个情景:

情景一:气球吊着物体一起上升,某个时刻吊物体的悬线突然断了。

情景二:物体在拉力的作用下沿斜面上滑,某个时刻撤去拉力。

小明认为情景一中,下面吊着的物体应该立刻下坠,情景二中物体会立刻沿斜面下滑。他这样的想法正确吗?为什么?请作图示意。这两个例子给大家什么样的启示?

例 4 着力于培养科学推理能力,学生通过想象推演出后续的运动情况,并分析论证;学生要自行想象画面,并通过作图明示运动过程,即引导学生形成这样的思维路径:把阅读理解后的文字信息转化为用物理符号表示,再运用物理原理加以阐释。学生对两个情境的判断可以反映其对惯性的理解程度。

在单元设计过程中,为了让课堂练习更好地发挥培育核心素养的功能,我们对比了人教版和沪教版的新教材,发现较之于老教材,两版新教材中例题和习题编制呈现三大共性:一是主观题增多,关注学生的表述体现的思维①;二是注重真实情境问题,密切联系生活和科技;三是呈现方式多样,从文本到图片、图表,重视学生提取、整合信息的能力。

为此,针对共性二,在设计课堂练习题目时,更多考虑到要结合生活和科技,有真实情境,如:

例 5 【第四单元第 2 节】

2018 年 10 月 20 日,我国自行设计研制的大型水陆两栖飞机“鲲龙”AG600 水上首飞成功,AG600 在水面加速直线滑行过程中受到的合外力( )

A 大小为零

B 方向竖直向上

C 方向与滑行方向相同

D 方向沿滑行方向斜向上

例 5 是结合我国的科技发展,基于真实情景编制的,针对学生易错点——审题中忽略关键词“水面加速”“合外力”,简单认为飞机受力平衡,造成对合外力的判断错误,引导学生养成严谨的审题并建立过程模型的思维习惯。

此外,针对共性三,对课堂练习呈现形式做了丰富,如:

例 6 【第一单元第 3 节】

在日常生活中,人们常把物体运动的路程与运动时间的比值定义为物体运动的平均速率。某同学假日乘汽车到南京旅游,在公路上

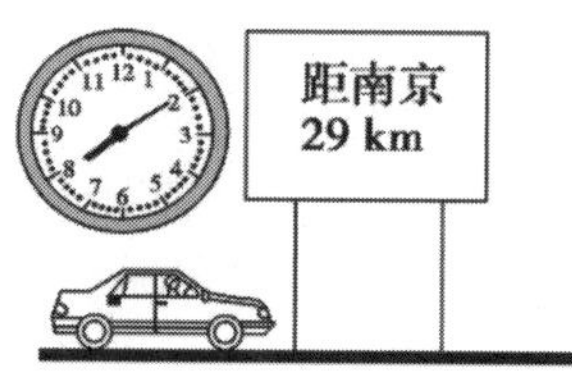

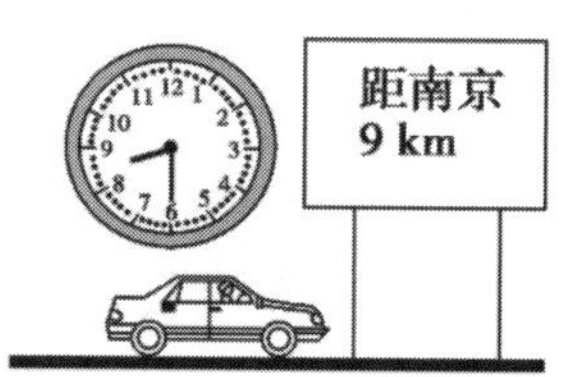

图 2 路牌和手表示意图

① 郭芳侠,黄凯:《高中物理新旧教材中的问题比较分析》,《物理教师》2021 年第 1 期,第 2-7 页。

两次看到路牌和手表如图 2 所示，则该同学乘坐的汽车在该段时间内行驶的平均速率为______。

例 7　火车第四次提速后，从其中的 T14 次列车时刻表（如图 3 所示）可知，列车在蚌埠至济南区间段运行过程中的平均速率为______km/h。

T14 次列车时刻表

停靠站	到达时刻	开车时刻	里程（km）
上海	…	18：00	0
蚌埠	22：26	22：34	484
济南	03：13	03：21	966
北京	08：00	…	1 463

图 3　T14 次列车时刻表

例 6 和例 7 都着眼于巩固学生平均速率的概念，采用真实情境，但是呈现方式不同，导致难度有区别。例 6 是学生在高速公路上常见的距离标志，学生仅需对比图片，读出时间和距离，即可获知平均速率。例 7 采用火车时刻表，需要学生生成更加复杂的思维过程，要读懂表格内容，提取有效信息，转换对应的物理关系，也会让学生觉得更有趣。

对课堂练习进行精心选择和设计，在培育核心素养方面的作用是显而易见的：物理观念的养成体现在能够解释生活现象和解决问题；通过真实情境问题培养建模的意识和能力；运用科学思维对文字、图片和图表进行科学推理、论证，找出规律、形成结论等。

4. 课后巩固作业

课后作业作为学生独立学习的重要环节，认知参与度比“完成”和“正确”更重要，它是学习动机的重要行为指标。高一学生对物理学科的新鲜感、好奇心非常重要，可以激发学习动机，因而作业的载体应为熟悉的生活学习场景，使学生产生亲近感，从而引发探索的兴趣。如：

例 8　【第三单元第 4 节】如图 4(a)为教师在疫情期间上网课时使用的支架，支架上夹有手机。支架调整为图 4(b)状态后，它对手机的作用力（　）

A 大小、方向均发生了变化

B 大小不变，方向发生变化

C 方向不变，大小发生变化

D 大小、方向均未发生变化

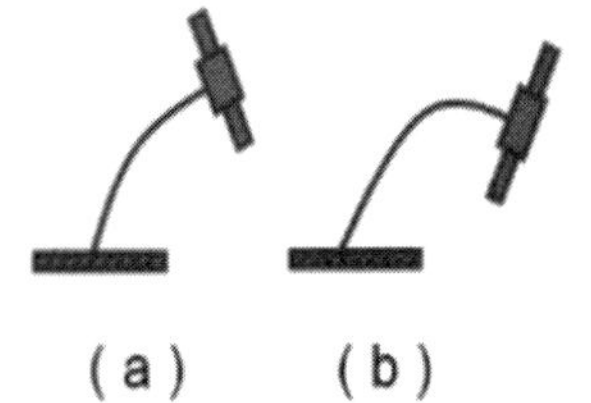

图 4　网络教学支架对手机的作用力

在线教学给学生和教师印象深刻，所以手机支架模型一下就拉近了学生和物理问题的距离。尤其是图 4(b)具有迷惑性，触动学生对平衡进行深入思考。因而课后作业应该促进学生对知识间联系的掌握，与生活实际相联系，让知识在作业中得以应用。

此外，课后巩固作业设计了基础题、进阶题、学霸题三种层次类型，让不同学力的学生主动挑战不同层次的作业，这也是提高认知参与度的途径。基础题面向所有学生；进阶题适合学生挑战，且在内容上和基础题保持整体性和延续性；学霸题则视学习内容和阶段的不同而灵活设定。如：

例 9　【第一单元第 2 节】一物体做匀速直线运动，从甲地到乙地，在乙地静止一段时间之后，又从乙地做匀速直线运动返回甲地，下面的图 5 中正确描述这一过程的是图（　）

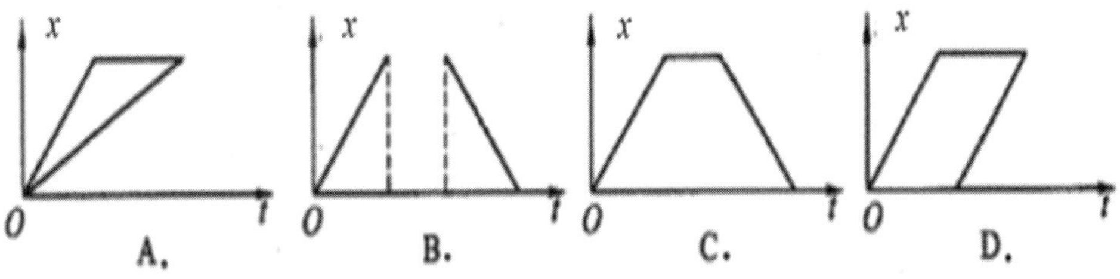

图 5　物体匀速直线运动过程示意图

此题是运动图像的基础题,学生刚刚从初中的 s-t 图像转换到应用高中的 x-t 图像来描述运动,所以起点不宜过高,让学生轻松上手,建立信心。统计发现,几乎 90% 的学生选择继续完成后面的进阶题——例 10。

例 10 甲、乙两人约好去图书馆查资料,甲从离图书馆较远的宿舍出发,乙从离图书馆较近的教室出发,且三处位于一条平直大路沿线。甲、乙两人同时同向出发匀速前进,甲骑自行车,速度较大,乙步行,速度较小,途中甲追上并超过乙后,停下休息一会儿,乙超过甲一段时间后再继续前进,最后两人同时到达图书馆。请你把整个过程在位移—时间图像中定性描述出来。

例 9 仅需学生能够识别图像,例 10 则要求学生从文字信息中建立过程模型,继而“无中生有”地画出运动图像,既要运动过程清晰,又要用图像描绘运动特征,考验思维的灵活性和深刻性,有利于培养有创造性见解的品格。

作业分层的目的是激发学生的认知挑战性,在控制作业总量的前提下,当挑战可以调动内在的学科认知,学生愿意接受挑战。

至于前述新教材的共性一“增加主观题”,为了让学生通过表述来呈现思维水平,我们在课后作业设计中,通过改编客观题来予以体现。比如第三单元第 2 节的课后练习,我们把关于合力和分力关系的选择题改编为:

两个力合成为一个力,关于合力和这两个力的大小关系,辨析下列说法的对错,并辅之以图示(见图 6)。

(1)合力总是大于这两个力中的每一个力( );

(2)合力至少大于这两个力中的一个力( );

(3)合力可以比这两个力中的每一个力都小( );

(4)两个力都增大时合力一定增大( )。

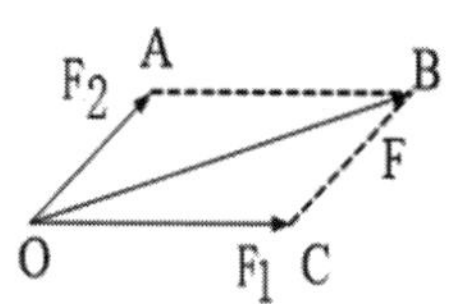

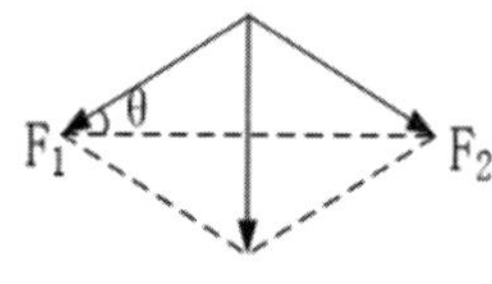

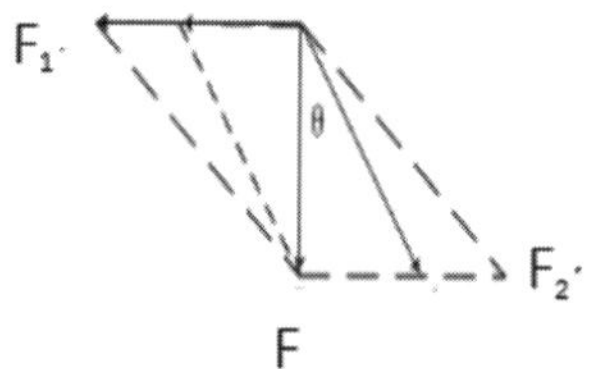

图 6 合力和分力的关系示意图

为了让学生思维外显,形成物理问题的解答要有理有据、逻辑自洽的意识,改编题在要求学生判断对错之外,还要求采用类似图 6 的方式说明对、错的理由,目的在于让学生领悟力的合成是矢量加法,不但关乎大小,还有方向的关系,促进学生养成科学论证的习惯。

学习需经历预先的“自学”、获取新知识时的“共学”和巩固所学时的“复习”,不同阶段需要布置不同类型的作业。① 从课前、课堂、课后三类作业的功能出发,进行校本作业的单元设计,巩固学生已有知识技能,引导学生建构完整的知识结构,让学生在掌握知识迁移的方法中提高问题解决的能力。

5. 单元长作业

兼具实践性、整合性、合作性、挑战性的长作业,有利于提高学生的学习兴趣,培养探究能力,亦有利于学生科学态度的形成,能够为学生的终身学习和发展打下基础。

例 11 【第一单元】长作业:自由落体运动研究

自主选择课题内容,设定名称,以小组为单位完成探究活动,并交流。

① 何捷:《“双减”背景下课程视角的作业设计与研制》,《中国教师》2022 年第 1 期,第 22 页。

(1)验证自由落体是匀加速直线运动(推荐 tracker、video physics 等软件);

(2)测量当地的重力加速度(推荐用光电门传感器);

(3)运用自由落体运动的相关知识,不用尺来测定某一大楼的高度;

(4)运用自由落体运动的相关知识,制作一把反应尺,测量同伴的反应时间。

学生组合成研究小组后,利用 Tracker 软件或者 Phyphox,对物体的自由下落开展研究,图 7、图 8 是某组的研究图表,图 9 是学生做的反应尺 1.0 版。学生自带电脑在实验现场做数据处理,根据长作业布置要求——制作演示交流文稿,在探究活动完成后要做汇报,接受同伴提问、教师质疑和评价。在长作业设计中加入评价,关注学生的过程表现,旨在以评价促进学生发展。

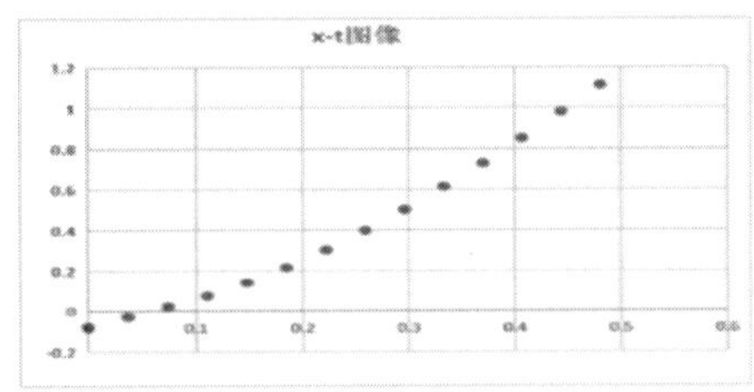

图 7 物体自由下落研究结果一

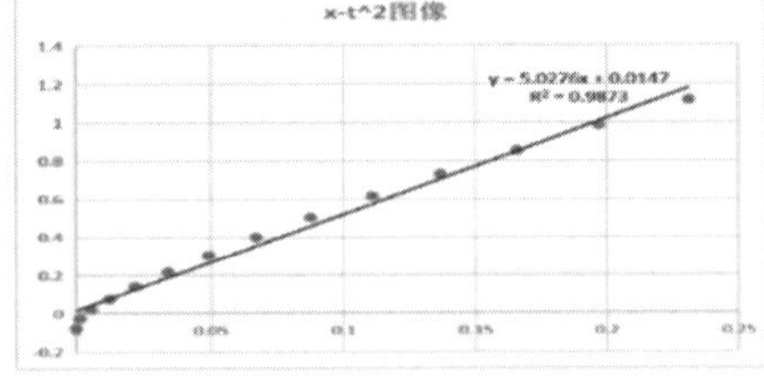

图 8 物体自由下落研究结果二

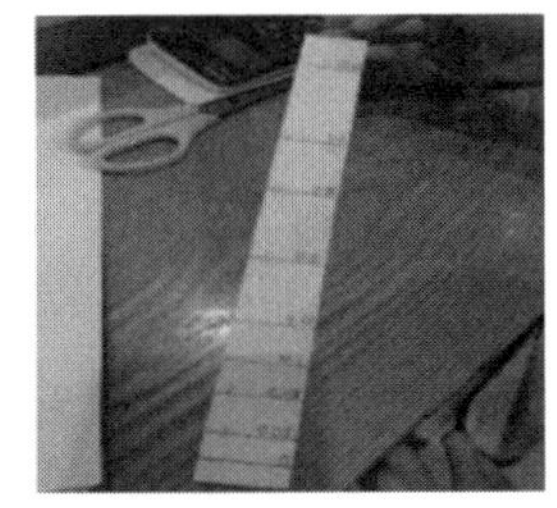
图 9 合作学习中学生制作的反应尺

作业设计是一个系统工程,教师应该基于课程标准、教材内容、考试评价要求进行设计,关注“作业行为”和“作业品质”,提升学生作业的质量。在课前、课中、课后都应注重真实情境问题的解决,增加作业的选择性和动手实践作业,让学生乐于去做、做得有趣,让作业回归“学习”的实质,让学生在参与中提升学力。

三、成效与思考

1. 研究成效

(1)教师教学观念转变

教师原本对于“物理核心素养如何在教学中落地”感到难以操作,经历校本作业的单元设计后,教师认识到作业的功能是“建构”和“培养”,即基于单元目标精心设计作业,注重内容的有序编排,学生完成作业的过程就是知识建构的过程;丰富作业呈现方式,学生解答问题的过程亦即素养提升的过程。

(2)作业设计水平提升

参与单元设计的教师意识到作业设计是个“专业技术活”,研究意识大为加强,高度认同有序、有效的作业是提升学力的应有之义,而有目标和原则进行设计的作业才能反馈和巩固教学成效。教师亦能够基于设计原则独立完成新单元的作业设计,而且创新意识加强,探索出一些设计技巧,彰显了学生的思维过程。

(3)学生物理学习投入度增强

其一,物理学习的评价改善。通过对新高一学生一个学期的试点,学生不但在访谈中表现出对物理作业的热情,而且对物理教师的评价有较为显著的提升,在所有理科中居于最高(9.57 分,满分是 10 分,理科平均分是 9.4 分)。

其二,物理学习主动性加强。尽管课后作业要求全体学生必须完成基础题,但是大部分学生都会主动完成进阶题,少部分学生还会挑战学霸题。学生发现物理作业有认知挑战,又是经过努力可以完成的,感觉到教师对自己有较高的期待,就会产生自我效能感。

其三,学生学业自信提高。分层作业和单元长作业让学生产生较高的内在兴趣和学业成就感,在小组汇报和科技节展示中,学生表现出远超预想的自信和热情,研究中的创意给人以惊喜。他们对自身能力有更完整的认识,在初步的选科意向调查中,高达70%的学生选择了物理。

2. 研究思考

校本作业的单元设计经过一个学期的实践取得良好的成效,基于实践反思,笔者认为,优质的校本作业单元设计具有以下特征:

(1)系统设计,体现整体性

即对每个单元的作业设计进行系统思考,建立统一的设计框架;梳理单元学习目标,匹配知识点对应核心素养要求;根据素养培育的侧重,设计每小节校本作业的内容和形式;基于学生的学力和需求,设置不同层级习题,体现选择性;始终关注作业素材的情境性和丰富性。

单元设计体现了整体性,在明晰单元学习目标的基础上,细化解读从而深刻认识单元中各节内容的逻辑关系;将各知识点侧重的素养要求作为作业设计的准则,为题目的选择和改编提供了系统思路,保证了整个单元的作业在难度分配、逻辑递进、形式呈现上,契合课程标准,体现核心素养培育。此外,通过持续的单元长作业实践,逐步培养学生持续保有研究物理的热情,能够基于证据发表见解,不断提升思辨能力,进而形成良好的科学素养。

(2)结合生活,体现情境性

很多学生出现学习动力不足、抵触学习的情绪,与其没有感受到学习的价值感有关。以往校本作业呈现的大多是良构问题(已抽象的物理模型),在生活中鲜有所见,学生会质疑:这是什么?为此,要让学生的作业体现知识的关联和应用,必须借助生活情境,感受物理学习的价值——物理来源于生活,又指导生活。

在单元设计校本作业过程中,教师养成了观察意识,生活中的各种现象都成为作业编制的素材,如修车时用到的千斤顶、装修垃圾从顶楼通过滑轮送下的过程、高速公路旁的避险车道等。教师对于课程目标中所提及的"用物理学视角去看待自然"有了更深的理解和教学实施能力。

(3)呈现多样,体现丰富性

学生存在排斥作业的心理,可能是因为教师追求题量和正确率,布置了重复性的作业,引发无关认知,无助于学业成绩的提升。因此,在作业设计时增加新颖性、丰富呈现方式成为准则,要包含文字、图像、图片、表格等要素,让学生有更积极的作业情感体验。在信息爆炸时代,如何进行甄别、筛选以获得真实信息和正确结论是高中生面临的挑战,因而,拓展作业的呈现形式,提高学生提取、整合有效信息的能力,合理建模并选择适合规律解决问题,"培育科学思维"为应对良策。

(4)分层进阶,体现选择性

我们发现,学生的习得无助感来自作业难度未贴近最近发展区,无法获得成功的喜悦,引发学习动机弱化。持续的动机弱化势必引发学业下滑,因此,提供可选择的、让学生能循序渐进完成认知进阶的作业是必要的。无论是课堂练习还是课后巩固作业,都应有阶梯地设计,让不同程度的学生能够基于元认知,逐步解决学习进阶问题,在过程中不断获得学业成就感,从而提升信心,这样的心理暗示对于学习动机的激发很有成效。

因此,作业设计要重视知识的整合,突出内容和过程的联系性和整体性,依据学生的认知特点和教学内容,设计合理、有思维梯度的作业,注重学习的阶段性和层次性,充分激发学习动机,在分层作业、长作业中的生生合作将会激发知识的社会建构。①

(5)关注表述,体现思维性

原来校本作业中的很多客观题,学生常常做不出就猜,猜对了之后就不再究其所以然,埋下了错误的种子;对教师而言,客观题带来了批阅的高效,但表面的"高效"掩盖了很多"低效"的教学和低层次的

① 夏雪梅,方臻:《作业设计——基于学生心理机制的学习反馈》,教育科学出版社2014年版,第3-4页。

思维水平。

新课标建议：非选择性习题要呈现学生的解答过程，比较深入地反映学生分析问题、解决问题的能力，能较好地评价较高层次的物理学科素养。①因此，引导学生对题目进行充分的表述是作业设计的方向，如此，习题才能够发挥凸显学生思维水平的作用。比如，高难度的填空题答案简单，但是过程复杂，学生需经历几次思维转换，往往会因跨度太大导致错误率高，如果改编为简答题可以更好地呈现学生的解答过程，通过多个小问题给予学生思考的线索，始终联系核心概念引导学生化解问题，逐步培养科学推理能力。

因此，借助作业的表述设计，让学生作答中的隐性思维过程得以外显，既是给予教师发现学生认知盲点和思维障碍的机会，以便教师改进教学策略、优化教学进程，也是引导学生如何分析、思考问题，以及提升核心素养的必要途径。

经过实践研究，我们认识到：校本作业的单元设计是基于学业质量要求的教学改进的重要途径，设计的要素是“可理解性”：作业是否有趣，是否能够促进学生的理解；是否体现知识的关联性与系统性；是否有利于学生将所学知识在现实生活迁移和应用，是否具有挑战性等。

总之，教师要通过作业设计彰显其对课程目标的认知和理解，要能够把握学生的学习心理，给学生带来深度的学习反馈，让作业不仅成为知识与技能巩固的保障、提升学力的重要手段、积极情感发展的过程，更成为学生核心素养发展的必经之路。

Unit Design in School-based Assignments for High School Physics from the Perspective of Core Competencies

YUAN Fang

(No. 1 High School Affiliated to East China Normal University, Shanghai, 200086)

Abstract: With core competency-related educational requirements and an understanding of high school physics curriculum standards, this paper has made research into the teaching realities at school according to the exploration of the new textbook-based exercises and the new assessment requirements from the National College Entrance Examinations. It has also discussed the practices in unit design for school-based assignments, featuring integrity, diversity, selectivity, contextualization, and scientific thinking. Through innovative adaptation of school-based assignments, the findings of this research have showed that there has been a shift in teaching philosophy, an improvement in assignment design, and a change of students' engagement in learning physics. The following suggestions can also be made for reference: making system design to show integrity, combining teaching with life to show contextualization, having varied presentation to show diversity, adopting multi-layered progressive approach to show selectivity and focusing on expression to show scientific thinking.

Key words: high school physics, school-based assignments, core competencies, scientific thinking

① 中华人民共和国教育部：《普通高中物理课程标准（2017 年版 2020 年修订）》，人民教育出版社 2020 年版，第 63 页。

以学习为中心的课堂教学建设的基本理念

冉亚辉

（重庆师范大学 教育科学学院，重庆 401331）

摘　要： 以学习为中心的课堂教学聚焦于学生的学习，明确学生的学习才是紧密联系教师、学生、教材的中心点，服务于学生的学习是课堂教学存在的主要依据和价值所在，是评价教学有效性的核心标准。以学定教、以学评教、学教结合、教学相长是以学习为中心的课堂教学建设的四个基本理念。以学定教是确定课堂教学内容与方法的基本标准；以学评教是评价课堂教学质量的基本理念；学教结合是认识课堂教学性质的基本视角；教学相长是提升课堂教学质量的基本路径。

关键词： 以学习为中心的课堂教学；学生学习；教学质量

以学习为中心的课堂教学是中国中小学教育教学中的实践智慧，是中国中小学课堂教学的重要特色，在理论上是对多位教育学者的相关理论的传承和发展。梳理与以学习为中心的课堂教学相关的理论，重要的有叶澜的“新基础教育”论、郭思乐的生本教育、韩立福的学本课堂、陈佑清的学习中心课堂等。

叶澜的“新基础教育”论强调课堂教学的生命活力，强调课堂教学是教师和学生共有的人生中的重要生命经历，并重新认识教学在育人中的价值。① 郭思乐的生本教育的核心理念是教育要以学生为本，并提出了生本教育的价值观、伦理观和行为观。② 韩立福提出了由“教”的课堂向“学”的课堂转型的学本课堂。③ 陈佑清在学习中心课堂的研究中，强调学习中心课堂应重视学生的学习活动，以学生的学习活动为中心。④ 建设以学习为中心的课堂教学，服务于学生的学习发展，已经成为基础教育领域的一种重要学术观点。但以学习为中心的课堂教学的目标内涵及其内在理念，则是当前亟待深入研究的内容。

一、以学习为中心的课堂教学的目标与内涵

建设高质量的以学习为中心的课堂教学，有效服务于学生的学习，是新时代基础教育领域的重要课题。

1. 以学习为中心的课堂教学的目标定位

在目标定位上，以学习为中心的课堂教学聚

基金项目： 本文系重庆市教委人文社科 2021 年重点项目“习近平总书记关于教育的重要论述研究”（项目编号：21SKGH037）的研究成果。

作者简介： 冉亚辉，重庆师范大学教育科学学院教授，博士生导师，博士，主要从事基础教育与教育管理研究。

① 叶澜：《“新基础教育论”——关于当代中国学校变革的探究与认识》，教育科学出版社 2006 年版，第 248-249 页。

② 郭思乐：《教育走向生本》，人民教育出版社 2001 年版，第 35-73 页。

③ 韩立福：《何为学本课堂》，《人民教育》2014 年第 16 期，第 5-6 页。

④ 陈佑清：《建构学习中心课堂——我国中小学课堂教学转型的取向探析》，《教育研究》2014 年第 3 期，第 96-105 页。

焦于学生的学习发展，明确学生的学习才是紧密联系教师、学生、教材的中心点。服务于学生的学习是课堂教学存在的主要依据和价值所在，也是评价教学有效性的核心标准，并通过以学定教、以学评教、学教结合、教学相长促进课堂教学质量，提升学校育人效果。

相对于传统的课堂三中心（教材中心论、教师中心论和学生中心论），以学习为中心的课堂教学在重视教材、教师和学生的基础上，强调学生的学习才是紧密联系教材、教师和学生的中心点，是课堂教学的核心目标，是课堂教学存在的主要依据和价值所在。若离开了学生的学习发展，课堂教学就失去了正确的方向和存在的价值。以学习为中心的课堂教学在尊重和接受传统三中心的逻辑和智慧的基础上，有一些核心理念上的变化：其一，与教材中心论相比较，以学习为中心的课堂教学认识到教材内容本身是固定的或者死的，课堂才是活的，需要有效依据学生的学习情况，选择教材具体内容及其教学形式，界定相应教学重难点等。其二，与教师中心论相比较，以学习为中心的课堂教学注意到教师是服务于学生学习的职业角色，需要依据学生的学习需要来选择课堂教学方式、教学方法和教学过程。其三，与学生中心论相比较，以学习为中心的课堂教学认识到课堂教学的教育教学的性质和促进学生学习的目标定位，强调课堂教学本身的育人目标。强调学校不是社会普通服务机构，中小学课堂是代表国家和社会对下一代实施教化的神圣课堂。以学习为中心的课堂教学与学生中心论相比较，更为聚焦于育人目标，更为自我限定于教育教学的学校主体职责。

2. 以学习为中心的课堂教学的基本内涵

以学习为中心，是指在基础教育课堂教学中，教师和学生的一切相关教学行为、教学态度、教学价值观、教学方法和教学艺术等均指向服务于学生的学习。[①] 以学习为中心的课堂教学强调课堂教学本身是学校教育主阵地，聚焦于学生的学习，强调课堂教学应当有效服务于学生的学习。

首先，以学习为中心的课堂教学注重课堂教学聚焦于学生的学习。这是对课堂教学的基本目标定位。学习是学生的主要任务，学生的知识、能力、情感态度价值观、核心素养等的培养都是学习的结果。以学习为中心的课堂教学更为关注课堂教学的实际效果，而要求课堂教学的目标、内容、方法、过程聚焦于学生的学习。

其次，以学习为中心的课堂教学强调教学要服务于学生学习的需要。这是对课堂教学中教师工作职责的基本定位。教师的教学服务于学生的学习，离开了学生的学习，教师的教学则失去意义。而学生的学习主要是一种“教学过程中的学习成长”，是在学校教育的课堂教学中实现的。[②]

再次，以学习为中心的课堂教学要求教学设计应指向学生的学习需要。这是对课堂教学的过程与方法的基本要求。以学习为中心的课堂教学强调，在课堂教学设计中，教学目标、教学方法、教学过程、教学艺术均应当指向服务于学生的学习。所谓“教无定法”，指的就是课堂教学中的具体内容和方法需要依据学生的学习实际情况和发展需要而定。教学设计的首要原则是有助于学生的学习，也内含培养学生学习兴趣、学习毅力、学习方法等。

最后，以学习为中心的课堂教学注重指向学生集体的学习。这是对学校课堂教学之集体性的基本定位。学生的学习并非指向单个的学生，而是指向学生集体。学校教师面对的是学生群体，学生群体虽然是由学生个体构成的，但不代表教师的课堂教学简单化为服务于单个学生的学习。在学校的课堂教学中，教师应当致力于全体学生的学习。

二、以学习为中心的课堂教学的基本理念

以学定教、以学评教、学教结合、教学相长是以学习为中心的课堂教学建设的四个基本理念。

1. 以学定教：确定课堂教学内容与方法的基本标准

以学生的学习情况和需要来确定教学的具体选择，是课堂教学的重要原则。学生的学习情况包括学生的学习基础、学习能力、学习习惯、学习态度等。“定教”是指教师确定课堂教学的教学目标、教学内容、教学方法、教学过程等。“以学定教”

① 冉亚辉：《以学习为中心：中国基础教育课堂的基本教学逻辑》，《课程·教材·教法》2018 年第 6 期，第 46-52 页。

② 叶澜：《“新基础教育论”——关于当代中国学校变革的探究与认识》，教育科学出版社 2006 年版，第 263 页。

强调以具体课堂教学面对的学生的具体情况来确定教学内容的具体目标、重点难点、教学方法、教学时间、课堂练习等。即使相同的教学内容,教师面对不同的学生群体时,也要依据学生的实际情况来确定教学的具体选择。

"以学定教"注重以学生的学习基础与可能发展,作为"教什么"和"如何教"的依据,强调在课堂教学中,以学生实际问题、学习兴趣、知识基础、生活经验、思维习惯等作为教学的基本依据。原计划设定的重点内容,如果学生都已经掌握了,就需要增加新的、更为深入的内容;原来的难点内容,如果学生还是不懂,那就需要调整原来的课堂过程和计划,进一步采取新方法和新思维来突破难点。总之,教学方法需要因学生的课堂学习效果而灵活调整与变化。

2. 以学评教:评价课堂教学质量的基本理念

"以学评教"是指应当以学生实际的学习效果来评价教师的教学质量。"以学评教"注重以课堂教学所引起和促成的学生的学习行为的表现、状态,来评价教师课堂教学的效果和质量。① "以学评教"注重课堂教学的原初意义,强调促进学生的学习才是课堂教学的目标,教师应当结合学生的学习,不断调整和改进自身的教学行为。而学生的实际课堂学习效果,就是评价教师的教学质量的最重要依据。

以学习为中心的课堂教学更为注重学生的实际学习效果,而不把学生的学习过程过度限定于某一种或几种学习形式。"以学评教"注重课堂教学的实际效果,强调教师教学方法、教学过程、教学艺术的实效性,提醒教师在课堂教学中要时时关注学生的实际学习情况。

3. 学教结合:认识课堂教学性质的基本视角

课堂教学本身就是学生的学习和教师的教学的结合,两者不可简单分割,也不能过度偏颇。"教学的不可分割性是指教学在真正意义上发生时,教师的教与学生的学的关系格局。"② 教师的教学是促进学生学习的重要手段,所以,在现实的课堂教学中,基于教学内容的复杂性,过度要求高比例的学生独立学习或者自学,未必是一个好的教学方式。促进学生学习能力的发展,自然也是以学习为中心的课堂教学的内在要求,但这一要求已经蕴含在长期的课堂教学过程中,而不是要求每一节课都盲目实施。

学教结合强调以学习为中心的课堂教学既要注重学生的学习,又要注重教师的教学,两者共同推进学生的学习。课堂教学是更为强调学生的学习,还是更为注重教师的教学,只是在原初的选择上才有意义。在具体的教学实践中,基于学段和学科的重要差异,不同学段和学科的课堂教学,其内在的教学模式和教学标准复杂多元,不建议在具体的教学模式上采取固定不变的标准。课堂教学中当然也有共同的领域,如调动学生学习积极性、培养学习兴趣和学习习惯,这些领域具有课堂教学的共通性。③但不能简单要求教师少教多学,少教多学可能适合于中小学课堂教学的某些阶段或某些学科,但是在中学阶段,需要谨慎少教多学。原因在于,中学的知识体系远比小学阶段复杂,学生在学习知识的过程中,离不开教师的高质量的教学引导。在教学范式特别是课堂教学的实践细节要求上,不能轻易把中学课堂和小学课堂混淆。即使是在同一学段,不同学科的课堂教学模式也有明显差异。如中学语文课堂注重文学赏析,课堂教学以教师授课为主;中学数学课堂注重逻辑思维,学生练习占据大量时间;中学英语课堂注重学生口语练习和语感培养,口头对话是一个重要课堂教学内容。

4. 教学相长:提升课堂教学质量的基本路径

"教学相长"注重教师的教学和学生的学习相互促进和共同发展。以学习为中心的课堂教学中的"教学相长",是指在以学习为中心的课堂教学中,通过学生的学习效果和质量,来有效调整和提升教师的教学行为和方法,进而更为有效地促进学生的学习。判定教师教学的科学性的依据,主要是学生的学习效果。教师课堂教学的改进,要依据学生的学习效果的反馈。学生的学习质量要与教师的教学的科学性紧密联系在一起,最终促进教师和学生形成紧密的教与学的合作共同体。

"教学相长"强调要根据学生学习的需要,通

① 陈佑清,陶涛:《"以学评教"的课堂教学评价指标设计》,《课程·教材·教法》2016年第1期,第45-52页。

② 叶澜:《"新基础教育论"——关于当代中国学校变革的探究与认识》,教育科学出版社2006年版,第269页。

③ 毛齐明,王莉娟:《论学习中心导向下的教学行为结构》,《教育理论与实践》2019年第16期,第53-57页。

过“学”提升“教”，通过“教”促进“学”。“教学相长”注重教师自身在课堂教学中的发展性，强调教师要注重通过学生的学习实际情况来反思和提升课堂教学质量。当然，同行观摩、培训学习等都是教师专业发展的重要路径，但这些都不能代替“教学相长”在教师专业发展中的基础地位。

三、以学习为中心的课堂教学的理念变革

基于以上四个基本理念，以学习为中心的课堂教学在多个领域有系列理念变革。

1. 从注重教学设计的科学性，到注重“以学定教”的实践性

在教学设计上，从注重课堂教学的教学设计的科学性，转移到更为注重“以学定教”的实践性。“任何一种教学方式或学习方式都不是万能的，使用时要辩证地审视。”[①] 教学设计的科学性不能脱离学生的学习发展和学习效果，要注重分析学生的学习基础、学习能力、学习目标、学习习惯，应当以学生的学习需要来设定教学目标、教学内容、教学方法、教学过程。

对于课堂教学，应通过学生的学习质量来评定教学的科学性，这才是应当采取的评价思路。学生的学习质量不是一定要学业成绩优秀，学生发展的全面性、可持续性和发展性同样重要。简单地以学业成绩为评价依据，就陷入了“唯分数论”的覆辙，这是基础教育评价中需要高度重视与规避的。在以学习为中心的课堂教学中，教师的课堂教学要以引起学生能动参与学习活动和促进学生有效完成学习过程为对象和目的，并要基于学生现有的学习基础和学习可能（最近发展区）。[②] 在课堂教学中，应当以有效服务于学生的学习为目标，科学贯彻“以学定教”的基本理念。

2. 从注重课堂演练，到注重“以学评教”的教学质量控制

在课堂教学质量的控制上，从注重课堂教学演练到更为注重“以学评教”。提升教师的课堂教学质量一直是学校治理中的重点领域。传统课堂教学管理注重课堂演练，力图提升教师的教学方法与教学技能。这些也许是教师教学的重要基础，但并不是教学质量控制的关键。课堂演练是教师的一项专业技能，这一专业技能既作为师范生培养的重要实践能力而被考评，在教师入职过程中也屡屡被作为重点考核内容。但实质上，课堂教学演练并不代表课堂教学的质量。课堂教学是一项复杂的工作，需要教师的情感、智慧和意志。只有教师的课堂教学实实在在转化为学生的学习效果，转化为高质量的“立德树人”成果，才是高水平、高质量的课堂教学。

以学习为中心的课堂教学高度重视学生的学习感受，强调学生的学习视角。通过学生的学习效果，评价教师的课堂教学质量，进而推进教师改进教学方法，革新教育理念，设计教学内容，这是以学习为中心的课堂教学的教学质量控制逻辑。

3. 从教与学的二元对立思维，走向课堂教学中的“学教结合”

在传统的课堂教学分析中，经常会出现二元对立思维：其一是教师与学生的对立；其二是教师教学与学生学习的对立。基于这种对立思维，部分研究把课堂教学的类型划分为以教师教学为主的课堂和以学生学习为主的课堂。以学习为中心的课堂教学摒弃教与学的二元对立思维，注重“学教结合”的思维，强调学生的学习与教师的教学融合为一体。在具体的课堂教学建设中，不简单设定课堂教学中教师教学的环节和时间比例，强调应当依据学科特点、学生学习实际情况而确定课堂教学内容和方法，同时还要充分考虑教师自身的教学能力特点。

特别需要指出的是，不能简单地把以学习为中心的课堂教学理解为必须以学生的独立学习为主体构成。学生掌握学习方法需要过程与体悟，需要知识基础。教学要有过程感，在课堂教学中，将学习置于知识产生的真实情境之中，能够促进学生自主探索、自主思考与自主解决问题。[③]以学习为中心的课堂教学，要求充分发挥教师应有的地位和作用，认为应当把教学过程看作师生围绕

① 刘启迪：《新时代我国统编教材的使用方略研究》，《当代教育科学》2020 年第 8 期，第 23-27 页。

② 陈佑清：《学习中心课堂中的教师地位与作用——基于对“教师主导作用”反思的理解》，《教育研究》2017 年第 1 期，第 106-113 页。

③ 王作亮：《学习者身份建构：课堂教学的使命》，《现代基础教育研究》2017 年第 3 期，第 77-81 页。

教学内容,共同参与,并通过对话、沟通和合作活动,产生交互影响,以动态生成的过程。[①] 课堂教学不应简单划分为以教师教学为主或以学生学习为主,也不可认为教师为主的课堂就是不科学的。有学者深入研究课堂教学发现,“所谓的‘教师中心’的课堂环境亦可培养学生的自主学习能力,而且这种积极作用恰恰主要来自教师对学生学习的支持和参与,而非通常假定的学生的自主学习与合作”。[②] 课堂教学要尊重教师的教学权威,信任教师引导学生学习发展的经验和智慧。部分教师奉行“教师少做少错,学生多说多做”的实践原则,主动从课堂教学的中心退到课堂教学的边缘地带,成为学习的旁观者和放任者[③],这无疑也是存在问题的。

4. 从关注课堂教学静态目标达成,走向注重师生共同发展的“教学相长”

课堂教学都有其具体的教学目标,这种教学目标大都依据课程标准和教材内容而设计。课堂教学目标不能忽视教师和学生的发展,仅关注静态目标的达成。在课堂教学中,要具有发展性视野,要深入反思在此过程中,教师与学生之间的相互促进和共同进步是否能够实现,这是以学习为中心的课堂教学建设的重要理念。既注重课堂教学服务于学生的学习,同时也将教师作为一个持续发展的个体,促进教师在教学过程中不断反思与进步。

对于教师而言,教师在课堂教学中通过学生的实际学习过程和学习效果,不断检验和改进自身的教学技巧和智慧,深化对教学的理解。对于学生而言,学生在课堂教学中不断调整和提升自身的学习思维、学习方法和学习能力,进而建构适合教师授课模式和学科特点的学习范式。教师通过“学”提升“教”,学生通过“教”促进“学”,双方在课堂教学中相互影响,共同进步。

Basic Concepts of Construction of Learning-Centered Classroom Teaching

RAN Yahui

(School of Educational Science, Chongqing Normal University, Chongqing, 401331)

Abstract: Learning centered classroom teaching focuses on students' learning and makes it clear that students' learning is the central point that closely connects teachers, students and teaching materials. The main basis and value of classroom teaching is to serve students' learning, which is also the core standard to evaluate the effectiveness of teaching. There are four basic concepts in the construction of learning-centered classroom teaching, which are determining teaching through learning, evaluating teaching by learning; combining learning and teaching, and making teaching and learning develop together. Determining teaching through learning is the basic standard to determine the contents and methods of classroom teaching; evaluating teaching by learning is the basic idea of evaluating the quality of classroom teaching; combining learning and teaching is the basic perspective to understand the nature of classroom teaching; and making teaching and learning develop together is the basic way to improve the quality of classroom teaching.

Key words: learning-centered classroom teaching, students' learning, quality of teaching

① 叶澜:《重建教学过程观——“新基础教育”课堂教学改革的理论与实践探究之二》,《教育研究》2002 年第 10 期,第 24-30 页。

② 李子建,尹弘飚:《课堂环境对香港学生自主学习的影响——兼论“教师中心”与“学生中心”之辨》,《北京大学教育评论》2010 年第 1 期,第 70-82 页。

③ 段红丽:《课堂学习权:意蕴、缺失困境及实践路向》,《现代基础教育研究》2020 年第 1 期,第 88-93 页。

新课标视野下高中现当代散文教学的问题及策略

林启华

（上海师范大学附属中学，上海 200124）

摘　要：现当代散文指白话文运动以来创作的白话体散文。《普通高中语文课程标准(2017年版)》特别强调语文学科的人文性特点，明确文学鉴赏在语文教学中的重要地位。而当下高中现当代散文教学存在忽视语言品读、游离文体特征、抽象个体情感等问题。对此，文章提出相应的教学策略：紧扣语言内涵解读文本意蕴，反对放弃语言品读，对文本内容进行抽象概括；抓住文体特征解读作者情思，反对笼统地进行文章学解读；立足文本本身进行整体解读，反对溢出文本中的形象、情感而凭空想象。

关键词：高中；现当代散文；语文教学；问题；策略

《普通高中语文课程标准(2017年版)》指出，“审美鉴赏与创造”是语文学科核心素养之一，要求教师能够指导学生“感受和体验文学作品的语言、形象和情感之美，能欣赏、鉴别和评价不同时代、不同风格的作品，具有正确的价值观、高尚的审美情趣和审美品位”。[①] 同时设置“文学阅读与写作”学习任务群，突出文学鉴赏在语文教学中的重要地位。为落实新课标的精神，有效地实施文学作品的阅读教学，我们特反思现当代散文教学的问题，并寻求其策略。

一、“现当代散文教学”概念的界定

本文讨论的现当代散文指1919年五四运动以后创作的白话散文，包括广义散文和狭义散文两类(后文统称为“散文”)。[②]

散文教学是针对散文文本的阅读教学，而阅读教学指“学生在教师指导下，凭借阅读教材，历练阅读能力，学习阅读方法，开发智力，提高人文修养的过程”。[③]学生能力与修养的提高主要体现在语文学科核心素养的四个方面：语言建构与运用、思维发展与提升、审美鉴赏与创造、文化传承与理解。本文所论述的散文教学，是指教师引起、维持与促进学生阅读、鉴赏散文，发展与提高语言、思维、审美、文化等方面的能力与素养的过程。

二、散文教学中存在的问题

《普通高中语文课程标准(2017年版)》指出：“学生在语文学习中，通过审美体验、评价等活动

基金项目：本文系上海市浦东新区教育科学研究课题“高中语文教学解读的实践研究”(项目编号：2021C049)的阶段性成果。

作者简介：林启华，上海师范大学附属中学高级教师，硕士，主要从事高中语文教学研究。

① 中华人民共和国教育部：《普通高中语文课程标准(2017年版)》，人民教育出版社2018年版，第6页。

② 多数学者认为，1919年五四运动至1949年为现代，中华人民共和国成立至今为当代，本文采用这一说法。

③ 王松泉：《语文教学概论》，高等教育出版社1999年版，第116页。

形成正确的审美意识、健康向上的审美情趣与鉴赏品位,并在此过程中逐步掌握表现美、创造美的方法"[①],充分肯定了文学教育的重要性。散文教学的本质近来倍受专家、学者的关注,尽管在最新的统编版教材中,散文篇幅明显减少,但散文教学的质量不可忽视。为有效实施教学,我们首先对当前散文教学中存在的问题进行探讨。

1. 忽视语言品读

语言文字是文学作品的基石,每一个文字都是作者意识的呈现。每一字词、每一语句都有独特的意义对象,这些对象不同的组合、排列将让读者生成不同的意义。词句的组合就是意义对象的组合,若调换词句次序,它们的意义就会发生变化。就整篇文章来说,语句的组合与排列也是唯一的,表现作者的表达风格和独特的情感、思想。体悟作者的思想与情感,只有通过对词句特征及其内容的品读。如果脱离词句,则无法体悟到作者思想与表达的个性,也就等于没有走进文本世界和作者内心。请看一则典型的课例《我与地坛》的主要教学流程[②]:

(1)读懂母亲的苦难

①师问:第二节重点写了什么? 生答:作家对母亲的爱,对母亲苦难与伟大的体悟,以及自己对母亲的愧疚、怀念之情。

②师说:找出本段中的关键语句,并画上横线。生答:第三段的结尾一句:这样一个母亲,注定是活得最苦的母亲。

③师问:从什么地方得知"母亲活得最苦"? 学生找出相关的句子。

④师说:作家塑造了一位身心俱苦的母亲形象,从她的身上我们读出了伟大的母爱,这种爱有什么特点呢? 生答:无私,毫无保留,深沉,毫不张扬。

⑤师说:找出流露作家痛悔与遗憾之情的语句、语段。学生找出句子。

⑥师伴乐朗读,热泪盈眶,哽咽不能语,课堂中响起热烈的掌声。

(2)师生共赏满文军的歌曲《懂你》

(3)真情倾诉

师说:你是否心中有话想对你的母亲说? 大胆地说出来吧。学生纷纷诉说。

在这节课中,教师带领学生读出"母亲"的苦,然后提炼出现实世界中伟大的母爱,进一步引导学生感受到自己母亲的伟大,以及自己对母亲的愧疚与感激之情。他的思维没有在精彩的词句上停留,有学生答出"第三段的末尾一句:这样一个母亲,注定是活得最苦的母亲"时,教师只鼓励学生看到"最苦",而忽视了此句的深层含义与作者的表达个性。"这样一个母亲",不像是一个儿子说自己母亲时的正常语气。为何说"注定"? 抓住这两处我们可以获得更深刻的理解,作者说这句话时,母亲已经去世多年,他经历了岁月风霜,对母亲的理解已经沉淀下来,"这样"表明作者是以一个旁观者的身份理性、冷静地看待自己受苦受难的母亲,"注定"一词表达出作者对人生、对母亲的理解。这两个词表现出作者语言的平易精辟、深刻凝重,也带有宿命论的基调。母亲因"我"而受难,母亲的苦难也是"我"的苦难,这是经历生活磨难者对自己苦难的思考与寻求的解脱。

教师在解析课文时说:"史铁生以朴素动人的语言讲述自己的经历和所思。"他看到了文本"朴素动人"的语言个性,但很可惜,在教学中急于追求内容的概括,急于寻求母亲的"苦"而缺失对语言的品读。

这类问题源于教学中的一种惯性思维:我们太急于想知道语言所指的内容、情感和思想,一触碰到语言就急于概括,而轻轻从语言上"滑"过去。

2. 游离文体特征

如前文所说,散文的特质在于借助描写、记叙来表达作者的主观世界与内在情致,重在表达情、思。但现实教学常常游离于散文的本质特征,忽略文本中的情、思。

在教学写人记事的散文中,教师往往把散文当作小说、戏剧来教学,偏重于挖掘人物的个性特征、文章的情节与结构安排。黄厚江老师在谈《老王》一文的教学时指出过这个问题:"和小说相比,写人的现代散文不能或者说主要不能关注作品中作者所写的人物,而应该更多地关注藏在字里行间的那个'我'。可是我们遗憾地看到,不少教师教学《老王》仅仅着眼于老王,或者主要着眼于老

① 中华人民共和国教育部:《普通高中语文课程标准(2017年版)》,人民教育出版社2018年版,第5页。

② 袁洪涛:《师生互动共品母爱——〈我与地坛〉教学实录及反思》,《中学语文》2007年第8期,第39-41页。

王，即使有时候也在关注‘我’，但似乎总是把老王作为关注的重点，对‘我’的解读也只是为了解读老王。”①

抒情散文常为借景抒情，但教师在教学中只关注景物的特点，而忽视了作者在景中寄寓的情感。以下是《故都的秋》的主要教学流程②：

（1）导入课题，提出问题

请同学们结合自己有关秋天的生命体验，在你最感兴趣的地方，谈谈在作者笔下你感受到了怎样一个真切的秋天？

（2）充分对话，领悟意蕴

生：秋天的芦花，颜色特别淡，四处飞，看了特别让人伤心……我就觉得柳影更是悲凉。

生：这几处景物的总体特征就如开篇郁达夫先生自己所说：“特别地来得清，来得静，来得悲凉。”（学生选择自己感受深刻的句子开展讨论与品读）

生：我觉得读这样的文章，不利于青少年健康活泼地成长。

师：我觉得这位同学说得有一定道理。大家怎么看？（教者注：有关此篇的审美情趣问题，是本课的难点。）

（3）激疑存难，深入探究

学生讨论。

师：不能欣赏生命的凋零悲凉之美，恐怕也很难领悟生命的昂然蓬勃之美。

（4）全文勾勒，激趣再读

师：全文选取了五幅画，洋溢着作者的雅趣、闲趣、俗趣。这样的名篇，绝非读几次，就可终了的。

本节课教学的整体思路分为两部分：一是对作者笔下故都秋天的五幅图赏析；二是对作者悲凉审美情趣的肯定。教师要求学生反复阅读本文，但是像这样忽视作者在文中表达的情感，可能读的次数再多，也不能领悟作者的写作意图。作者笔下故都秋天的五幅图是作者抒发情感的依托，对此深入的解读对理解作者写作意图很有必要。但在本案例教师的教学中，学生领悟不到作者的情感，看不到文章的“人”，则读不懂散文，更不会自己写散文。

而本节课中第二部分对审美情趣的讨论，是以本文为材料来做关于美学的专题研究，并不能算是针对本文的教学内容。

要想真正把握文本的主旨，必须得从整体来把握文章的内容。本文前面部分描写故都秋天的景象，而第12段论述秋与人以及文人的关系，此处是揭开本文主旨的关键。“总能够看到许多关于秋的歌颂与悲啼”这一句表达出作者对故都秋的双重情感：歌颂与悲啼。作者之所以对此怀有这样的复杂情感，是因为当时的社会背景，他喜爱北平，但北平将沦陷为敌寇之地，作者必然是痛心的，因而前文对故都秋天的喜爱与赞美中，总饱含着悲凉之叹。

若未能触摸到作者对故都的这份情感，等于没有读懂此文，也没有读懂作者。教学中产生这样的问题源于“凡是文本都是文章”的惯性思维，对章法的解读忽视了抒情文学的情感性的特征。

3. 抽象个体情感

一篇文学作品是个性化的存在，是作者在独特的时空中独特的创造，是客体事物与主体情感、思想的结合，错过了主客体中任何一个因素就不会有这篇作品。散文的基础是真实生活，是作者面对生活中的人与事生发的自己的情感体验与理性思考。一篇散文就是一个独立自主的世界，它有自己的内在情感和形象。

阅读一篇散文就是走进一个独特的世界，读者在这个语言世界中想象作者创造的独特的人、事、物，体悟作者流露的真情实感。这个世界中的人、事、物是读者的阅读对象，这个世界的情感、思想是读者的体悟对象，对这个世界的见闻与体验是读者的阅读任务。“外在于散文的客观的言说对象，不在散文‘阅读’和散文教学的视野里，或者说，与外在言说对象发生这样那样的关联，是在阅读之后才发生的事。”③ 而我们却常常急于从文本世界出来，走向外在世界。

上述课例中，教师对《我与地坛》做了深入的思考，在执教过程中很有感情投入，朗读时情动于衷。他完全被这位母亲感动了，他充分体悟到这

① 黄厚江：《〈老王〉教学实录及反思》，《语文教学通讯》2012年第9期，第20-26页。

② 连中国：《一曲秋歌，几度涵泳》，《语文教学通讯》2010年第7-8期，第37-39页。

③ 王荣生：《中小学散文教学的问题及对策》，《课程·教材·教法》2011年第9期，第49-83页。

位母亲的苦难。可是，学生的掌声只是表扬了教师的感动，而学生未必被感动。学生未被感动，是因为学生还没有来得及感动，而解读对象就被教师转换了。教师声情并茂的朗读后，应该让学生品读，而此时师生一起开始欣赏歌曲《懂你》，教师则是输入了新的解读对象，中止了对原文的解读。而该歌曲只是让读者重新建构自己的体验，生成另类的意义，歌曲中的母爱并非该篇散文中的母爱，实质上，是教师领着学生从文字建构的世界跑出，进入一个新的音乐世界，走向了新的阅读对象，转移了原来的解读对象，放弃了对本篇散文的阅读。王荣生教授指出："（散文教学）跑到'外在的言说对象'，即'走出课文之外'；跑到概念化、抽象化的'思想'、'精神'，即'走到作者之外'。""'向外跑'或'走到……之外'，既跑出了'语文'，也跑出了'人文'，这种现象在当前的语文教学中，大量地存在着。"①

这类问题的思维是："文本世界中的人、事、物=某类人、事、物=其他艺术世界中的人、事、物"，混淆了两类不相同的世界。文本世界中的人、事、物是作者意识中的人、事、物，融注着作者的主观情感，如果离开了他的人、事、物，这份情感将不复存在。

上述案例中教师在带领学生感受"我"的母亲"活着最苦"后，就从文本世界的母亲的生活状态得出结论："作家塑造了一位身心俱苦的母亲形象，从她的身上我们读出了伟大的母爱，这种爱有什么特点呢？"教师的思维从文本世界跑到现实世界中，由文本世界中的母亲形象跑到天下所有母亲的抽象概念上。他的表达中出现了两个"母亲"的概念，一个是文本世界中的"我"的"母亲"，一个是现实世界中的"母亲"。实际上，他的表达偷换了概念，不知不觉地跑到类概念上，总结出来类母亲的爱，而且一步步跑下去。教师本人还没有意识到这个问题，他在文本世界与现实世界中飘荡，令他感动而泣不成声的是文本世界中这位母亲的爱，他后来借用《懂你》歌曲中的类母亲的爱，引导学生向自己的母亲表达感激之情。

把作者的情感上升为抽象的类情感，就超出了文学欣赏与审美的界限。类情感不能由某个个体的情感得出，而是依靠大量事例，用科学归纳的方法才能得出，这是科学领域的事，无关于文学鉴赏与审美。这类问题源于教师太急于归纳，而轻易放弃对特殊个体的解读；太急于被思想塑造，也急于塑造他人的思想。

上述问题主要表现在教学中教师注重寻找普遍性，而忽视特殊性；注重寻找类本质，而忽视个体生命的价值；注重思想塑造，而忽视个性心性的涵育。

三、现当代散文教学的策略

1. 立足于语言特点

《普通高中语文课程标准（2017年版）》明确了"语言""思维""审美""文化"四个方面的学科核心素养，而语言是其他核心素养的基础。语言是思维工具，思维以语言为依托，没有语言很难进行思维活动；语言本身作为一种文化，也是审美对象；文化由语言传播与表现，审美鉴赏也借助语言来开展。

语文学习的媒介是文本，而文本以语言为载体，语文学习重在语言的建构与运用。因此，可以说语言品读是阅读活动的关键，阅读活动从语言开始，也至语言结束。有经验的教师总是紧扣语言来解读文本。我们来看看肖培东老师的《老王》教学实录，大致流程如下②：

（1）两处"闲话"读老王

师：这篇文章就是从"说闲话"开始的。文章中具体写两个人说闲话的是哪个段落？

（师生品读老王与作者闲聊的句子。）

师：能从文字中读出老王的不幸，才是真的读书。杨绛平平淡淡的文字里埋藏着很深厚的情感，非要扎进去，才能读出来。

（2）细读对话悟"愧怍"

（师生品读老王与作者最后一次见面的对话，以及作者与老李的对话。）

师："我"对老王很是关心的，但"我"都是从自己的角度出发去理解老王，去猜测老王。

师：遭到周围人的凌辱和抛弃。因此，老王应该是想要在这冷漠的世界上寻找温暖、寻找能倾

① 王荣生：《中小学散文教学的问题及对策》，《课程·教材·教法》2011年第9期，第49-83页。

② 肖培东：《"闲话"老王读"愧怍"》，《中学语文教学参考·初中》2018年第7期，第13-17页。

诉的人，可即便是作者这样善良的人，和老王还是存有隔阂。

(3)几处“闲笔”蕴深意

(师生品读插入别人话的句子，以及作者一家在“文革”中境况的句子。)

师：插入别人的话，来表现这个时代对他的凌辱，老王的大不幸。

师：作者也是在为社会，为曾经的那个时代而愧怍。

肖老师没有带着学生对老王的悲剧与作者的情感进行概括，他一直立足语言本身，抓住人物间的对话，这些闲话与闲笔最能体现作者的情感特征与表达技艺。闲话，漫不经心地拉家常，语言平实，还原了当时真实的交往场景，真实的对话反映出人物真实的个性与情感，以及人物平等、友好的关系。

闲话是此文特色，作者真挚的情感以及复杂而深沉的心里话都寄托在闲话中。闲淡的对话，反映出作者对过往的人与事进行反思，在超然的态度中隐含着对未来的警示。闲话虽闲，但意蕴丰富，这样的闲话贴近人物，也贴近作者的情感与本色。

肖老师读懂了文本，读懂了作者，因而能领着学生读透文本，读懂作者。总之，语言才是读懂文本的关键，不要滑过语言而直接进行抽象的概括。

2. 立足于文体特征

散文阅读没有共性的解读策略。解读时，要捕捉散文的个性特色，沿此波而寻此源。解读当前一篇的独特的文本，所面临的解读任务就是理解、感受这“这一篇”所传递的作者的认知、情感、思想，理解、感受“这一篇”中呈现的独特的认知、情感、思想以及独特的表达技巧和语句章法。

散文是作者表现自己的生活见闻与感受，来与读者分享他的一己之感、一己之思的文体，它重在情与思。散文不追求类的认知、情感、思想以及表达方式，而只在体悟作者在文本世界中的具体的独特的认知、情感、思想及表达方式。如果不达作者的情与思，说明只在解读的路上。以下是陈钟樑老师教学《合欢树》一个片段①：

(1)我们看一看，史铁生对于母爱，是怎么认识的。

(2)出示《我与地坛》中一段话：母亲生前没给我留下过什么隽永的誓言，或要我恪守的教诲，只是在她去世之后，她艰难的命运，坚忍的意志和毫不张扬的爱，随光阴流转，在我的印象中愈加鲜明深刻……

(3)对母爱的认识，是一天就能完成的吗？——随着时光的流转，认识越来越深刻。

(4)我们把有关时间的词语圈点一下。

陈老师懂散文，也懂史铁生，“史铁生对于母爱”一句说明陈老师把这篇散文看成是史铁生的个性化的表达，母亲是只限定为“我”的母亲，这种母爱的体悟也只限定在作者个性化的体悟，陈老师抓住了这篇散文独特的言说对象和作者独特的情感。陈老师也从文本世界走向外在文本世界，因为外在文本世界与本文有着共同的言说对象，但陈教师只是把外在文本世界当作解读的背景，来建构当前文本世界的意义，使学生能够深入解读。

3. 立足于文本本身

散文文本是个自足的艺术世界，与其他艺术世界以及现实世界不发生直接联系，散文教学只求立足此文本世界解读。意义生成理论认为，文本的意义是文本的语言、结构以及内容等特征与读者主观意识共同合作的结果。文本特征激发了读者相应的主观意识才能产生意义，如果从读者头脑中的概念出发产生新的概念，只是一种脱离文本的凭空想象。立足于文本本身，既要立足于文本自身的形象、情感与思想，也要立足于文本的整体性。在前文《故都的秋》的教学中，教师只见到故都的秋景，而没有看到后文作者关于人与秋的关系的议论，因而未能把握好主旨。

优秀的教师在教学中不会带领学生凭空想象阅读。如郑桂华老师在解读《荷塘月色》时，抓住了两句话来剖析全文意蕴。②

第一句话是“今晚却很好，虽然月光也还是淡淡的”。郑老师认为，作者对此小路有不同于荷塘月色的描述：材质是煤屑铺就的，形状是曲折的，交通价值是白天少人走，夜晚更加寂寞；周围环境是杨柳和无名的树木；感觉阴森恐怖。这条小路

① 陈钟樑：《陈钟樑老师〈合欢树〉课堂教学实录点评》，《语文教学通讯》2011 年第 2 期，第 15-19 页。

② 郑桂华：《从两个句子理解〈荷塘月色〉的两处关键》，《语文学习》2011 年第 11 期，第 35-36 页。

只是一个隐喻,它象征着烦恼的家庭生活、工作压力和人事纠纷、动荡的时代,以及作者内心的躁动。

第二句话是"这样想着……妻已睡熟好久了"。郑老师认为,荷塘是作者独享时光的自在家园,但精神家园不是生活的地方,生活还得回到现实。荷塘令作者沉醉,他在回家的路上,还在回味、联想与这个精神家园相关的诗赋。家象征无奈的世俗现实,作者就是在理想世界与现实世界中纠结、徘徊。

郑老师紧扣文本内容,在语言与内容,以及内容上的内在关联处探寻着文本意蕴,既深入,又没有脱离文本,而不是凭空添加,自说自话。文本解读需要借助背景知识来建构意义,但背景是建构意义的工具。建构文本意义的第一要素是文本内容,脱离文本内容得出的结果只是空穴来风。

总之,散文教学的原则很简单,就是回到文本本身,立足文本的文体特征,立足文本内容,归根结底是立足语言。

The Problems and Strategies of Modern and Contemporary Prose Teaching in Senior High Schools from the Perspective of the New Curriculum Standards

LIN Qihua

(High School Affiliated to Shanghai Normal University, Shanghai, 200124)

Abstract: Modern and contemporary prose refers to the Chinese prose which has been composed since the Vernacular Movement. Standards for Chinese Curriculum in Ordinary Senior High Schools (2017 edition) emphasizes the humanistic characteristics of Chinese and clarifies the important position of literary appreciation in Chinese teaching. At present, there exist such problems in modern and contemporary prose teaching in senior high schools as ignoring language appreciation in reading, neglecting the stylistic features of the text, and abstracting authors' individual emotions. Therefore, this paper has put forward the following corresponding teaching strategies: the first one is to interpret the text based on the meaning of its language, not to abandon language appreciation in reading, and not to abstract the content of the text; the second one is to understand the author's feelings through the stylistic features of the text, and not to interpret a text in a general manner, and the third one is to depend on the text itself for an overall interpretation, and not to go beyond the images and emotions in the text to have pure imagination.

Key words: senior high schools, modern and contemporary prose, Chinese teaching, problems, strategies

中小学英语课堂批判性思维的培养

李志强，应 浩

（上海师范大学 外国语学院，上海 200234）

摘 要：批判性思维作为核心素养之一，应成为中小学英语课堂的重要组成部分。批判性思维涵盖的10种思维要素，可划分为4种知识类型和3个培养阶段。在教学内容上，中小学英语课堂可以基于不同阶段学生的认知能力和学习目标展开设计。在教学实施上，批判性思维课堂的设计，可分别根据上述4种知识类型，按照3个培养阶段开展批判性思维的进阶式教学、练习、评价等活动。以小学高年级的英语课堂批判性思维活动设计为例，研究证明，这种基于进阶式批判性思维训练的课堂设计，有助于提高英语课堂教学的质量。

关键词：课堂质量；批判性思维；中小学；英语课堂

我国“双减”政策的出台，其本质是要求提高学校课堂质量，缩短学生课后学习时间，减轻学生课后负担。所以，作为“双减”主阵地的中小学，提高课堂教学质量是“双减”政策的要求之一。① 换言之，如果课堂质量的提高没有实现，“双减”措施就不算成功。针对此问题，本文认为，根据英语学科核心素养，在中小学英语课堂中融入批判性思维教学十分必要，同时探讨如何在英语课堂培养学生的批判性思维，以提高中小学课堂质量，实现“双减”目标。

一、批判性思维的培养要素和阶段

《义务教育英语课程标准(2022年版)》强调英语学科核心素养，即语言能力、文化意识、思维品质、学习能力。其中，“思维品质指人的思维个性特征，反映学生在理解、分析、比较、推断、批判、评价、创造等方面的层次和水平。思维品质的提升有助于学生学会发现问题、分析问题和解决问题，对事物做出正确的价值判断”。② 我国传统英语课堂以综合语言运用能力的培养为课程目标，设置侧重于学科类知识学

作者简介：李志强，上海师范大学外国语学院副教授，博士，主要从事英语语言与教学研究；应浩，上海师范大学外国语学院教师，主要从事高等教育管理研究。

① 中华人民共和国教育部：《中共中央办公厅 国务院办公厅印发〈关于进一步减轻义务教育阶段学生作业负担和校外培训负担的意见〉》，载教育部官网：http://www.moe.gov.cn/jyb_xxgk/moe_1777/moe_1778/202107/t20210724_546576.html，最后登录日期：2022年1月21日。

② 中华人民共和国教育部：《义务教育英语课程标准(2022年版)》，北京师范大学出版社2022年版，第5页。

习,未对批判性思维的培养给予足够的重视。[①] 针对此不足,英语学科的"核心素养"在强调本学科关键能力的基础上,更加关注学生思维品质的提升。因此,"双减"背景下的批判性思维培养成为英语课堂应有之义。

1. 批判性思维的要素

"教育必须培养出具有批判性思维的人和解决问题的各种人。"[②] "批判性思维"转译自英文词组 critical thinking。这一译法曾带来不少争议,因为这种译法某种程度上曲解和限制了 critical thinking 的深层含义。准确地说,"批判性思维"活动不仅仅如字面意思所述,仅限于对批判性思维的培养,而是对清晰理性能力的培养。对 critical thinking 更准确的解释是,"基于理性的反思性思维,对相信什么或去做什么做出判定"[③] 的能力,"是指有效识别、分析和评估观点和事实,认识和克服个人的成见和偏见,形成和阐述可支撑理论、令人信服的推理,在信念和行动方面做出合理明智的决策,所必需的一系列认知技能和思维素质的总称。"[④] 格拉泽(Edward Glaeser)认为,批判性思维的根本特点包括:对问题进行深入思考的态度,具有进行质疑和合理推理的知识,运用逻辑提问和推理的技能。[⑤]

综上所述,批判性思维至少应包括如下 10 种思维要素:事物观察、特征描述、范畴归纳、事实分析、概念演绎、逻辑推理、谬误诊判、结论评估、辩证决策、设计创新。相应地,批判性思维的标准包括:认知客观、描述准确、归纳恰当、分析条理、阐释清晰、逻辑自洽、质疑中肯、结论周延、决策公正、创新持续。批判性思维要素从低阶到高阶,呈现出一个以理性为前提的认知、判断、表述、反思、创造的过程。概言之,事物观察、特征描述、范畴归纳,属于初阶批判性思维要素;事实分析、概念演绎、逻辑推理、谬误诊判、结论评估,属于中阶批判性思维要素;辩证决策、设计创新则属于高阶批判性思维要素。

批判性思维是一种主体能力,具有一定的不可描述性,需要借助对某一类知识的学习,在具体任务中有所体现。故此,本文引入新布卢姆认知目标的知识类型,用其 4 种知识类型对应上述 10 种批判性思维要素。从关系上而言,不同阶段思维能力的养成,需要以不同类型的知识学习作为介质,同时,学习主体前一阶段思维能力的形成,既内化为进一步思维训练的能力基础,也外化为其知识储备,二者之间存在相互依存、交错和转化的关系。作为认知目标的知识,属客观具象范畴,具有更稳定的可描述性。故此,本文将思维能力和知识类型这两个范畴进行匹配对接,以便展开课堂设计描述。新布卢姆认知目标把知识划分为 4 种:事实性知识(Factual Knowledge)、概念性知识(Conceptual Knowledge)、程序性知识(Procedural Knowledge)和元认知知识(Metacognitive Knowledge)。[⑥] 其中,事实性知识指学生通晓一门学科或解决其中问题所必须知道的基本知识,对应批判性思维初阶要素;概念性知识指学科抽象知识和其知识组织结构与内在联系,对应批判性思维的中阶要素;程序性知识是关于"怎么做"的知识,包含解决问题的标准和方法,对应批判性思维的中高阶要素;元认知知识包含一般认知和自我认知,对应批判性思维的高阶要素。

---

① 李娜,韩清恩,钟文先:《大学生批判性思维素质现状及差异分析》,《中国高教研究》2019 年第 2 期,第 51 页。

② 迈克尔·富兰:《变革的力量——透视教育改革》,中央教育科学研究所、加拿大多伦多国际学院译,教育科学出版社 2000 年版,第 11 页。

③ Ennis R H. "Critical Thinking: A streamlined Conception". Teaching Philosophy, Vol. 14, no. 1(March 1991), pp. 131-139.

④ 格雷戈里·巴沙姆,威廉·欧文,亨利·纳尔多内,詹姆斯·M·华莱士:《批判性思维》,舒静译,外语教学与研究出版社 2019 年版,第 7 页。

⑤ Glaeser E M. An Experiment in the Development of Critical Thinking. New York: Teachers College of Columbia University 1941, pp. 167-171.

⑥ Anderson L W, Krathwohl D R, Airasian P T, Cruikshank K A, Mayer R E, Pintrich P R, Raths J, Wittrock M C. A Taxonomy for Learning, Teaching, and Assessing; A Revision of Bloom's Taxonomy of Educational Objectives. New York: Longman, 2001, p. 29.

2. 批判性思维的培养阶段

“在课堂内外教授学生批判性思维，可以提高他们观察、推理、提问、决策、创新和分析的能力。”[①] 批判性思维的养成需经历循序渐进式系统训练才能实现。中小学阶段批判性思维的培养，应根据学习者认知能力的发展特点，遵循从低到高、从简单到复杂的顺序。

在小学低年级阶段，批判性思维的学习重心应侧重于事物观察、特征描述、范畴归纳，该阶段的批判思维训练以事物特征识别和特点描述为主要内容；在小学高年级阶段，随着学生认知能力的提升，批判性思维训练可以逐渐开展简单的事实分析、概念演绎、逻辑推理、谬误诊判等思维的训练；在初中阶段，随着初阶批判性思维的成熟，可继续提升事物识别、特征描述、事实归纳等思维训练的复杂性，同时增加范畴分析、概念演绎、逻辑推理思维训练的难度，并开展谬误反思、结论评估等思维训练，为高阶批判性思维训练进行准备；在高中阶段，学生的认知能力逐渐成熟，批判性思维训练的重心则应逐渐转移至事实分析、概念演绎、逻辑推理、谬误诊判、结论评估、辩证决策、设计创新。总体而言，批判性思维具有学科伴随性和贯穿性的特点，应该成为从小学到高中阶段不断提升的基本能力。

中小学阶段英语课堂的设计，既要兼顾批判性思维活动所强调的“工具性”，又要考虑到适合低龄学习群体的趣味性。所以，中小学阶段英语课堂的批判性思维训练要以培养学生的事物观察、特征描述、范畴归纳等初阶要素为起始，逐渐过渡至事实分析、概念演绎、逻辑推理、谬误诊判、结论评估等中阶要素的培养上。在主旨选题方面，可选择与生活息息相关、学生可以描述的事物和话题；在知识输入方面，可以多学科知识为背景，培养学生的客观认知能力，在知识输出方面，培养学生准确描述、恰当归纳、清晰阐述的能力；在进行学习评价时，采用过程性评价和形成性评价相结合的方式，培养学生逻辑自洽、谬误诊判、结论评估的能力。由此，以多学科知识为内容、以思维力养成为目标、以过程性和形成性评价为反馈的中小学英语教学设计原则得以构建。

二、中小学英语课堂批判性思维的教学设计

有研究曾对批判性思维倾向进行测试，实验数据表明，不同年级得分差异显著，其中小学生得分最高，其次是初中生。[②] 这说明，中小学阶段学生的思维条件正处于最活跃状态，需要抓住这个阶段培养其批判性思维。在“双减”政策的引导下，把批判性思维融入中小学英语课堂，弥补思维训练的空缺，是提高课堂质量的重要手段。批判性思维能力的培养需与具体学习活动联系起来。在活动设置上，中小学批判性思维活动可根据知识维度和认知维度，对知识和活动进行组合安排，层层递进，从而使每一个活动设置都能达到促进学生批判性思维能力发展的目的。

1. 教学内容设计

由于英语课堂本质上是语言习得的课堂，语言是载体。英语课堂需要将语言能力训练和批判性思维训练相结合，教学内容设计首先应以英语能力教学为基础，再融入批判性思维的训练。

小学低年级的教学内容可重点围绕事实性知识和概念性知识展开，程序性知识和元认知知识起辅助作用，可做启蒙式导入；小学高年级和初中阶段的英语教学内容可重点围绕概念性知识和程序性知识展开，事实性知识的教学内容更为复杂，元认知知识仍然是辅助教学内容，可以通过练习和作业评估的形式导入；高中阶段的英语教学内容，则可以主要围绕程序性知识和元认知知识展开，侧重应用、输出和评估，事实性知识和概念性知识为辅。不同类型的知识可帮助学生养成不同阶段和维度的思维品质，因此，中小学英语教学需要阶段性、多层次的批判性思维教学内容。

① Dunn D. S, Halonen J S, Smith R A. Teaching Critical Thinking in Psychology: A Handbook of Best Practice. London: Blackwell Publishing Ltd, 2008, p. 17.

② 郭胜利，范会勇：《我国学生批判性思维水平变迁的横断历史研究》，第二十三届全国心理学学术会议摘要集（上），2021 年 10 月，第 972 页。

2. 培养方式设计

在中小学英语课堂中,学生批判性思维的培养方式可以分为多个阶段:记忆(Remember)、理解(Understand)、应用(Apply)、分析(Analyze)、评价(Evaluate)和创造(Create)①,这些培养方式也对应了批判性思维各阶段要素的训练。根据学生思维发展的阶段,"记忆、理解"适用于初阶思维训练,"应用、分析、评价"适用于中高阶要素,"创造"适用于高阶要素。其中,"记忆"阶段包含识别和回忆;"理解"阶段包含解释、举例、分类、总结、推断、比较和说明;"应用"阶段包含执行和实施;"分析"阶段包含区分、组织和归属;"评价"阶段包含核查和评判;"创造"阶段包含生成、计划和执行。② 英语课堂上的批判性思维活动,在难度设置上需要分不同维度和板块,通过分阶递进,使教学目标适合于各阶段批判性思维的训练。例如,在小学高年级以"动物"为主题的阅读和听力理解材料中,可设计关于动物的生活习性、生存环境和气候条件的介绍。这些对事实、概念的学习可训练学生记忆、理解等思维能力。在课后练习中可以设计与程序性知识和元认知知识相关的任务,如单位换算、数字比较、数字加减等,训练学生理解、应用、分析等逻辑运算思维能力;可以设计模拟绘画、手工制作、科学实验等程序性任务,训练学生应用、创造等思维能力;还可设计填字游戏、排序游戏、解码游戏等程序性游戏,以训练学生逻辑推理、概念演绎等思维能力。这种多层次、多学科融合的教学方式,不仅可以开拓学生的学科视野,增加趣味性,还可以达到批判性思维逐层提升的培养效果,使学生在思辨环节最大限度地发挥主观能动性。

3. 考核评价设计

以过程性评价和形成性评价为反馈,是英语课堂批判性思维的重要考核评估手段,也是启发学生元认知知识的重要形式。不同于侧重结果测试的传统课堂活动,英语课堂批判性思维的培养,更应关注学生的思维力在不同阶段是否得到提高,因而,过程性评价和形成性评价是更适合批判性思维培养的教学评价。在这种评价模式下,学生从被动接受评价者转变成评价主体和评价参与者。要完成对自己和同伴学习成果的评价任务,学生需要运用理解、分析、评估、反思、判断等多层次的批判性思维要素,从而在评价过程中逐渐提升元认知阶段批判性思维的能力。

三、中小学英语课堂批判性思维教学案例

本案例以"birds(鸟类)"英语教学为例,展示英语课堂中对批判性思维各要素的训练,及其对课堂教学质量的提升作用。

1. 初阶思维训练

批判性思维的初阶思维训练,主要包括事实性知识和概念性知识的输入,这是课堂展开的第一步。学生对各种常见的"birds(鸟类)"的事实性知识储备是后期批判性思维训练的基础。在这一阶段,学生需要掌握"birds"的形态特征、性格特点、生活习性、居住环境等。在事实性和概念性知识输入环节,主要采用以行为主义学习观为指导的教学。行为主义学习观强调对知识结构的模仿和学习。美国心理学家斯金纳(Burrhus F. Skinner)认为,学习是一种操作性行为,习得即反应概率的变化。通过外界对机体进行反复的刺激,并给予正强化和负强化回应,习得行为能从偶然中得以加固。③ 在英语课堂的知识输入环节,尤其是以事实性和概念性知识为特点的学科知识基础,需要教师强化语言输入,对学生进行观察、记忆、理解层面的思维训练,通过反复"刺激—反应",使学生的知识系统逐渐形成、强化和巩固,从而为

① Anderson L. W., Krathwohl D R, Airasian P T, Cruikshank K A, Mayer R E, Pintrich P R, Raths J, Wittrock M C., A Taxonomy for Learning, Teaching, and Assessing; A Revision of Bloom's Taxonomy of Educational Objectives. New York: Longman, 2001, pp. 67-68.

② Skinner B. F., "The Science of Learning and the Art of Teaching", Harvard Educational Review, Vol. 24, no. 2(June 1954), pp. 86-97.

③ Skinner B. F., "The Science of Learning and the Art of Teaching", Harvard Educational Review, Vol. 24, no. 2(June 1954), pp. 86-97.

后续思维训练做好知识铺垫。例如，作为基本概念的词汇教学，可以根据单词属性采用多种输入方式，如：图片+视频+反义讲解（如 wild & tame）、图片关联讲解（如 carnivore，omnivore，herbivore）、飞行动作讲解（如 soar，hover，dive，flap）、实物列举讲解（如 pointy，aquiline）、声音音频讲解（如 chirp）、关联意义讲解（如 similarities，differences）、构词法讲解（如 carnivorous）、语法例句讲解（如 although）。

通过上述视听体验、实物感知、动作模拟、语义联系相结合的词汇讲解，可以使学生对单词的理解不是停留在浅层的、独立的意义识别，而是通过不同的体验性习得，构建一个立体的、多维的知识体系，把词汇和知识串联在一个体验性认知网络。在这个教学阶段，教师起主导作用，带领学生从不同角度认识、理解和记忆单词，训练学生“事物观察、特征描述、范畴归纳”等初阶批判性思维能力。

2. 中阶思维训练

中阶思维训练包括概念性知识的巩固和程序性知识的构建，这是课堂展开的第二步。认知心理学先驱布鲁纳（Jerome S. Bruner）认为，学习的实质是主动地形成认知结构，其重点不在于记住多少知识，而在于获取知识的过程。[①] 概念性知识和程序性知识是中阶思维训练的重要环节，也是该主题课堂的主要教学内容，这个阶段进行以学生为中心的任务型教学。教学中首先需要根据知识维度分类，设计不同类型的活动。

（1）概念演绎

概念演绎的训练，是对概念性知识输入效果的检测。学生根据知识的内在逻辑，将习得的知识点进行组织、整理和构建。活动示例如下：

下面每个方格中都包含一个关于“鸟”的 8 个字母的单词。以 1 个字母为起点，顺时针或逆时针阅读，找出每个单词。

I	M	A
N		L
G	O	F

____

L	I	C
E		A
P	S	N

____

N	G	U
E		I
P	S	N

____

C	O	C
K		O
A	T	O

____

E	A	C
P		O
S	K	C

____

H	S	O
C		S
I	R	T

____

要完成上述活动，学生首先需要在所学词汇中选出只含有 8 个字母的鸟类词汇，并在方格中确定起点，顺时针或逆时针尝试对字母进行重组整合，从而构建出一个新单词。在这个过程中，学生仅知道单词和其对应含义的事实性知识是远远不够的，学生需要清楚单词字母的排列顺序这种单词内在逻辑的概念性知识，才能解题，到达对基础知识的领会阶段。

（2）分析归纳

此活动属于程序性知识训练，是基于认知主义学习观的教学过程设计。分析归纳练习训练学生将符号和信息加以联系、分析、演绎、归纳的能力，需要学生通过归纳分析来解决问题。活动示例如下：

使用下列代码找出鸵鸟因什么而闻名。

★=B	♥=D	●=E	♣=G
◀=I	▮=L	▮=O	■=R
♠=S	▩=T	◆=W	▶=’

① 布鲁纳：《教育过程》，邵瑞珍译，文化教育出版社 1982 年版，第 31-35 页。

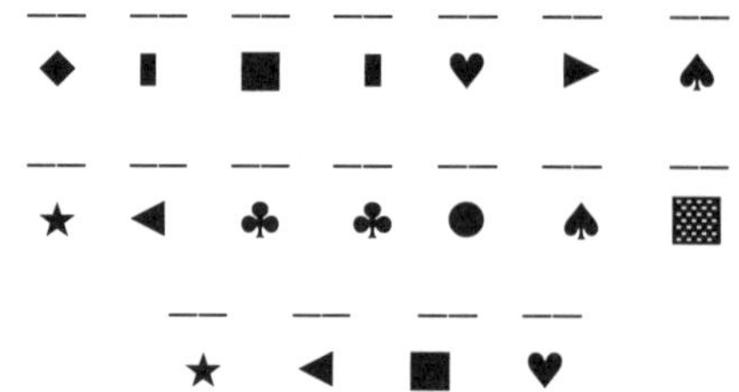

首先,学生通过题目可以分析出:上述解码活动的基本原则是符号与信息一一对应。基于此原则,学生可采取演绎与归纳的方式填充符号上的空格,从而得出关键词,最终解决此问题,这进一步强化了程序性知识的应用。

(3)逻辑推理

逻辑推理属于程序性知识练习,训练学生将已知信息按照逻辑关系进行梳理归类和分析的能力。活动示例:

根据下面陈述,对 Judy 的游览顺序进行排列。

Judy went to a bird park. She saw ostriches before she saw peacocks. She saw hummingbirds after she saw cranes. She saw hummingbirds before ostriches. In what order did Judy see the 4 kinds of birds?

First:

Second:

Third:

Fourth:

此活动需要学生运用空间逻辑思维。学生需要以某一个动物的游览点为中心,梳理题中“before”和“after”的逻辑关系,理清并确定各个游览点的顺序。在此过程中,学生的程序性知识提升至逻辑推理和分析阶段。

上述三种类型的教学活动均基于认知主义学习观设计。认知主义学习观主张学习是一项智力活动,强调学习过程。上述教学活动包含大量的程序性知识,在此类知识的学习上,学生需要以问题的解决为导向,经历发现问题、分析问题、解决问题的思维训练过程,实现中阶批判性思维要素中“范畴归纳、事实分析、概念演绎、逻辑推理、谬误诊判”等能力的提升。

3. 中高阶思维训练

中高阶思维训练目的是程序性和元认知知识的养成,对学生思维构建和观点整理能力要求较高,因此,在本课堂的教学设计中,处于辅助地位。皮亚杰(Jean Piaget)认为:“认识的获得必须用一个将结构主义和建构主义紧密地联结起来的理论来说明,也就是说,每一个结构都是心理发生的结果,而心理发生就是从一个较初级的结构过渡到一个不那么初级(或较复杂)的结构。”①因此,在教学中,可以构建主义为原则,设计较为简单的决策性和创建性任务让学生完成。问题决策和方案设计,需要基于以探究学习、合作学习、支架式教学、情景教学等程序性知识和元认知知识的训练,可以纳入这一阶段的教学设计。

(1)问题决策

问题决策要以程序性知识和元认知知识的养成为前提,目的是训练学生在遇到难题时,寻找线索、梳理思路、排除难点、克服障碍的能力。活动示例如下:

根据提示,找出单词的两部分组成答案,并把答案写在相同的数字框里,第一个例子已经填好。当你完成后,把阴影框中的字母写下来回答问题。

LAR ATT FAL NAT GER IVE ATT ACK URE CON

---

① 皮亚杰:《发生认识论原理》,王宪钿等译,商务印书馆1985年版,第15页。

PAR MAL DOC INS NTY ECT POI TOR ROT ANI

CLUES：

1. Environment and lives
2. birds of prey with sharp eyesight
3. To attempt to injure or kill
4. Owls are at night.
5. The ostrich has the size than the flamingo.
6. Food of some birds
7. The eagle has an aquiline mouth, while the hummingbird has a mouth.
8. Not a vegetable or a mineral
9. The woodpecker is known as the of the forest.
10. A pet bird that can imitate human speech.

1	2		3	4	5	6	7	8	9	10
N										
A										
T										
U										
R										
E										

QUESTION：

Where do penguins live?

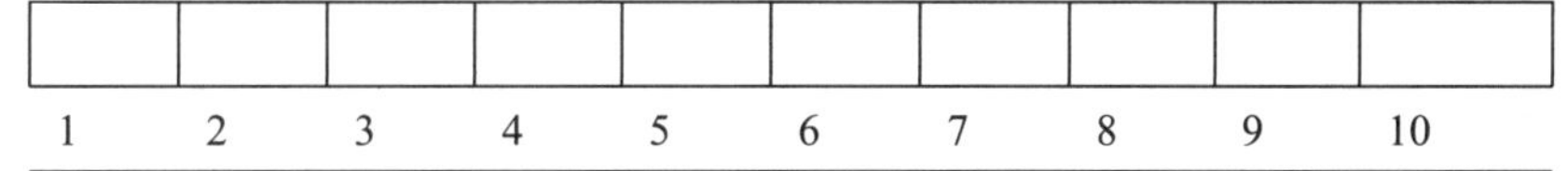

1 2 3 4 5 6 7 8 9 10

此题线索繁多，有 10 条完整和半完整的语句，有被拆分为两半的单词组块，还有一些隐藏线索（每条线索所对应的单词应是 6 个字母的单词）。学生首先需要寻找线索，通过 1—10 条线索的提示，猜出线索中所对应的 6 个字母的单词，再从单词组块中寻找是否有能够组合成此单词的两部分，若能找到，则解题成功。第二个问题的答案需要在第一个表格完成的情况下，选取出阴影部分的字母填充，问题便能迎刃而解。从寻找完整线索，试猜线索单词，验证单词正误，再到提取关键信息，此活动的逻辑线索环环相扣，既能够训练学生寻找线索的能力，也能训练整合思路并最终解决问题的能力。

（2）方案设计

方案设计训练对应批判性思维的高阶要素，属于程序性知识和元认知知识的养成。学生需要根据具体的情景应用恰当的策略，相互讨论，各抒己见，构建出具有可行性的方案。活动示例：

讨论题：假如你有机会领养一种鸟，你会选择哪种鸟类？并谈谈你将怎么饲养它。

此讨论题属于开放性题目，没有标准答案。学生需要对某一种鸟的特点、生活习性、居住环境等方面了解充分后，构建出一个完整的饲养方案。此讨论题没有标准答案，学生需要在建构主义学习观的指导下，基于自己的生活经验和所学所思，结合他人的想法，充分表达自己的观点，协商形成可行度更高的方案。此活动是批判性思维训练中难度最大的输出练习，促使学生提升自我评价和设计创新的批判性思维。在英语批判性思维活动课堂的输出阶段，以建构主义学习观为核心的教学活动，可以激发学生思辨力和创造力，开启高阶思维要素中“结论评估、辩证决策、设计创新”等能力的培养。

上述案例是围绕概念演绎、分析归纳、逻辑推理、问题决策和方案设计五个批判性思维要素进行的活动,其目的是在巩固学生知识输入的基础上,锻炼学生不同阶段思维力的发展,提升批判性思维课堂的教学质量。

4. 高阶思维训练

本课堂中设计的高阶思维训练,侧重对批判性思维"谬误反思、结论评估"等元认知知识的培养,体现在课堂的评价方式上。课堂评价将形成性评价和过程性评价相结合,形成性评价包括学生自评、小组互评和教师评价;过程性评价则通过对比学生不同阶段的课堂表现,来观察学生思维能力发展的情况。每个课堂主题结束后,教师需要及时评价并收集三方反馈。通过对比学生在课堂学习时思维品质的表现与结课后学生思维品质的发展,不但可以帮助教师掌握学生思维能力发展现状,预测学生学习的重难点。更重要的是,学生需要评价自己在本节课上的表现,包括其对知识点的掌握程度、各阶段任务完成情况、团队合作和活动参与度;在小组互评中,各小组通过观察其他小组的表现,总结本组与其他组的优缺点。通过这些评价活动,学生对自我和他人的学习过程及结果进行反思和评估,从而逐渐获得自我反思和客观评判的元认知知识。

四、结语

文中的课堂案例是为了展示批判性思维在中小学英语课堂中的融合方式,其具体教学对象是小学高年级学生。根据学习主体认知能力的不同,各个阶段的思维训练重点可以相应地加以调整,以适合学生思维发展的不同阶段。教师也可以根据学生的学习兴趣和思维品质,对教学主题和教学方案进行相应调整。

"双减"之后,提高课堂质量是当务之急,也是"双减"的目标。中小学阶段是引入批判性思维教学的理想阶段。英语课堂中如能从教学内容、教学过程到评价模式,进行有层次、分阶段的批判性思维教学设计,则有助于提升学生的学习效能,提升批判性思维能力,从而达到提高课堂质量的目的。

The Critical Thinking Training in Primary and Secondary English Classes

LI Zhiqiang, YING Hao

(Foreign Languages School, Shanghai Normal University, Shanghai, 200234)

Abstract: As one of the core competences, critical thinking ability should be an important part of English classes in primary and secondary schools. Critical thinking includes ten elements, which can be divided into four types of knowledge and three stages of training correspondingly. In terms of teaching content, English classes in primary and secondary schools can be designed based on the actual cognitive ability and learning objectives of adolescents at different stages. As for teaching implementation, according to the above four types of knowledge and three training stages, critical thinking can be developed via teaching, practicing and evaluating activities hierarchically. The design of critical thinking activities in English classes for senior primary school students may show that the hierarchically designed critical thinking training can help to improve the teaching quality of English class.

Key words: quality of class, critical thinking, primary and secondary schools, English class

初中英语课堂中学生深度学习能力的培养

李 婧

(上海市世界外国语中学,上海 200233)

摘 要: 深度学习以培养学生核心素养为根本追求,是教师引导学生发展高阶思维和深层次价值取向的重要手段。而现阶段初中英语教学中仍存在浅层学习的问题:重结果而忽视思维过程,教学设计的不足致使知识难以迁移与应用。文章结合教学实践,提出指向学生深度学习的思维外显策略和深度互动策略,旨在推动学生进行有效的自主学习,并形成批判性、创造性和丰富性思维,提升学科核心素养。

关键词: 深度学习;初中英语;核心素养;高阶思维;自主学习

自《普通高中英语课程标准(2017 年版)》(以下简称《新课标》)颁布以来,初中英语课堂围绕深度学习进行了诸多探索和研究。深度学习相对于浅层学习而言,更加强调学生能基于语篇所提供的主题情境,通过学习理解、应用实践、迁移创新等一系列融语言、思维、文化为一体的活动,形成英语语用能力,获得积极的价值观,发展思维能力和学习能力。[①]"深度学习"概念的提出让教师的教学理念得到了革新,但实际初中英语课堂教学中浅表化问题仍有出现,不禁让人思考:深度学习和教学方法之间是怎样的关系?如何通过教学设计来体现深度学习的内涵与特征?笔者在教学实践中尝试并积累了一些促进学生深度学习的教学方法,本文主要围绕思维外显策略和深度互动策略来探讨如何实现深度学习。

一、深度学习的理论基础

1. 深度学习的内涵

1976 年,瑞典哥德堡大学教育学院教授马飞龙(Ference Marton)和罗杰·塞里欧(Roger Säljö)发表了文章《学习的本质区别:结果和过程》(*The Essential Difference between Learning: Results and Process*),首次提出并阐述了深度学习(Deep Learning)和浅层学习(Surface Learning)这两个概念。[②]

在国内,最为广泛接受的深度学习定义是郭华提出的,她指出:深度学习是在教学中,学生积极参

作者简介: 李婧,上海市世界外国语中学一级教师,主要从事初中英语教学研究。

① 梅德明,王蔷:《改什么? 如何教? 怎样考? 高中英语新课标解析》,外语教学与研究出版社 2018 年版,第 5 页。

② Marton F, Säljö R. "On Qualitative Differences in Learning: Outcome and Process". *British Journal of Educational Psychology*, 1976, pp. 4-11.

与，全身心投入，获得健康发展的、有意义的学习过程。在这个过程中，学生在素养导向的学习目标引领下，聚焦引领性学习主题，展开有挑战性的学习任务，通过一系列体验式活动，掌握学科基础知识和基本方法，体会学科基本思想，建构知识结构，理解并评判学习内容与过程；能够综合运用知识和方法创造性地解决问题，形成积极的内在学习动机、高级的社会性情感和正确的价值观，成为既有扎实学识基础，又有独立思考能力，善于合作、有社会责任感、具备创新精神和实践能力、能够创造美好未来的人。[①]

2. 深度学习的基本特征

《新课标》提出，指向学科核心素养的英语学习活动观主要包含以下六要素：主题语境、语篇类型、语言知识、文化知识、语言技能及学习策略。与之不谋而合，郭华总结提炼了深度学习的五个特征，它们既是深度学习的特征，也是深度学习如何处理教学活动六要素间关系的具体体现，是判断深度学习是否发生的重要依据[②]：

(1)联想与结构：经验与知识的相互转化

“联想”关照、重视学生个体经验，而“结构”是通过教学活动对经验和知识的整合与结构化。在教师的引导下，学生根据当前的学习活动去联想、调动、激活以往的经验，以融会贯通的方式对学习内容进行组织，从而建构出自己的知识结构。

(2)活动与体验：学生的学习机制

“活动与体验”是深度学习的核心特征，要使教学内容及相关学习成为学生发展自己的途径与手段，那么，学生就不是独自面对静态的文字去被动学习，而要在教师的带领下主动学习，通过听讲、实验、探索等方式去厘清文字所要传递的信息、结论及其隐含的意义。当然，学生的主动活动并不是自发的，而是要依赖教师的引导以及教师对教学内容及学生学习过程与方式的精心设计。

(3)本质与变式：对学习对象进行深度加工

“本质与变式”回答的是如何处理学习内容（学习对象）才能够把握知识的本质从而实现迁移的问题。发生深度学习的学生能够抓住教学内容的本质属性、全面把握知识的内在联系，并能够由本质推出若干变式。

(4)迁移与应用：在教学活动中模拟社会实践

“迁移”是经验的扩展与提升，“应用”是将内化的知识外显化、操作化，将间接经验直接化、将符号转为实体、从抽象到具体的过程，是知识活化的标志，也是学生学习成果的体现。“迁移与应用”解决的是知识向学生个体经验转化的问题，即将所学知识转化为学生综合实践能力的问题，需要学生具有综合的能力、创新的意识。

(5)价值与评价：“人”的成长的隐性要素

“价值与评价”回答的是教育的目的与意义的问题，即教育是培养人的社会活动，要以人的成长为旨归。对所学知识及其过程进行评判，是手段也是目的，其终极目的在于养成学生自觉而理性的精神与正确的价值观，形成学生自主发展的核心素养。

3. 深度学习的理论价值与实践意义

深度学习的理论价值，不仅在于克服机械学习、浅层学习的弊端，让学生学得主动、积极；更重要的是，教师、学生、教学内容三者达成高度的统一，教学内容实现其本应有的价值，教师、学生在教学中获得最大发展，学生能够形成有助于未来持续发展的核心素养。[③]

深度学习的实践意义在于，通过学习让学生“参与”人类已有的社会实践，使得人类历史与学生息息相关，最终促使学生成为能够展望未来、创造未来的社会实践主体。

---

① 刘月霞，郭华：《深度学习：走向核心素养》，教育科学出版社2018年版，第32页。

② 刘月霞，郭华：《深度学习：走向核心素养》，教育科学出版社2018年版，第45-61页。

③ 刘月霞，郭华：《深度学习：走向核心素养》，教育科学出版社2018年版，第63页。

二、初中英语课堂教学的现状分析

在初中英语课堂教学中，教师不仅关注学生知识的获得，而是更关注人、关注学生的发展。然而，笔者在教学实践过程中发现，现阶段初中英语教学的活动设计与实施仍存在浅层学习的问题，具体体现在以下两个方面：

1. 重结果而忽视思维过程

教师习惯于强调学生学习的结果，而忽视学生的思维过程，留给学生独立思考的时间和空间极为有限。例如，当学生在课堂上展开讨论时，教师往往会用"很好"等模糊的措辞来评价，却忽视了学生思考的过程，即学生是如何得出这一答案的。对于很多无法得出正确答案的学生来说，他们其实更加渴望突破思维的障碍点，希望获得解决问题的不同思路和办法。因此，在学生回答问题后，"有答即评"的快反馈未必是上策。教师需要让学生的思维得到外显，给他们自主阅读、思考与辩论的时间和空间，让他们学会发表自己的质疑与见解。

2. 教学设计不足致使知识难以迁移与应用

语篇的教学往往停留在获取信息、理解信息的层面上，导致课堂教学以浅层学习为主，学生难以对语篇文本的主题意义进行深层探究。同时，学生活动与真实生活割裂或关联性不强，学生难以将课本知识进行迁移应用，不会将语言作为工具来解决生活中的真实问题。例如，学生在阅读了有关"第六感"(the sixth sense)实验的文本之后，了解了实验的对象、步骤、目的和结果。如果一堂课的教学活动止步于此，那学生对于文本话题的认知则是浅层的，无法产生共鸣。究其原因，很可能是教师对教学内容的设计不足限制了学生的思考空间和体验过程。倘若学生能够有机会在课堂中开展这项实验并亲身感知实验结果，他们便会对"第六感是否真实存在""实验的结果是否可信"产生各种想法、推断与质疑，更能够结合生活中的真实经历参与讨论，对文本话题自然会有深度理解与认知，并能够学会辩证、科学地看待生活中的其他问题。值得注意的是，这样的学生活动依赖于教师的引导以及教师对教学内容、学生学习过程与方式的精心设计。因而，教师需要设计富有挑战性的学习任务，促进学生与任务的深度互动。

本文针对初中英语课堂教学中上述两个方面的问题，结合案例探讨如何通过思维的外显策略和深度互动策略，培养学生的深度学习能力。

三、初中英语课堂中学生深度学习能力的培养策略

1. 通过思维外显策略开展深度学习

以学生发展为中心的实践性学习，重视基础知识和基本技能，强调思路方法的形成、打破与重构，是提升学习力的有效措施。此外，这需要关注学生的学习过程，特别是思路方法的形成过程，让学习过程中内隐的思维显性化。以笔者教授《剑桥英语青少版》(*English in mind*)第三册第14单元的阅读文本 *An article about the world's happiest country*(世界上最幸福的国家)为例，文章由英国莱斯特大学的一项有关世界幸福国家排名的研究展开，在第一、二段说明了丹麦是世界上幸福指数最高的国家，并在第三至六段中具体阐述了幸福感的来源，分别围绕 high tax(高税收)、view on money(金钱观)和 social trust(社会信任)这几个方面。

在进入文本第三至六段细读的过程中，教师设计了如下活动：

(1)学生回答问题

Question 1: What does the Danish government do with the money (high taxes)?

Further question: What is good about its education and health systems?

Question 2: How do the high taxes affect people's jobs?

Further question: What do they consider the most important part of a job? How do the Danes feel about the jobs they choose?

问题1:丹麦政府将(高税收的)钱用在何处?

追问:丹麦的教育和医疗系统有怎样的优势?

问题2:高税收对丹麦人的工作有何影响?

追问:对丹麦人来说工作中最重要的是什么?他们对于工作持有怎样的态度?

学生回答问题的同时,教师将学生的答案以思维导图的形式梳理在板书中(见图1)。有了教师的引导,学生对第三、四段的写作框架做了细致的梳理,同时对文本细节有了更深入的理解,总结出丹麦人感到幸福的几个原因:健全的教育与医疗系统,以及高度的职业幸福感。

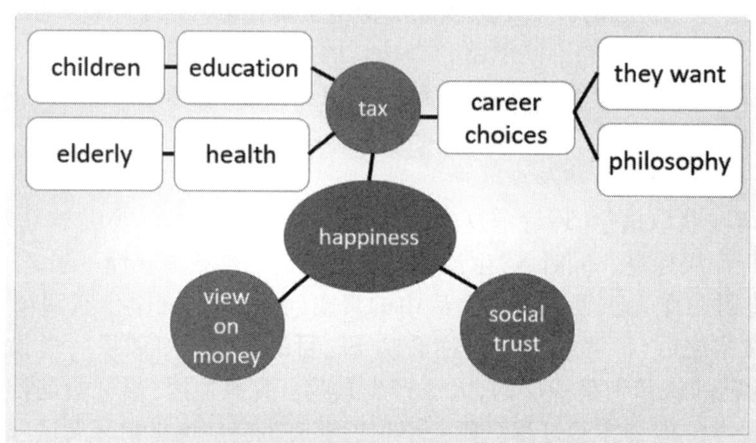

图1 *An article about the world's happiest country* 思维导图框架

(2)学生合作学习,绘制思维导图

学生两两合作,阅读文本第四、五段,运用思维导图对文本结构脉络进行梳理,找出丹麦人感到幸福的其他几个原因。教师在这一环节邀请了两组学生在黑板上呈现他们思维导图的成果。

(3)学生自我分析,教师连续追问,同伴质疑辩论

学生完成思维导图的绘制后,结合语篇的段落结构和细节内容,向全班描述、分享自己的绘制思路,总结出丹麦人幸福感的其他几个来源。在这一过程中,学生通过自我分析让思维外显,他们会抓住段落中的主题句,会关注上下文的连词,会留意语境中的近义词和反义词,对语篇信息进行了充分而深度的解读。同时,教师就语篇和思维导图的内容,以及学生的绘制方法、语言表达等方面进行如下追问,让学生更充分地思考,留给他们更多的思维空间:

Do you think his/her way of mind-mapping is well-organized?

Do you think the mind map is clear enough?

Does it include all the important information?

In what way does the writer explain his point of view?

What does he use to support his idea?

你认为他/她的思维导图是否有条理?

你认为他/她的思维导图是否清晰?

思维导图中是否涵盖了所有重要信息?

作者是通过什么方式解释他的观点的?

他用什么来支撑他的观点?

在学生分享思维导图绘制的过程中，其他学生会产生不同意见，教师将主动权留给学生，引导他们互相评价，提出建议，深入讨论。在讨论的整个过程中，学生会提出对语篇内容或语篇结构不同的见解，从而进行再思考、再创造，大大增加思维容量；同时，也提升了判断、反思、批判等思维品质。这节课中，学生的思维外显还体现在学生之间的质疑与辩论上。在读后环节，教师引导学生进一步归纳与思考以下问题：

What do you like about living in Denmark?

What's the secret of their happiness?

What things do you think are important for a country to be happy? Why?

对于在丹麦生活，你喜欢哪个方面？

丹麦人幸福的秘诀是什么？

影响一个国家幸福指数的因素还有哪些？

“联想与结构”是学生主动学习的前提。学生带着对“幸福感”已有的知识与经验，通过阅读活动，建立旧知识和新知识之间的结构性关联。围绕“幸福感”的各种问题，学生能够联系自我、独立思考，从个人、社会、国家的不同角度寻找幸福感的来源。因为每个人对社会文化与发展的认知各不相同，所以这些问题的答案并不唯一。学生在相同的观点中找到情感的共鸣；学生在不同的观点中，学会质疑与评判，丰富对幸福感的认知，更加客观、理性、全面地理解“幸福”的含义。

“价值与评价”这一深度学习的特征在这节课中主要表现为，学生通过对文本中丹麦的了解与相关话题的思辨，能够逐步实现所学话题与自我的关联，感受到家国情怀，提升文化意识。这节课中的思维外显策略，帮助学生更好地运用了他们的思辨与批判能力，进而实现融思维、情感、价值观于一体的深度学习，推动学生的高阶思维发展，体现英语学科的育人价值。

2. 通过深度互动策略开展深度学习

实现深度学习的显著标志，是学生能够将学到的知识、技能、方法运用到真实世界的问题解决之中，以及学生表现出主动探索未知世界的好奇心和求知欲。以笔者执教的牛津7A教材第二模块“我的社区”中的第七单元 *Signs around us*（我们身边的标识）为例，学生通过对标识的认知及知识的迁移，学会解决实际生活问题的能力（见图2）。

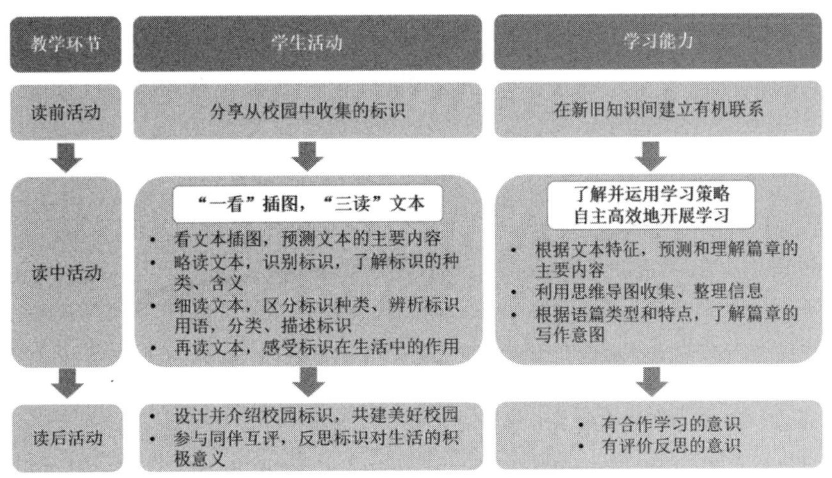

图2 *Signs around us* 教学流程图

高质量的学习任务可以将学生带入学习情境，激发他们强烈的学习动机。在课前准备环节，学生自主观察并发现校园中的标识，将文本学习内容与真实生活建立关联，并在读前分享交流，激发积极的学习心态，实现这节课的“联想与结构”。

"活动与体验"在本课充分体现在,在文本学习过程中,教师依据文本特征与特点设计适当的、有梯度的学习活动。学生自主学习,弥补他们对"标识"这一话题未知的知识和经验,建立新旧知识之间的有机联系;学生自主探究,基于对标识种类的所学知识,能够独立思考课前搜集的标识功能,完成分类及描述,并探讨思考校园标识的作用与价值;学生自我驱动与调适,按需设计能够充分体现校园文化内涵的标识,并基于标准进行小组合作与同伴互评,选择合适的策略完成任务,运用恰当的语言完成交际。最终学生实现"内化与交流",能够在有意义的语境中通过描述、阐释来运用所学语言和知识表达意义和观点。

"迁移与应用"解决的是知识向学生个体经验转化的问题,即将所学知识转化为学生综合实践能力的问题,需要学生具有综合的能力、创新的意识。学习活动的设计必须要让学生有解决实际问题的经历和体悟。这节课的各项学习活动实现了学生与任务的持续深度互动,学生经历由探索到解决问题的过程,意识到标识对生活的积极意义,并实现由文本向生活运用的迁移转化,这样,有意义的深度学习得以发生。同时,学生的语言、文化、思维、情感、态度和价值观得到融合发展,他们在活动中学会学习,实现学科素养的提升。

核心素养的获得需要深度学习的支撑,因为素养是"个体在各种真实情境持续的社会性互动中,不断解决问题和创生意义的过程中形成的",深度学习正是这样的活动和过程。它是师生共同经历的一场智慧之旅,而旅程的重点不是让学生获得一堆零散、呆板、无用的知识,而是让他们能够积极、充分、灵活地运用这些知识去理解世界、解决问题、学以致用,并获得健全的人格和精神的成长。对英语学科而言,核心素养是在学生积极的语言实践活动中积累和构建起来的。他们在真实的语言运用情境中表现出语言能力及相应品质,同时在活动中丰富美好情感,最终形成健全的人格和价值观。

Cultivation of Students' Deep Learning Ability in Junior High School English Teaching

LI Jing
(Shanghai World Foreign Language Academy, Shanghai, 200233)

Abstract: Deep learning ability aims to cultivate students' core competencies, and is an important means for teachers to guide students to develop higher-order thinking and deep-level value orientation. At present, there still exist the following problems of shallow learning in English teaching in junior middle schools: focusing on results and ignoring the thinking process, and the lack of teaching design, which makes it difficult to transfer and apply knowledge. With teaching practice, this paper proposes using explicit thinking strategies and deep interaction strategies for students' in-depth learning, with the aim of helping students to have effective autonomous learning, to form critical and creative thinking and to achieve a rich mindset, and to improve the core competencies of the subject.

Key words: deep learning, junior middle school English teaching, core competencies, higher-order thinking, autonomous learning

统编版初中历史教材教学的三维建构

任 娜[1]，杨中启[2]

（1. 贵州师范大学 贵安附属初级中学，贵州 贵阳 550025；2. 贵州师范大学 马克思主义学院，贵州 贵阳 550025）

摘 要：史实、文化和时势是历史教学的三维坐标，统编版初中历史教材以史实为基、以文化为本、以时势为纲，具有科学性和时代性，贴近学生实际、生活和学习，对培养学生的历史核心素养和历史思维起到了基础性作用。教师在教学实践中要因势利导，构建三维教学路向：挑选甄别、补充完善并活化呈现史料；激活、创新并应用文化资源；对比参照以开阔学生的历史视野，感悟升华以使学生获得历史思维，启发引导学生发现历史规律，从而最大化地凸显统编版教材的亮点和特色。

关键词：统编版；初中历史教材；史实；文化；时势

统编版初中历史教材以唯物史观为指导思想，坚持正确的思想导向和价值判断，力图科学、准确地展现中外历史发展的基本趋势，全面、客观地叙述重要的历史事件、历史现象及历史人物；坚持“论从史出、史论结合”的原则，对历史问题做出实事求是的评述。统编版初中历史教材贯彻落实十八大以来党中央提出的一系列重要精神，将中华优秀传统文化、社会主义核心价值观等融汇在历史教材之中，充分发掘和叙述历史教学内容中与这些方面有密切关联的史实，从历史发展演进的角度，对学生进行教育，培养正确的世界观、人生观和价值观。①

一、统编版初中历史教材的三维坐标

统编版初中历史教材贯彻“德育为先、全面发展、能力为重、以人为本、与时俱进”的基本原则，突出史实为基、文化为本、时势为纲，通过展示丰富、鲜活的历史素材，折射深刻多样的文化内涵，在历史长河中昭示出历史发展的规律，充分体现出史实、文化和时势的三维图式。

1. 史实为基

统编版初中历史教材切合初中生的认知特点和思维特性，遵循贴近生活、贴近实际和贴近学习的“三贴近”原则，增加不少全面、典型而可靠的历史事实，可以充分调动学生的学习兴趣和积极性。

基金项目：本文系国家社科基金高校思政课研究专项重点项目“疫情防控‘大思政课’育人研究”（项目编号：21Z011）的阶段性研究成果。

作者简介：任娜，贵州师范大学贵安附属初级中学一级教师，主要从事中学历史教学研究；杨中启，贵州师范大学马克思主义学院副编审，博士，主要从事哲学与思想政治教育研究。

① 谢高潮：《在核心素养统摄下理解部编初中历史教科书的思想内涵》，《历史教学问题》2018年第5期，第113-115页。

(1)丰富史料,重视实证

目前使用统编版初中历史新教材的初中生是信息时代的"新一代",新媒体、电子产品的使用让他们很容易接触到海量的新知识、新资讯,从而增进了他们的反思与质疑能力。如果新教材中的内容过于简约,历史观点不符合他们的现实认知,或者教师讲授的内容无法在深度和广度上满足他们的需求,学生则会失去学习历史的兴趣,致使无法达到培养历史学科核心素养的目的。

史料实证是认知与理解历史的核心方法,为此,统编版初中历史教材补充大量史料,如七年级上册第15课《两汉的科技和文化》"道教和佛教"中,增加早期道教的重要派别"太平道"及其创始人张角,他也是"黄巾起义"的领导人之一,新教材介绍了他的生平事迹,更具有真实性。而旧教材只介绍了张陵"五斗米道"的各种修仙传说,缺少史实支撑;或引入史学研究最新成果,如七年级上册第2课《原始农耕生活》与旧版教材中河姆渡、半坡、大汶口、红山4个遗址相比,原始农耕遗址分布图中增加贾湖、东胡林等11个遗址,多处遗址的考古挖掘将我国水稻栽培时间提前到距今10000年左右,贾湖遗址出土的七孔骨笛成为目前世界上发现最早的笛子,良渚遗址出土的建筑遗址和精美玉器,充分体现了中国先民丰富多彩的农耕生活和独特审美。将这些新的成果呈现在新教材之中,体现出史料实证的重要性。

(2)理性认知,科学阐释

历史解释是指以史料为依据,以历史理解为基础,对历史事物进行理性分析和客观评判的态度、能力和方法,也是学生获得历史素养的核心目标。历史人物在特定时代下的行为选择,所有的历史叙述在本质上都是对历史的解释。历史是"过去时",因此历史解释也应回到"过去时"状态,置身于历史时空下,怀着同情式之理解,历史解释才会更加客观、公允和科学。[①] 学习历史是对目前已发现的历史遗迹进行观察、推测和研究,由于研究视角、方法和途径不同,会得出不同的结论。克罗齐说:"一切历史都是当代史。"[②] 学生要形成正确的历史思维方式,必须学会用理性的眼光看待已知的历史,提升历史阐释素养,这才是学习历史的关键。

如九年级上册旧教材的《中古欧洲社会》,新教材将其扩展为《基督教的兴起和法兰克王国》《西欧庄园》《中世纪城市和大学的兴起》《拜占庭帝国和〈查士丁尼法典〉》,1000年的中世纪历史由1课变成4课,从政治、经济、文化、法律等多方面加以详细阐述,增加了很多珍贵的历史细节。过去,中世纪一直被认为是黑暗蒙昧的时期,事实上却蕴藏着近代文明的曙光,促成了15世纪文艺复兴的开展和16世纪新航路的开辟,让学生在更丰满的史实和细节面前,养成唯物辩证的科学史观,增强理性公允的深刻历史认知。

2. 文化为本

五千年中华文明源远流长,孕育了中国人独特而丰富的精神世界,厚植了中国人的民族自信心,也培育了以爱国主义为核心的民族精神和以改革创新为核心的时代精神。

(1)大力弘扬中华优秀传统文化

"弘扬中国各民族优秀传统文化,有利于保持民族特色文化,有利于保持民族特色,增强文化自信与民族认同,使中国各民族在传承血脉中凝聚情谊,在凝聚情谊中增强互信,在增强互信中团结发展!中华民族将以深厚的精神内涵,独特的文化特色,自立于世界民族之林!"[③]统编版初中历史新教材的七年级上下册中,涉及古代中华传统文化的人物45位,引用的科学文化著作56部,有重大价值的文物展示50余处,全面具体地展示了优秀的中国古代文明。

(2)高度重视革命红色文化

统编版初中历史新教材的八年级上下册中"人物扫描"栏目重点介绍了43位老一辈革命家,新增了左宝贵、赵登禹等历史人物,详细叙述他们的生平事迹,尤其呈现他们大无畏的革命精神和卓越的人格魅力,为初中生在人格培养上树立了典范。通过学习教材中新增加的革命文化内容,学生可以感悟"民族兴亡,人人有责",体会革命先

① 陈先达:《历史与历史的书写》,《贵州师范大学学报(社会科学版)》2021年第3期,第1-16页。

② 克罗齐:《历史学的理论与历史》,田时纲译,中国社会科学出版社2005年版,第2页。

③ 陈婷,陈洪义:《"课魂"引领情思相促——以部编教材〈北魏政治和北方民族大交融〉教学为例》,《中学历史教学》2018年第3期,第32-35页。

烈追求理想、英勇就义的崇高精神，从而更加明确肩负的民族复兴重任。

(3)坚定讴歌改革创新时代文化

旧版八年级下册第9课《改革开放》，而统编版初中历史新教材将其改为《经济体制改革》和《对外开放》，由一课分为两课，增加了时代改革创新的内容。我国改革开放已经走过了40多年，家庭联产承包责任制、社会主义市场经济体制、经济特区等中国特色政策的制定、讨论和实施，都需要结合当时的具体国情，各行各业在改革大潮中的突出表现，都需要适当的课时来加以具体展现，学生才能获得对丰富历史信息的真切感知和全景把握。

3. 时势为纲

历史发展是在遵循一定规律基础上的螺旋演进，历史现象和事实背后都是有迹可循，绝非偶然发生，厘清背后的发展线索是掌握历史发展规律的重要前提。马克思主义认为历史与逻辑相互统一，就是告诉我们依据动态系统的时序观，才能揭示纷繁复杂的历史现象和海量的历史素材背后的真相和规律。

(1)重新编排和设置，历史脉络更清晰

时空观念是历史学科特点的重要体现，每个历史事件都发生在特定的时间和空间，认识到时空的特殊性，才能全面把握这段历史的前因后果。统编版初中历史新教材重新调整了很多课程的编排，依据历史时序对相关知识点进行了重新设置。如八年级上册新设了《北洋军阀的黑暗统治》一课。新文化运动、五四运动和中国共产党诞生的大背景，就是北洋政府的统治和军阀割据的混乱局面。[①] 而且在讲到北伐战争时期吴佩孚等北洋军阀的由来，也需要交代背景。因此这一课补全了原教材残缺的历史线索，更有利于学生构建1912—1921年完整的时空观念。

九年级上册旧教材按照专题编排，产生了一系列问题。例如，古罗马的历史被分割为“西方文明之源”“古代世界的战争与征服”“古代科技与思想文化”三个课时，中间又插入了“中古欧洲社会”一课，导致罗马帝国的历史尚未交代，就已经进入罗马帝国灭亡后的中世纪历史了。而统编版初中历史教材依据历史线索，予以重新编排，构建起合理的历史脉络。第二单元“古代欧洲文明”中的第5课《罗马城邦和罗马帝国》，从古罗马城邦时期开始追溯，从王政时期到古罗马共和国的崛起，再到古罗马帝国全盛时期，时序清晰，遵循了从建城到扩张、从地中海霸主到地跨欧亚非的世界性帝国的历史变迁轨迹，全面展示了欧洲古老文明的发源和发展。

(2)有效合并和拆分，历史逻辑更严密

为了更直观地认知历史变迁背后的规律，增强历史逻辑关联度，统编版初中历史教材做了有效合并和拆分。如八年级上册《经济和社会生活的变化》，将经济与社会生活整合在一起，符合马克思主义“经济基础决定上层建筑”的理论观点，课程内容的内在逻辑更加紧密。清末民初的中国社会，西风东渐，中西合璧，各式各样的近代科技传入中国，改变了中国传统的产业结构，促进了近代民族工业的发展，民族资本家投资办厂，中国人的社会生活逐渐改变，体现出经济与社会生活的因果性与整体性。而在旧教材中却被分为《中国近代民族工业的发展》和《社会生活的变化》两课，造成理解上的割裂。

相比，七年级上册旧版教材第6课《春秋战国的纷争》，统编版初中历史新教材将其拆分为《动荡的春秋时期》和《战国时期的社会变化》两课，这样的改动更遵循历史发展的阶段特征。春秋时期和战国时期是东周的两个阶段，也是中国古代史上重要的动荡时期，生产方式、经济规模的演变带来社会制度的大变革，谋略迭出、纵横开阖、学术下移、百家争鸣，这些精彩的内容都需要在课堂上分别予以具体展开和细致呈现。

二、统编版初中历史教学的三维路向

统编版初中历史新教材体现了新课改理念，为教学提供了较好的文本和载体。教师要因势利导，结合新时代的各种变化和学生的思维特点，将创新的三维教学策略运用到具体的教学实践之中，用活新教材，培养学生独立思考和解决问题的能力，孕育历史思维和历史核心素养，培养文化自

① 李若岚：《教材中的“辛亥革命”变了吗》，《中学历史教学》2019年第3期，第68-72页。

信,形成辩证唯物主义的科学历史观。

1. 以史为鉴,孕育历史思维

教师应当结合新教材的课程资源,联系社会现实,捕捉身边鲜活的历史信息,搜集有用的历史素材,挑选甄别、补充完善、活化呈现史料。

(1)挑选甄别史料

《义务教育历史课程标准(2022年版)》明确"初步形成重证据的历史意识和处理历史信息的能力"的课程要求,将历史认识建立在信史资料的基础上,教师应秉持求真务实、客观中立的原则。初中生的历史认知有限,对于久远的历史事实缺乏独立和正确的判断,所以,教师要对历史事实进行甄别挑选,既要全面又要可靠,备课中要掌握相对真实的历史知识。教学中要结合学生学情,合理选取史料并深挖历史细节,选取图片、诗词等各种历史素材,要尽可能采用信史,忠于历史原貌,丰富课程资源,让学生从不同视角观察和感受历史,增强学生对历史的认知和理解能力,最大限度地提高历史教学实效性。

例如,影视素材可以生动复原历史场景和展示历史细节,但需要教师选择甄别和灵活运用。在讲授七年级上第15课《明朝的对外交往》中"郑和七下西洋"一节时,可以选择纪录片、电视剧和央视的文化节目:纪录片《1405郑和下西洋》、电视剧《郑和下西洋》和文化节目《国家宝藏》中"永乐青花海水江崖纹三足炉"的故事。

(2)补充完善史料

在课堂教学中,教师需要深挖历史情节,通过细节活化历史,引导学生"重回"历史现场,丰富历史的"在场感"。叶小兵曾说:"在讲授历史事件的过程或历史人物的活动时,要讲得真实鲜活,不仅要线索清晰,层次完整,而且离不开细节的支撑。"① 对教材中涉及的史料进一步研读和补充,也是梳理历史进程的有效方法。如统编版八年级上册第六单元"中华民族的抗日战争"中的第19—22课讲述了1937年中国进入全面抗战直至1945年8月日本投降,各课时间线彼此交错,学生在学习时容易造成混淆和迷惑。在教学中,教师可以利用毛泽东的《论持久战》串联起4节课的整个历史进程,可使学生对抗日战争胜利的意义产生更为深刻的认识。

(3)活化呈现史料

对史料的不同处理方式与方法可以带来不同的教学效果,特别是在当今多媒体技术日新月异的背景下,通过数字技术加工处理,将图表、诗词、视频等史料进行活化,结合当前的社会现实"穿越"历史,更加逼真动人。教师在进行七年级下册第13课《宋元时期的城市和文化》教学设计时,为了体现宋人的生活美学和文化造诣是中国古代史的高峰,也是今天国人发扬国风国韵、复兴传统文化的优秀典范,可以搜集各方面素材并活化呈现。例如,展示杞县出土的宋代牙刷和宋代官方医书《太平圣惠方》中的牙膏配方,宋人笔记《东京梦华录》介绍的各种冷饮菜品,《清明上河图》中"租车行""外卖小哥""傀儡戏",宋人诗词和绘画中的宠物猫,宋代壁画上的十二星座,对照今天青少年的娱乐休闲和兴趣爱好,将宋人风雅的城市生活多方面、立体化、情景化地加以展现,可拉近古今时空距离。

2. 以文化人,培养文化自信

习近平总书记认为,"文化自信是一个国家、一个民族发展中更基本、更深层、更持久的力量"②,并提出"坚定文化自信,推动社会主义文化繁荣兴盛"③ 的目标。以文化人的前提和基础是我们拥有中华优秀的传统文化、革命红色文化和社会主义先进文化,这些丰富的文化资源一脉相承,在传承中创新,在创新中发展,绵延不绝。

(1)激活利用文化资源

如何激活并利用历史已有的文化资源?教师需要打破时空界限,广泛搜集素材,在创设生动真实的学习情境时,联系社会现实,结合学生实际。如,对于大家熟悉的"长城"文化资源,教师在教学中要让学生亲身感知凝固的文明,绵延的长城上有勤劳的人民的汗水和智慧,有强敌环伺的苦难深重,有戍边将士的英勇对抗。同时,长城凝聚着中华民族的坚韧、内敛、勤劳、团结和忠诚。在七

① 陈婷,陈洪义:《"课魂"引领情思相促——以部编教材〈北魏政治和北方民族大交融〉教学为例》,《中学历史教学》2018年第3期,第32-35页。

② 《党的十九大报告辅导读本》编写组:《党的十九大报告辅导读本》,人民出版社2017年版,第33页。

③ 《党的十九大报告辅导读本》编写组:《党的十九大报告辅导读本》,人民出版社2017年版,第40页。

年级下册第16课《明朝的科技建筑与文学》中的“明长城”一节，教师除了介绍长城的修筑原因、建筑科学和著名关隘等信息外，可以将“明长城”升华为“中华民族的万里长城”。1937年9月，在山西长城平型关一带，八路军伏击日军板垣师团，赢得了抗战以来的第一次大捷，振奋了全国军民的士气，这座建于明代正德年间的长城关隘，再度成为抗击外敌侵略的战场。今天中国人民解放军军徽上刻有长城图案，更是印证我们的人民军队是血肉凝聚的钢铁长城，担负起保家卫国的使命，由此将长城作为一个独特文化符号，彰显出其对于中国人的价值和意义。

（2）融合创新文化资源

融合创新文化资源就要让历史照进现实，引导学生将对历史的认知延伸到现实社会的认识上，在实践层面创造价值。[①] 古代中国科学技术在漫长的人类文明中长期占据领先地位，今天的大国复兴更需要科技作为第一生产力。如，七年级下册第15课《宋元科技和城市交通》总结了中国古代科技和对外交通的先进性，可以与当今中国各项领先世界的科技成果进行对照关联，从古罗盘引领了新航路的开辟到北斗卫星导航定位全球，从宋元纸币通行天下到手机支付改变生活，从“火龙”出水攻城略地到“天宫”冲击太空。中国航天科技承载了我们自古以来对星辰宇宙的向往，如“嫦娥号”探月卫星，“祝融号”火星探测车。从2021年开始的“天宫课堂”，航天员利用中国第一座空间站“天宫号”的特殊环境演示各种神奇的科学实验，教师可以利用网络直播让学生和宇航员天地互动，感受日新月异的科技发展。

（3）应用文化资源

联系学生的生活时代和具体场景，应用文化资源是一个很接地气的教学路径。如，新教材《外交事业的发展》一课的第三目内容是“全方位外交”，展示中国新时期的外交大格局。随着中国综合国力的大幅提升，今天的中国国际地位举足轻重。教师应当结合时事，领会新教材的意图，除了教材中提及的“一带一路2018年北京峰会”“金砖会议”等，适当补充最新的时事政治，比如北京成为“双奥之城”，尤其与我国相关的国际组织的内容，让学生看到中国国际地位的逐步提高之后，我国开始积极参与国际治理，深刻影响当今的世界局势。今天的中国已经成为“构建人类命运共同体”的积极倡导者、实践者和推动者，如实展现出我国大国外交格局的历史变迁。

3. 因时而进，培养辩证唯物史观

回顾历史，总结经验，从中得出规律性认识，进而映照现实，远观未来，指导实践。新教材中课程的重新排列更符合历史发展的进程。教师可以根据教材内容，在教学中利用双重历史线索，对比参照，开阔历史视野；感悟升华，获得历史思维；启发引导，发现历史规律。同时，注重教学的时序性，由点到线、由线到面、由面到体，注重让学生思考事件的前因与后果，从而培育学生的时空观念，引导学生构建清晰的“大历史观”。

（1）对比参照，开阔历史视野

教师可以将中国历史发展置于世界史大系统之中，对比参照，帮助学生获得更宏观的历史视野，提升站位和格局。如，在中国古代史教学中，教材编排按照历史时序，向学生展示了古代中国政治沿革、社会风貌、经济生活，教师在讲授该内容时，也可以适当展示世界其他地区文明发展：古代长江流域居民栽培水稻时，两河流域苏美尔居民开始种植小麦；商朝祭祀在龟甲和兽骨上刻画文字时，埃及古王国文官用象形文字记录星象和水流；齐国稷下学宫里百家学者争鸣论战时，雅典城中哲学先贤思考世界本源；汉武大帝北击匈奴开通西域实现大一统时，罗马帝国版图正在包揽整个地中海。不同的地理构造衍生出风格独特的区域文化，彼此独立又有交流，共同构成古代世界的人类历史。将七年级和九年级教材进行关联教学，便于学生理解人类文明发展的多样性，并延伸出“为什么唯有中华文明延续至今没有断流”的问题探讨。

（2）感悟升华，获得历史思维

德国哲学家汉斯·格奥尔格·伽达默尔指出：“历史意识的真理仿佛得到了完美的体现，在时间的流逝中总包括变易，在变易中又包括时间的流逝，历史联系的连续性总是不断地从无尽的变化之流中构筑起来。”[②] 如何寻找历史的存在？笔者

① 何中华：《从马克思主义哲学角度看文化自信》，《新时代马克思主义论丛》2020年第1期，第149-157页。

② 汉斯·格奥尔格·伽达默尔：《诠释学Ⅱ：真理与方法》，洪汉鼎译，商务印书馆2007年版，第162页。

认为，要挖掘历史的深度，定位历史时间和空间，厘清时空观念，就要将历史放在特定的时空中剖析认识，增强现场感、代入感，从而建立联系，厘清脉络，寻因究果。在讲授八年级上册第15课《国共合作与北伐战争》时，由于初中学生的政治观念和认知水平有限，需要教师梳理基本史实，构建历史时序下的多线索推进。在列举图表内容时，要保证课本现有内容的完整呈现，可以整合前后课时的相关史实；补充史实要符合主题思想，结合学生的课外拓展和接受能力，有利于历史思维的养成。

(3)启发引导，发现历史规律

学生的历史学习，就是要在教师的启发引导下，对于隐藏在历史现象背后的规律加以认知，从而最终学会分析问题和解决问题。如，中国近代史上太平天国运动、戊戌变法、辛亥革命等救亡运动的教学中，教师先介绍这些运动的开端、经过和结果，然后指出“彻底赶走帝国主义势力，实现中华民族的真正独立和富强”是近代国人的革命任务，紧接着抛出问题：依靠什么革命力量？使用哪种革命方式？怎样取得革命的彻底胜利？引导学生思考这些运动失败的根源，从而得出结论——中国革命的成功需要先进政党的领导，依赖和发动最广大的民众，建立人民武装和统一战线，初步形成“这是中国近代史发展的必然趋势和人民的选择”的科学唯物史观。

Three-dimensional Construction of History Teaching with Unified Compiled Textbooks in Junior Middle Schools

REN Na[1], YANG Zhongqi[2]

(1. Guian Middle School Affiliated to Guizhou Normal University, Guiyang Guizhou, 550025;
2. Marxist Institute of Guizhou Normal University, Guiyang Guizhou, 550025)

Abstract: Historical facts, culture and current situation constitute the three-dimensional coordinates of history teaching. The unified compiled history textbook for junior middle schools is based on historical facts, culture and current situation. Being scientific and having the features of modern times, it is close to students' reality, life and study and plays a fundamental role in cultivating their core literacy of history and historical thinking. In teaching practice, teachers should take advantage of the situation for correct construction of three-dimensional teaching; they should select and screen historical materials for supplement and improvement of teaching in order to make it vivid; they should activate, innovate and apply cultural resources; and they should help broaden the students' historical vision through comparison and reference, improve the perception to help students obtain historical thinking, and inspire them to discover the historical rules, so as to fully show the advantages and characteristics of the unified compiled textbook.

Key words: unified compilation, junior middle school history textbook, historical facts, culture, current situation

混合式教学情境下高中思想政治单元作业设计

陈海燕

(上海市第二中学,上海 200031)

摘 要: 混合式教学情境下的单元作业设计,能够充分利用“线上+线下”“课堂+课后”的优势,形成互补。它提供了更多的单元作业样式,更真实和丰富的作业情境,也为作业评价提供了更可靠、更多元的手段。混合式教学情境为高中思想政治单元作业设计提供了学情监测、内容分析、形式设计、作业开发、评价反馈的连续性路径。编制混合式情境下的单元作业要从学生学情出发,确定作业属性、作业形式,编制作业内容,制订评价方案。其具备特有的优势,能够在实践应用中取得一定的成效。

关键词: 高中思想政治单元作业;混合式教学 ;作业设计

一、研究背景

单元作业设计,简而言之,就是以单元作为基本单位对作业进行的设计。因此,单元作业既可以是随着单元逻辑展开而形成的一个作业序列,也可以是单独的一个综合性的作业,本文所指称的“单元作业”更倾向于前者的描述。

新一轮课程改革强调“围绕议题,设计活动型学科课程的教学”,强调“走出教室迈入社会实践活动的大课堂”。在教学评价环节,针对活动型课程的评价要求是“采用多种活动方式,鼓励学生运用相关学科知识和技能,基于不同经验、运用不同视角、利用不同素材,表达不同见解,提出不同问题解决方案。既评价达成基本观点的过程,也评价实现教学设计的效果”。① 作为评价的一种基本形式,单元作业设计应当基于学生的学情展开,制订个性化的目标,内容以线上、线下融合的方式呈现,以及采用交互式和多主体的评价方式。

从现有的研究来看,很多学者已经给出了“混合式教学”的定义。如:混合式教学是指“在适当的时间,通过应用适当的媒体技术,提供与适当的学习环境相契合的资源和活动,让适当的学生形成适当的能力,从而取得最优化教学效果的教学方式”。② 也有学者从教育信息技术的角度论证了混合式教学的理论基础,梳理了混合式教学概念的流变。③ 还有学者提出对混合式教学的内涵进行界定。④ 然而,却

作者简介: 陈海燕,上海市第二中学一级教师,硕士,主要从事思政课程与教学研究。

① 中华人民共和国教育部:《思想政治课程标准》,人民教育出版社 2020 年版,第 42-44 页。

② 李逢庆:《混合式教学的理论基础与教学设计》,《现代教育技术》2016 年第 9 期,第 18 页。

③ 冯晓英,孙雨薇,曹洁婷:《互联网+时代的混合式学习:学习理论与教法学基础》,《中国远程教育》2019 年第 6 期,第 7-14 页。

④ 张锦,杜尚荣:《混合式教学的内涵、价值诉求及实施路径》,《教学与管理》2020 年第 3 期,第 11 页。

鲜有研究者提出将混合式教学情境运用到单元作业的设计和开发过程中去。目前,这方面的论证和研究缺乏,这也是本文撰写的出发点和突破点。

尽管存在多种对混合式教学的定义,本研究探讨的混合式教学更多地是指:在教学评价模式上,如何进行时间和空间的结合,即如何更好地采用"线上+线下""课堂+课后"的形式设计单元作业。因此,我们将对混合式教学情境下单元作业设计的优势、具体流程和评价量表的研发进行梳理,并结合实践,探讨混合式教学情境下单元作业设计何以能匹配思想政治学科的新课程标准。

二、混合式教学情境下单元作业设计的优势

1. 混合式教学情境为单元作业样式提供了更多的实现可能

传统的课时作业往往考查单一特定知识点,而单元作业基于认知心理学中关于认知图式构建的要求,将课时作业有机整合并加以优化,更关注作业之间的关联性以鼓励学生自主构建知识网络。而要帮助学生主动构建知识网络,离不开"作业"这个"脚手架"。作业设计的丰富性、多元化、个性化,可以对学生认知图式的构建起到积极的促进作用。

混合式教学能充分利用互联网信息技术在教学领域的优势,具体而言:线上教学以其丰富的平台资源、卓越的大数据分析处理、实时的项目跟进,为化解单元作业的整体性和单次课时作业的零散性之间的矛盾提供了可能,尤其是在单元作业涉及跨课时、跨学科、跨学段的情况下更是如此。表1总结了新技术的主要特征和单元设计可能的回应,可以看到,两者之间存在非常丰富的对应关系,展现了新技术在单元作业设计方面的广泛用途。

表1 线上教学新技术的主要特征和单元作业设计可能的回应

线上教学新技术的主要特征	单元作业设计可能的回应
资源的非整合性	设计知识构建逻辑框架作业、形成大作业概念
数据处理的便利性	设计需要及时反馈的作业
断点式学习	设计连续性、前后相继的作业
课堂的交互性	设计生成性、个性化的作业

因此,混合式教学将"线上+线下""课堂+课后"有机结合,其本质是为学生创建一种真正高度参与的、可自主选择进程的、个性化的学习体验,以使学生在对知识之来龙去脉的整体性把握中实现认知图式的构建。

2. 混合式教学为单元作业设计提供了更为真实和丰富的情境

建构主义学习理论认为,学习是学习者在一定的情境中,借助教师和其他学习者的帮助并依据自己的经验进行意义建构的结果。

传统的课时作业围绕"知识点"或"考纲要求"而展开设计,因此,作业的情境往往显得单薄,甚至会人为设计一个架空的情境,弱化了作业设计中情境的功能。

学科核心素养的养成需要提供丰富的教学情境。单一的情感体验、简单重复的说教、陈述性知识的识记,不仅会导致课堂效率低下,还会使学生形成思维惰性,限制高阶思维品质的培养,这不利于学科核心素养的养成。而混合式教学模式通过全媒体学习,融合讲解、音乐、动画、视频、人物模拟等多种形式,不仅能够满足学生的各种学习需求,而且在单元作业设计方面,能够提供作业内容之历时性和共时性相融合的可能。也可以通过两者的穿插和交替上升来丰富作业形式,使之趋近于真实的社会经验,模拟真实的复杂情境。这种真实情境的创设会帮助学生更好地实现知识的迁移,提升核心素养。

3. 混合式教学为单元作业的评估提供了可靠、多元的手段

作业是课堂的延伸，单元作业因更强调作业的综合性，更关注作业评价的多元化和高信度、高效度，对评价手段的设计提出了较高的要求。混合式教学通过线上技术，诸如 AI（即人工智能，Artificial Intelligence），精准分析学生各方面的表现，从而获得更多更准确的评估结果。

此外，混合式教学还可以利用已有的相关文档编辑功能，实现文档共享、共同编辑、同步操作。通过发帖、存储、标记、编辑等操作一些文字性的作业，能够促进学习资源、交互方式等各学习因素之间的有效整合，为多角度分析学生作业行为、评估学生作业结果等提供了便利。

三、混合式教学情境下的单元作业设计

1. 依据单元主旨，确立作业目标

以高中思想政治选择性必修二“就业与创业”第三单元为例，本单元从法律的视角，谈个人的社会、经济权利和义务。在“创业”部分，本单元强调法人及法人责任的概念，作为法人的企业经营者既要尊重市场法则，遵守法律规则，又要公平参与市场竞争，确保企业行为合法，诚信经营，依法纳税，承担相应的法人责任。

从学生的学情来看，虽然在初中也接触过一些劳动者作为社会成员所拥有的某些基本的法定权利，但是他们却无法回答这些权利是如何界定的，以及有何意义。因此，在课前教师设计了一个线上问卷，以便了解学生的认知起点，掌握学情，为后续的教学做好准备。学情监测调查问卷，如表 2 所示。

表 2 学情监测调查问卷

调查问卷
1.你的性别 A.男 B.女
2.你了解劳动者的合法权利吗？ A.了解 B.不了解
如了解，能否写出至少两条劳动者的合法权利？
如不了解，你觉得可以通过哪些途径去了解？
3.你觉得我们为什么要维护劳动者的合法权利？
4.如果你是一名劳动者，你的合法权利受到侵害，你会采用何种方式维权？
5.你觉得经营者的合法权利要维护吗？为什么？

单元作业设计的一个很重要的原则就是要有针对性，具体而言，要以学生的认知起点作为作业设计的起点，又要以学生的认知需求来引导作业设计。因此，采用简单的问卷调查，以了解学生的认知盲点、痛点、难点，十分有必要。

依据上述单元主旨和学情调查，笔者将具体的作业目标确立为：通过完成单元作业，理解权利和义务是对等的；理解劳动合同对劳动者和用人单位具有双向约束的法律协议，并能进一步总结出此举对于完善社会主义市场经济的重要意义；知道作为法人的企业经营者既要尊重市场法则，遵守法律规则，又要公平参与市场竞争，确保企业行为合法，诚信经营，依法纳税，承担相应的法人责任；理解构建和谐的劳资双方的关系有利于市场经济的发展。

2. 编制作业内容，确定作业形式，明确难易程度

根据学生的学情特点以及混合式教学的特点和优势，本单元作业进行了以下设计：

首先是对作业的内容和形式进行设计。针对前期设定的教学目标，单元作业围绕着这些教学目标展开。在作业形式上，考虑到现有课堂可以利用线上设备和资源，故一些需要及时给出答案的作业可以在课堂上完成。也有一些需要讨论的作业可以选择视频会议或现场教学时间完成。有一些跨课时的作

业需要学生在课后完成并上传。

对于基础巩固型作业,如作业Ⅰ、作业Ⅱ,主要通过对所学知识的回顾和整理,达到巩固知识的目的。因此,需要即时回馈和保留作业痕迹。笔者建议,选用具有存储功能的网盘和能够及时上传作业的电子产品来完成作业。

对于延伸拓展性作业,如作业Ⅲ,则采用多媒体直播的方式让更多学生直接参与其中,以加深学生对本单元教学内容的理解和掌握。

作业Ⅳ的设计重点则在于,关注学生线上互动的情况,督促他们通力合作,不断补充和完善作业。

对于选做性题目,如作业Ⅴ,则鼓励学生采用线下书面形式提交,额外享受“加分”待遇。

表3 单元作业的内容与形式设计

作业序号	作业目标	作业内容	作业形式	重点	难点
Ⅰ	理解权利和义务是对等的	在搜索相关资料的基础上,分别从个人、社会、国家的角度回答“为什么要重视劳动者的权利和义务”	作业结果上传班级网盘,以备上课使用	√	
Ⅱ	理解劳动合同对劳动者和用人单位具有双向约束的法律协议	请以图表形式画出“劳动者和用人单位的权利和义务对等”的逻辑关系	课堂利用平板电脑在线完成		√
Ⅲ	知道作为法人的企业经营者既要尊重市场法则,遵守法律规则,又要公平参与市场竞争,确保企业行为合法,诚信经营,依法纳税	以小组为单位设计一项小调研,并对超市经营者、员工或超市内的消费者进行调研,从不同视角了解超市的经营过程法律细节,并尝试查阅法律文本,对其中的法律事宜提出自己的解答方法	采用线上同步直播的方式,由教师指导、学生参与调研		√
Ⅳ	对本单元的知识进行逻辑性的汇总	绘制单元知识树	利用“幕布”“多人文档编辑功能”实现知识树的完善,最终以思维导图的形式展现	√	√
Ⅴ	证据意识的思维训练	选做题:“倾斜保护劳动者”是劳动法立法的重要原则,在学习了本单元之后,你如何来论证这条原则的正确性?	线下书面提交		√

3. 确定单元作业方案属性

在编制作业的基础上,确定单元作业方案属性。一般而言,作业属性规定了作业的性质,提供了完成作业可获得的资源支持和可能遇到的困难,体现了教师对作业性质的预设。

在确定作业方案属性时,必须明确几点:第一,作业的类型。不同类型的作业对应不同的知识掌握程度要求:书面作业仅要求学生将思维结果以文字形式呈现,对知识掌握程度要求较低;探究作业不仅需要呈现相应的文字材料,还要保留大量的“探究痕迹”,以多形式、全过程的作业样态呈现结果,对知识掌握程度要求较高。但无论是书面作业还是探究作业,学生都可以充分利用“线上+线下”“课堂+课后”的优势来完成。第二,作业资源。作业资料既包括课本,也包括教师下发的各种文本资料,还包括学生自行在线上搜索到的各种资源。第三,难易程度。即教师根据学生利用现有资源完成作业的可能性大小,来确定作业的难易程度。第四,完成时限。作业完成时限,由教师根据作业难度和课程的进度来确定。第五,提交方式。选用何种提交方式除了要考虑作业完成形式以外,还要考虑应尽量有利于作业的评价。书面提交作业方便现场评价，线上提交则可以实现多主体、多次数评价。详见表4。

表4-1 单元作业方案属性

作业序号	Ⅰ
作业类型	☑书面作业 □探究作业
作业资源	☑书面资源 ☑视频资源 □场地资源
难易程度	□困难 □较难 □一般 ☑容易
完成时限	2天
提交方式	□书面提交 ☑线上提交

表4-2 单元作业方案属性

作业序号	Ⅱ
作业类型	☑书面作业 □探究作业
作业资源	☑书面资源 □视频资源 □场地资源
难易程度	□困难 □较难 ☑一般 □容易
完成时限	2天
提交方式	□书面提交 ☑线上提交

表4-3 单元作业方案属性

作业序号	Ⅲ
作业类型	□书面作业 ☑探究作业
作业资源	□书面资源 □视频资源 ☑场地资源
难易程度	□困难 ☑较难 □一般 □容易
完成时限	一周
提交方式	☑书面提交 ☑线上提交

表4-4 单元作业方案属性

作业序号	Ⅳ
作业类型	□书面作业 ☑探究作业
作业资源	☑书面资源 □视频资源 □场地资源
难易程度	□困难 ☑较难 □一般 □容易
完成时限	2天
提交方式	书面提交 ☑线上提交

表4-5 单元作业方案属性

作业序号	Ⅴ
作业类型	☑书面作业 □探究作业
作业资源	☑书面资源 □视频资源 □场地资源
难易程度	□困难☑较难□一般□容易

(续表)

作业序号	V
完成时限	3天
提交方式	☑书面提交 □线上提交

4. 制订单元作业评价量表

(1)单元作业的评价体系

教师可事先将该评价表发到班级群中,在学生互评和在自评环节,利用可编辑文档实现赋分。完善的评价体系能弥补传统测试的不足,推动教学和学习持续改进,因为它能够促进真实性学习、探究性教学、复杂性思考、应用型学习,支持学生丰富性知识和技能的学习。本单元作业的评价基于单元目标,重点关注学生在完成作业中表现出来的关键行为,观察其与目标之间的一致性程度。

表5 单元作业评价体系

作业序号	作业目标	作业内容	评价标准	评价方式
Ⅰ	理解权利和义务是对等的	在搜索相关资料的基础上,分别从个人、社会、国家的角度回答"为什么要重视劳动者的权利和义务"	能用自己的语言阐述	学生自评、小组内互评、教师打分
Ⅱ	理解劳动合同是对劳动者和用人单位具有双向约束的法律协议	请以图表形式画出"劳动者和用人单位的权利和义务对等"的逻辑关系	能用自己的语言解释为什么劳动合同对劳动者和用人单位具有双向约束的法律协议,以及这样的约束对市场经济的健康发展有何重要意义	当场线上赋分
Ⅲ	知道作为法人的企业经营者既要尊重市场法则,遵守法律规则,又要公平参与市场竞争,确保企业行为合法,诚信经营	以小组为单位设计一项小调研,并对超市经营者、员工或超市内的消费者进行调研,从不同视角了解超市的经营过程法律细节,并尝试查阅法律文本对其中的法律事宜提出自己的解答方法	能有意识地将相关法条运用到采访过程中,有针对性地获取信息。能评价企业的相关行为是否合法	学生自评、小组内互评、教师打分
Ⅳ	对本单元的知识进行逻辑性的汇总	绘制单元知识树	能通过合作的形式,清晰地概括及完整地绘制出本单元的知识树	教师打分
Ⅴ	证据意识的思维训练	选做题:"倾斜保护劳动者"是劳动法立法的重要原则,在学习了本单元之后,你可以如何来论证这条原则的正确性?	能结合论证的主题,运用已有的知识结构中的相关原理去寻找证据支持	教师打分

(2)评价量表

评价量表的研制基于作业目标、评价标准和评价形式,是对上述内容的细化。笔者基于本单元的评价目标体系(见图1),尝试设计评价量表。

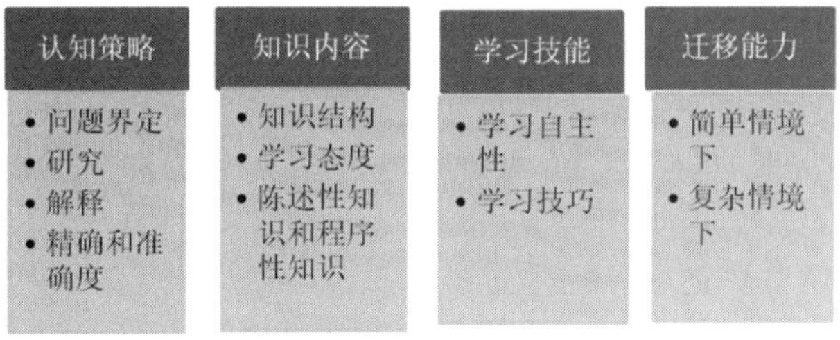

认知策略
- 问题界定
- 研究
- 解释
- 精确和准确度

知识内容
- 知识结构
- 学习态度
- 陈述性知识和程序性知识

学习技能
- 学习自主性
- 学习技巧

迁移能力
- 简单情境下
- 复杂情境下

图 1 单元评价目标体系

将"作业自主性、问题定位、语言生动、交流协作、知识迁移"作为一级指标，并进一步设定二级指标和度量值。

表 6 单元作业评价量表

学习环境	一级指标	二级指标	度量值
线下（以及课堂）	作业自主性	按时完成	上交时间
	问题定位	识别问题属性，找到适切原理	答案准确率
	语言生动	能用丰富而具有逻辑性的语言口头描述方法	回答质量
	交流协作	课堂提问	知识掌握情况
	知识迁移	能运用原有的知识解释新出现的复杂情境问题	问题解决的措施可行性、创新性
线上（以及课后）	作业自主性	完成时间、登录时间	班级网盘登录、回帖时间、提交作业的时间、在线学习时间
	问题定位	识别问题属性，找到适切原理	答案准确率
	语言生动	能用丰富而具有逻辑性的书面语言描述方法	回答质量、时长
	交流协作	知识树完成度	有无互评、修正及修正次数
	知识迁移	将书本知识形成问题链用于调研	直播采访中的提问、记录

四、实践效果

高中思想政治选择性必修二针对上海市学业水平等级考试的学习内容。课程标准明确指出，"通过该模块的学习，学生能结合实际，更加全面地认识公民的民事权利与义务"；"进一步提高主动学习法律的意愿、自觉用法的能力"。

教师充分利用本校"智慧课堂"教学系统配合线下教学，将作业的提交、批改、点评通过平台功能实现，学生可以及时看到教师多元化的反馈。教师还可以在平台上发布提前预习的内容，并呈现优秀作业。从学生反馈来看，这种"线上+线下""课堂+课后"情境下的单元作业，具有如下优势：

1. 学生的参与意愿增强

由于作业设计比较贴近学生的实际需求，对现实问题的解决有一定的参考意义，学生的参与意愿增强。例如，在对部分企业经营者和员工进行调研的环节，几乎所有学生都积极参与其中。通过实地考察，访问相关人员，学生深刻地体会到，法律在维护劳动者合法权利的同时，也在保护经营者的合法权利；也能明白一个企业只有守法经营、诚信经营才能做大做强。这种理解和认识，为整个单元知识的提升打下了基础。此外，利用相关的线上教学平台，生成和展示诸如雷达图等数形结合的评价结果，教师能够更为直观地观察学生的作业表现，与此同时，学生的参与意愿亦进一步增强。

2. 学生互相学习和借鉴的意愿增强

由于混合式教学情境下的单元作业提供了系统的评价标准与多元的评价方式,学生一开始就能根据评价标准制订相应的作业计划,并在作业过程中适时调整作业策略。通过学生互评,一些学生看到其他小组成员的优秀作业后,能及时寻找差距,发现问题,校正作业方向。因此,学生相互学习和借鉴的意愿也进一步增强。

3. 学习过程从"线性"向前转变为"螺旋"上升

传统的线上教学由于"历时性"的特点,学习过程往往是线性向前的,不可回溯。而线上教学不仅可以对学习过程进行有效监控,而且使得教和学的过程可以实现回放、追溯,资料的推送更加便捷。尤其是课前、课后作业中客观题部分的统计和反馈更及时,评价更详尽、更立体。学生可以根据自己的特点选择学习的内容,有目的地通过作业进行巩固和强化,使得学习的效果和质量螺旋式上升。

五、结语

基于以上论述,我们认为,混合式教学情境下的单元作业设计能充分利用"线上+线下""课堂+课后"的优势,弥补传统作业设计的单一、单薄、单调的缺点,提供从学情监测到目标确定、内容分析、形式设计、作业开发、评价反馈的连续性路径,从而提高了学生的作业参与度,提升了其互相学习和借鉴的意愿,优化了学习过程。混合式教学情境下的单元作业从设计到执行,是在"双新"大背景下落实和贯彻"立德树人"要求的体现,也是思想政治课坚持与时俱进的、体现时代特征的具体实践。随着教学的不断深入,也必将有更多、更系统的单元作业设计涌现。

在后续的研究中,要厘清单元作业设计和评价中的一系列问题。例如,单元作业和课时作业是什么关系;单元评价和课时评价有什么区别和联系;确立作业属性的意义是什么;作业本身作为评价手段的一种,如何体现它和其他评价方式的不同之处,等等。这些问题的解决,需要教学理论和实践不断地磨合和相互补充。除却上述问题,后续的相关研究还要进一步明确:混合式教学下单元作业如何体现其优势,以及和传统教学形式相比,混合式教学对教师存在哪些挑战,等等。

Assignment Design of Ideological and Political Units in the Context of Blended Teaching in Senior High Schools

CHEN Haiyan

(Shanghai No. 2 Middle School, Shanghai, 200031)

Abstract: Unit assignment design in the context of blended teaching can make full use of the advantages of "online + offline" and "in class + after class" teaching and learning, making them complement each other. It provides more unit assignment formats, more real and complex assignment contexts, and more reliable and multiple means of assignment evaluation. The blended teaching context provides a continuous path of learning situation monitoring, content analysis, form design, assignment development, and evaluation feedback for the assignment design of high school ideological and political units. The preparation of unit assignment in the blended teaching context should start from the students' learning situation, determine the assignment features and forms, design assignment content, and formulate an evaluation plan. It has unique advantages and can achieve certain results in practical applications.

key words: unit assignment of ideology and politics in high schools, blended teaching, assignment design

核心素养导向下物理单元教学的实践与启示

贾丽浈

（上海市世界外国语中学，上海 200233）

摘　要：物理核心素养是核心素养在物理学科的具体化，包含四个部分：物理观念、科学思维、科学探究、科学态度和责任。核心素养导向的物理单元教学包括规划单元内容、制订单元目标、确定核心任务以及设计单元活动。在单元教学实践中，教师要重视单元核心目标，保证学生学习的整体性；围绕学科核心概念，帮助学生自主建构关键能力。

关键词：核心素养；物理单元教学；核心目标；核心概念

一、引言

单元学习是我国全面深化课程改革、落实核心素养的重要路径。新一轮课程改革强调培养学生在关键能力、必备品格和价值观念等方面的核心素养。核心素养包括文化基础、自主发展和社会参与三个方面，具体体现为人文底蕴、科学精神、学会学习、健康生活、责任担当、实践规划六大素养。①

2022 年 4 月，教育部颁发新一版义务教育课程标准，新版物理课程标准进一步提炼物理课程要培养学生核心素养以及课程目标凸显物理课程的育人功能。物理核心素养是学生发展核心素养在物理学科的具体化，包含四个部分：物理观念、科学思维、科学探究、科学态度和责任。新版物理课程标准要求教师将核心素养的内涵及相关要素，贯穿于课程目标、课程内容、学业质量、课程实施等部分，落实到单元教学的整个过程中，培养学生学会学习、学会合作、学会生活。

由此可见，核心素养的落实离不开深度学习和单元教学。深度学习是全面深化课程改革、落实培养核心素养的重要途径；单元教学是实现学科核心素养的重要载体；深度学习需要单元教学来实现。所谓单元教学，就是在学科核心素养指引下，以单元为单位整体思考、设计和组织实施的教学。因此，单元教学是促进深度学习的载体，深度学习是单元教学的目的，两者共同促进学生核心素养发展。②

怎样理解单元教学，如何设计单元中的核心问题才能实现深度学习，如何使教学设计符合教育规律，促进学生核心素养养成，笔者将通过教学实践来尝试厘清这些问题。

二、单元教学的内涵与特征

1. 单元教学的内涵

单元教学设计是在整体思维的指导下，将围绕主题生成的单元内容作为教学内容，制订单元目标和

作者简介：贾丽浈，上海市世界外国语中学高级教师，硕士，主要从事初中物理教学研究。

① 余文森：《核心素养导向的课堂教学》，上海教育出版社 2017 年版，第 15-32 页。

② 周莹，冯华：《深度学习视域下的单元教学任务设计》，《基础教育课程》2021 年第 4 期（下），第 56-61 页。

课时教学目标,设计连续的课时教学方案,进行单元评价的环节来完成的复杂教学设计。① 基于学者的共识,笔者认为,有别于碎片化知识点教学,单元教学是在学科核心素养指引下,以单元为单位,整体设计和组织的教学。

单元可以是教材自然单元,也可以是教材重组单元,还可以是自拟专题单元。单元教学是培养核心素养的综合性教学活动,不仅以知识点掌握为目标,所以单元教学设计跟以往的单一课时教学设计有很大的不同。

2. 单元教学的特征

第一,在教学内容方面,围绕体现核心概念的学习主题,强调教学内容组织的结构化(例如知识之间关联、知识与方法关联、知识与生活关联、知识与经验关联等)以及内容呈现的情境化(例如真实情境、现实场景、任务场景、问题场景等),综合体现不同层次教学任务之间的逻辑关联。

第二,在教学目标方面,单元教学目标把学科核心素养具体化为单元学习目标。单元教学目标的上位概念是物理核心素养,下位概念则是课时教学目标。单元教学目标的确定要以单元教学内容和学情为前提,注重物理核心素养对教学的引领作用,关注教学目标的可行性和可预测性。

第三,在教学过程方面,以核心概念为教学出发点,教学过程在不同层次的教学任务中依次展开,这既能保证教学的连贯性和整体性,也能给学生思维发展的空间,以建构概念,获得知识。在教学核心概念的引领和单元问题的驱动下,通过自主性、挑战性、进阶性的学习任务或活动,使学生掌握解决问题的方法和能力。

三、单元教学设计的过程

单元教学设计是单元教学的基础性工程,教师需要在了解学科核心知识概念的基础上,对照核心素养,梳理和优化单元教学内容,规划和制订单元教学目标,设计教学过程和评价体系。单元教学设计包括以下环节:规划单元内容,制订单元目标,确定核心任务以及设计单元活动。下文将以上教版八年级物理"运动"单元为例,阐述单元教学设计的过程。

1. 规划单元内容

内容组织的结构化是单元教学最重要的特征,也是实现深度学习所要求的理解深刻性和思维高阶性的重要基础。内容组织的结构化、系统化、整体化更是将知识转化为素养的基本保证。因此,规划单元内容的目的就是厘清单元知识内在逻辑联系,将知识梳理成结构清晰、逻辑有序的知识体系。

表1 "运动"的概念体系与知识问题链

核心知识或概念	内在联系	知识问题链	相关物理量
机械运动	机械运动	什么是机械运动?	位置、时间
匀速直线运动	匀速直线运动	运动的类型有哪些?	轨迹、方向、快慢变化
速度	运动快慢	如何判定匀速直线运动?	方向、快慢
		匀速直线运动有快慢之分吗?	时间间隔、路程
		如何比较物体运动的快慢?	时间、路程

如表1所列,本单元内容包括机械运动和直线运动两部分。主要知识点有机械运动、匀速直线运动和速度,核心概念是速度。学习顺序应该为先知道什么是机械运动,然后学习最简单的匀速直线运动及其速度。认知规律是由大范围到小范围,从普遍到特殊。内在的逻辑主线围绕运动展开:从机械运动到最简单的运动,再到运动的快慢。这样知识问题链就很清晰:什么是机械运动?运动的类型有哪些?如何判定匀速直线运动?匀速直线运动有快慢之分吗?如何比较物体运动的快慢?这些问题中概念间的

① 潘苏东,童大振,汪大勇:《中学物理单元教学设计流程的探讨》,《物理教师》2021年第4期,第11页。

内在联系是由位置、时刻、路程、时间等物理量串起来的。机械运动本质上是位置随时间的变化；匀速直线运动本质上是运动方向和速度均不变的运动，是物体在相同的时间间隔内运动路程相同的直线运动；速度则是比较物体在相同时间内运动路程的多少。

梳理这些知识的过程，也是教师重新思考关于运动的相关概念如何建立的过程。这让我们回到了一个新的起点，思考人类是怎样研究运动的。研究运动首先就需要记录运动，即记录物体在某些时刻的位置。具体来看，判断运动需要记录不同时刻的位置，才能知道物体的位置是否随时间发生了变化；判断物体是否做匀速直线运动需要记录相同时间间隔点的位置，才能知道物体在相同时间内路程是否相等；判断物体运动的快慢需要记录物体在相同时间间隔点的位置，才能知道物体在相同时间内路程的多少(见表 2)。因此，记录运动的最基本内容是时刻和对应位置。位置和时刻既是建立“时间、位移、速度、加速度”等概念的基础，也是学习和研究运动的基础。这当中也衔接了高中阶段“加速度”等运动概念的学习。由此，本单元的内在学习主线——记录和描述物体的运动情况，这是学习和研究物体运动的前提，也是后续深入学习运动的基础。

表 2 单元核心概念学习主线

研究任务	记录内容	研究内容
物体是否运动	不同时刻的位置	位置是否变化
物体是否做匀速直线运动	相等时间间隔的位置	相等时间间隔内路程是否相等
物体运动的快慢	相等时间间隔的位置	相等时间间隔内路程多少

2. 制订教学目标

制订教学目标是将单元知识和核心素养进行有机整合的过程。物理课程的教育价值在于让学生养成四个方面的核心素养，即物理观念、科学思维、科学探究、科学态度和责任。因此，教师需要把握好学科核心素养与课程目标、单元目标、课时目标之间的内在联系。为了保证教学设计的一致性，教师备课时要以核心素养为纲，纲举目张，从课程标准到单元目标、课时目标、活动目标进行层层分解。因此，制订教学目标的首要步骤就是从物理核心素养的四个维度对单元内容进行分析，找到单元学习内容与核心素养的相关性(见表 3)。

表 3 物理学科核心素养的单元解读

学习内容	物理观念	科学思维	科学探究	科学态度与责任
机械运动	运动观、时空观	记录分析、抽象概括	物体是否运动	记录运动的技术
匀速直线运动	运动分类	分类、理想模型	运动分类和判断	运动描述中的技术
速度	运动快慢	控制变量法、比值法	如何比较运动快慢	人类追求速度的历史

第一，物理观念。物理观念包括物质观、运动观、相互作用观、能量观和时空观，这是物理概念和规律在头脑中的提炼和升华。本单元要在学生头脑中形成的物理观念就是运动观。因为运动是物体位置的变化，所以也涉及时空观。并且，运动观是在对位置、时刻、时间、路程、方向、运动快慢等物理量理解基础上逐步建构的。

第二，科学思维。科学思维是从物理学视角对客观事物本质属性、内在规律及相互关系的认识方式，是基于经验事实建构理想模型的抽象过程，具体包括分析综合、抽象概括、推理论证等科学思维策略。科学思维是基于事实证据和科学推理对不同观点和结论提出质疑、批判，进而提出创造性见解的能力与品质，主要包括模型建构、科学推理、科学论证、质疑创新等要素，也是科学学科核心素养在物理教学中的具体体现。具体到本单元，就是围绕“机械运动、匀速直线运动和速度”三个概念的形成过程，让学生经历科学思维的过程。

第三,科学探究。科学探究是基于观察和实验提出物理问题,形成猜想和假设,获取和处理信息,基于证据得出结论并做出解释,以及对实验探究过程和结果进行交流、评估、反思的一系列行为。这一过程主要包括问题、证据、解释、交流等要素。物理学是以实验为基础的学科,而实验过程离不开探究,甚至可以说在几乎所有的物理学知识、概念和规律的建构过程中都包含科学探究。教师在教学活动设计的过程中,应该尽可能多地做到让学生通过动手实验、自主探究来建构概念和规律。本单元的三个概念(机械运动、匀速直线运动和速度)也不例外,都可以开展探究,让学生通过探究主动建构知识。

第四,科学态度与责任。这是在认识科学本质,理解科学、技术、社会和环境的关系的基础上,逐渐形成对科学和技术的正确态度以及责任感。主要包括科学本质、科学态度、科学伦理、科技和社会环境的关系、社会责任等要素。科学态度与责任的落实隐含在整个教学过程中,本单元的教学重点放在了解技术在运动学习和研究中的作用,认识科学技术和社会生活的联系。

单元内容规划和对核心素养四个维度的分析,有助于教师更好地理解这一单元的学习价值。本单元对于学生来说,是运动和力的起始教学,也是学生今后学习更复杂运动概念的基础。一方面,“机械运动、匀速直线运动、速度”等概念的正确建立为学生今后的相关学习奠定了知识基础;另一方面,记录、比较、理想模型、控制变量、图像描述等物理方法学习更是对学生科学思维的重要训练。此外,在初步形成运动和时空的观念的基础上,学生运用物理规律分析生活中的运动现象或解决生活中的简单运动问题,感受科学技术和社会生活的联系,也可以提高物理学习的动力和兴趣。

根据以上分析,基于对相关运动概念、物理学科核心素养以及学习价值的理解,可形成本单元的学习目标,并进一步细化为课时目标(见表4)。

表4 物理核心素养引领下的单元目标与课时目标

目标	物理观念	科学思维	科学探究	科学态度和责任
单元目标	在研究机械运动、匀速直线运动、速度的过程中,学习用文字、公式、图像描述运动现象,形成初步的运动观	在得出机械运动和匀速直线运动的过程中,体会综合分析、分类比较、理想模型等方法,在形成速度概念的过程中学习使用控制变量法,了解比值定义法	通过活动探究形成机械运动、匀速直线运动、速度概念	运用规律分析生活中的运动现象或解决生活中的简单运动问题,同时感受物理与科学技术和社会生活的联系,促进学习物理的动力和兴趣
机械运动课时目标	经历判断物体是否运动的过程,在得出机械运动概念的过程,知道位置随时间变化,形成运动“相对性”的观点	1.在判断物体是否运动的过程中,体会质疑、综合分析的物理方法 2.在探究如何记录运动的过程中,感受用图像、语言、录像等记录运动的方法	探究如何判断物体是否运动,领会形成猜想和假设,并进行验证的过程	学习记录运动,联系生活实际和科学技术
匀速直线运动课时目标	在得到匀速直线运动概念的过程中,形成“匀速直线运动是最简单的理想运动”的观念	1.尝试对不同运动进行分类,体验分类归纳的科学方法,体会匀速直线运动是现实中抽象出来的理想模型 2.探究如何判断物体运动的快慢不变的过程中,体会严谨的物理分析推理过程	探究如何判断物体是否做匀速直线运动,领会提出猜想和假设,设计与制订活动方案,基于实验结果得到结论的过程	了解运动描述中的技术,感受科技和社会生活的联系
速度课时目标	在用文字、图像、表格、公式描述运动的过程中,初步形成运动快慢的观念	通过比较匀速直线运动物体的快慢,学会运用控制变量的方法。感受用图像、表格、公式、文字描述运动快慢的方法	探究如何比较匀速直线运动物体的运动快慢,体会设计方案,处理数据并得到实验结果的过程	了解生活中各类交通工具的速度,感受科技的发展。培养爱国等情感

3. 确定核心任务

学生的学习是通过对载体呈现的复杂信息进行深入加工，实现理解的深刻性、思维的高阶性和认知技能的发展。据此，我们提出了以下符合本单元核心任务的条件：(1)围绕本单元的三个学习内容，判断并且能围绕“记录运动”和“分析运动”这个凸显学科本质的学习主线，呈现给学生的不仅是活动体验，更是感受研究运动的方法；(2)能够统领和串联本单元的三个学习内容，最好与学生生活密切相关且体现真实情境，对学生来说也具有一定的挑战性。

我们根据上述要求确定了本单元核心学习任务：要求学生记录和分析自己百米跑步的运动情况。在确定好单元大任务后，还要根据问题链，将单元大任务分解成几个有关联的子任务。具体的教学内容和单元角度的思考，见表 5。

表 5 “运动”单元的学习任务、教学内容和单元思考

课时	核心任务	核心任务分解（核心问题）	教学内容	单元思考
机械运动	分析自己百米跑的运动情况是否匀速直线运动？运动速度如何？	如何判断物体是否运动？（如何记录运动？）	机械运动是物体相对另一个物体位置（随时间）的变化	从位置（随时间）变化的角度认识运动。认识到记录运动需要记录物体在不同时刻的位置
匀速直线运动		如何判断物体是否做匀速直线运动？（如何描述运动？）	匀速直线运动是物体运动快慢不变的直线运动，指在（任何）相等时间间隔内通过的路程都相等的直线运动	可以从运动路径和运动快慢对运动进行分类。认识到匀速直线运动是最简单的运动，是在相等时间间隔内通过路程都相等的运动
速度		如何比较匀速直线运动的快慢？（如何描述运动？）	速度是描述物体运动快慢的物理量，用物体在单位时间内通过的路程来定义	速度是描述物体运动快慢（位置随时间变化）的物理量

至此，我们完成了内容的规划、目标的制订和教学核心任务的确定，之后要开展对教学活动的设计和教学过程的组织。

4. 设计单元活动

单元教学目标的落地，需要有相应的单元活动加以支撑。而单元活动要呈现真实问题情境，让学生在前概念基础上不断探究，像科学家一样进行知识建构、问题解决的反思改进，从而实现概念的建立和知识的迁移。[①] 围绕单元目标和核心任务，我们以本单元第一节课为例来说明，如何通过真实情景的单元活动来实现教学目标。

本单元第一节课的子任务是“如何判断物体是否运动来设计活动”，根据教学内容要求，教师要充分考虑学生的学情和实际资源状况来设计教学活动。具体而言，单元活动需要整体体现核心素养导向下的具体目标，还必须要满足可以进行持续教学评价的要求。对一节课的评价要围绕课程的关键活动和核心内容进行。本节课中，我们要重点评价的关键活动是运动判断和运动记录。

有了这些课程设计的基本思考，接下来就要寻找生活中的真实情境，针对本节课的知识点（如何判断物体运动？这与科学思维相对应）和能力要求（如何记录运动？这与科学态度相对应），教师从一艘船开始创设情境，让学生自主探讨：需要什么条件才能判断一艘船在运动，提出和设计记录运动的方法。相应的教学评价则通过对学生的记录方式的讨论来实现。对于另外一个知识点——运动相对性，我们采用了教材中拉动纸带上木块的活动。

第一节课的具体教学设计如下：

情景Ⅰ 观看动图及视频

① 刘月霞，郭华：《深度学习走向核心素养》，教育科学出版社 2018 年版，第 8-11 页。

通过观看自然界的各种运动形式,引出课题。

活动Ⅰ 判断运动

通过观看图片和录像判断小船是否航行,得到“机械运动是物体位置随时间的变化”的结论。

第一次回顾引入视频:根据定义判断引入视频中的物体是否运动。

活动Ⅱ 记录运动

讨论记录运动的方法,知道需要记录的要素是时刻和对应位置。

思考如何记录自己百米跑步的情况。通过了解Keep软件可以记录运动,感受科技给社会生活带来的便利。

活动Ⅲ 判断木块运动情况

利用长纸条和木块,设计木块运动实验,分析木块的运动情况,体验和论证运动和静止的相对性。

第二次回顾引入视频:选择不同的参照物,判断引入视频中物体的运动情况,得出与之前不同的结论。

实例分析:

(1)解释空中加油;

(2)巩固练习(信息技术平台操作)。

总体而言,这节课的活动并不多,并且主要活动都是利用教材中的素材。但是设计的目的紧紧围绕单元教学的要求和核心素养的目标。整个单元的教学活动设计如表6所示。

表6 “运动”单元教学活动设计

子任务	重点活动	活动说明
如何判断物体是否运动?了解记录运动的方法,为研究运动做铺垫	1.引入:观看几个运动视频	为后面理解运动记录做铺垫
	2.判断不同情景下轮船是否运动	通过探究活动,在理解位置、时刻、时间、位置变化的基础上建构机械运动的概念
	3.应用:判断引入视频中物体是否运动	评价机械运动定义的掌握情况,认识视频是记录物体运动情况的方式之一
	4.尝试记录物体的运动情况 讨论如何记录自己百米跑步的情况	知道记录运动的多种方式,深入理解机械运动,并为研究运动做铺垫。进一步认识时刻、时间、位置、路程等描述运动需要的物理量
	5.讨论如何记录自己百米跑步的情况。分析keep软件如何记录运动	应用运动记录的知识解决现实生活中的问题
	6.以不同速度拉动纸带,判断纸带的运动情况	1.巩固机械运动的定义,理解参照物和位置变化 2.认识运动和静止的相对性。知道可以根据需要选取不同的参照物
	7.应用:选取不同参照物,判断视频中物体是否运动	1.评价对运动概念的理解 2.理解运动和静止的相对性
如何判断物体是否做匀速直线运动?(如何研究运动?)	1.展示图片:4种不同形式的运动图片,进行比较与分类	通过运动分类,认识到可以从运动方向和快慢两个角度研究运动和进行分类,认识到匀速直线运动是最简单的运动,是一种理想化的运动
	2.活动设计:结合自己跑步的情况,分析如何判断物体是否做匀速直线运动	在活动设计的过程中,经历分析问题、解决问题的过程,得到匀速直线运动的定义
	3.用打点计时器打纸带,并判断纸带的运动是否匀速直线运动	巩固匀速直线运动的定义,并为比较快慢做铺垫

（续表）

子任务	重点活动	活动说明
如何比较物体运动得快慢？（如何研究运动？）	1.比较打点计时器打出的若干条纸带的异同点	加深运动的分类，巩固对匀速直线运动的认识，引出运动的快慢
	2.比较不同匀速直线运动的快慢	运用控制变量法比较物体运动的快慢，引出“速度”概念
	3.用不同方式表示匀速直线运动和速度	感受多种方式描述匀速直线运动和速度
	4.计算自己跑步的速度	体会用所学知识解决实际问题的能力

四、关于学科核心素养培育的思考

通过对八年级物理“运动”单元教学设计的分析，我们得到关于学科核心素养培育的两点启示。

1. 重视单元核心目标，保证学生学习的整体性

由表7可见，单元核心目标在这节课中体现在课内和课外两条线索中。围绕如何判断物体是否运动，课堂任务设定为判断轮船的运动，并通过学生对各种记录和运动方式的探索和思考，理解并学会记录运动。课后作业是用相关软件记录自己的跑步情况。这个课外任务的完成既是对本节课内容掌握情况的评价，又可以让学生将真实的生活情境与学习任务联系起来。

有了教学核心目标的引领，教师能够深入领会课时内容之间的知识逻辑，建立起核心内容和学科核心素养之间的内在关系，并形成单元学习的整体性和系统性，从而使学生实现深度学习的目的，并充分挖掘思维探索的空间。

表7 单元教学活动设计与单一课时教学设计的比较

单一课时设计的课堂活动	活动意图	单元教学设计的课堂活动	活动意图
1.观看赛车运动	引入运动	1.引入：观看几个运动视频	为后面理解运动记录做铺垫
2.两位学生画赛车运动	通过画画体会位置变化	2.判断不同情景下轮船是否运动	通过探究活动在理解位置、时刻、时间、位置变化的基础上建构机械运动的概念
3.分析哪位学生的画能体现赛车在运动		3.应用：判断引入视频中物体是否运动	评价机械运动定义的掌握情况，认识视频是记录物体运动情况的方式之一
4.观看轮船运动视频，分析轮船是否运动，分析讨论为什么判断不出来	通过分析讨论认识到判断运动需要参照物	4.讨论记录物体的运动的方式，评价各种记录方式	知道记录运动的多种方式，深入理解机械运动，并为研究运动做铺垫。进一步认识时刻、时间、位置、路程等描述运动需要的物理量
5.举例	巩固机械运动定义	5.讨论如何记录自己百米跑步的情况。分析keep软件如何记录运动	应用运动记录的知识解决现实生活中的问题

(续表)

单一课时设计的课堂活动	活动意图	单元教学设计的课堂活动	活动意图
6.拉动纸带,观察小木块活动	1.巩固机械运动的定义,理解参照物和位置变化 2.认识运动和静止的相对性。知道可以根据需要选取不同的参照物	6.以不同速度拉动纸带,判断纸带的运动情况	1.巩固机械运动的定义,理解参照物和位置变化 2.认识运动和静止的相对性。知道可以根据需要选取不同的参照物
7.应用活动	理解运动和静止的相对性	7.应用:选取不同参照物,判断引入视频中物体是否运动	理解运动和静止的相对性

2. 围绕学科核心概念,帮助学生自主建构关键能力

以物理核心概念统领整个单元教学,可以帮助师生从纷杂的公式与定理中跳出来,站在更开阔的视角来培育核心素养。传统的关于"运动"的教学一般只围绕"机械运动"和"运动相对性"两个知识点来完成。但是在单元教学的视角下,教学设计既考虑到了让学生思考如何记录运动,同时也强化了对时刻、时间、位置、路程等概念的教学。所有这些都是在运动概念的核心教学目标引领下实现的。整个学习活动过程带给学生的是研究运动的方法和整体思路。学生在经历运动概念建立和运动记录方法的评价后,具备了初步的知识迁移的能力,就会把学到的方法运用到生活中去记录运动,也为高中有关运动的学习奠定了基础。因此,可以说,单元教学实践带来的是学生的综合学习和深度学习,从而有效促进了教学实践对学科核心素养的培养,提升了学生的知识掌握水平和学科能力。这种对物理学科核心素养的培养和提升,也是物理学科所追求的重要目标。

Practice and Enlightenment of Physics Unit Teaching with Guidance of Core Literacy

JIA Lizhen

(Shanghai World Foreign Language Academy, Shanghai ,200233)

Abstract: The core literacy of physics is making core literacy concrete in the subject of physics, which includes four parts: physics concept, scientific thinking, scientific inquiry, and scientific attitude and responsibility. Core-literacy-oriented physics unit teaching includes planning unit content, formulating unit goals, determining core tasks, and designing unit activities. In the practice of unit teaching, teachers should pay special attention to the core objectives of units to ensure the integrity of students' learning, and focus on the core concepts of the subject to help students construct key abilities on their own.

Key words: core literacy, physics unit teaching, core goals, core concepts

基于UbD理论的高中美育课程单元教学设计

范依琳

(上海市南洋模范中学，上海 200032)

摘　要： UbD理论倡导的“逆向”教学设计与传统教学设计最大的区别，是从“目标”到“评价”再到“教学”，均强调“为理解而教”，是当下颇受关注和倡导的新型教学模式。UbD理论有助于高中美育课程落实学科核心素养、引领大概念教学和促进教学评一体。文章以“爱与被爱”单元为例，探讨如何按照理论的操作支架进行单元教学设计，一是“以终为始”确立单元教学目标，二是规划教学方式并评估学习预期结果，三是提升核心素养并达成深度理解。

关键词： UbD理论；高中美育课程；单元教学设计

在教育进入3.0时代的背景下，学科素养导向下的课堂变革势如破竹，成为教育界普遍关注的热点问题。如何将碎片化、零散化的教学内容进行结构化和系统化的建构，转变教学设计以渗透核心素养，是当前课堂改革面临的巨大挑战。美育课程作为上海市南洋模范中学(以下简称“南模”)的特色课程，同样面临时代的机遇和挑战，势必需要顺应新要求及新趋势，不断迭代共生、整合发展。

本文基于美国学者格兰特·威金斯和杰伊·麦克泰格的UbD(Understanding by Design，以下简称UbD)理论，通过大概念、大任务将知识点有机融合，实现“为理解而教”，“设计先于教学”，进行高中美育课程单元教学设计研究，为落实美育学科素养、促进教学转型提供有效路径。

一、关于UbD理论

1. UbD理论的内涵与特点

UbD理论，中文译为“追求理解的教学设计”，是由美国学者格兰特·威金斯和杰伊·麦克泰格于1998年提出的，得到了美国督导与课程开发学会(ASCD)的关注。①它是在吸收借鉴泰勒“目标导向”模式的基础上创新出的一种以学习目标为起点，旨在促进学生意义学习、深度理解、迁移运用的教学设计。此理论针对传统教学设计的误区，提出“追求理解的教学设计”这一观点，强调从学习结果和学习评价出发，由此进行逆向思考，因此，又被称为逆向教学设计。

UbD理论的核心词是“理解”，它将“理解”和“设计”两个相互依存的观念结合起来，强调“理解”是教学和评估的中心。它强调的是“为理解而教”，认为教师在思考如何开展教学活动之前，先要考虑学习要达到的目的和确认达到目的的证据；先要关注学习期望，才有可能产生合适的教学行为；要“以终为始”，从学习结果开始逆向思考。

作者简介：范依琳，上海市南洋模范中学高级教师，主要从事学校美育研究。

① Grant Wiggins & Jay McTighe. J. , The Understanding by Design Guide to Creating High-Quality Units. *Alexandria VA:ASCD*, 2011.

UbD 理论认为,教学从某种意义上说,是达到最终目标的一种手段,因此,整体规划比实施教学更加重要。要保证教学的高效,必须一开始就明确预期的学习结果,同时还应搜集学习活动真实发生的一系列证据。此理论通过三阶段的"逆向设计"过程支撑这一观点。和传统的教学设计相比,UbD 理论的逆向教学设计最凸显的是"教学目的性",这种目的不是帮助学生学会知识和技能,而是促使学生在真实的情境中实现有效的学习迁移,以体现逆向教学设计的优势。

根据 UbD 理论的主要目的,即发展和深化学生的理解,促使学生将其理解的内容和学习结果进行有效迁移。理论的特征可概括成 12 个字——"理解为先,重在迁移,逆向设计"。"理解为先"是指通过 UbD 设计帮助学生理解教学内容中的重要思想,并能够将其应用到新的情境,同时教学和评估也围绕"理解"展开。"重在迁移"是指整个教学的重点是学生通过知识的深度理解完成知识的广泛转移,首先,掌握重要的知识和技能;其次,对知识进行重新意义建构;最后,在新的学习情境中灵活运用所学的知识和技能。"逆向设计"是指强调从学习结果和学习评价出发,由此进行逆向思考。因此,UbD 设计和传统教学设计最大的区别(见图 1)是从"目标"出发,再到"评价",最后到"教学",即在教学之前先考虑评价,考虑评价需要怎样的证据,并将这些证据的搜集贯穿整个教学过程中,从而将评价有效纳入全过程。

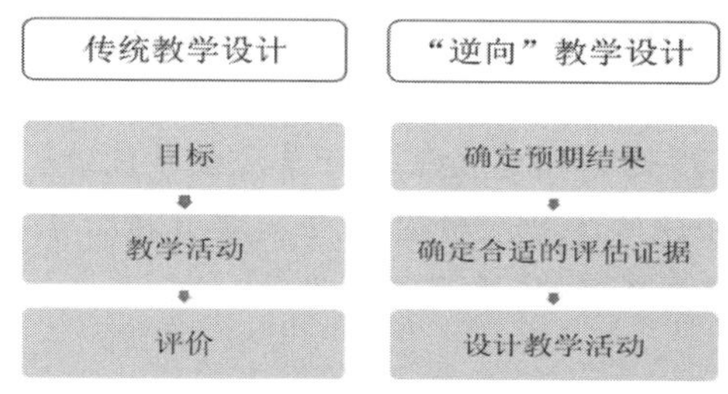

图 1 传统教学设计与"逆向"教学设计的区别

2. UbD 理论的现实意义

随着新一轮教改的深入,学界关注的问题主要是如何培养学科核心素养,以及如何进行学科深度学习。UbD 理论作为一种创新型的理论,可以为回答这两个问题提供新的思路和启示。UbD 理论呼应了《普通高中课程标准(2017 年版)》中提出的要求,通过教师合理有效地组织教学内容、设计教学环节,使学生达到真正意义上的理解,这正是现在课改推进的方向,也是高品质课堂的特征。UbD 理论以促使学生对知识的深入理解和能力的灵活迁移为目标,为学生全面发展提供服务。此外,它还强调将评价贯穿整个教学过程,体现"教、学、评"的一致性。

UbD 理论也为教师提供了一种新型教学模式,使教师能够持续关注学生对知识的理解程度和在新情境中对知识的迁移能力,通过课前的诊断性评价与课后总结性评价评估学生的一般能力,通过课堂教学中的形成性评价追踪学生形成理解能力的迹象,并对学生的整体能力做出较为客观而精准的评价。总之,UbD 理论帮助教师真正落实课堂教学的改革,对整个教学内容做出更加科学的教学设计,理解教学内容,融合教学资源,促进自身专业发展。

3. UbD 理论在国内的实践现状

崔允漷认为,评估设计应该放置于具体的教学活动设计之前,评估是为了使教师知道要教到什么程度,是从结果出发进行的教学设计,目的是提前对学生在课堂上需要掌握的学习任务和学到什么程度这些标准进行构想,进而设计教学,从而更好地在课堂中指导教师的"教"和学生的"学"。① 叶海龙系统地阐释了 UbD 模式的应用步骤。② 盛群力、何晔概括了基于 UbD 模式的教学设计的相关程序,提出了以大概念和重点问题为核心设计教学环节,以学生能够进行知识的理解和应用乃至迁移为目标,设计评估

① 崔允漷:《课程实施的新取向:基于课程标准的教学》,《教育研究》2009 年第 1 期,第 74-79 页。

② 沈烨:《〈追求理解的教学设计〉读后感》,《地理教学》2019 年第 7 期,第 20 页。

方式并举例。[①]闫寒冰及其团队主持翻译了 Understanding by Design（Expanded 2nd Edition）(《追求理解的教学设计》)一书，为国内对 UbD 理论的研究和实践运用提供了强大的基础和保障。

总而言之，近几年 UbD 理论运用于具体教学设计的研究呈上升趋势，尤其是 UbD 理论所倡导的“理解教学”“逆向设计”和“单元教学”等主题已经形成诸多成果，已经运用于语文、数学、物理、化学、研学等课程设计中，但多处于探索阶段，在美育课程教学中运用较少，尚缺少系统的设计。

二、UbD 理论在高中美育课程中的应用

美育是上海市南洋模范中学（以下简称“南模”）的特色课程，已持续开展 37 年。课程架构从“三大部分”到“三位一体”教学体系，始终围绕“塑造学生美好的形象”的育人目标，课程内容愈加丰富而充实。UbD 理论可为美育课程的优化提供理论支撑和实施路径，具体表现在以下三个方面：

1. 以“逆向设计”落实学科核心素养

UbD 理论中倡导的“逆向设计”以目标为导向，但此目标并非短期的教学目标，而是正式的、长期的目标，这些目标作为“预期结果”是教学和评估的起点，它们为具体课程和单元的预期目标提供了基本依据。对于美育课程而言，课程的“预期结果”是塑造南模学生的美好形象，这样的学生应该具有三个方面的学科核心素养：一是对美的感知和理解能力，二是对美的创意和表达能力，三是具有审美情趣和美学精神。逆向设计可以帮助学生达到真正意义上的理解，有助于学科核心素养的落实。

2. 以“逆向设计”引领大概念教学

威金斯在《追求理解的教学设计》一书中指出，大概念的“大”，并不是“基础”或者“庞大”的意思，而是“核心”。学科大概念是指向学科基本结构的、深层次、可迁移的核心概念，体现学科本质，反映学科的思想和方法。它居于学科上位，内涵丰富，具有高度的概括性、极强的实用性、广泛的联系性和最强的解释性等特点。[②]

美育学科的大概念包括“礼仪总论”“爱与被爱”等。例如，“礼仪总论”单元中“礼仪”是一个大概念。通过学习，学生可以理解礼仪的起源、功能、习得和养成等，完成从散点状的教学内容到大单元、大概念、大任务的转变。

3. 以“逆向设计”促进教学评一体

以前，美育课程评价标准较单一，往往以课后评价为主，存在脱离学生行为实际、不能反映学生真实学习过程、无法体现学生综合素质等弊端，不利于实现学生发展核心素养和关键能力培养的目标。以 UbD 理论进行教学设计，能较好地避免以上弊端，将过程评价与结果评价有机结合，通过出勤率、课堂表现、活动质量、汇报展示、实践效果等方面，对学生每个单元的作业和活动参与程度进行评价，并结合具体表现完成过程评价。此过程不仅考察学生的学习和实践情况，体现学生学科核心素养的提升，也会对教师教学进一步反馈和指导，真正实现“教学评一体”。

三、基于 UbD 理论的“爱与被爱”单元教学设计

1.“以终为始”的单元教学目标，形成逻辑主线——确定预期结果

根据 UbD 理论，在单元教学设计的过程中，需要围绕大概念来设定教学目标，体现教学目标的针对性、层次性和指向性。以“爱与被爱”单元为例，它作为美育课程情感篇中的重要内容，链接上下两个单元，分别是“性别之美”和“让生命拥有美的心怀”。本单元围绕“爱与被爱”的主题，以大任务“一棵开花的树”来组织目标、情境、知识点、活动、评价等要素，组成一个有意义的单元，与后面单元的承继与发展形成有机关系。其中，“性别之美”侧重个人形象的展现，“爱与被爱”侧重与人相处的能力，“让生命拥有

① 盛群力，何晔：《意义学习，理解为先——UbD 模式对课堂教学改革提出的新建议》，《课程教学研究》2013 年第 8 期，第 22-31 页。

② 钟启泉：《单元设计：撬动课堂转型的一个支点》，《教育发展研究》2015 年第 24 期，第 1-5 页。

美的心怀"侧重从审美的角度关照生命,从"关照自身"到"关照自己与他人",再到"关照生命"。此单元并非孤立的内容,而是体现整体设计。此单元注重培养学生对情感美的感知和理解能力,帮助学生能够自发创意和表达情感,形成审美情趣和美学精神,以此塑造美好的形象。

运用 UbD 理论对"爱与被爱"单元教学内容进行设计,通过设置情景和大任务的设计,帮助学生理解"爱与被爱"的相关内容,并能将这种能力迁移到具体生活中。单元教学目标共有四点:其一,通过协作学习,借助对诗歌《一棵开花的树》的揣摩,学会用色彩表达情感,并体味作者寄寓其中的情感;在质疑与释疑中,从不同角度理解作品意蕴,丰富自己的情感世界,获得美的感受;其二,从诗歌主角"我"的角度,分析"我"的爱以及"我"怎样爱,辨析两条原则;其三,从诗歌主角"你"的角度,分析"你"的被爱,面对"我"的爱,怎样学会被爱,辨析被爱的原则;其四,为《一棵开花的树》续写结尾,提升对"爱与被爱"的审美能力。

对标核心素养,本单元通过 4 个课时,侧重对"爱"这种人类最基本情感的感知和理解,在不同层次的理解过程中,升华对"爱"和"被爱"的认知,尝试对这种情感进行创意表达,引导学生提高对"爱与被爱"的审美能力,并为下一个单元"让生命拥有美的心怀"做好铺垫。

2. 规划教学方式,评估学习预期结果——确定评估证据

UbD 理论在确定预期结果后,接着考虑评估方案,并且将评估贯穿于整个教学活动中。评估包括不同的内容和方法。例如,"爱与被爱"单元评价的目的是检验学生对爱与被爱的感受与理解、创意与表达,以及对"爱与被爱"的审美能力。具体的评价目标为:能用色彩表达自己的情感;能理解"爱与被爱"的原则;能与同伴分享自己的经验与感受;能在感受、经验和创造的过程中,养成思辨能力,感悟"爱与被爱"的美。单元作业细化为四项作业内容和要求(见表 1),分别占不同的权重,每一项作业明确具体要求和评价标准。例如,单元学习过程评价标准包括学习过程参与度、小组分工和合作交流三个方面,以"优良""合格"和"须努力"三级评价标准对照(见表 2)。

表 1 单元作业内容与要求

作业	权重	作业要求	作业评价标准
作业 1 学会运用色彩表达内心的情感	20%	完成《一棵开花的树》配色图	过程表现:小组分工/小组合作/完成情况 作品呈现:画面呈现/小组分享
作业 2 辨析"黄金法则"和"白金法则"	20%	完成课堂讨论单	过程表现:小组分工/小组合作/完成情况 作品呈现:画面呈现/小组分享
作业 3 完成头脑风暴	20%	完成头脑风暴图	过程表现:小组分工/小组合作/完成情况 作品呈现:画面呈现/小组分享
作业 4 再次运用色彩表达内心的情感	40%	完成《一棵开花的树》配色图	过程表现:小组分工/小组合作/完成情况 作品呈现:画面呈现/小组分享

表 2 单元学习过程评价标准

表现水平 / 过程内容	优良	合格	须努力
学习过程参与度(个人)	积极参与	能参与	不能参与
小组分工	完全自主选择	基本自助选择	不能自主选择
合作交流	配合默契,相互包容	能相互理解	不够相互理解

3. 提升核心素养,达成深度理解——设计学习体验和教学

在预期结果和评估证据依次确定后,须从以下几个方面进行课堂教学的设计:学生在课堂上如何进

行有效的、深度的学习，学生如何获得预期的学习结果，学生需要积累哪些知识、提升哪种能力，需要哪些教学材料和资源。教学设计的目的不再是“教会”，而是“学会”，注重学生的体验，关注学生作为主体参与的各类教学活动及其在体验中生成的真实感受。

将“爱与被爱”单元划分为4个课时，确定不同的单元任务(见表3)，以第一课时教学设计为例，根据单元任务1确定需要进行的3个活动，如文本感悟、配色方案、分享讨论等，创设不同情境，达到活动目标(见表4)。同时，单元的教学资源围绕席慕蓉的经典诗歌作品《一棵开花的树》，首尾呼应，以诗歌开始，以诗歌结束，让学生在角色互换中感悟爱与被爱的原则和方法，学会爱与被爱，利用真实事例启发学生对问题的思考，提升其审美素养。

整个单元从两个维度确认学生是否“学会”：一是知识与技能维度，学习目标是知道诗歌表达的情感，学会用颜色表达情感，知道爱与被爱的基本原则；二是学习经历维度，学习目标是以比较、探究、合作、交流、分享和评议等方法，体会不同角色爱与被爱的差异，对爱和被爱有一定的思考。帮助学生学会从不同角度理解作品意蕴，丰富自己的情感世界，获得美的感受。

表3 “爱与被爱”单元的分解任务

单元任务	单元分解任务
单元任务1	1. 在师生对比朗读的过程中，感受诗歌中的情感美 2. 通过协作学习，借助对语言的揣摩，用色彩表达所体会到的作者寄寓其中的情感 3. 在表达与分享中，从不同角度理解作品意蕴，丰富自己的情感世界，获得美的感受
单元任务2	1. 从诗歌主角“我”的角度，分析“学会爱” 2. 大致知道“黄金定律”的含义，说出自己的“黄金定律” 3. 能辨析“白金定律”和“黄金定律”的差异 4. 客观分析“黄金定律”和“白金定律”的内涵
单元任务3	1. 从诗歌主角“你”的角度，了解“学会被爱” 2. 运用头脑风暴，了解学会被爱的原则——学会感受 3. 从感受→回应，了解并学会不同的回应方式
单元任务4	1. 讨论《一棵开花的树》结尾的可能性，理解“爱与被爱”的原则 2. 赏析电影片段，辨析爱的另类表达 3. 为《一棵开花的树》续写结尾，提升对“爱与被爱”的审美能力

表4 “爱与被爱”单元第一课时教学设计

活动	情境创设	活动目标	活动资源	活动评估
活动1	1. 邀请学生为大家朗诵《一棵开花的树》 2. 引导学生点评他人的朗诵，指出优点和不足之处 3. 分享教师的情感共鸣，教师范读《一棵开花的树》 4. 引导每位学生轻声朗读后完成“思考·分享”：初读整首诗后，请用一句话表述这首诗描写了怎样的情感。依据是什么？	1. 邀请学生读诗，帮助学生迅速进入本堂课的内容，引发学生对诗歌的初步欣赏 2. 通过教师富有情感的朗诵，引导学生学诗先读诗，感受诗歌内容，把握感情基调。学生形成对此诗的初步印象 3. 要求学生将这些初步印象沉淀成文字，并学会用简单而准确的语言表述诗歌描写了怎样的情感。这一过程正是感知向经验转换的过程	诗歌《一棵开花的树》	朗诵 表达

(续表)

活动	情境创设	活动目标	活动资源	活动评估
活动2	1. 指导学生协作学习: (1)学生2人为一组,确认1位发言人 (2)用颜色表达诗歌中树的情感变化、并回答为什么用这个颜色;颜色表达了怎样的情感? 2. 学生答题并上色 3. 聆听学生的成果分享并积极互动 4. 教师反馈和总结 5. 提问:这首诗中的"你"和"我"分别是谁?"你"和"我"是什么关系? 6. 小结	1. 学生通过协作学习、主动探究并分享学习成果,在对不同问题的思考、分享、辨析中和师生、生生的互动过程中,挖掘诗歌的情感,加深对诗歌中情感的理解 2. 师生在表达与分享的过程中,从不同角度和层面发现作品意蕴	彩色铅笔、水笔或颜料	分享 讨论
活动3	1. 指导学生再读一遍这首诗歌,要求将更深层的理解融入朗读中 2. 学生再次上台朗诵,师生共同感受他/她对于诗歌情感美的感悟	再读感受,把学生初读和复读后对诗歌的理解融入朗读中,学生示范,首尾呼应,师生共同见证学生对于诗歌情感美的认知改变和感悟		感悟 比较

综上所述,追求理解的教学设计已经成为教育改革的必然趋势,其中提倡的"单元教学""大任务""大情境"等为有效落实这一理念提供了丰富的支架。UbD理论下的高中美育课程单元教学设计,将"理解"贯穿整个教学过程,追求教学过程与教学目标的高匹配度,以及教学方式与教学评价的强对应性,为有效提升核心素养、达成深度理解后的深度学习提供积极有效的策略,这也是校本特色课程顺应时代发展和遵循学生发展规律的"顺势而为"。

Research on Unit Teaching Design of High School Aesthetic Education Curriculum Based on UbD Theory

FAN Yilin

(Shanghai Nanyang Model High School, Shanghai, 200032)

Abstract: The biggest difference between reverse teaching design advocated by UbD (Understanding by Design) theory and traditional teaching design is that it starts from "goal" to "evaluation" and then to "teaching", all three parts emphasizing "teaching for understanding". Such a teaching design is a new teaching model that has attracted much attention and support at present. UbD theory helps to implement the core literacy of the subject, lead the big idea teaching and promote the integration of teaching and evaluation in high school aesthetic education curriculum. Taking the unit of "love and being loved" as an example, this paper discusses how to design the unit teaching according to the operational support of the theory. The first is to establish the unit teaching objectives from "beginning with the end in mind", the second is to plan the teaching methods and evaluate the expected learning results, and the third is to improve the core literacy and achieve in-depth understanding.

Key words: UbD Theory, high school aesthetic education curriculum, unit teaching design

高中艺术课程单元教学的学历案探索

吴 卫

（上海市文建中学，上海 200127）

摘 要：学历案可以引入高中艺术课程的单元教学中，使其成为在课堂内外师生、生生、师师交流的互动载体。具体包括：以认知地图串联学习目标，以大情境激发学习热情，以大任务促进深度学习，以表现性评价检测学习结果，以系统反思提升学习品质。实践表明，学历案有助于提升单元背景下艺术教学质量，使学生的学习经历真实发生，使学生经历高投入的深度学习，使学生将学科知识内化为核心素养。

关键词：高中艺术课程；单元教学；学历案

一、什么是学历案

在国内，“学历案”一词最早由华东师范大学崔允漷教授于2017年提出。崔允漷认为，学历案是指教师在班级教学的背景下，为了便于学生自主建构形成社会经验，围绕某一相对独立的学习单位，对学生学习过程进行专业化预设的方案。[①] 这一概念逐渐被广泛认可。不同于传统意义的教案，学历案是承载学生学习经历的方案，它能够体现学生作为学习者的主体责任，为学生深度学习提供专业化设计。基于学历案，学生能够在学习过程中明确目标，置身于生活化的情境，接受挑战性任务，定期收到表现性评价，并能主动进行学习反思。由此，学历案能够实现由教中心向学中心转变，从知识传授为主向素养培养为主转变，从单一化学习方式向多元化学习方式转变，从浅层学习向深度学习转变。

一个完整的学历案通常包含以下要素：(1)主题与目标。需要综合考虑单元的内容要求、学业要求，并要全面深入地分析学情，以免因为主题与目标不明确或者不切合而导致无法顺利达成。(2)大情境。大情境是指建构一个将艺术学习与学生的学习经验联系起来的生活事件。情境要尽可能地贴近学生生活，激发其参与热情。(3)大任务。大任务是指在大情境创设的生活事件中，需要学生持续完成的一系列活动方案或展演。任务要富有挑战性，能够承载核心素养的要件，使学生与创设的情境持续互动，在完成任务的过程中不断解决问题和创生意义。(4)评价。评价要以表现性评价为主，评价方式讲求多样化，评价主体需要多元化，评价任务要与学习内容保持一致，并且反馈要及时。(5)反思。指向于反思什么，用什么路径和方法进行反思并分享，包括梳理已学知识，总结学习策略，管理并分享自己的知识成果，诊断自身问题，预设改进方案。

学历案的形成是师生共同建构的过程。一方面，教师要从学生的立场出发，指向学生的最近发展

作者简介：吴卫，上海市文建中学高级教师，主要从事中学艺术教学研究。

① 崔允漷，尤小平：《教学变革：从方案的专业化做起》，《当代教育科学》2017年第9期，第3-6页。

区,在学情分析的基础上设计学生学习的认知地图;另一方面,教师要从教育者的立场出发,用“真实情境”“大任务”“表现性评价”为学生学好教材、发展能力、提升品质搭建学习支架。学历案推动师生在深度互动的基础上,系统重构学与教的过程:在课前,形成基于学情分析的认知地图;在课中,引导学生自主参与建构学习过程,并保留真实学习经历,建立个人学习管理的档案;在课后,启发学生进行“学习反思”,发展学会学习的能力,最终提升学习品质。

二、高中艺术单元教学的学历案设计

笔者认为,学历案为高中艺术学科的单元教学设计提供了新工具和新思路。

在概念认知的基础上,笔者基于崔允漷教授的学历案实践经验①,并结合高中艺术学科的教学特点和学生的认知特点,尝试在高中艺术学科进行学历案的实践探索。自 2021 年 3 月开始,笔者在高一年级的艺术课程中,尝试将单元学历案的设计作为改进教师教学、促进学生学习、达成课程目标的方法和载体。具体而言,笔者以艺术必修 2《艺术与文化(上册)》第二单元“符号象征”为例,反复实验,力求探寻“学历案”设计的基本原则、实施的基本方法以及提高学生核心素养的最佳途径。

《普通高中艺术课程标准(2017 年版 2020 年修订)》中关于“符号象征”的内容要求是“选择中外建筑、绘画、音乐、舞蹈、戏剧的经典作品和艺术现象,探究其符号象征的文化意义”②,意为引导学生参与多样性艺术实践,了解不同领域的艺术表现形式及其彰显的中华传统文化,加强对艺术与文化关联性的认识。本单元共选编了“龙飞凤舞”“吉祥如意”“天地人和”3 课时的内容。据此,结合高一学生的基本学情,笔者做了如下探索:

1. 确定目标与主题

本单元共 3 课时内容,第 1 课是了解龙凤图腾象征的文化内涵、文化寓意及其在生活和文化中的重要性;第 2 课是了解吉祥符号的寓意并传承与创新,彰显优秀文化传统;第 3 课是理解艺术作品中“天地人和”的审美观,激发人与自然和谐统一的追求。

根据该课时内容,为了让学生对本单元的学习流程有整体认识和规划,笔者首先确定目标与主题:

单元概览,大情境“中澳学生文化交流活动”,大任务“围绕文化认同设计国际文化交流一日活动方案”,学习第 1 课“龙凤符号”完成子任务 1“设计宣传海报和会标”,学习第 2 课“吉祥如意符号”完成子任务 2“设计礼物”,学习第 3 课“天人合一”完成子任务 3“创编综合艺术节目”,“园林采风”完成子任务 4“撰写解说词”,学习反思。

依此,学生可以学习课程内容,进行小组互动交流,检测学习状态,完成学习任务,展示学习成果,达成学习目标,由此可见,学历案已经成为个人学习管理的档案。

2. 创设大情境

笔者认为,无论是龙凤图腾文化还是吉祥符号,抑或艺术作品中体现的“天地人和”哲学观,都体现出“人们向往美好生活”的大概念;再看课时的逻辑关系,从远古图腾文化到运用这些吉祥符号表达现代艺术和生活的方式,都展现了中华民族传统文化的智慧。

根据以上分析,笔者设计了大情境:“我校将和国际交流生进行文化交流活动,你将如何呈现中国文化?”这个情境对于学生来说并不陌生,学生应该能够将现有的生活经验和新学的知识对接,使课时知识的学习在情境纵深发展的过程中更加系统化、结构化、整体化,并能对未知的艺术实践活动产生期待。

3. 设计大任务

大情境需要大任务驱动,艺术课程集音乐、美术、舞蹈、戏剧等多门学科为一体,课程体系和内容涉及面十分广泛。大任务可分设多个和课时内容对应的进阶性子任务,这些子任务可以是内容上相互关

① 尤小平:《学历案与深度学习》,华东师范大学出版社 2017 年版。

② 中华人民共和国教育部:《普通高中艺术课程标准(2017 年版 2020 年修订)》,人民教育出版社 2020 年版,第 14 页。

联、逻辑上层层递进的链式任务；也可以是呈现情境多样性、丰富性的叠加式任务；还可以是由课内延展到课外采风的拓展式任务等。学生在完成任务过程中整合常识和技艺，将可视化、共享化的学习结果进行交流和分享，最终形成完整记录学习进程的学历案。

比如，笔者在本单元设计的大任务是“在这次国际交流活动中设计一份一日活动方案”。学生小组合作策划完成多个叠加式小任务，而每个小任务都能运用到课时的学习内容，如通过学习龙凤符号，学生会设计含有龙凤形象的宣传海报、会标；在理解吉祥符号的文化内涵的基础上，学生可以设计含有吉祥寓意的文创产品作为礼物赠送外国友人；通过欣赏作品、考察园林建筑、理解“天人合一”审美观，学生可以借鉴传统吉祥符号编排创新节目。

同时，大任务设计还应该重视单元及课时内容的学习进阶。课间和课内构建进阶性完整的学习链，这是知识体系化、技能系统化形成的关键。针对本单元的学习内容，学生一般对中国传统符号有所了解，但对其中蕴含的象征意义所知较少；生活中能发现吉祥符号的现代表达形式，但并不了解符号的创新理念和文化内涵；知道艺术作品中所借鉴的传统符号，但未必能理解其中体现的思想、根源和意识。为此，根据学生的基础经验，笔者构建层级分明且前后关联的学习进阶“路线图”，将学生的起点和最终目标连接起来（见表1）。

表1 单元的学习进阶设计

内容	单元学习进阶	课时学习进阶	设计意图
第1课 龙飞凤舞	搜集龙凤形象的作品，了解符号的概念和象征意义	1. 赏析《红山玉龙》等作品，了解龙凤被赋予的文化寓意 2. 为龙的形象加入时尚元素，进行艺术创作 3. 说说对以龙为题材的艺术作品或民俗活动的看法，并阐述与评价创作的作品	任务1：知道龙凤图腾文化 任务2、3：在任务1的基础上，了解龙符号形式在现代生活和文化中的意义
第2课 吉祥如意	寻找生活中的吉祥符号，运用在哪些地方，如何进行现代表达，有怎样的文化内涵	1. 赏析徽州三雕等传统吉祥的符号，探讨饱含的文化寓意 2. 查找我国不同历史时期的吉祥云纹图案，了解其演变发展过程 3. 观看北京两届奥运会赛事，从会标、火炬、奖牌、开幕式等方面，了解传统符号中兼具的历史感和现代气息	任务1：运用已学知识和方法分析徽州三雕吉祥符号中的文化寓意 任务2、3：探究吉祥图案与时代文化的关系，感受传统符号在沿用和变异中彰显的中华传统文化的精髓
第3课 天地人和	寻找有自然物象征、隐喻人格品性的作品，探究其背后的哲学思想、文化根源、审美意识	1. 收集梅、兰、竹、菊题材的绘画作品，选择其一进行临摹 2. 交流讨论中国古典舞《爱莲说》如何表达托物言志、天人合一的审美观 3. 分组讨论，从各艺术门类中寻找有自然物象征、隐喻的人格品性的作品，探究哲学思想、文化根源、审美意识	任务1、2：通过感知、临摹、联想、迁移等思维活动，理解艺术作品创作中人与自然和谐的追求 任务3：理解艺术作品中天地人和的审美观，认同中华优秀传统文化艺术

4. 预设评价量表

评价是学历案学习过程中的关键一环。将评价任务嵌入学习过程，用以考量学生“何以知道自己是否学会”。根据本单元学习目标、学习内容、学习任务，设计评价量表，在学生学习过程中进行表现性评价，以检测学生的学习状态、学习成效，为学生学后反思提供支持（见表2）。

表2 单元学习任务评价量表

任务维度	水平3(优秀)	水平2(合格)	水平1(需努力)
为本次国际交流活动确定主题,并围绕主题设计含有“龙”“凤”符号的宣传海报,阐述设计理念	海报主题明确,能突出龙凤形象,符号寓意丰富,创意新颖,富有现代感	有海报主题及龙凤形象,展现符号寓意,有一定创意	无海报主题,龙凤形象不突出
讨论构思会标和礼物的设计方案,并说明借鉴的吉祥符号和设计理念	会标主题明确,符号突出吉祥寓意,创意新颖,有时代感。礼物借鉴传统符号,突出吉祥如意的寓意,造型美观	会标有主题,有吉祥符号,有一定的创意。礼物借鉴传统符号,有吉祥寓意,造型一般	会标主题不明确,符号吉祥寓意不明显。礼物有传统符号,吉祥寓意不突出
设计一个综合艺术节目,要求对传统符号进行艺术创新,能传递“天地人和”的审美观,阐述设计意图	形式丰富,内容包含多个中华传统文化符号,有创意,突出“天地人和”的审美观	形式较丰富,内容含有中华传统文化符号,有一定的“天地人和”的审美观	形式单一,内容有传统符号,没有体现“天地人和”的审美观
为本次国际交流活动撰写走访园林景点的解说词,能体现“天地人和”的审美观,进行小组交流分享	景点选择有特色,能从造园要素、手法、文化体现等方面展现园林“天地人和”的审美观,语句优美,详略得当,内容生动	能从造园要素、手法、文化体现等某一方面展现园林“天地人和”的审美观,语句通顺,中心明确	没有从造园要素、手法、文化体现等某一方面展现园林“天地人和”的审美观,中心不明确

综合评价水平层级描述:能初步观察,获取简单信息,有探索问题的兴趣(水平1);能细致观察,获取和处理信息,有探索问题的兴趣,梳理研究结果(水平2);能分类观察,获取较复杂的信息,主动发现探索问题,形成研究报告(水平3)。在学历案中形成“一目标一落实,一落实一评价,一评价一促进”,体现了教、学、评一致性的学习过程。

5. 启动学后反思

学后反思是学生基于学历案学习过程中的重要组成部分。根据本单元的学习目标和学习任务,笔者要求学生进行系统化学后反思:梳理既学知识,形成结构化、系统化的思维导图;撰写一篇小论文,表达对中华传统文化符号的认识及其当下价值;用200字左右概括介绍自己的学习表现与收获,并列出改进措施。

三、高中艺术单元教学的学历案实践探索

截至目前,笔者在学校高一年级实施艺术单元学历案教学,共进行两轮实践。

1. 第一轮实施

2021年3月,实验对象是高一(1)班和高一(2)班两个班级,分别实施4课时。

(1)学历案初创

学习主题:家国情怀。

大情境:艺术展演活动。

大任务:策划一个以“家国情怀”为学习主题的艺术展示(可以选择某一种艺术门类,如音乐剧、雕塑、绘画、艺术展览、小品、戏曲、情景剧、影视等)。

子任务1:确立一个标题,说说你为什么选择这个标题?并请谈谈对“家国情怀”的理解。

子任务2:设计一个与标题相符合的会标,阐述设计理念,如汲取哪些传统吉祥符号元素,创新哪些时代新元素,用PPT呈现。

子任务3:完善这个活动的策划方案,并进行排练。

(2)课堂实施

两个班级分别实施4课时。从课堂实施过程来看,由于“大情境”和“大任务”的驱动,学生主动参与艺术活动的积极性很高,课堂讨论热烈,设计的艺术表演形式丰富多彩。与既往常规学习模式相比,学生的学习内驱力得到了有效激发,学习任务达成度高。

(3)问题发现

当学生呈现作品的时候,笔者发现大多数学生的作品与本单元学习内容没有太大关联。经过反思,笔者认为,因为本单元课程指向的大概念是“人们向往美好生活”,但该设计的学习主题是“家国情怀”,“大情境”指向的却是“民族精神”。这就导致学生的作品不能与“龙飞凤舞”“吉祥如意”“天地人和”联系起来。比如,学生设计的标题有“爱我中华”“点燃激情秀青春”,他们预设“在艺术节中展现56个民族的风采”“用朗诵、舞蹈、无人机表演展现中学生的青春风茂”,这些作品不乏创意,但与本单元的实际学习过程没有太大关联,也就无法达成本单元学习所应该实现的核心素养。

2. 第二轮实施

2021年4月,针对第一轮实践过程中发现的问题,笔者以学校高一(3)班和(4)班两个班级为对象,进行了第二轮实验。

(1)学历案改进

当时学校正与澳大利亚本迪戈高中结对,并将有互访活动,为此,笔者对学历案进行了力度较大的修改。

学习主题:文化认同。

大情境:中澳学生文化交流活动。

大任务:围绕“文化认同”设计国际文化交流一日活动方案。

子任务1:设计一份含有龙凤符号的宣传海报。

子任务2:设计一份含有吉祥符号的会标和礼物。

子任务3:表演一个能够体现“天地人和”审美观的艺术综合节目。

子任务4:写一篇带领国际友人参观园林的解说词。

(2)课堂实施

从课堂实施情况来看,学生的课堂参与度、成果产出质量以及与学习内容的关系程度都明显高于第一轮实验。比如,子任务1,学生设计的宣传海报底色运用了中国红和金色双龙;中心部分是中澳两国的国宝——熊猫和考拉,相拥的姿态运用了阴阳鱼,熊猫的手臂上还画了祥云纹符号。子任务2,学生的作品中用到玉龙纹样、书法、篆刻、祥云等符号,传递吉祥寓意。子任务3,学生展演的综合艺术节目用到了古筝伴奏、茶艺表演、古典舞,并以江南水乡为舞台背景。子任务4,学生撰写的解说词体现主次分明、开合有度、疏密有致、虚实结合等中国园林“人与自然和谐统一”的哲学观。在实施过程中,笔者对学生的课堂学习参与度、成果产出质量等进行了量化评价。评价主体有学生、同伴和教师。学生首先依据评价量表自评,然后是合作同伴互评,再后是组间互评,最后是教师综合评定。从评价结果来看,学生的学习目标达成度概况如下:优秀占35%,合格占51%,需努力占14%,总体来说,学生艺术学科核心素养得到了明显的提升。

四、研究思考

1. 学历案有助于学生的学习经历真实发生

学历案重视大情境设置,将生活事件嵌入课堂,使学生在真实的生活情境中产生真实的学习经历,即发现问题,探寻解决问题的相关知识和方案。如本单元设计的大情境“中澳学生文化交流活动”是真实存在的,学校每年都要组织学生与澳洲本迪戈高中进行互访游学活动。学生熟悉这样的情境,很容易和自己已有的经验产生联系,并能搭建起通往新经验的桥梁。

课堂上,在讨论交流活动方案设计时,各小组讨论激烈,学生思维活跃,预设的方案与“文化认同”的主题内容环环相扣,呈现的形式新颖多样。如有的小组策划组织展览活动,以音乐、绘画、书法、工艺品等多门类的艺术形式,展现中国“龙”文化的博大精深;另有小组探索关于龙的民间文化,如龙雕、舞龙、鲤鱼跳龙门、龙抬头、赛龙舟、龙歌等,并借鉴传统龙纹样加入时尚元素进行创新,开发和设计文创产品赠送外国学生,让外国友人感受中华民族文化的底蕴和特色;还有小组策划以宣传海报、会标、礼物、文艺演出、参观园林等设计一日交流活动方案。为了出色地完成活动方案,学生积极研学课本内容,探寻“符号”的内涵和象征意义,并努力迁移到生活的方方面面,以达到学以致用的效果。

2. 学历案有助于学生经历高投入的深度学习

大情境是学历案学习的发端,大任务则是学历案学习的核心。在富有挑战性、关联性、进阶性的一系列任务完成过程中,学生不断探索新知,完成一个又一个创意性任务。在此过程中,他们从任务走向教材,走出学科,走出课堂,走向生活。如,为了使自己的“国际文化交流一日活动方案”脱颖而出,学生利用课余时间,自主开展小组研讨活动。在设计宣传海报子任务中,有的学生从设计初稿到完稿,经历了四五次修改;有的学生受到其他小组创意性作品的启发,研读学科内容,又产生了新的想法。

在高投入的学习状态下,学生动用各种资源,甚至把历史、地理、数学学科的相关知识也融入其中,来展现他们对“符号”内涵及象征意义的全新理解,思维从表层走向深层,实现了高投入的深度学习。

3. 学历案有助于学生将学科知识内化为核心素养

用“学历案”建构学习,打破了传统课堂时空及资源的限制,学生从封闭的课堂走向广阔的社会。比如,在完成任务4“写一篇带领国际友人参观园林的解说词”时,许多学生以小组合作的形式实地考察豫园,并进行针对性的调研、访谈以及查阅相关资料,在获得了感性认知的基础上,学生撰写了解说词。有学生从建筑格局、主要景区、绿化布置等方面发现了主人的造园理念和城市山林中人与自然关系的哲思;有学生从江南奇石“玉玲珑”“瘦、皱、漏、透”的外貌特征以及对水上长廊弯曲的线条拉长了景深的审美中,体会到主人追求“天地人和”的高远境界;有学生从豫园的建造、修缮及主人的不断更替中看到了上海的历史变化,触摸到了所居城市的温度,增强了文化自信。这些个性化的艺术成果,充分展现了学生强烈的求知欲望、探索精神和表现能力。学生在撰写解说词的任务中,不断聚焦问题、寻找解决问题的依据,从而对“天地人和”“人与自然和谐统一”的观念有了更深的理解,艺术学科的核心素养得到了提升。而这一切在封闭的,以教为中心的,缺乏大情境、大任务驱动的传统课堂上是无法实现的。

Exploration on Student-oriented Teaching Plan in Unit Teaching of Art Subject in High Schools

WU Wei

(Shanghai Wenjian Middle School, Shanghai, 200127)

Abstract: Student-oriented teaching plan can be introduced into the unit teaching of art subject in senior high schools, acting as an interactive carrier for teacher-student, student-student, teacher-teacher communication inside and outside the classroom. Specifically, it includes connecting learning objectives with cognitive maps, stimulating learning enthusiasm with big contexts, promoting deep learning with big tasks, detecting learning results with performance evaluation, and improving learning quality with systematic reflection. Practice has shown that the student-oriented teaching plan helps to improve the quality of art teaching under the background of units, makes students' learning experience really happen, enables students to experience high-investment deep learning, and helps internalize their subject knowledge into core literacy.

Key words: art subject in high schools, unit teaching, student-oriented teaching plan

立美教学:价值、内涵、逻辑及策略

许家盘,李如密

(南京师范大学 课程与教学研究所,江苏 南京 210097)

摘　要: 立美教学是指教师自觉遵循美学和教学规律,开展形式与内容、过程与目的和谐统一的审美化的教学实践活动。在教学实践中,实施立美教学有助于丰富师生高品质精神生活、提升学生审美素养和提高教学质量。立美教学具有愉悦性、形象性、自由性、整体性等特点。立美教学的推进遵循“生活”逻辑、“实践”逻辑及“整体性”逻辑,在推进的过程中应采取提升教师立美教学的基础素养、回归师生情感交往的教学生活、建构整体性的立美教学实践样态等策略。

关键词: 立美教学;内涵;价值;推进逻辑;策略

美育是各级各类学校构建“五育并举”人才培养模式的重要构成要素,也是培养时代新人的重要载体。要实现“以美育人、以美化人、以美培元”的美育目标,弘扬中华美育精神,必须在学校教育中开展美育实践。① 实施审美化的教学,即立美教学,是“以美育人”理念发生作用的落脚点。近年来,随着基础教育课程改革的不断深入,美育工作在中小学的教育实践中取得了长足的进步。但总体而言,在教学实践中,美育仍然是各级各类学校教育体系的薄弱环节,在一定程度上还存在教师对立美教学的内涵认识不足、对其育人价值认识不深、对在实践中实施立美教学重视不够等问题,这不利于学校“立德树人”根本任务的落实。因此,有必要立足于培养时代新人的需要,充分认识立美教学的价值、内涵与特征,构建立美教学的推进逻辑,寻求立美教学的有效推进路径。

一、立美教学的价值意蕴

立美教学同属于意识范畴与行为范畴,真实地存在于教学实践场域中,它要求教师树立立美意识,具备立美知识与技能,并在教学过程中开展立美实践。立美教学的实施深刻地影响着师生的精神生活与情感、学生的全面发展和教学效果的优化。

1. 立美教学有助于丰富师生高品质精神生活,深化生命情感

教学过程是一种精神传播与创造的实践,因

基金项目: 本文系江苏省研究生科研与实践创新计划项目“民族地区文化回应性教学问题研究”(项目编号:KYCX22_1431)的研究成果。

作者简介: 许家盘,南京师范大学课程与教学研究所博士研究生,主要从事课程与教学论研究;李如密,南京师范大学课程与教学研究所教授,博士生导师,博士,主要从事课程与教学论研究。

① 中共中央办公厅、国务院办公厅:《关于全面加强和改进新时代学校体育工作的意见》《关于全面加强和改进新时代学校美育工作的意见》,《中华人民共和国国务院公报》2020年第30期,第20-26页。

此,教学生活是一种精神生活。在教学中,知识的传授与学习、技能的训练与提高属于基础层次的精神生活。高品质的精神生活能为个体的发展指明方向,提供动力支持,也能激发个体进行自我超越的追求。德国美学家席勒认为,充满审美精神的教育"绝非一个技能性或知识性的传递过程,而是一个哲学或精神层面的教化和升华,教育乃是人性的培育,是完美人性的开启。只有通过美育,我们才能到达自由"。[①] 立美教学不是简单的知识传递和技能训练的过程,而是在各个教学环节中融入美的因素,营造美的气氛,强调美的发现、欣赏、体验与创造,是开启与培育人性、丰富与升华师生精神生活的过程。立美教学也是一种情感教育,强调师生积极的生命参与和情感投入,是体验感知、体悟情绪、表达身体的立美实践过程。在师生平等交往中,学生可以发挥自主性,进行探索与情感体验。学生通过感官和身体与世界互动,既能提升凝聚力和丰富社会生活,也有可能得到良好的人文教育。[②] 丰富的情感体验容易激发学生的求知欲与创造欲,引导学生的学习过程层次由"知之"到"好之"再到"乐之"逐步提升。因此,立美教学有助于建构师生高品质的精神生活,深化其情感,激发其生命自觉。

2. 立美教学有助于提升学生审美素养,实现全面发展

学生核心素养的提升,需要涵养深厚的人文底蕴,审美素养是积淀深厚人文底蕴的基础。立美教学要求坚持"美"的立场,指向"立美育人"的价值定位。在立美教学的过程中,教师注重塑造美的形象,挖掘美的教学内容,开展美的教学活动,实施美的教学评价,让学生浸润在美的熏陶中学习知识,培养有关美的意识,提高发现美、欣赏美、体验美的能力,进而形成审美素养。立美教学具有德育功能,课文的内容美会激发学生美的情感,教师身上所展现出来的人格之美会影响到学生的健康成长,师生关系之美会让学生感受到教学的温度。审美化的教学可摆脱功利化的说教和填鸭式的灌输,促进学生的认知。在健康教育和劳动教育中开展美的教学,让学生欣赏到健康之美、体态之美、劳动之美,形成健康素养与劳动素养,进而促进个体的全面发展。

3. 立美教学强调"真""善""美"的融合,提高教学质量

立美教学的根本目的在于育人,在于提升师生的生命质量。立美的过程要求"启真扬善",做到"真""善""美"的有效融合。"真"即是要求教学要遵循美的规律和教学规律来实施;"善"则是要求教学的实施符合教育教学的目的,即立美教学要体现合目的性;"美"则体现在教学的内容与形式、过程、目的的和谐统一之中。只有处理好三者之间的关系,才能更好地达到"以美启真、以美促智、以美扬善"的立美目的。在立美教学中,教师自觉践行"立美"理念,遵循美的生成和创造的规律,建立起热爱美、追求美的动力体系,引导学生乐学。在遵循教育教学的规律中,教师自觉更新教学观念,用审美的眼光看待教学与学生。具有审美素养的学生会更加自信与阳光,精神更加自由,情感更加丰富,求真、求善、求美的愿望更加强烈。在立美教学的建构中,审美主体之间发生的思维碰撞、思想共鸣、情绪感染有助于创造性思维的培养,开展具有创造性的审美化教学有助于学生学习意义的建构和良好教学生态的形成[③],因此,立美教学会促进教学质量的提高。

二、立美教学的内涵及特征

为深化对审美化教学的认识,优化审美化的教学实践,提升学生在学习中欣赏美、感受美、创造美的能力,首先需要把握"立美"在教育教学中的内涵与特征。

1."立美教学"的定义与内涵

(1)立美教学的代表性观点

基于不同的立场,学者对"立美"在教育教学中的内涵解释不尽相同,概括起来主要有"手段

① Schiller F., *On the Aesthetic Education of Man*, Tran. Keitht, London: Penguin Classics, 2016, p. 27.

② Christine Doddington, "Flourishing with Shared Vitality: Education based on Aesthetic Experience, with Performance for Meaning", *Studies in Philosophy and Education*, Vol. 40, no. 3(2021), pp. 261-274.

③ Gurkan, B., Dolapcioglu, S., "Development of Creative Thinking Skills with Aesthetic Creativity Teaching in Social Studies Course", *Egitim ve Bilim-Education and Science*, Vol. 45, no. 202(2020), pp. 51-77.

说、目的说、实践过程说”三种代表性观点，每种观点都有其学术贡献，但同时都具有一定的局限性。

其一，手段说。有研究者认为，“立美教育”是实现培养能自由运用规律来造福社会的人的教育目的的一种手段。[①]教育目的的实现需要依靠一定的教育手段，把立美当作实现教育目的的手段，肯定了立美的工具价值。若认为只要把教育过程与手段通过美的外在符号加以装饰就能很好地实现教育目标，则窄化了立美的价值，其本质仍未摆脱技术理性的束缚，即立美的工具取向与单纯地期望学生掌握知识、提高技能的功利实用主义态度实则没有本质的区别，未给教学过程带来实际意义上的革新。

其二，目的说。有研究者从美学的视角审视教育的立场，认为教育活动是为了实现立美育人的目的[②]；也有研究从教学的角度谈论“立美”，认为“教学立美”是通过美的教学实践达到师生自由运用美的规律以优化教学之目的。[③]把立美当作教育的目的之一，符合德智体美劳全面发展的人才培养要求。若单纯地把“立美”看作教育教学的目的，也具有片面性。“培养德智体美劳全面发展的社会主义建设者和接班人”是我国当前教育的目的，美是构成个体核心素养的关键要素，美育也是实现学生全面发展的重要手段。只有在教学中立美，建立内容和形式和谐统一的教育教学模式，有效地指导学生自由运用美的规律和学习规律进行学习，才能更好地实现教育教学目标。

其三，实践过程说。有研究者认为，“立美教育”是指教师在教育教学过程中自觉运用教育科学的规律和审美的规律，建立内容和形式相统一的美的教育活动体系[④]；“立美教育”是师生体验教育和谐、愉悦而富有张力的过程。[⑤]把立美看作教育的实践过程，关照了学生在连续性的学习活动中对美的感受与体验。如果把立美局限在教育的实践过程中，不关注其结果，也会影响美育效果。

从上述三种观点看，学者侧重从宏观的教育层面对立美进行探究，对更为微观的教学层面关照不足、挖掘不够，且每种观点都有值得反思之处。立美不仅是实现全人教育目的的重要手段，而且是教育目的本身所涵盖的内容之一，同时立美也应该贯穿教育活动的始终。教学是教育的下位概念，在教学中立美，既要遵循美的规律，也要遵循教学的规律，立美教学既是实现教学目的的过程，也是教学目的本身。

(2)立美教学的概念界定及内涵

结合研究者对立美的上述论述，本文所谓的立美教学，是指教师自觉遵循美学和教学规律，开展形式与内容、过程与目的和谐统一的审美化的教学实践活动。

基于以上分析，立美教学具有以下关键内涵：首先，立美教学是合规律性与合目的性相统一的实践活动。美是自由的形式，其本质是合规律性(真)与合目的性(善)相统一的实践活动及其成果。[⑥]立美教学是遵循美学与教育学规律基础上实现学生全面发展之目的的现实活动，也是这种现实活动的成果。其次，立美教学既是立美的过程，也是育人的过程。美是主体努力探索并自由运用规律以实现个体及社会目的的过程与产物，每一个环节的过程都是立美的过程，也是审美的过程。教师探索并运用教育规律与美学规律，实施教学以促进学生全面发展的过程就是立美，这一过程中教师按照美的规律塑造学生，也塑造自身，这是立美与育人的同构性，立美育人便成为可能。最后，立美教学是形式与内容、过程与目的和谐统一的审美实践。当对象的形式与内容共融或与人的心理相符时，当活动的过程与目的相统一时，主体会感到愉悦，这是审美化的心理特征。教学目的的达成需要教师选择合规律的教学形式及展开合目的性的教学过程。优秀的教学内容是符合社会发展需求、学习者认知特征和知识体系逻辑的人类文化精华，具有合规律性与合目的性的

① 中国社会科学院哲学研究所美学研究室：《美学》(第三辑)，上海文艺出版社 1981 年版，第 31 页。

② 王枬：《教育学立场的美学审视》，《教育研究》2007 年第 12 期，第 26-30 页。

③ 姜艳，李如密：《教学立美：内涵、价值以及实施路径》，《当代教育与文化》2019 年第 2 期，第 42-48 页。

④ 汪振城：《中小学立美教育论纲》，浙江大学出版社 2000 年版，第 21 页。

⑤ 鞠玉翠：《“立美教育”再探》，《教育研究》2018 年第 9 期，第 59-65 页。

⑥ 李泽厚：《美学四讲》，天津社会科学院出版社 2001 年版，第 85 页。

特征,或显性或隐性地呈现着美。在审美化的教学实践中,教学形式与教学内容、教学过程与教学目的是和谐统一的。

2. 立美教学的特征

立美教学是形式与内容和谐统一的教学实践,与一般的教学之间存在共性,但又具有自身的特殊性。立美教学的特殊性体现在以下几个方面:

其一,愉悦性。车尔尼雪夫斯基说过,"美的事物在人心中所唤起的感觉,是类似我们当着亲爱的人面时洋溢于我们心中所唤起的感觉"。[①]康德认为,人有生理的、审美的和道德的三种不同的愉悦性。立美的教学能给师生带来生理和审美上的愉悦。教师在创造美的教学过程中,因教学满足自身的创造性欲望而感到充实,也因教学活动结果给学生带来成长而快乐。概言之,愉悦性是美的教学所蕴含的重要品质。

其二,形象性。黑格尔指出,美的生命在于"显形",美的展现需要各种具体的、直感的形式。根据加涅的信息加工理论,具体而形象的信息输入能激发学生的学习动机,吸引学生的注意力,增强学生对输入信息的活动、转换、提取和迁移。[②]在立美教学实践中,教师注重多元教学方法与手段的利用,创设富含美感的教学情境,将静态抽象的东西转化成动态可感知的形象,将生涩难懂的问题转化为生动的形象,满足学生感官的审美需求以及审美形象的心理获得。

其三,自由性。立美是主体主动探索并自由运用规律以实现目的的过程。美学家李泽厚认为,美是自由的形式,是合规律性(真)与合目的性(善)相统一的实践活动及其成果。[③]审美化的教学是实现教学目的的现实活动,也是这种现实活动的成果或痕迹。人是自由意志的主体,人的自由是在合规律性与合目的性的活动中产生,只有自由的现实性达成了,才有美的产生。立美教学中,教师自由地实施合乎规律性与合目的性的教学活动,突破"机械学习"的限制,提升学生及教师自身的审美素养,实现师生共同发展的目的。

其四,整体性。立美教学的整体性体现在多方面,比如,教学和美的统一、手段美与教学目的美的统一、教的美与学的美的统一、教学内容美与形式美的统一、教学科学美与艺术美的统一、教学美的创造与欣赏的统一等。[④]立美教学需要在学校教育的各学段及各学科进行贯彻,并落实在教学实践中。不论从横向的多学科教学来看,还是从教学活动的纵向维度来审视,立美教学都体现出整体性。

三、立美教学的推进逻辑

作为一种审美化的教育实践活动,立美教学的推进需要遵循一定的逻辑,才能实现立美教学丰富师生高品质生活、促进学生全面发展和优化教学效果的价值。

1."实践"逻辑

美育在教育中的地位与功能已经得到研究者的论证与确认,国家与教育部门也出台相应的文件与指导意见,而在学校实际教学中实施美育的情况并不理想,这与一线教师对美的认识不清有关,也跟美育课程评价标准模糊化、评价方法单一化、评价取向功利化有很大的关系。"以美育人"理念要变为现实,需要规避教师对该理念的模糊认识和美育评价标准过于理想化的倾向,切实关照到教学实践。需要以课堂教学实践作为逻辑起点,正确认识师生教学生活的现实性。因此,教师应面向自身与学生共同的生活世界,有针对性地开展审美教学实践,让学生在参与审美教学实践中发现美、欣赏美、感受美、创造美,在教学氛围中理解学习内容,提升审美素养。另外,开展立美教学也需要积极反思、总结并借鉴以往教学实践的经验,在原有经验的基础上开展更加符合时代要求的审美教学实践。

2."生活"逻辑

自黑格尔之后,美学发展出现了新的转向,即

① 车尔尼雪夫斯基:《生活与美学》,周扬译,人民文学出版社 1957 年版,第 6 页。

② 陈琦,刘儒德:《当代教育心理学》,北京师范大学出版社 2007 年版,第 172-175 页。

③ 李泽厚:《美学四讲》,天津社会科学院出版社 2001 年版,第 85 页。

④ 李如密:《教学美的意蕴探析》,《课程·教材·教法》2006 年第 2 期,第 13-17 页。

"生活转向"，而车尔尼雪夫斯基则是这一转向的代表人物。车尔尼雪夫斯基提出了"美是生活"的原则，这一原则附带着"美是按照我们的理解应该如此的生活"和"美是使我们想起人以及人类生活的那种生活"两个命题。[①] 虽然"美是生活"这一概念非常笼统，但是它毫不含糊地指出，美应该回归现实生活，在现实生活中寻找美、发现美、创造美。生活是美的本质规定性与美的本源。基于"生活"逻辑的美学旨在探索美与人生活状态之间的关系，关注当代生活中令人困惑的问题，将抽象思辨中的美引领到现实生活中。基于此逻辑，立美教学便有了操作的学理依据。在开展教学活动中，从美的视角来观照师生的教学生活，解决令师生困惑的课堂生活问题，具有了操作的可能性。立美教学不是艺术教师的专利，而是所有教师的共同责任与使命，教学过程不应该只是知识传授和技能训练的推进，更应该是生活的过程。

3."整体性"逻辑

哲学家歌德指出："人是一个整体，一个多方面的内在联系着的能力的统一体。艺术作品必须向人的这个整体说话，必须适应人的这种丰富的统一整体。"[②] 人的全面发展观的形成以及近几年来受到我国教育界高度关注的"中国学生发展核心素养"的提出，都是对"人是一个整体"的回应。我国现阶段的教育目的是培养德智体美劳全面发展的时代新人。因此，立美教学必须遵循人"整体性"逻辑来实施。首先，开展全学科的立美教学，充分挖掘不同学科所含有的美的学习资源，开展审美化的教学实践，有助于促进"整体"人全面素养的提升。其次，构建整体性的审美化教学活动体系。从教学方案的设计、教学内容的挖掘与整合、教学过程的展开、教学方法的运用到教学评价的实施，都应该融入美的因素，各个教学环节相互影响，共同构成整体的审美化教学活动体系。

四、立美教学的实践策略

在教学过程中既要构建整体性的审美化教学实践样态，又要回归师生基于情感交往的日常教学生活。作为审美主体的师生应该协同合作，共同致力于在教学中发现美、欣赏美、感受美，在立美教学中获得发展。

1. 提升教师开展立美教学的基础素养

落实"立美育人"的重要途径是开展审美化的教学实践。教师是推进立美教学的引导者和组织者，其立美素养的高低直接影响到"立美育人"落实的成效。因此，提升教师的立美素养成为保证立美教学有效推进的前提和基础。基于成长的视角，人的素养是其意识、知识与能力的综合。[③] 据此理解，教师的立美素养应该包括立美意识、立美知识和立美能力，提升教师立美素养的路径可以从这三个维度去构建。

首先，强化立美教学的意识。有研究证明，审美活动与积极的审美态度有密切的关联。[④] 教师对新时代立美教学形成正确的认知和对立美教学的价值产生认同感，是形成立美教学意识的基础。教师要立足于培养全面发展的时代新人的高度，正确认识立美教学多维度的价值，处理美育与其他诸育之间的关系。只有从"以美育人"的高度去认识立美教学，教师才会自觉地在教学活动中进行立美实践，将"以美育人"当作自身的责任和使命。另一方面，全体教师要认识到立美不是一项专业性艺术，不是美育教师的专项工作，每一项活动、每一门学科都包含丰富的美的元素，在教学过程中培育学生的审美能力是每一位教师的使命。

其次，丰富立美教学的知识。立美教学知识是构成立美教学素养的核心要素。立美教学知识分为理论性知识与实践性知识。理论性知识涉及立美教学的内涵、外延、内容、特征、历史发展、运行规律、教学因素与教学环节的联系等方面的知

① 朱光潜：《西方美学史（下卷）》，商务印书馆 2011 年版，第 734 页。

② 朱光潜：《西方美学史（下卷）》，商务印书馆 2011 年版，第 753 页。

③ 顾霁昀：《"以美育人"的时代价值与实践路径——基于教师美育素养的视角》，《教师教育研究》2021 年第 2 期，第 72-75 页，第 123 页。

④ Mc. Manus C., Furnham A., "Aesthetic Activities and Aesthetic Attitudes: Influences of Education, Background and Personality on Interest and Involvement in the Arts", *British Journal of Psychology*, Vol. 97, no. 4(2006), pp. 555-587.

识,是关于"是什么""为什么"的知识,学习立美教学知识有助于对实施立美教学的理论基础、必要性、合理性和可行性等方面的理解。而实践性知识则涉及立美教学方案的设计、模式的提炼、效果的测评、案例的评析等内容,是关于"怎么做"的知识。学习实践性立美教学知识有助于促进教学系统结构要素的审美转化,帮助教师了解他人的审美化教学操作典范,习得测评审美化教学成效的原则、策略和方法,学会用原理来分析评论具体的教学案例,使立美教学原理得到巩固与强调。丰富理立美教学知识既需教师注重理论知识的学习,如根据自身教育教学需要自主阅读相关文献、积极参与有关培训,也需要教师从理论的推导及经验的积累两条路径出发,通过教学观摩及教学经验总结积累实践性知识,并在日常教学中实施立美教学实践不断创生新的实践性知识。

最后,在实践中提升立美教学的能力。教师的教学意识与知识需要通过学科教学实践才能转化为教师专业能力。在立美教学实践中,教师应该在参与活动中丰富立美的知识,培养与掌握相关立美技能,树立主动开展立美教学活动的意识,形成立美教学实践的自我驱动力,进而提高立美教学的能力。

2. 回归师生情感交往的教学生活

一个人只有感受到了现实生活和审美对象,才能进入美的状态以及美的欣赏和创作实践活动,把自己的审美情趣、情感、意志表达出来。[①] 教师与学生的生活中蕴含着丰富的美的元素,如美的形象、美的符号、美的思想、美的语言等,这些都是丰富立美教学内容的重要资源,在教学设计中把发生在教室内的教学与日常生活中的美联系起来,让课堂回归师生在场的现实生活,提升课堂教学生活的感受性。美的课堂具有愉悦性、形象性、自由性、整体性等特点,教师应该基于此,营造师生自由交往、气氛愉悦、动态生成的课堂生活。同时,课堂交往应注重情感的投入,有情感交往的课堂才是审美的课堂。师生情感的促发与交融,对话中的平等和谐,能激发学生探索未知世界的自主与自由。

立美教学的实践过程是内容与形式、过程与方法和谐统一的过程。在学习内容方面,既要注重预设资源的审美化,也要关注课堂知识的互动生成,将生成的知识服务于课堂生活。知识的学习、理解与运用应该在师生的情感交往中发生,将外在功用的学习方式转化为强调精神的内在化育;在形式方面,需要创设优美的学习氛围。师生的教与学的行为要充满和谐与美感,教学的方法与手段的运用要彰显艺术之美。因此,要重视训练学生的审美表现技能,努力提升他们的审美表现能力。教师应该从美学价值论的高度,努力将日常的课堂提升为与幸福生活相关联的立美教学。

3. 建构整体的立美教学实践样态

美育不是具体的一门课程,而是一种需要渗透到各个具体学科教学实践中的理念。构建整体性的立美教学实践,要求将美育融入学校的课程体系中,在各门学科中开展立美教学。近年来迅速发展的信息学科也为立美教学的实践提供了新路径,教师应该重视利用现代信息和移动网络终端的强大功能传播、交流、创生审美信息,服务于课堂的立美教学,丰富师生高品质精神生活。

构建立体的立美教学实践,表现在将美育理念渗透到具体一堂课的各个教学环节当中,即进行审美化的教学设计、开展审美化的教学活动、选择审美化教学方法、实施审美化的教学评价等。学校美育教学的组织既要体现一般教学活动的普适性,符合学校教育的一般的组织规律,也要协调好立美教学目的与激发学生学习欲望的统一;在教学方法上,要关注美育精神的实践性品格;在教学内容上,要关注美育精神所蕴含的意图要满足和适应学生意识发展的特点。[②] 审美性的教学环境、教学语言等都是立美教学的要义。教室环境应该和谐优美;课堂语言也要符合审美特点,尽量做到简洁、准确、明了、含蓄、生动,让学生容易接受,同时又能给学生以美感。形象化的教学内容容易让学生生发美感,教师要注重对教学内容进行形象化处理。另外,非言语行为与形象的审美化也十分重要,教师的教学行为要得体合适,亲切

① 张玉能:《深层审美心理学》,华中师范大学出版社 2018 年版,第 502 页。

② 王德胜:《学校美育的三个难点与三重关系》,《东北师大学报(哲学社会科学版)》2020 年第 3 期,第 1-6 页。

自然。

为确证立美教学的实践效果，彰显立美教学育人的价值指向，有必要实施审美化的教学评价。遵循美育规律和课堂评价规律，制定多维评价标准，将过程性评价与总结性评价相结合，对教师实施立美教学、学生在立美教学课堂中的学习过程与效果进行综合评价，追求评价的合理性、可行性与有效性。在评价方法上，关注立美教学实践的过程、生成与发展，自觉规避“只重视知识获得、技能培养”的评价异化现象。只有这样，立美教学才能有效推进。

Aesthetic Formation Teaching: Value, Connotation, Logic and Strategy

XU Jiapan, LI Rumi

(Institute of Curriculum and Instruction, Nanjing University, Nanjing Jiangsu, 210097)

Abstract: Aesthetic formation teaching refers that teachers consciously carry out the aesthetic teaching practice which contains the harmonious unity of forms and content, process and purpose by following the rules of aesthetics and teaching. In teaching practice, aesthetic formation teaching is helpful to enrich the high quality spiritual life of teachers and students, enhance students' aesthetic accomplishment and improve teaching quality and it has the characteristics of pleasure, image, freedom and integrity. The promotion of aesthetic formation teaching should follow the logic of “life”, “practice” and “integrity”. In the process of promotion, such strategies should be adopted to improve the basic quality of teachers in aesthetic formation teaching , return to the teaching life of emotional communication between teachers and students, and construct the integrity of aesthetic formation teaching practice.

Key words: aesthetic formation teaching, connotation, value, promotion logic, strategies

图书在版编目（CIP）数据

现代基础教育研究. 第46卷 / 何云峰主编. — 上海：上海教育出版社，2022.6
ISBN 978-7-5720-1543-4

Ⅰ. ①现… Ⅱ. ①何… Ⅲ. ①基础教育 – 研究 – 中国 Ⅳ. ①G639.2

中国版本图书馆CIP数据核字(2022)第094116号

执行编辑　孙　珏　王中男　张雪梅
责任编辑　戴燕玲

现代基础教育研究　第46卷
何云峰　主编

出版发行　上海教育出版社有限公司
官　　网　www.seph.com.cn
地　　址　上海市闵行区号景路159弄C座
邮　　编　201101
印　　刷　上海昌鑫龙印务有限公司
开　　本　889 × 1194　1/16　印张 15　插页 2
字　　数　440 千字
版　　次　2022年8月第1版
印　　次　2022年8月第1次印刷
书　　号　ISBN 978-7-5720-1543-4/G · 1233
定　　价　50.00 元

如发现质量问题，读者可向本社调换　电话：021-64373213

栉风沐雨谋划学科发展，弦歌不辍涵育芬芳桃李

——上海师范大学教育学院简介

袁雯校长调研教育学院

上海师范大学教育学院始建于1954年，学科奠基人是上海师范大学首任校长、著名教育家廖世承先生。1956年开始招收本科生，1981年获批发展与教育心理学硕士点，1985年获得教育学硕士学位授予权，2003年获得课程与教学论、教育心理学博士学位授予权，2005年获得心理学一级学科硕士学位授予权，2006年获批教育部国际教育研究与咨询中心，2009年设立教育学和心理学博士后流动站，2010年获批应用心理学专业硕士点，2011年获得教育学一级学科博士学位授予权，2012年获批教育部国际教育研究培育基地，2013年获批上海市高校智库，2015年教育学和心理学入选上海市高峰高原学科，2017年获批联合国教科文组织教师教育中心、心理学一级学科博士学位授权点，2018年荣获国家级教学成果一等奖和二等奖，2019年跻身上海市高水平地方高校（学科）建设单位，教育学、小学教育、应用心理学专业获批国家一流本科专业，首获“挑战杯”国赛特等奖，荣获“全国教育系统先进集体”荣誉称号，2021年荣获全国教育科研成果一等奖、上海市“脱贫攻坚”记大功奖励，教育大数据与教育决策实验室入选首批教育部哲学社会科学实验室（试点）。

与上海中学合作，建立研究生实践基地

教育学院现下设教育系、管理系、初等教育系、教育技术系、心理学系5个系，建有教育科学研究所、心理学研究所、高等职业研究所等5个研究所，以及联合国教科文组织教师教育中心、教育部终身教育政策研究中心、教育部教育大数据与教育决策实验室、上海市教育督导研究中心等15个中心。

学院现有教育学和心理学2个一级学科博士点；教育学、心理学2个一级学科硕士点，包括14个二级硕士点（学术型）、5个全日制专业学位硕士点（应用型）、3个在职人员攻读教育硕士专业学位点，有教育学、小学教育等5个全日制本科专业。

教育学院经由廖世承、李伯黍、燕国材、吴福元、陈科美、恽昭世、吴立岗、古人伏、杨德广等前辈的努力，以及岑国桢、顾海根、卢家楣、陶本一、谢利民、张民选等学者的开拓，已形成教育科学研究、卓越教师培养与服务政府教育决策紧密结合的特色，并在传承与创新中勇立潮头、砥砺前行，为构建高质量基础教育服务体系和教育学科高水平建设做出更大贡献。

联合国教科文组织教师教育中心揭牌仪式

勤耕不辍杏坛育桃李，风鹏正举宏图绘华彩

——上海师范大学美术学院简介

欧洲油画大师米·顾伊达教学示范

上海师范大学美术学院目前设有8个全日制本科专业：美术学（师范）、绘画、中国画、书法学、雕塑、视觉传达设计、环境设计、产品设计；设有3个一级硕士学位授予点：美术学、设计学和艺术学理论；同时设有艺术硕士（美术MFA、艺术设计MFA）和教育硕士（学科教学美术）学位点。

学院秉承“笃学立身、尚美育人”的院训，坚持名师引领，不断开拓进取。通过50多年的建设与沉淀，逐步形成了面向基础美术教育，艺术创作和理论研究紧密结合的卓越美术和设计人才培养模式。近年来，学院的学科建设和专业发展取得显著成效：2019年，美术学（师范）专业成为首批国家级一流本科专业；2021年，绘画专业获批国家一流本科专业，视觉传达设计专业获上海市一流本科专业。

举办大地艺术活动

在理论研究方面，近3年，学院共承担各类科研项目近30项，获得国家社科基金项目立项4项，上海市哲社项目4项，上海市决策咨询项目1项，其中，“宋辽金元山水画文献整理与研究”获2021年国家社科基金艺术学重点项目立项。教师发表学术论文近150篇，出版学术著作26部。

在创作实践方面，在俞晓夫院长带领下，师生的作品在各项重要展览、竞赛中取得优异成绩，如上海市入选第十二届全国美展的24件油画作品中，学院师生的作品占了12件；孙政学和王剑锋两位教师连续摘得第九届和第十届上海美术大展油画最高奖——白玉兰奖。

俞晓夫院长指导研究生油画写生

在学生培养方面，学生奠定了扎实的专业素养，在国家级与区域性展览和竞赛中屡创佳绩，如获第十二届“挑战杯”中国大学生创业计划竞赛上海市赛银奖、第十七届“挑战杯”全国大学生课外学术竞赛上海市一等奖和国赛三等奖等。学院不仅创造出一流的教育教学业绩，也输送了一批品学兼优的毕业生。

勇毅攀登，继往开来

——上海市实验学校35周年办学历程回顾

上海市实验学校于1987年成立，学校现有东明路中学部、南码头路小学部和田林国际部三个校区，学生总人数2200名左右，特级教师4名，正高级教师5名，特级校长2名，学科带头人、骨干教师等名师团队38人。学校是北大、清华在沪自招直荐学校之一，且高考综评率稳定在90%以上。学校作为上海市实验学校教育集团牵头校，目前在4个行政区承担12所学校的委托管理任务。

拔尖创新人才培育之信息科技课堂

学校秉持“开发儿童智慧潜能，发展学生个性特长”的办学理念，紧紧围绕中小学教育整体改革重大实验项目，全程全样本地开展实证跟踪研究，为发现和培育创新拔尖人才奠定基础，努力为学生的充分发展提供坚实保障。学校尊重教育规律和学生的特点，统整小学、初中和高中的核心课程，使学科知识具有更好的互通性，且螺旋上升，填补了学段之间知识的鸿沟，使其更符合学生的认知规律。同时，学校还设计了贯穿十个年级、十个系列的学养课程，为学生的全面发展提供课程支持。从个性发展角度，学校设置特需课程助力学生个性化和高水平发展。

感恩于心 责任于行——2022届高三学生成人仪式

从童年到青春，十年攀登。学校坚持小学四年、初中三年、高中三年的中小学十年一贯制的整体教育改革，充分尊重学生的个性特长，充分挖掘学生的智慧潜能。学校先后荣获全国社哲类教科研成果一等奖、国家基础教育教学成果一等奖、上海市教学成果特等奖、上海市教科研成果一等奖等荣誉。

“攀登”是学校的校训。2022年，学校迎来35周年校庆，每一位实验学子从童年到青春，勇毅攀登，继往开来。正如徐红校长所说，“实验的独特气质镌刻在每一个实验人的基因里，实验的深厚情谊流淌在每一个实验人的血脉里”。

憧憬未来，学校将进一步开展拔尖创新人才早期识别与培养实践研究，持续探索超常儿童培养路径。学校将在原有改革探索的基础上，启动新一轮拔尖创新人才早期识别和培育计划（即“攀登计划2021—2030年”），围绕拔尖创新人才早期识别与培养，在课程设计、教学模式、学段衔接、国际交流等方面，积极开展教育整体改革实验，探索拔尖创新人才培养的有效路径和实施策略，为国家拔尖创新人才早期识别与培育贡献力量。

新落成的体育馆“尚立方”

依托教学平台融合，助力学校高质量发展

——上海市长宁区天山第一小学教育数字化改革掠影

“添翼云课堂”在线学习

上海市长宁区天山第一小学（以下简称“天一小学”）充分利用现代信息技术，以直播课为主要授课模式，开展“双减”背景下的在线教学，将学生居家学习与教师线上指导有机结合，家校协同，确保学校在线教学工作平稳、有序、有质量地实施，使“以学习者为中心”的教育理念落地。

★依托基座支撑应用，提升师生信息素养

天一小学面对突如其来的在线教学，没有拘泥于2020年“空中课堂+在线指导”的传统思路，而是在用好上海微校资源的同时，鼓励教师自己上直播课，保障课堂教学质量。

学校信息化工作小组以“以终为始、要事第一、尊重常识、全线推进”的高效工作节奏来提升全体教师的信息化素养。采用主力学科教师先行先试、全员零基础培训、校本教研专题培训、企业保障实时在线答疑的工作推进策略，使每一位教师都能掌握新平台的基本操作流程，确保在线教学工作平稳有序。

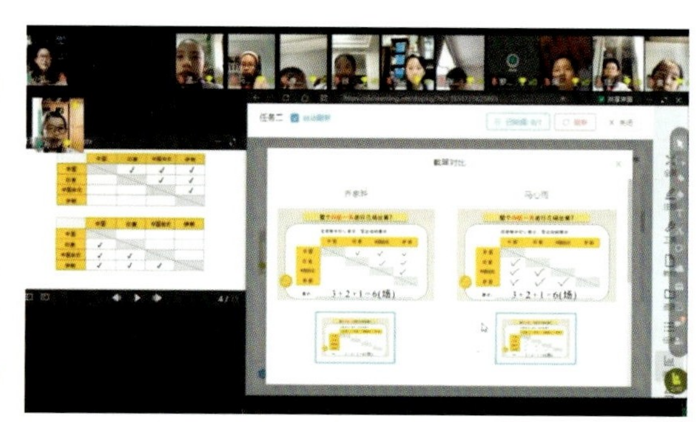
数学教师融合在线教学平台开展教学

★依托平台触发融合，促进教与学方式转变

市级统一数字教学服务平台研发了备课助手、教学助手与作业辅导助手（简称“三个助手”），天一小学作为“三个助手”试验校，面临“如何将ClassIn平台的使用与‘三个助手’平台深度融合”的挑战。基于此，学校不断尝试和探索，解决了两个平台切换操作难和数据上传失效等问题，制作学生端课堂平台操作指南视频，在课中利用浏览器工具，登录“三个助手”平台布置教学任务，实现了两大平台同时使用。

“三个助手”数字化应用场景为学校减负提质、因材施教插上了技术的翅膀，教师通过课中任务获取学生答题数据，发现共性问题，以便在课中即时调整教学策略。课后，教师能根据错误率较高的知识点有针对性地推送练习，便于学生复习巩固知识点。

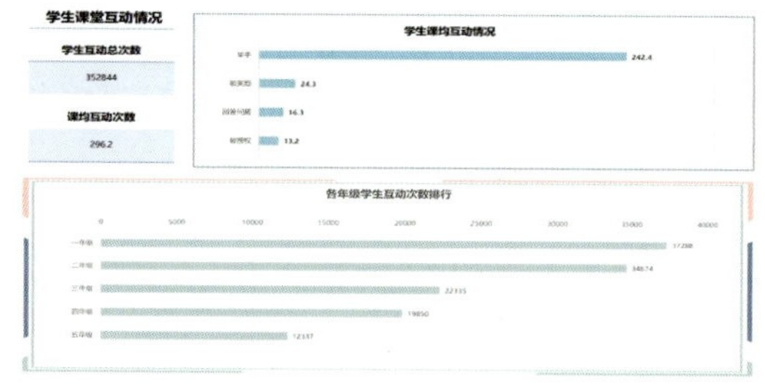

监课管理系统调控课程品质

★依托数据挖掘信息，提高学校管理效能

ClassIn平台能实现学校和长宁区数字基座数据对接，保证数据的有效性和互通性。ClassIn平台数据收集的功能性强。学校管理者通过监课管理系统，深度挖掘教育数据中的隐藏信息，选择有效数据进行研究分析，并将这些数据作为教师教研活动的新视角。